KB201135

일하는 그리스도인을 위한 신학

일과 사랑

일하는 그리스도인을 위한 신학

일과 사랑

지 은 이 | 이효재
펴 낸 이 | 김현애
디 자 인 | 김혜성
교정/교열 | 이희숙
찍 은 날 | 2024년 11월 25일
펴 낸 날 | 2024년 12월 02일

펴 낸 곳 | 예배와 설교 아카데미
등록번호 제 18-90호 (1998. 12. 3)
주 소 | 서울특별시 광진구 아차산로 73길 25
전 화 | 02-457-9756
팩 스 | 02-457-1957

http://wpa.imweb.me
ISBN 979-11-93719-04-6

총 판 처 | 비전북
전 화 | 031-907-3927
팩 스 | 0505-365-3927
책 값 | 37,000원

일하는 그리스도인을 위한 신학

일과 사랑

이효재 지음

WORK AND LOVE

A Theology for Christians at Work

목 차

추천사

폴 스티븐스(R. Paul Stevens)
리젠트 칼리지 일터신학 명예교수
IMT(Institute for Marketplace Transformation) 대표

나는 캐나다 밴쿠버에 있는 신학교인 리젠트 컬리지(Regent College)에서 이효재 박사에게 일터신학을 가르친 지도교수로서, 이 박사의 책 출판을 진심으로 축하한다. 특히 나는 이 훌륭한 책의 제목인 “일과 사랑”에 매료되었다. 우리의 일에서 사랑은 서로를 감염시키고 동기를 부여하고 활기차게 일하게 하고, 궁극적으로 우리를 번영하게 만든다는 이 책의 주장에 나는 전적으로 동의한다. 사랑 그 자체이신 하나님은 일하시는 분이시다. 그러므로 하나님의 형상으로 창조된 인간은 사랑하기 위해 일한다. 우리는 생존경쟁의 현실에서 이 단순하고 명확한 사실을 자주 잊어버리기에 일터가 고통스러운 삶의 현실이 되고 있음을 이 박사는 올바르게 지적한다. 그가 도출하는 해결책 또한 단순하다. 자기의 유익에 매몰되지 않고 타인의 유익을 위해 일하는 것이다. 이 박사가 강조한 것처럼, 이렇게 사랑의 마음과 태도와 목표를 가

지고 일할 때 우리는 일터를 함께 번영하는 곳으로 변화시켜갈 것이다.

일터신학에 대한 훌륭한 저서인 이 책을 내가 특별히 중요하게 여기는 이유는, 한국인 신학자가 유창한 한국어로 한국과 전 세계에 흩어져 살고 있는 한국인들을 위해 썼다는 사실 때문이다. 이 책은 서구에서 개발된 일터신학을 한국의 일터에서 한국인들이 고민하는 고유한 문제들을 한국인의 정서와 마음으로 저술된 책이다. 나는 여러분들이 이 책을 읽고, 명상하고, 실천하며 일터 일상에서 서로 사랑하게 되기를 바라는 마음으로 이효재 박사의 이 책을 적극 추천한다. 부디 이 책을 읽고 선한 영향을 받기 바란다.

추천사

한국일
장로회신학대학교 은퇴교수/선교학

“진정한 그리스도인인가 아닌가는 교회 안의 생활로는 몰라요. 교회 밖에서 어떻게 살아가는가를 보아야 되요.” 한 목사님의 말씀은 그리스도인이 날마다 직면하는 신앙적 삶의 문제를 함축적으로 표현한다. 대부분의 그리스도인이 직장 속에서 살아감에도 불구하고 이에 대한 올바른 가르침과 준비 없이 세속사회에서 살아가고 있다. 오랫동안 그리스도인의 일과 소명에 관하여 연구하고 가르쳐온 이효재 목사가 그리스도인의 직장생활에 관한 『일터 신앙』, 성경공부교재인 『일과 소명』에 이어, 이번에 이 주제에 관한 신학적 토대를 제시하는 『일과 사랑』이란 제목으로 귀한 책을 출판했다. 교회생활은 비교적 단순하지만, 세상을 살아가는 그리스도인의 삶은 단순하지 않다. 저자는 날마다 전쟁터와 같은 직장의 현실을 살아가는 그리스도인에 대한 깊은 사랑의 마음으로 이 책을 저술했다.

그리스도인의 직장생활에 관한 신학적 토대는 이들을 가르치고 준비하는 목회자들에게 우선적으로 필요한 내용이다. 저자가 일과 사랑의 관점에서 필요한 다양한 주제들을 풍부하게 제시하였기 때문에 목회자들은 이 책을 통해서 성경을 새롭게 읽고, 설교하고 성경을 가르칠 수 있는 신학적 통찰을 얻게 될 것이다. 또한 "직장을 하나님 나라로"를 꿈꾸며 직장생활을 하는 그리스도인들이 이 책을 함께 읽고 토론하며 함께 길을 찾아가는 운동이 모든 교회에서 활발하게 전개되기를 간절히 바라는 마음으로 이 책을 추천한다.

추천사

조성돈
실천신학대학원대학교 교수/목회사회학

일터신학은 그 위대함에도 불구하고 한계를 가지고 있었다. 그것은 일반적으로 미국 복음주의권의 논의 가운데 있었기 때문이다. 이는 우리에게 많은 임팩트를 주었고, 우리가 생각지 못했던 부분들을 해결해 주는 역할을 했다. 그러나 그것은 그들의 이야기였다. 이효재는 그러한 논의를 뛰어넘고 있다. 무엇보다 '착한 그리스도인 컴플렉스'를 뛰어 넘는다. 이는 두 가지 측면에서 이야기해 볼 수 있는데, 먼저는 착한 교회오빠의 이미지 극복이다. 이는 복음주의권의 한계일 수도 있는데 교회에 순종적인, 그리고 직장에서는 착해빠진 모습에 대한 극복이다. 이효재는 이 책에서 일터를 꾸미지도, 더하지도 않고 이를 실패와 성공의 끝없는 과정이라 묘사한다. 그리고 또 하나는 직장에서 그리스도인으로 착하게 살라는 이야기를 넘어 하나님 나라를 이야기한다. 그런 가운데 복음주의권의 논의를 넘어 소위 이야기하는 진보적 신학과 실천에도 선을 닿는다. 이를 통해 개인구원의 한계를 넘어 일터를 공적 삶의 현장으로 본다.

특히 이 책에서 주목하는 바는 일에 대한 실용서적의 한계 역시 뛰어넘는 그의 신학적 넓이이다. 그가 말하듯 일터신학이 또 다른 프로그램이나 직장에서의 동호회는 넘어서야 한다. 이런 면에서 나는 이 책이 일터신학에 대한 새로운 관점들을 제공해 준다고 생각한다. 일에 대한 좀 더 넓고 깊은 이해를 원한다면 이 책은 꼭 읽어야 할 필독서이다.

추천사

김도일
장로회신학대학교 교수/가정교회마을연구소 공동소장

일에 대한 가치관과 세계관은 먹고 살기 위해 싫어도 억지로 일할 수밖에 없다는 견해로부터 일 자체가 하나님이 주신 삶의 선물이기에 사랑으로 일한다는 견해까지 다양하고 극명하게 다른 스팩트럼을 형성하고 있다. 사람들은 자신도 모르게 갖게 된 신학적 철학적 토대에 근거해 일한다. 교회 안에서 교회와 관련된 사역, 즉 성가대, 교사, 식당 봉사, 예배위원 등을 주말에 열심히 하며 생긴 피로를 주중에 세상의 일터에서 푼다는 식의 개념은 근본주의적 신학에 영향을 받은 교역자와 평신도가 우스갯소리로 하던 얘기였다. 결국은 일에 대한 신학을 어떻게 갖느냐가 일에 대한 한 사람의 자세를 결정해 준다.

저자는 그리스도인이 일터의 실제 상황에서 어떤 생각으로 어떤 자세로 일하며 살아가느냐의 문제에 구체적인 도움을 주기 위해 이 책을 썼다. 나는 이 책을 먼저 신학도들이 읽고 깊이 토론하기 원한다. 일에 대한 균형잡힌 성경적 견해를 습득하고 강단에서 가르치기를 원한다. 그 다음에는 성도들도 이 책을 함께 읽으면 좋겠다. 이 책을 읽은 신학도와 목회자들과 함께 말이다. 저자의 일터신학과 실천에 대한 풍부한 경험과 고민이 이 책에 고스란히 담겨 있다. 꼭 이 책을 집어 읽기 바란다. 이 책은 분명히 한국교회와 사회에 긍정적인 영향을 끼칠 것이다.

추천사

김선일
웨스트민스터신학대학원대학교 교수/실천신학

앞으로 한국교회가 감당해야 할 중차대한 과제 중 하나가 일터 사역이라는 점은 더욱 명확해진다. 이는 단순히 세상에서 생계를 위해 일하며 살아야 하는 성도들을 위로하고 지원하는 수준이 아니다. 교회는 일터가 신앙과 제자도의 현장이며, 일터에서 하나님 나라의 소명을 구현할 수 있도록 성도들을 형성시켜야 한다. 이토록 중요한 과제가 부상했음에도 한국교회는 지금까지 외국에서 저술된 자료들에 의존해서 일터신학을 배우고, 일터사역을 설계해 왔다. 허나, 이제 우리는 기존 일터신학의 논의와 주제들을 섭렵하고 해석해 주는 정통한 안내자를 만날 수 있게 되었다. 특히, 이 책은 일터신학이 어떻게 예배와 영성과 선교의 영역에서 목회의 동반자가 될 수 있는지를 우리의 상황에서 숙고하는 진귀한 지혜와 통찰을 제공한다.

추천사

조은하
목원대학교 교수/기독교교육학

"일" 하면 생각나는 단어가 무엇일까? 직업, 소명, 생활, 직장, 적성, 갈등, 경쟁, 돈 등 다양한 단어들이 떠오를 것이다. 내가 하는 일에서 행복하지 않으면 우리 삶의 반은 불행한 것이다. 그러나 우리의 일터는 결코 녹녹하지 않다. 심심치 않게 들려오는 노동자들의 죽음, 일터의 사고들, 경쟁과 갈등, 실업과 실패. 4차 산업혁명으로 인해 바뀐 일터 지형. 이러한 것들이 바로 우리의 현실이다. 이곳에서 우리가 어떻게 신앙과 직업의 통전성을 이루어가며 신앙인으로 살아갈 수 있을까?

저자는 "일과 사랑"이라는 주제로 우리를 초대한다. 일이 어떻게 사랑이 되는지를 다양한 각도에서 증명한다. 일터에서 참된 자아를 찾아가고, 동료와의 우애를 가꾸어가며, 이웃을 사랑하고, 하나님이 주신 소명을 이루어가야 하는지 안내한다. 내용이 결코 피상적이지 않다. 깊이를 갖추고 있으면서도 이론에 머물지 않고 실천의 지혜를 추구한다.

저자는 구체적 상황의 스토리를 들려주고 그 상황에 대해 질문을 던지고 해결책을 고민할 것을 제안한다. 그리고 그 문제들을 성서적, 신학적으로 해석해 줌으로써 독자 스스로 실천의 길을 찾아갈 수 있도록 안내한다. 저자는 이 책을 통해서 종말론적 희망으로 우리가 오늘의 상황을 희망을 갖고 용기 있게 변혁할 수 있도록 도와준다. 오늘 이 책을 읽는다면 놀랍도록 새로운 일을 꿈꾸고 기대하며, 내일 나의 일터로 향하게 될 것이다.

저자서문

일과 사랑: 일하는 그리스도인을 위한 일터신학

"일은 사랑이다." 좀 더 자세히 말하면, 우리가 하는 모든 일은 사랑의 실천이어야 한다. 특별히 매일 일터에서 하는 일은 세상이라는 공적 영역에서 이웃을 향한 사랑의 표현이 되어야 한다. 그리스도인은 일터에서 이웃을 사랑함으로써 하나님에 대한 사랑과 순종을 드러낸다. 하나님을 사랑하는 사람의 일하는 태도와 목적은 세상 사람들과 다르다. 이것이 이 책의 논지다. 이 책은 일이 어떻게 사랑이 되는지를 다양한 각도에서 증명할 것이다.

"일은 사랑이다"는 명제는 직장 스트레스를 극복하는 힘이다. 일터 스트레스는 모든 직장인들의 적이다. 인간관계 문제, 갑자기 닥친 위기 상황, 경쟁 실패, 재정적 손해, 돈의 어두운 유혹, '갑(甲)질' 혹은 '을(乙)질', 실적 부족, 부당한 업무지시, 영악한 처세술 등 화나거나 좌절하거나 방황하는 고통스러운 일들이 끝도 없다. 우리는 어떻게 이러한 상황을 헤치면서 믿음으로 일을 해 나갈 수 있을까?

일터의 고통들은 파도와 같은 것이다. 바닷물은 바람과 싸우며 끊임없이 파도를 만들어낸다. 파도에 배가 뒤집히고 생명을 잃기도 한다. 파도는 바다의 표면적 현상이다. 파도 속 깊은 곳으로 들어가면 바다는 고요하고 풍요롭다. 그곳에는 무수히 많은 생명체들이 살아가고 있다. 셀 수 없이 많은 종류의 물고기와 갑각류, 플랑크톤, 해조류 등 하나님이 창조하신 생명체들이 넓은 바다에서 조화를 이루고 있다. 우리 일터 또한 마찬가지다.

부정적인 뉴스로 가득 찬 세상이 망하지 않고 유지되는 것이 신기하지 않은가? 문제투성이처럼 보이는 세상이 날로 발전하고 새로워지고 있지 않은가? 하늘에서 보이지 않는 손이 내려와 세상을 지탱하는 것일까? 그렇지 않다. 수십억 명의 일하는 사람들(worker)이 자기에게 맡겨진 일(work)을 성실하게 감당하며 일터(workplace)를 지키기 때문이다. 일터는 망망대해를 항해하는 배의 엔진룸과 같다. 배의 중심인 엔진룸에서 에너지가 공급되기 때문에 배가 파도를 뚫고 목적지 항구에 도착하듯, 일터는 하나님이 창조하신 이 세상의 모든 생명체들이 각자의 목적지를 향해 갈 수 있게 하는 세상의 중심이다. 일터는 생명 에너지의 공급원이다.

그러므로 우리는 일터에서 힘든 일을 겪는다고 실망하거나 좌절할 일이 아니다. 그런 것들은 표면적인 문제일 뿐이다. 좀 더 깊이 일의 내면을 들여다보면 "일은 사랑이다"라는 본질을 발견하게 된다. 우리들이 하는 합법적이고 선한 일들이 있기에 세상이 혼란에 빠지지 않고 질서를 유지하고 평화롭고 안전하게 살아간다. 우리 일은 어떤 방식으로든지 이 세상의 사람들과 다른 피조물들에게 직간접적인 영향을 끼친다. 우리가 이웃을 사랑하는 마음으로 하는 일은 타자의 삶에 선을 행하는 것이다. 하나님은 이 세상을 창조하시고 우리들에게 하나님의 세상을 돌보는 청지기의 사명을 맡겨주셨다. 우리가 일터에서 청지기 직을 성실하게 수행할 때 하나님이 기뻐하시는 세상이 만들어진다. 이것이 우리가 일하는 이유이고 하나님의 소명이다.

이 책은 우리가 왜 고달프고 힘든 일터에서 거친 파도를 꿋꿋하게 견디어야 하는지 그 이유를 설명해준다. 나(필자)는 파도(일터의 어려운 문제들)라는 표면적 현상을 뚫고 들어가 보면 새로운 세상이 있음을 알리고 싶었고, 우리가 하는 일에는 하나님의 위대하고 신비로운 뜻이 담겨 있다는 사실을 말해주고 싶었고, 언뜻 보기에 하찮은 일에도 하나님의 선하고 인자하신 섭리가 숨겨져 있음을 드러내 주고 싶었다. 이런 점들을 알면 알수록 우리 일은 피하고 싶은 고역이 아니라 견딜 만한 사랑의 수고임을 깨닫게 된다.

나는 20대 중반부터 15년 정도 해운회사 직원과 일간지 기자로 치열한 경쟁 속에서 살아남기 위해 일 중독자처럼 살았다. 덕분에 내 직장 경력은 성공적이었지만 개인적으로 가정적으로 행복하지 않았다. 일과 신앙은 전혀 다른 두 개의 영역이었다. 일에서 생계 수단 이외의 다른 의미나 목적을 찾지 못하고 몇 년을 방황했다. 나는 떠나고 싶었다. 기적이 일어났다. 가장 적절한 때에 하나님은 내가 일터를 떠나 신학교에 가도록 인도하셨다. 그리고 나처럼 일터에서 방황하는 신앙인들을 도우라는 소명을 주셨다.

이 소명을 붙들고 나는 지금까지 만 23년 동안 '일터신학'을 공부하고, 교회와 여러 일터에서 그리스도인들을 목회하고, 글을 쓰고, 강의를 했다.

이 책은 6년 전 내가 출간한 책 『일터 신앙』을 신학적으로 뒷받침하는 책이다. 이 책의 제목인 '일과 사랑'은 전체적인 주제이고, '일하는 그리스도인을 위한 신학'은 이 책의 대상과 범위다. 이 책의 주된 독자는 그리스도인들, 특히 일상의 일터에서 일하는 성도들과 이들을 양육하고 돌볼 책임이 있는 목회자들이다. 이 책은 일과 일터를 이해하는 신학적 관점과 일터에서 신앙을 실천할 수 있는 원리들을 제공한다. 좋은 신학이 좋은 실천을 낳는다. 마찬가지로 건전한 일터신학이 거룩한 일터 그리스도인을 만든다.

요즘 일터신학과 목회에 대한 관심이 높아지고 있지만, 성도들과 목회자들이 도움을 받을 수 있는 책이 부족한 편이다. 그나마 있는 책의 상당수가 외국책의 번역본이다. 한국의 일터에서 그리스도인들이 겪고 있는 문제들을 신학적으로 논의하는 책은 부족한 형편이다. 세계화 시대에 전 세계의 일터 문화가 비슷해지고 있지만 각 나라별로 고유한 문화와 특성을 가지고 있기 때문에 외국책을 읽으면 몸에 맞지 않는 옷을 입은 느낌을 준다.

이 책은 한국의 일터에서 일어나는 실제 사례를 논의의 출발점으로 삼았다. 또한 한국의 신학자들과 목회자들이 쓴 글들과 한글로 번역된 외국의 자료들을 우선적으로 참고했다. 한국 독자들이 더 읽고 싶은 자료들을 가능한 쉽게 구하고 읽을 수 있도록 한국어 자료를 우선했다.

이 책은 리처드 아스머(Richard R. Osmer) 교수의 실천신학 방법론을 사용했다.[1] 그의 방법론은 신학적 사유를 통해 현실의 문제를 이해하고 더 나아가 현실을 변화시키는 변혁적 결과를 이끌어내는 것에 초점을 둔다. 우리가 일터신학을 공부하는 목적은 일하는 사람과 일과 일터를 하나님이 기뻐하시는 방향으로 변화시키는 것이기에 아스머의 방법론은 일터신학에 유용한 통찰을 준다.

이 책은 전체 13장으로 구성되어 있는데, 각 장은 거의 같은 구조로 구성돼 있다. 우리는 그리스도인이 일터에서 부딪히는 현실적인 문제를 구체적 사례로 살펴봄으로 논의를 시작한다. 이어 이 주제를 다루는 인문학적 관점을 살펴보고, 성경적 신학적 관점으로 비교 분석한다. 그리고 신앙적인 실천 대안을 모색하고, 전체적인 내용을 실천적 함의로 정리한다.

제1장은 일터신학이 구체적으로 무엇을 어떻게 연구하는 학문인지를 논한다. 우리가 하나님의 청지기로 일하기 위해 알아야 할 신학적 개념들과 신학 방법론을 소개한다. 제2장은 타락한 일터에서 그리스도인들은 무엇을 위해 어떻게 일해야 하는지를 논의한다. 특히 루터의 소명론에서 발전한 직업 소명론의 전개과정과 의미를 살펴본다. 제3장은 일터에서 그리스도의 제자들이 어떻게 이웃을 사랑해야 하는지 살펴본다. 일터에서 사랑을 실천하는 세 가지 방법으로 정의와 공의와 자비의 사랑을 소개한다. 제4장은 우리가 일하는 궁극적 목적이 생명의 번영임을 논증한다.

우리가 일터에서 살아가는 궁극적 목적은 하나님이 창조하신 모든 생명들이 함께 번영하는 세상을 만드는 것임을 증명한다.

제5장은 하나님의 소명을 분별하고 실천하는 기준과 능력을 제시한다. 하나님께서 각자에게 주신 직업과 직장의 소명을 효과적으로 실천할 수 있기 위해서는 직업과 직장을 선택하고 실천하는 기준을 알아야 한다. 제6장은 일터에서 성령과 함께 일하는 지식과 지혜에 대해 논한다. 성령은 교회뿐 아니라 일터에서도 우리에게 성령의 열매와 은사를 주신다는 사실을 알고 성령과 함께 일하는 방법을 살펴본다. 제7장은 일터와 교회의 관계에 대해 살펴본다. 교회는 일터 선교의 전진기지로서 일하는 성도들을 돌보고 양육하고 구비시키는 공동체임을 생각한다. 제8장은 일이 어떻게 하나님께 드리는 예배인지 알아본다. 교회에서 드리는 공예배와 일터라는 공적 영역에서 드리는 일상의 예배가 하나로 연결될 때 그리스도인은 예배자로 살게 된다.

제9장은 일터에서 최고의 관심사인 돈을 어떻게 영적으로 다루어야 하는지를 다룬다. 돈을 욕망 충족의 수단이 아니라 섬김의 도구로 사용하는 구체적인 실천 원리들을 제시한다. 제10장은 일터에서 아가페 사랑을 어떻게 실천할 것인지 논구한다. 또한 일터에서 피할 수 없는 경쟁의 문제를 어떻게 대처하고 한계상황에서 타협의 여지는 없는지 살펴본다. 제11장은 일과 안식이 어떻게 조화를 이뤄야 하는지 살펴보고 안식의 중요성을 강조한다. 일을 더 잘하기 위한 안식이 아니라 안식하는 삶을 위해 일한다는 개념을 강조한다. 제12장은 일터를 하나님의 선교의 관점에서

조망한다. 그리스도인은 일터에서 만나는 사람들에게 복음을 전하고, 그들이 하는 일을 변화시키고, 일터의 구조적 문화를 변화시키는 선교적 사명과 전략을 강구한다. 마지막으로 제13장은 종말론적 관점에서 일과 일터를 바라본다. 종말론적 희망은 일터에서 그리스도인들에게 현실적 어려움을 인내하고 하나님의 청지기로 신실하게 일하는 동기와 힘을 준다.

이 책이 탄생하기까지 여러 사람들의 도움이 있었다. 이 책은 2023년 2월 『일과 소명』이라는 성경공부 책이 출판된 직후, 이 책을 출판한 WPA(예배와 설교 아카데미) 사무실에서 일터에 깊은 관심을 가지고 있는 네 명의 대화에서 시작되었다. WPA의 김현애 대표(예배·설교학 박사)와 대전신학대학교 김성우 교수(예배·설교학 박사), 오빌교회 오만종 목사(목회사회학 박사)와 나는 목회현장에 접목시킬 수 있는 일터신학적 토대가 필요하다는 의견에 일치했다. 우리는 책을 기획하고 거의 일 년 반 동안 원고 집필에 몰두했다. 원고 집필은 일터신학을 전공한 내가 맡았다. 내가 각 장 원고를 쓰고 세 분의 박사들과 함께 토론하고 수정하는 작업을 열세 번 반복했다. 일터신학으로 한국교회 목회를 돕고자 하는 세 분의 열정과 헌신 덕분에 이 책이 세상에 나오게 되었다. 깊이 감사하고 하나님께서 그들의 노고를 보상해주시길 기도한다.

이 책이 나오기를 기대하며 집필과정에 격려와 기도로 도와주신 한국일 교수님, 이철규 장로님, 이대경 IMT Korea 대표와 펠로우들, 나에게 일터신학을 가르쳐주신 영원한 스승 폴 스티븐스 교수님, 하우림 교회 이현걸 목사님과 성도들, 그리고 내가 연구와 글쓰기에 지칠 때마다 지지와 용기를 불어넣어 준 아내 조은숙 교수에게 사랑 가득한 감사의 마음을 전한다.

이 책은 일터신학의 종결판이 결코 아니다. 오히려 이제 걸음마를 시작한 초보적 수준에 불과하다. 앞으로 일터 그리스도인들을 사랑하는 목회자들과 신학자들이 일터신학을 더 깊고 넓게 발전시켜주기를 바란다. 그래서 이 책이 더 이상 필요 없는 수준 높은 일터신학책들이 많이 나오면 좋겠다. 오직 하나님의 영광을 위해서.

2024년 11월 16일

정릉 북한산 기슭 연구실에서

이효재 목사

제1장
일터신학이란 무엇인가?

"일터신학이란 영원히 하나님의 복을 받으며
일하는 것에 관한 학문이다." - 폴 스티븐스

왜 일터신학이 필요한가?

현실적 요구

어느 날 대기업에 다니는 한 형제가 퇴근 후 어두운 얼굴로 나(필자)를 찾아왔다. 그리고 하소연하기 시작하였다. "목사님, 억울합니다. 이럴 때는 어떻게 해야 합니까?" 이야기의 자초지종은 이랬다. 그는 몇 년 전에 회사의 프로젝트에 참여했다. 프로젝트는 교묘하게 현행법을 어겨야만 가능한 일이었다. 회사 경영진은 충성되고 일 잘하는 직원들을 선발해 프로젝트에 참여시켰고, 선발된 직원들은 회사로부터 인정받고 있다는 마음으로 충성을 다 했다. 프로젝트는 성공적으로 끝났다. 그런데 얼마 뒤 이 프로젝트의 불법성이 감독기관에 적발되었다. 당국은 조사를 벌여 프로젝트 책임자들과 직원들을 징계하라고 회사에 지시했다. 형제는 당시 회사가 시키는 대로 일을 했는데 어떻게 나를 징계할 수 있느냐고 분개하였다. 그는 나에게 그리스도인으로서 신앙 양심을 가지고 어떻게 대응해야 하는지 물었다. 과거 그는 나에게 일터신학에 대하여 배운 적이 있었기에 우리는 신앙과 실천의 딜레마를 함께 만나고 있었다.

이 형제처럼 많은 그리스도인들이 일터에서 발생한 여러 가지 문제들로 고민하고 있다. 고민거리도 무척 다양하다. "20년 가까이 한 회사에 다녔지만 힘들기만 하고 즐거움이 없습니다. 이제 그만 회사를 떠나야 할까요?" "상사의 비윤리적 업무 지시를 적당히 타협해도 될까요?" "직장 회식 술자리에 가고 싶지 않은데 동료들에게 따돌림 당하지 않을까 걱정됩니다. 가서 술 한 잔 마셔도 될까요? 아니면 신앙을 이유로 당당하게 거부해야 할까요?" "회사 업무보고 때마다 인격 모독적으로 질책하는 임원도 예수님이 나를 사랑하셨던 것처럼 사랑해야 하나요? 죽도록 미워하는 마음 때문에 회사 다니기 힘들어요."

사실 그리스도인 가운데 일터에서 겪는 문제들 때문에 스트레스를 받지 않는 사람은 없을 것이다. 일터에서도 신앙인으로 살기 원하는 그리스도인이라면 고민이 없을 수 없다. 그런데도 일터 그리스도인들 가운데는 교회로부터 일터의 문제 해결에 대해 도움을 받는 경우는 드물다. 회사 프로젝트 문제 때문에 나에게 상담을 요청한 형제는 막상 자기 교회에서는 이 문제에 대해 언급할 수 있는 분위기가 아니라고 말했다. 교회 안에서 세상적인 이야기를 하는 사람들이 없고 목회자들은 세상일에 관심이 없기 때문이라고 했다.

그러나 이들은 일터에서 겪는 문제들에 대해 교회로부터 무엇인가 이야기를 듣고 싶어 한다. 근거 없는 위로보다 확신과 능력을 주는 분명한 말씀을 듣고 싶지만 이들에게 확신을 가지고 말해줄 수 있는 사람들을 교회 안에서 발견하기란 쉽지 않다. 목회자들 또한 경험해 보지 못한 영역의 일에 대해 말해주기를 부담스러워한다. 교회 안에서 살아가는 목회자들이 세상 일터에 대해 말하기를 주저할 수밖에 없는 이유다.

그럼에도 교회는 성도들의 일터에 관심을 가지고 이들의 이야기를 들어주고 신앙적 관점에서 대답을 할 수 있다면 성도들에게는 큰 위로와 힘이 될 것이다. 교회가 이들에게 응답하려면 신학적 지식과 관점을 갖춘 일터신학이 필요하다. 일터신학은 그리스도인들이 일터에서 겪는 질문들에 대한 고민을 함께 하고 복음의 능력으로 일과 일터를 변화시킬 수 있도록 도와주기 위해 개발된 실천 신학이다.

복음의 요청

우리가 믿는 복음은 개인의 사적 영역에만 머물 수 없다. 복음은 개인적 삶을 다루지만 본질적으로 공적이다. 예수님이 전한 복음은 하나님 나라에 관한 좋은 소식이다. 성경에서 하나님 나라의 복음을 가장 잘 보여주고 있는 것이 주기도문이다(마 6:9~13; 눅 11:2~4). 우리는 이 기도를 통해 하나님 나라 백성으로 하나님의 이름과 나라와 뜻을 간구하는 동시에 그분의 다스림을 받으며 살겠다고 고백한다.[1] 하나님 나라 복음은 이 세상에서 살아가는 모든 공적 사적 영역에 관한 하나님의 통치와 개입을 선포한다.

개인의 영혼 구원에만 머무는 복음은 없다. 복음을 연구하는 모든 신학은 공적이다. 영혼은 우리 몸 안에 머물며 모든 공적 삶을 몸이 살아내도록 이끌어간다. 그러므로 복음은 영혼에 들어가 몸을 지배함으로써 우리 몸이 존재하는 모든 공적 사적 영역에 영향을 미친다. 사도 바울은 그리스도인을 세상에 복음의 냄새를 풍기는 그리스도의 향기라고 말한다(고후 2:12~17).

그리고 예수님은 공생애 시작을 하나님 나라의 선포로 시작했다. "이르시되 때가 찼고 하나님의 나라가 가까이 왔으니 회개하고 복음을 믿으라 하시더라"(막 1:15). 예수님은 하나님 나라의 복음을 구체적으로 이렇게 설명했다. "주의 성령이 내게 임하셨으니 이는 가난한 자에게 복음을 전하게 하시려고 내게 기름을 부으시고 나를 보내사 포로 된 자에게 자유를, 눈먼 자에게 다시 보게 함을 전파하며 눌린 자를 자유롭게 하고 주의 은혜의 해를 전파하게 하려 하심이라"(눅 4:18, 19). 그리고 이사야 61장에 예언된 이 하나님 나라의 회복이 "너희 귀에 응하였느니라"고 선포했다(눅 4:21).

예수님은 하나님이 창조하신 이 세상을 구원하기 위해서 하나님 나라의 복음을 선포하셨다. 구원의 궁극적 목표는 개인의 영혼뿐만 아니라 하나님이 창조하신 세상 전체다. 그러므로 일터도 구원의 대상이 되어야 한다. 세상 속 일터는 세상과 사람들의 삶을 유지하고 지속적으로 존재하게 하는 엔진룸과 같은 곳이다. 일터가 멈춰 서면 하나님이 창조하신 세상은 대혼란에 빠지고 침

몰한다. 사람은 하나님의 청지기로서 우리의 일터에서 일하며 세상을 유지하고 관리하며 발전시키도록 하나님으로부터 위임받았다. 하나님 나라 복음은 타락한 일터를 구원하여 세상을 하나님이 기뻐하시는 영광스러운 나라로 완성하는 하나님의 능력이자 지혜다. 복음은 일터라는 공적 영역에서 활동하는 모든 그리스도인에게 복음의 부르심에 합당하게 살 것을 요청한다.

그리스도인은 자신이 속한 정치 경제 사회 문화의 현실 속에서 복음의 가치를 실현하며 살도록 이곳으로 보냄을 받았다. 일터에서 그리스도의 제자로 살아가기 위해서는 각자의 일터에서 복음의 가치를 실천할 권한과 책임을 그리스도로부터 받았다는 사실을 분명하게 알아야 한다. 그리스도인의 노동 문제를 오랫동안 연구해온 미로슬라브 볼프(Miroslav Volf)는 "신앙인은 각자 생각하는 바람직한 삶의 이상을 공적 영역에서 자유롭게 제시할 수 있어야 한다"고 말했다.[2] 이것이 '세상 속에 존재하지만 세상에 속하지 않은' 그리스도인이 해야 할 일이다. 복음은 일터 구원을 위한 신학적 노력을 우리에게 요청한다.

시대의 필요에 응답하는 신학

신학은 세상과 상관없이 영혼 구원을 위한 복음과 불변하는 하나님의 진리에 대한 학문이 아니냐고 반문할 수도 있다. 한편으로는 맞는 말이다. 복음은 불변하는 진리이지만, 그러나 복음을 연구하는 신학은 시대의 산물이다. 따라서 신학은 불변하시는 하나님의 본성뿐 아니라 시시각각 변하는 세상과 삶에 하나님이 어떻게 관계하시는지를 연구하는 학문이다. 신학은 그리스도인들이 살아가는 그 시대의 필요를 반영한다. 실제로 신학은 모든 시대에 걸쳐 당대의 신앙적 사회적 이슈와 씨름해왔다.

하나님의 말씀으로서 성경은 역사적 진공상태가 아니라 이스라엘과 이방인들의 역사적 상황을 배경으로 주어진 하나님의 계시다. 마틴 루터(Martin Luther)는 로마 가톨릭 교회의 부패 문제를 극복하기 위해 이신칭의 교리를 재발견하고 종교개혁을 이끌었다. 18~19세기의 슐라이어마허(Friedrich D. N. Schleiermacher)는 인간 이성의 한계 안으로 종교(기독교)가 축소되는 계몽주의 철학과 신학에 대항하여 개인의 감정에 의존하는 신앙을 주장하며 자유주의 신학을 개척했다. 칼 바르트(Karl Barth)는 인간중심적 자유주의 신학의 허점을 고스란히 드러낸 1·2차 세계대전으로 황폐화 된 기독교 세계를 다시 세우기 위해 하나님이 자신을 계시하신 성경에 근거한 신정통주의 신학을 주창했다.

이처럼 신학은 어느 시대나 현실적 필요에 따라 변해왔다. 후카이 토모아키(深井智朗)는 신학이 교회라는 "구체적인 현장을 가진 뚜렷한 실천 학문"이라고 주장한다.[3] 신학은 역사적 현장과 실천이라는 교회를 위한 학문이라는 뜻이다. 교회는 성도들이 모이는 공간만을 의미하지 않는다. 흩어지는 교회로서 존재하는 그리스도인이 살아가는 모든 일상의 현장 또한 교회 현실이다. 여기에는 일터, 가정, 시민사회, 사적 모임 등도 포함된다. 일터신학은 성도들과 일하는 목회자들이 살아가는 일터 현실을 다루는 실천적 학문이다.

요즘 그리스도인의 삶의 근거지인 일터가 크게 요동치고 있다. 전통적으로 안정되었던 일터는 거듭된 금융위기-1997년 IMF 사태, 2008년 금융위기 사태-코로나19, 미·중 갈등, 우크라이나 전쟁, 기후변화 등으로 예측하기 어려운 위기에 직면하고 있다. 이처럼 예측할 수 없는 수많은 변수들에 영향 받을 수밖에 없는 일터에서 성도들이 갈수록 치열한 생존경쟁에 시달리며 전쟁하듯 생존을 이어가고 있다.

대부분의 그리스도인들은 일터에서 신앙인의 정체성을 의식하지 못하고 살아남기 위해 이리저리 흔들리며 힘들게 살아간다. 신실하고 선량한 그리스도인들은 열악한 일터 환경에서 신앙 윤리와 양심을 지키고 싶어도 뚜렷한 방법을 몰라 방황하는 경우가 적지 않다. 일터라는 공적 전문 영역에서 신앙 양심을 지키는 일은 어렵다. 더군다나 일터는 점점 탈종교화 되어가고 있다.

많은 그리스도인들이 일터에서-특히 공공기관이나 대기업 등 종교적 중립 혹은 무관심이 엄격하게 요구되는 일터에서-신앙을 적극적으로 표현하지 못하도록 압박을 받는다. 이들은 일터에서 일과 신앙의 연결고리를 찾지 못한 채 '교회에서는 영혼을, 일터에서는 몸을' 따르는 이원론적 삶을 살아간다. 일터에서 그리스도의 향기로 존재하기가 힘든 상황이다. 일터신학은 이러한 시대적 상황에서 영혼과 몸, 신앙과 일이 완전히 다른 것으로 분리되지 않고 최대한 통합되는 그리스도인의 일터 생활을 추구하는 학문이다.

시급하게 필요한 일터신학

일터라는 공적 세계에서 일하며 살아가야 하는 그리스도인의 공적인 역할과 신학의 공공성을 회복하기 위해 일터신학이 시급하게 필요하다. 교회가 평신도들의 일터에 관심을 가져야 한다는 목소리가 여기저기에서 들려오고 있다. 미국의 철강회사 영업부서 매니저였던 윌리엄 딜(William E. Diehl)은 "직장에서 그리스도인들은 온갖 문제들과 씨름하면서 거의 무신론자나 우상숭배자로 살아가고 있는 지경이지만 교회에서는 관심이 없다"고 푸념했다. 그는 기독교 신앙이 일터에서 영향력을 발휘할 수 있도록 일터 그리스도인들을 향한 교회의 관심과 양육이 시급히 필요하다고 강조했다. 그가 이러한 문제의식을 바탕으로 쓴 책 『월요일을 기다리는 사람들』(*Thank God, It's Monday*)은 일터신학을 향한 갈망의 표현이었다.[4]

한국에서도 20세기 후반부터 평신도 신학에 대한 관심이 일기 시작하고 헌신 된 직장인 평신도들이 일터신학에 대한 책을 찾아서 읽기 시작했다. 캐나다의 일터신학자 폴 스티븐스(R. Paul Stevens)의 책들은 출판되고 얼마 지나지 않아 한국에서 번역되는 기독교 인기 서적 가운데 하나였다. 스티븐스 교수가 자신의 영어책보다 한국어책이 더 많이 팔린다고 말할 정도다.[5] 일터 그리스도인들이 일터에서 부딪히는 문제들을 신앙의 가치관으로 이해하고 해결하려 노력하고 있다는 증거다.

교회는 일터에서 신앙인으로서 일관된 삶을 살고자 하는 성도들의 '거룩한' 요구에 부응해야 한다. 그리스도인들이 비그리스도인들과 어울려 일하는 일터는 교회의 최우선 선교지임에 틀림없다. 일터에서는 복음이 거의 들리지 않기 때문이다. 좀 더 정확히 말하면 일터는 복음을 거부한다. 그러므로 복음은 멀리 있는 해외 선교지뿐만 아니라 교회의 성도들이 매일 출근해서 하루종일 일하는 일터에서도 전해져야 한다. 최근에는 성도들의 일터에 관심을 가지거나 직접 일터 현장에 뛰어드는 목회자들과 평신도들이 늘어나고 있는데 이는 고무적인 현상이다. 일터신학은 이러한 시대적 요구에 대한 신학자와 목회자 그리고 평신도들의 응답으로 태어났다.

일터신학이란 무엇인가?

일터신학의 역사 및 최근 동향

일터신학은 사실 새로운 아이디어가 아니다. 이미 성경 안에 일터신학이 들어있다. 일과 일터는 성경에서 빈번하게 언급되고 있는 소재이자 주제다. 구약의 율법은 이스라엘 백성들의 거룩한 노동을 규정하고 있다(레 19:9~16, 35~36; 신 24:10~22). 예수님은 목수로 일하셨다. 그의 제자들은 어부, 세리, 텐트수공업자 등으로 일했다.

일터와 일을 배경으로 한 예수님의 설교도 적지 않다. 신약성경에 기록된 예수님의 사역 132회 중 122회가 그리고 예수님의 비유 52개 중 45개가 일터를 배경으로 한다.[6] 바울과 베드로는 일터 윤리를 직접 언급한다(엡 6:5~9; 골 3:22~4:1; 벧전 2:18~25). 초대교회 성도들은 자신의 일과 신앙이 분리되지 않았다. 교회는 성도들의 직업 활동을 엄격하게 감시하고 부당하게 번 돈은 헌금으로 받지 않는 등 일과 일터를 신앙의 영역에서 배제하지 않았다.

그러나 고대 그리스 철학의 영향을 받은 중세 교회는 일터에서 일하는 사람들의 삶을 교회에서 일하는 사람들의 삶과 차별했다. 토마스 아퀴나스(Thomas Aquinas)는 "활동적인 삶은 속박(bondage)이고, 관조적인 삶은 자유(freedom)이다"며 육체적인 삶의 필요를 채우기 위한 활동적인 삶보다 하나님을 묵상하는 관조적 삶이 훨씬 더 값어치 있는 것이라고 강조했다.[7] 이 시대에 하나님의 소명은 성직자나 수도자가 되는 교회 안으로의 부르심을 의미했다. 하나님의 소명을 받은 사람은 일하던 세상에서 떠나 교회 안으로 들어갔다. 교회 밖 세상에서 살아가는 평신도들은 일을 하여 성직자들의 종교적 소명을 물질적으로 돕는 역할에 만족해야 했다. 교회는 농부나 대장장이, 제빵업자 등 생계 필수품을 생산하기 위해 땀 흘려 일하는 사람들의 노동은 존중했으나 상업, 금융, 무역 등 돈을 이용해 돈을 버는 사람들을 죄인으로 경멸했다. 중세 교회는 초대교회 안에 있었던 일터신학의 맹아를 살려내지 못했다.

그러나 종교개혁은 일터신학의 맹아를 살려냈다. 루터는 모든 성도들이 자신의 직업에서 하나님의 제사장으로 거룩한 부르심을 받았다고 강조했다. 루터에 따르면, 성직자와 농부, 상인, 영주, 기사 등 세상에서 일하는 모든 사람들은 하나님의 청지기로 일하는 직업적 소명을 받았다. 루터는 적법한 모든 직업이 하나님이 그리스도인을 부르시는 거룩한 소명 현장이라고 강조했다.[8]

루터가 발견한 직업 소명론[9]이 종교개혁가들에 의해 수용되고 발전되면서 유럽 사회에서 자본주의 경제가 빠르게 발전했다. 개신교는 세상 속 직업과 노동을 더 이상 차별하지 않았다. 오히려 세상의 일을 소명으로 여김으로써 하나님의 구원으로 부르시는 소명과 분리되어 일 중심의 사회를 만드는 데 기여했다는 비판을 받기도 했다. 오스 기니스(Os Guiness)는 소명을 강조한 청교도 시대 이후에는 믿음과 소명이 분리되어 "그리스도인 개개인이 소명을 지녀야 한다는 본래의 요건이 나중에는 시민 개개인이 직업을 가져야 한다는 요건으로 변해 버린" 왜곡된 상황이 왔다고 지적한다.[10]

종교개혁으로 개신교에 의해 직업 소명론은 기독교 역사에 처음 체계적으로 모습을 드러냈지만 일터신학이 체계적으로 발전하지는 못했다. 종교개혁 이후 개신교가 유럽 사회에 뿌리내리는 과정에서 교회가 목회자 중심의 제도와 신학에 집중했기 때문이다. 근대에 들어 사회가 종교와 분리되는 세속화 과정에서 교회는 평신도들이 살아가는 직업의 세계에 대한 관심보다 교회 내부의 사역과 영혼의 문제에 집중했다. 신앙은 개인의 주관의 영역으로 물러나고, 일터는 객관적이고 공적인 과학과 이성의 세계에 포위되었다.

20세기 들어 두 차례 세계대전으로 무너진 기독교 세계에서 교회는 다시 일터에 관심을 보이기 시작했다. 세상과 분리된 교회에 대한 반성의 일환이었다. 이번에는 세계교회협의회가 앞장섰다. 교회협의회는 1925년 스웨덴 스톡홀름에서 열린 '삶과 일 컨퍼런스(Life and Work Conference)'를 비롯해 여러 차례의 대회에서 평신도들의 삶과 일을 통해 세상에 영향을 끼치는 방안들을 논의하며 일터신학의 기초를 제공했다. 로마 가톨릭 교회도 1960년대의 평신도 운동을 배경으로 제2차 바티칸공의회(1962~1965년)에서 '일과 신앙의 통합'을 강조했다. 또한 복음주의자들도 1974년 시작된 로잔언약운동에서 사회적 책임을 복음주의 신앙생활로 포용한 이후 일터신학에 대한 관심을 꾸준히 키워왔다. 그리고 2004년에는 일터신학과 일터사역에 대한 과제보고서를 채택하기도 했다.

일터신학은 20세기 후반에 미국, 영국, 호주, 캐나다 등 영어권 일부 신학교에서 교과목으로 채택되었다. 일터신학에 대한 다양한 연구물과 저작이 나오면서 '일과 신앙의 일치운동'(Faith and Work Movement)이 번져나갔다. 한국에서도 21세기에 들어 평신도들을 중심으로 폴 스티븐스의 평신도 신학과 일터신학 관련 서적들이 번역 소개되면서 관심을 보이기 시작했다.

그 이전에도 한국교회가 성도들의 일터에 관심을 보이지 않은 것은 아니었다. 영등포산업선교회가 공장 노동자들의 복지와 교육을 위한 사회운동을 벌이는 등 진보적 교회와 선교단체들의 활동이 있었지만 정치적 관점의 차이로 한국의 대다수 보수적 교회를 끌어들이지는 못했다. 대신 보수적 교회와 단체들은 직장 신우회와 직장 선교 혹은 직장 사역단체들의 활동을 꾸준하게 벌여왔다. 그러나 이들의 활동은 교회 예배 혹은 성경공부를 직장에서 반복하는 정도에 머무르고 일과 일터를 사역의 대상으로 삼는 데까지 나아가지는 못했다.

2000년대 초부터 일과 신앙의 문제를 고민하던 깨어 있는 평신도들을 중심으로 일터신학이 교회에 소개되기 시작했다. 세계적으로도 영어권 신학교와 교회를 중심으로 일터신학을 주제로 한 책들이 쏟아져 나왔다.[11] 지난 20년 동안 한국 기독교 출판사들도 일터신학의 주제들을 다루는 해외 신학자와 목회자들의 책을 다수 번역해 출판했다. 그러나 한국 신학교에서는 아직 일터신학을 연구하며 가르치는 분위기가 적극적으로 조성되고 있지는 않은 형편이다.

일터신학의 정의

일터신학은 그리스도인들이 일터에서 하나님의 청지기/대리인/제사장의 정체성을 가지고 일할 수 있도록 이론과 실천을 동시에 가르치는 신학이다. 일터신학은 영어로 marketplace theology로 표현된다. 일터신학을 영어로 직역하면 workplace theology가 더 적합할 것 같지만, 일터신학의 '일터'는 일하는 장소로서의 일터뿐만 아니라 일하는 사람들과 일 자체를 포괄하는 확장된 개념이기 때문이다. 일터신학이 처음 한국에 소개되어 용어가 제대로 정립되지 않았을 때, marketplace theology가 '장터 신학'으로 번역되기도 했으나 요즘은 '일터신학'으로 통용되고 있다.[12] 우리는 이 책에서 marketplace theology를 '일터신학'으로 사용할 것이다.

폴 스티븐스는 일터신학을 "성경에 계시 되고 하나님의 백성들이 역사 속에서 경험한 하나님의 목적과 뜻과 현존이라는 관점으로 세상에서 일하는 사람의 일(들)을 이해하고 실천하는 것"이라고 정의한다.[13] 그에 따르면, 일터신학은 일하는 사람(worker)이 일터(workplace)에서 하는 일(work)에 대한 신학적 고찰이다.[14] 일하는 사람과 일터와 일이라는 세 가지 요소가 상호 관계하면서 발생하는 다양한 현상들을 성경적 관점으로 이해하고 실천할 수 있는 방법들을 연구하는 학문이다.

일터신학이 노동(labor)이라는 용어보다 일(work)이라는 용어를 주로 사용하는 이유는 '노동=직장에서 고용되어 돈 받고 하는 일'이라는 경제적 고정관념을 피하기 위한 의도다. 일터신학은 주로 직장에서 노동자가 돈을 받고 하는 노동을 다루지만 돈이 노동의 모든 것, 심지어 가장 중요한 목적이 아니라는 점을 강조한다. 또한 일터신학의 일은 가정이나 비영리단체 등에서 돈을 받지 않고 하는 봉사 성격의 일을 배제하지 않는다. 일터신학은 일의 대가를-주로 돈으로-받는지 여부와 상관없이 육체적 정신적 에너지를 사용하는 모든 일에 차별적 가치를 부여하지 않는다. 어떤 교회의 가정주부들은 자신들을 '명함 없이 일하는 사람'이라고 표현했다. 노동과 일의 개념이 이렇게 구분될지라도 일터신학은 '노동'과 '일'을 개념적 구분 없이 교차 사용하기도 한다.

일터신학의 목적

일터신학은 그리스도인이 일의 의미를 이해하고, 올바르게 실천하여, 세상에 하나님의 복을 전달하는 사명을 감당하게 하는 학문이다.

일의 의미 이해

첫째, 일터신학은 우리가 하는 일에는 하나님이 주신 특별한 의미가 있음을 강조한다. 그리스도인뿐 아니라 비그리스도인 직장인들을 괴롭히고 있는 고질적 문제들 가운데 하나가 일의 무의미성이다.[15] 단지 생존을 위해 일한다고 생각하는 직장인들은 일에서 만족하지 못하고 허무감에 시달린다. 생존을 넘어서는 본질적 혹은 초월적 의미를 일에서 발견하지 못하기 때문이다. 그들은 전도서 기자처럼 "해 아래에서 내가 한 모든 수고"를 미워하고 실망하며 직장을 떠날 때에는 "모든 것이 헛되다"고 한탄한다(전 2:18~21).

현대인들은 의미 결핍에 시달리고 있다. 전통적인 가치나 종교적인 가르침의 영향에서 벗어나 자신의 주체적 삶을 추구하는 포스트모던 사회에서 자기 밖으로부터 삶의 의미를 발견하는 사람들이 그리 많지 않다. 특히 직장인들은 '나의 진정한 삶'을 직장 안에서 찾기보다는 직장 밖에서 찾으려 한다. 직장은 '나의 진정한 삶'을 가능하게 하는 경제적 수단을 버는 곳으로서의 가치로만 존재한다. 직장인들은 가능한 짧은 시간 일하면서 더 많은 돈을 벌고 직장 밖에서 살아가는 시간을 늘리고 싶어 한다. 직장은

'나의 진정한 삶'을 위한 보조수단에 불과하다. 직장에서 삶의 의미를 발견하고 실현하려는 노력을 구태여 하지 않으려 한다.

그러나 교회는 하나님께서 모든 그리스도인에게 일터에서 일하는 소명을 주셨다고 가르쳤다. 일의 소명은 곧 일하는 의미를 실현하라는 하나님의 뜻이다. 우리가 직장에서 하는 일에는 하나님이 주신 특별한 의미 혹은 목적이 담겨 있다. 그리스도인이 행복한 직장생활을 하려면 하나님이 주신 일의 의미를 알아야 한다. 종교개혁자들의 큰 공헌 가운데 하나는 모든 그리스도인의 일에서 하나님의 소명이라는 의미를 발견해 낸 것이다. 일터신학은 우리의 일에는 하나님이 주신 초월적 영적 의미가 있으며, 이 의미를 실현하는 것이 우리의 소명임을 강조한다.

올바른 실천

둘째, 일의 의미를 실현하는 것은 하나님이 창조 세계를 선한 곳으로 회복하고 완성하시려는 역사에 동참하는 것이다. 그러나 우리의 제한된 지혜와 능력, 우리의 의도와 의지를 왜곡하는 악한 세력들, 그리고 하나님의 선을 외면하는 사람들의 방해로 올바른 실천이 이뤄지지 않는 일들이 많다. 일터신학은 이러한 현실에서 그리스도인이 일의 의미를 각자의 일터 상황에서 올바르게 혹은 선하게 실현할 수 있도록 실천적 지혜를 연구하고 가르친다. 자신이 이해한 의미를 실현하기 위해 그리스도인은 그리스도에게서 각자의 일터 현실에 적용할 수 있는 원리와 방법을 배워야 한다. "그가 우리를 대신하여 자신을 주심은 모든 불법에서 우리를 속량하시고 우리를 깨끗하게 하사 선한 일을 열심히 하는 자기 백성이 되게 하려 하심이라"(딛 2:14).

그리스도인이 하는 일의 결과는 궁극적으로 하나님이 기뻐하시는 선한 열매로 나타나야 한다. 결과뿐 아니라 과정도 선해야 한다. 악한 수단으로 선한 결과를 기대하는 것은 기독교적 방식이 아니다. 타락한 일터에서 선한 과정으로 선한 열매를 맺기는 결코 쉽지 않다. 교회는 그리스도인이 일터에서 양처럼 순결한 영혼과 뱀처럼 지혜로운 전략으로 무장하도록 가르치고 구비시켜야 한다. 일터신학은 그리스도인이 일터에서 이러한 장벽들을 넘어 선하게 일할 수 있는 신앙적인 원리와 가능한 실천 방안들을 제시함으로써 일의 의미를 올바르게 실천하도록 돕는다.

하지만 그리스도인이 일의 의미를 실현하려는 소명의식과 선한 의지를 가지고 있어도 항상 원하는 대로 실천하기는 어렵다. 이로 인한 좌절과 실망과 실패는 그리스도인의 일터 현실에서 상존한다. 그러므로 선한 실천은 과정의 오류를 감안해야 한다. 일터신학은 선한 실천에 실패한 그리스도인들에게 비판보다는 위로와 격려와 용기를 보내는 따뜻한 목회적 접근을 강조한다. 일의 의미는 한 번의 실천이 아니라 실패와 성공이 수없이 교차하는 과정 속에서 실현된다. 일터신학은 그리스도인이 일터에서 경험하는 악에 좌절하거나 두려워하지 않고 선한 실천을 지속하도록 소망의 근거를 제시한다.

세상에 하나님의 복을 전달함

일터신학의 궁극적 목적은 그리스도인이 하나님이 약속하신 복을 세상에 전달하기 위해 일하도록 세워주는 것이다. 하나님께서 그리스도를 통해 우리를 부르신 목적은 아브라함의 영적 후손으로서 세상에 하나님의 복을 전하기 위함이다. "여호와께서 아브람에게 이르시되 너는 너의 고향과 친척과 아버지의 집을 떠나 내가 네게 보여 줄 땅으로 가라. 내가 너로 큰 민족을 이루고 네게 복을 주어 네 이름을 창대하게 하리니 너는 복이 될지라"(창 12:1, 2).

일터신학은 그리스도인이 일터에서 매일 하는 일을 통해 하나님의 복을 창조 세계에 매일 전달함으로써 세상을 선한 곳으로 구원하고 유지하고 완성하는 하나님의 큰 계획을 그려준다. 우리는 일터에서 세상의 결핍을 채우고 필요에 부응하고 병든 곳을 치유하고 잘못을 고쳐주고 방향을 제시하는 일을 한다. 일터는 우리가 세상에 하나님의 복을 전하도록 설계된 '하나님의 디자인'이다.[16] 우리는 하나님의 뜻에 따라 일터에서 각자 맡은 일을 통해 세상을 축복하는 소명으로 살아간다. 노동의 진정한 의미는 하나님의 복을 세상에 전달하는 것이다.

청교도 신학자 윌리엄 퍼킨스는 신학을 다음과 같이 정의했다. "신학은 영원히 하나님의 복을 받으며 사는 것에 관한 학문이다." 폴 스티븐스는 퍼킨스의 정의를 차용해 일터신학을 이렇게 말한다. "일터신학은 영원히 하나님의 복을 받으며 일하는 것에 관한 학문이다."[17] 스티븐스는 일터신학은 일이 가지고 있는 세 가지 측면의 축복(blessing)을 다룬다고 말한다. 첫째, 일은 일하는 자기 자신을 향한 하나님의 축복이다. 둘째, 일은 이웃을 향한 하나님의 축복이다. 셋째, 일은 우리가 하나님을 축복(찬미)하는 것이다.[18] 일터신학은 우리가 일터에서 하는 일이 축복이 되는 행동을 하도록 그리스도인을 가르치고 소망을 가지게 한다.

일터신학 방법론

시급한 방법론 개발

일터신학은 그리스도인이 교회 밖 세상 속 일터에서 무엇을 위해 어떻게 일해야 하는지를 연구하는 실천적 목표를 가지고 있다는 점에서 실천신학적이다. 그러나 전통적인 의미의 실천신학(practical theology)은 아니다. 전통적 실천신학은 목회자들의 교회 목회를 돕는 신학 분과다. 이 때문에 일터신학은 실천신학 분야가 아닌 응용신학(applied theology) 혹은 선교신학(mission theology) 분야에서 다루어지기도 한다.

한국의 신학교에서 일터신학을 독립된 학과목으로 채택한 곳은 2~3곳 정도이다. 아직은 일터신학이 뚜렷한 신학적 방법론에 근거해 주제들을 일관성 있게 다루어지고 있지 못한 현실 때문에 기존 신학자들과 교회에 매력을 끌지 못하고 있는 현실이다. 한국교회에는 일터사역자들은 많지만 일터신학을 전문적으로 연구하는 신학자들이 극소수에 불과하다. 일터신학이 독립적인 신학으로 발전하기 위해서는 일터신학만의 연구방법론 개발이 시급하다.

그럼에도 불구하고 연구자들은 대체적으로 일터라는 땅의 일과 하늘의 말씀을 통합적으로 사유하고 그리스도인의 실천적 원리와 방향성을 연구하는 방식으로 일터신학에 접근한다. 대표적으로 폴 스티븐스는 일터신학을 '아래로부터의 신학'과 '위로부터의 신학'이라는 두 가지 방식을 동시에 사용한다.[19] '아래로부터의 신학'은 그리스도인이 일터에서 경험하는 일상적인 모든 주제들을 다룬다. 예를 들어, 연봉, 이윤, 직장의 구조적 문화, 스트레스, 인간관계, 의사소통, 구체적인 윤리 상황, 연봉과 승진, 주일성수, 전도, 회식 등 다양한 현실적 이슈들이 모두 일터신학의 연구 주제다. 일터신학은 이러한 현실 문제들에서 시작한다. 일터신학자는 직장의 어려운 문제에 귀를 기울이고 신학적으로 생각한다.

'위로부터의 신학'은 기존의 전통적 신학의 관점으로 일터의 이슈들을 분석하고 적용하는 접근법이다. 일터신학은 전통적인 신학적 교리를 통해 땅의 문제들을 사유한다. 조직신학, 성서신학, 영성신학, 역사신학, 실천신학 등 다양한 신학적 전통에 의지해야 일터신학이 기독교신학으로 인정받을 수 있다.

예를 들어, 일터에서 그리스도인이 감당할 수 없는 윤리적 상황에서 방황할 때 목회자가 현실 타협을 조언해야 할 때가 있다. 이때 헬무트 틸리케(Helmut Thilieke)의 '타협 윤리'는 신학적 근거를 제시한다. 만약 목회자가 분명한 신학적 근거 없이 타협안을 제시할 경우, 자칫 상황윤리에 빠질 수 있다. 물론 상황윤리도 하나의 기독교윤리 방식이지만 자칫 그리스도인들에게 명분 없는 타협마저 쉽게 정당화하는 비규범적 행동을 낳을 수 있다.[20]

일터신학은 신학뿐 아니라 교회 밖에서 논의되는 일반 학문의 연구 성과와 방법론을 적극적으로 활용한다. 예를 들어 경제학, 사회학, 심리학 등 인문학적 혹은 자연과학적 연구 결과들이 그리스도인의 일터 현실을 이해하는데 도움이 된다. 김용규가 지적한 것처럼, 신학은 인문학과 다른 연구방법론을 가지고 있지만 "인문학을 지주로 삼음으로써…이 땅에 뿌리를 내릴 수 있다."[21] 일터신학은 현실 문제를 직접적으로 다루기 때문에 신학적 사유만으로는 충분하지 않다. 신학적 현실성이 떨어진다. 오히려 일반 학문들과 교류하며 서로 영향을 주고받는 학제 간 연구가 더욱 설득력 있다.

노동신학을 발전시킨 볼프는 칼 마르크스(Karl Marx)의 정치경제학적 분석을 통해 현대인들의 노동에서 인간소외의 문제를 분석했다.[22] 그러나 그는 이 문제를 해결하는 방법으로 마르크스주의 이론이 아니라 성령론을 활용함으로써 이론의 현실 적합성을 높였다.[23] 그러나 신학으로서의 일터신학은 인본주의적인 일반 학문과 구별될 수밖에 없어 학제 간 연구에도 신중한 접근이 필요하다. 이 때문에 일터신학 고유의 방법론이 구축되어야 한다. 일터신학은 특히 일터의 이해를 넘어 일터 변혁을 목표로 삼기 때문에 이에 적합한 방법론 개발이 필요하다.

일터 변혁을 위한 방법론

일터신학은 그리스도인의 실천을 최종 목표로 하고 있다는 점에서 실천신학 방법론에서 힌트를 얻을 수 있다.[24] 일터신학은 본질적으로 그리스도인이 일터에서 신앙을 어떻게 실천하는가에 관한 학문이다. 기존의 실천신학이 교회 안의 실천에 집중돼 있다면, 일터신학은 일터 안의 실천에 관심을 둔다. 반면 다른 신학들은 주로 이론에 집중한다. 일터신학은 실천을 신학적으로 사유한다는 점에서 실천신학에서 적합한 방법론을 찾을 수 있다. 리처드 아스머(Richard R. Osmer)는 교회가 당면한 문제를 해결하기 위해서는 네 가지 질문을 던져야 한다고 말한다. "무슨 일이 일어나고 있는가?" "왜 이런 일이 일어나고 있는가?" "앞으로 어떤 일이 진행되어야 하는가?" "우리는 어떻게 반응할 수 있을까?"[25]

이 네 가지 질문은 실천신학이 추구해야 할 네 가지 과제를 동시에 제시한다. 기술적-경험적(decriptive-empirical) 과제, 해석적(interpretive) 과제, 규범적(normative) 과제, 실용적(pragmatic) 과제.[26] 이 과제들은 문제를 이해할 뿐만 아니라 교회와 세상을 변혁시키는(transforming) 방법이다. 실천신학적 방법론은 단순한 이해나 문제 해결을 넘어 현실을 변혁시키는 결과를 예측하고 실천할 수 있는 원리와 구체적인 지침들을 제시한다. 이는 교회의 목회 대상인 그리스도인의 일상과 일터의 문제를 통해 하나님이 기뻐하시는 새로운 미래를 펼치는 것을 최종 목표로 삼는다.

첫 번째 기술적-경험적 과제를 수행하기 위해 목회자는 현장에서 일어나는 일들에 귀를 기울이며 문제를 있는 그대로 이해하고 원인을 분석한다. 이해하고 분석하는 과정에 사용할 수 있는 다양한 도구들 가운데 각각의 케이스에 적당한 도구를 분별하고 선택하는 것이 중요하다. 아스머는 이 과정을 '제사장적 청취'라고 부른다.[27] 목회자를 비롯한 교회 지도자들이 하나님과 세상 사이에서 중재하고 구원하는 제사장의 사역에 충실하려면 제기되고 있는 문제를 최대한 객관적이고 정확하게 이해하는 것이 중요하다.

일터 그리스도인들을 목회하려면 교회 지도자들이 먼저 그들로부터 일터 이야기를 듣는 것부터 시작해야 한다. 이 단계를 건너뛰면 목회자나 일터신학자는 그리스도인이 처한 고유의 현실과 문제에 대한 이해나 공감 없이 윤리적 책임을 강요하게 된다. 이런 방법은 일터 그리스도인들이 신앙을 어려워하고 성장하지 못하게 한다. 목회자나 평신도 지도자는 성도들이 일터 현실에서 겪는 어려운 문제들을 충분히 듣기 전에 해답을 제시하려는 충동을 억누르고 경청하는 자세를 가져야 한다. 경청에서 머물지 않고 그들이 겪는 어려움이 발생하는 이유를 치밀하게 분석해야 한다.

현실 문제를 경청하고 분석한 뒤에는 두 번째로, 이 문제를 해석하는 과제가 주어진다. 이 과제를 수행하기 위해서 교회는 이 문제를 다루는 일반 학문적 이론 혹은 경험 사례들을 살펴봐야 한다. 예를 들어 성도가 인사 경쟁으로 힘들어한다면, 경영학에서 규범으로 제시하는 인사관리 이론을 살펴보고 어떻게 적용해야할지 검토해야 한다. 그리스도인이 일상에서 겪는 문제는 교회 밖 전문가들의 연구 영역이다. 교회가 이런 문제를 다루면서 일반 학문의 도움을 받아야 하는 이유는, 일반 학문이 하나님의 일반 은총 안에 있는 세상의 문제들을 전문적으로 다루기 때문이다. 건전한 일반 학문 또한 일반 은총의 도구다.

일터신학도 마찬가지다. 일터 또한 하나님의 일반 은총 안에 있는 일상의 세계다. 목회자들이 일터 그리스도인의 문제를 실제적으로 돕기 위해서는 관련 전문가들의 연구와 책과 강의를 통해 지식을 쌓고 이해의 폭을 넓혀야 한다. 교회 지도자들이 전문가 수준까지 갈 수는 없을지라도 관련 지식을 배우고 대화할 때 성도와 쉽게 공감대를 형성할 수 있다.

세 번째 단계는 현실 문제를 신학적 개념들을 활용해 분별하는 것이다. 아스머는 이 과정을 '예언자적 분별' 과정이라고 말한다.[28] 오랜 세월 교회공동체가 그리스도의 복음을 지키고 실천하기 위해 개발한 교리와 신학적 개념, 교회 전통이라는 규범 안에서 현실 문제를 창의적으로 재해석해야 한다. 구체적인 실천 전략이나 원칙을 정하기 전에 현실 문제를 향한 하나님의 뜻을 예언자적 정신으로 분별해야 한다. 그리고 최종적으로 실천은 교회공동체에 적합해야 한다.

일터신학은 일반 학문과 고립되거나 포위되어서는 일터 현실을 변혁할 수 없다. 변혁의 힘은 복음의 능력에서 나온다. 일반학문의 연구 결과를 이용해 현실 문제를 분석하되 복음의 능력으로 일터 그리스도인을 무장시켜야 한다. 이 과정에서 일반 학문은 그리스도인들이 현실을 거부하지 않고 이해하고 포용할 수 있는 힘을 제공한다. 하지만 일터를 변혁하는 힘은 그리스도의 진리와 성령의 지혜에서 나온다. 일터신학은 두 번째 과제에서 객관적으로 이해한 현실을 반드시 신학적으로 재해석하는 과정을 거쳐 교회를 위한 신학, 세상을 위한 신학이 되어야 한다.

네 번째인 실용적 과제는 문제를 해결하는 구체적 실천 계획을 마련하고 실행에 옮기는 것이다. 아스머는 이 과제를 섬김의 리더십 모델로 접근한다.[29] 교회공동체를 위한 모든 실천은 우리를 위해 자신을 희생하신 그리스도의 섬김을 따라야 한다. "섬김의 리더십은 그리스도의 본을 보다 충실하게 구현하는 방식으로 교회공동체의 변화에 영향력을 발휘하는 리더십이다."[30] 겸손의 왕으로서 섬김은 온유한 자세와 치밀한 전략과 치열한 노력, 그리고 끈질긴 인내가 필요하다.

일터신학은 특별히 이 네 번째 과제를 구체적 현실에서 어떻게 실현할 수 있는지를 고민해야 한다. 그리스도인들은 일터에서 그리스도의 제자로 타인을 섬기며 성례전적으로 존재하는 정체성을 간직해야 한다. 그러나 복잡한 현실에서 성례전적으로 존재하되 불의에 상습적으로 피해를 당하지 않고 정의와 공의를 실천할 수 있는 자세와 방법을 구체적으로 제시해야 한다. 일터에서는 섬김의 리더십이 교회와는 다른 양상을 띨 수밖에 없다. 일터를 하나님 나라로 변혁시킬 수 있는 고유한 섬김의 리더십이 개발될 필요가 있다.

아스머의 실천신학 방법론은 일터신학 방법론의 토대를 제공할 수 있다. 실천신학과 일터신학이 현실 변혁을 추구한다는 점에서 동일한 목적을 가지고 있다. 그러나 교회와 일터는 서로 다른 배경을 가지고 있다. 교회는 같은 믿음을 고백하는 종교적 공동체인 반면, 일터는 이윤을 목표로 하는 비종교적 조직으로 운영된다. 교회와 일터는 서로 다른 조직 목표를 가지고 있다. 일터신학은 실천신학의 대상이 아닌 '세속 사회'의 문제를 다룬다. 따라서 실천신학 방법론의 도움을 받되 일터신학 고유의 방법론 개발이 필요하다.

일터신학의 주요 신학적 토대

일터신학은 보편적으로 인정받으면서도 실천적 힘을 주는 신학적 토대가 필요하다. 일반적으로 일터신학은 기독교 세계관의 관점으로 일터와 일과 일하는 사람을 이해한다. 팀 켈러(Timothy Keller)는 그의 유명한 책 『일과 영성』(*Every Good Endeavor: Connecting Your Work to God's Work*)에서 일터와 일을 창조-타락-구원이라는 전통적 기독교 세계관으로 분석한다.[31] 기독교 세계관은 일터와 일에 대한 큰 그림을 그려주고 우리가 있는 자리와 목적을 이해하는 데 큰 도움이 되지만 일터 문제 해결에는 한계가 있다. 일터신학은 세계를 성경적 관점으로 이해하고 일터를 변화시키는 정서적 의지적 능력을 제시해야 한다. 일터에서 그리스도인들이 자신의 신앙을 지키고 표현할 수 있는 능력을 갖추려면 좀 더 역동적이고 탄탄한 신학적 토대가 필요하다. 기존의 모든 신학적 연구가 중요하지만 창조신학, 삼위일체, 제자도, 종말론과 같은 주제들은 일터신학을 이해하는데 중요한 신학의 주제들이다.

첫째, 창조신학은 일터신학의 출발지점이다. 창조의 하나님은 우리가 날마다 수행하는 일의 기원이다. 구약의 창세기에서 하나님은 창조하는 일을 하신다. 하나님은 일하시는 분이다. 하나님의 형상으로 창조된 사람은 하나님으로부터 세상을 다스리는 일을 위임받은 청지기다. 하나님이 창조하신 세상(에덴동산)은 사람의 일터다. 창조 이야기는 모든 사람이 일하라는 소명을 하나님으로부터 받았다는 사실을 진술한다. 사람은 하나님이 창조한 세상을 생명으로 충만하게 하고 번영케 하라는 소명을 받았다(창 1:28). 크리스토퍼 라이트(Christopher Wright)는 사람이 창조된 이유를 이렇게 설명한다. "창조 질서의 일부분으로서 우리 인간은 하나님을 찬양하고 영화롭게 하기 위해 존재할 뿐 아니라 나머지 창조 세계도 그렇게 하도록 도와야 한다."[32] 창조신학은 사람이 일하는 의미를 분명하게 말해준다.

둘째, 삼위일체 신학은 그리스도인이 일터에서 존재하고 일하는 방식을 설명한다. 성부 성자 성령 하나님은 그리스도인의 일터에 임재하신다. 삼위일체 하나님이 보냄-보냄 받음-능력부여-소명 실천의 방식으로 존재하듯, 그리스도인은 삼위일체 하나님의 임재 안에서 동일한 방식으로 존재한다. 성부 하나님의 보냄을 받아 세상으로 오신 성자 하나님은 우리를 하나님 안으로 부르시고 다시 세상 일터로 보내신다(요 17:18). 성령 하나님은 일터에 보냄 받은 그리스도인들이 그리스도의 제자로 그리스도의 말씀에 따라 일할 수 있도록 능력을 주셔서 성부 하나님의 뜻을 실천하게 도우신다(빌 4:13). 일터 그리스도인들은 삼위일체 하나님과 함께 살아가는 영성으로 일할 때 일터와 일에 실제적인 변화를 일으킬 수 있다.

셋째, 한편 그리스도의 제자도는 그리스도인이 일터에서 일하는 목적을 제시하고 구체적인 실천 원리를 제시한다. 그리스도인은 일터에서 그리스도께서 마지막으로 제자들에게 새 계명으로 주신 "내가 너희를 사랑한 것같이 너희도 서로 사랑하라"는 새 계명을 실천한다(요 13:34). 그리스도의 제자는 자신의 욕망과 뜻을 포기하고 하나님의 나라와 의를 위해 일하도록 부르심을 받았다(마 6:33; 막 8:34). 그리스도인은 자기 생계를 위해 일하지만 그 일이 동시에 이웃들을 향한 사랑의 행위가 되도록 일한다. 그리스도인에게 사랑은 윤리의 기준이다. 일터신학은 제자들이 그리스도처럼 일터에서 사랑한다는 것이 무엇을 의미하며 어떻게 사랑으로 일할 수 있는지 실천적인 원리들을 연구한다.

넷째, 그리고 종말론은 그리스도인들이 세상 속 일터에서 믿음 소망 사랑으로 일할 수 있는 근거를 제시한다. 종말론은 세상 끝에 펼쳐질 새 하늘과 새 땅에 대한 소망이 현재의 삶을 견인하는 신앙과 믿음을 열어준다. 그리스도의 재림으로 펼쳐질 종말의 세상에서는 현재의 물질세계가 소멸되지 않고 영광스러운 모습으로 완성된다(계 21:1~22:5). 지금 우리가 하는 일 가운데에는 새 하늘과 새 땅에 들어갈 수 없는 일도 있지만, 합법적이고 선한 일이라면 새 하늘과 새 땅에서 받아들여지고 완성될 것이다. "사람들이 만국의 영광과 존귀를 가지고 그리로 들어가겠고"(계 21:26). 종말론 신학은 악한 일터에서 하나님의 소명을 선하게 실천하는 그리스도인에게 어려움을 견딜 수 있는 희망을 준다. 일터신학은 종말론적 대망이 아직 완성되지 않은 하나님의 나라를 현재의 일터에 끼치는 영향력에 주목한다.

일터신학의 주요 주제들

일터신학은 일터에서 일어나는 거의 모든 주제들을 다룬다. 데이빗 밀러(David Miller)는 일터신학의 주제를 크게 일의 의미(meaning), 일터 윤리(morality), 일의 영성(mysticism), 일터 선교(mission) 등 네 가지 범주로 분류한다.[33] 일터신학의 한 분야인 일의 신학(theology of work)은 인간의 오랜 노동의 역사에서 일에 부여된 다양한 의미들을 분석하고 이들과 대비되는 성경적 신학적 일의 의미를 중점적으로 논의한다.[34] 일의 신학은 하나님을 사랑하고 이웃을 사랑하는 하나님 나라의 일이 현실에서 어떻게 구현될 수 있는지 연구한다.

첫째, 일의 의미는 일터에서 하는 일을 하나님의 소명으로 이해하는 것이다. 많은 사람들 심지어 그리스도인들도 먹고 사는데 필요한 돈을 벌기 위해 일한다고 생각한다. 또한 자기가 갖고 싶거나 성취하고 싶은 것을 위해 필요한 돈을 벌기 위해 일한다고 생각한다. 그러나 일터신학은 우리가 하는 모든 일에는 하나님이 주신 거룩한 의미와 목적이 있음을 알려준다. 일하는 성경적 신학적 의미를 발견하지 못하면 허무해진다. 일터신학을 통해 그리스도인은 생계를 위해 하는 일이 왜, 그리고 어떻게 하나님의 소명이라는 궁극적 가치를 추구하는지 알게 된다. 일하는 능력보다 중요한 것은 일하는 의미를 아는 것이다.

둘째, 일터 윤리는 그리스도인이 일터 현실에서 부딪히는 윤리적 문제들을 다룬다. 일터에는 명백하게 선악으로 판단할 수 있는 사안들만 있는 것이 아니다. 설령 선악을 구분할 수 있더라도 선을 행하고 악을 물리칠 능력이 없는 경우도 적지 않다. 선악의 구분이 어려운 회색 지대가 현실에서는 넓게 펼쳐져 있다. 그리스도인의 윤리적 어려움은 뚜렷한 윤리적 기준을 적용하기 애매한 회색 지대에서 일어나는 경우가 많다. 일터에는 인간관계, 의사소통, 돈 관리, 스트레스, 인사, 타협 등 다양한 윤리 문제들이 있다. 일터신학은 이런 윤리적 상황에 대처하는 방법을 연구한다.

셋째, 일터 영성은 그리스도인이 일터에서 소명과 사명으로 살아가는 실제적 힘이다. 그리스도인은 일터에서 성령과 함께 일해야 한다. 일터신학은 성령의 음성을 듣고, 어려운 업무와 사람들을 위해 기도하고, 일을 떠나 영적 안식을 누리는 영성 훈련의 중요성과 함께 실천 방향을 제시한다. 일터신학은 그리스도인들이 소명을 분별하는 지혜와 능력을 키우고 성령의 열매로 일터의 악과 싸우는 방법을 가르친다.

넷째, 일터는 선교 현장이다. 그리스도인은 하나님의 보냄을 받은 일터에서 하나님의 선교 사역에 동참하도록 부르심을 받았다. 일터에서 그리스도인은 선교적 소명을 받은 사람으로 살아간다. 그리스도인은 악한 일을 선하게 변화시키고, 스트레스 많은 일터를 일하기 좋은 일터로 개선하며, 동료들에게 복음의 가치관을 보여주고 복음을 들려줌으로써 선교 사명을 감당한다. 일터신학은 교회를 성도들의 일터를 통해 세상을 개혁하는 선교 전초기지로 여긴다. 교회는 평신도들을 일터 선교사로 양육하고 파송함으로써 간접적으로 세상과 관계를 맺는다.

일터신학의 전망과 과제

한국교회에서 일터신학의 관심이 서서히 높아지고 있다. 2000년대 초부터 평신도들이 찾기 시작한 일터신학은 목회자들에게도 익숙해지고 있다. 평신도들의 요구에 따라 혹은 목회적 필요에 따라, 그리고 일하는 목회자들이 늘어나는 현상 때문에 일터신학에 관심을 가지는 교회가 많아지고 있다. 그러나 아직도 교회에 낯설게 여겨지는 분야로 남아 있다.

직장에서 힘들게 살아가는 그리스도인은 목회적 돌봄을 받지 못하고 복음의 능력으로 일터를 변혁하지 못한 채 위축되어 있는 경우가 적지 않다. 교회에서 이들을 위한 적절한 프로그램이나 성경공부 기회를 찾기도 쉽지 않다. 한국일이 지적한 것처럼, "대부분의 평신도 운동과 목회 패러다임이 교회 성장을 지향하고"

있기 때문이다.[35] 1990년대부터 한국교회에 불기 시작한 평신도 운동의 초점은 평신도들의 삶의 현장보다는 목회자들의 교회 목회 동참에 있는 경우가 대부분이었다. 이 때문에 평신도들은 교회 안의 신앙에 머물고 일터에서는 "세속적 관점에 무의식으로 길들여져" 있다.[36] 교회는 코로나19로 위기를 겪으면서 세상, 특히 그리스도인의 일터와 지역사회에 대한 관심이 부족했음을 자각하기 시작했다.

이러한 분위기에서 고무적이게도 교회가 일터신학에 관심을 보이는 현상이 감지되고 있다. 한국직장인선교협의회, 직장사역연합, BAM(Business as Mission), 기독실업인회(CBMC) 등 많은 직장선교단체들이 지난 40여 년 동안 교회 밖에서 일터 그리스도인들을 위한 사역을 해왔다. 그럼에도 불구하고 이들의 노력이 교회에 끼친 영향은 제한적이었다. 많은 교회가 일터 그리스도인에 대한 체계적이고 현실적이고 지속적인 목회적 돌봄을 제공하지 못하고 있다. 특히 신학교에서 미래의 목회자들을 대상으로 일터신학을 가르치는 곳은 태부족이다.

교회가 세상에 영향력을 행사하려면 하나님께서 주신 복음을 믿고 복음의 능력으로 세상을 구원하려는 소명과 의지가 충만해야 한다. 교회가 세상을 변화시키지 못하면 세상이 교회를 타락하고 쇠락하게 만든다. 일터신학은 종교개혁 이후 오랫동안 교회가 잊고 있었던 직업의 소명을 재발견했다. 또한 하나님께서 그리스도인들의 직업과 노동을 통해 세상을 유지하고 발전하고 축복하신다는 성경적 메시지를 전한다.

코로나19 이후 요동치고 있는 세계정세와 경제 현실에서 일터 그리스도인은 어느 때보다 심각한 도전과 위기에 직면하고 있다. 교회는 이러한 시대에 일터신학을 공부하고 성도들에게 일의 소명을 가르침과 동시에 그들을 위로하고 돌보는 사역을 개발해야 한다. 교회는 성도들의 일상의 삶에 깊은 관심을 가지고 제사장의 사명을 감당할 수 있도록 양육할 의무가 있다. 교회가 성도들을 통해 세상에 개입하고 영향력을 끼칠 때, 세상은 하나님이 기뻐하시는 창조 세계로 변화되며 완성되어갈 것이다.

한국 사회는 오랜 군부 독재 정권을 무너뜨리고 민주 정권을 세우는 정치적 민주화를 이루었다. 많은 권위주의적 제도들이 국민 주권적 제도로 개선되고 있다. 그러나 한국 민주주의는 돈이 우상이 되어가고 생존경쟁이 격화되어가는 불행한 일상의 현실을 변화시키지는 못했다. 국민들의 일상이 행복해지려면 그들의 일터가 행복한 곳으로 변화되어야 한다. 이것이 이 세상을 창조하신 하나님의 뜻이다. 교회는 하나님의 나라와 뜻을 위해 성도들이 자신의 일터를 다 행복하게 일하며 함께 살아가는 곳으로 변혁할 수 있도록 준비시켜야 한다. 성도들이 신앙인으로서 일터에서 공적 삶을 살아갈 수 있도록 교육해야 한다.

일터신학은 교회가 사용할 수 있는 많은 프로그램 가운데 하나가 아니다. 일터신학은 교회 목회를 돕는 콘텐츠를 제공함과 동시에 교회가 걸어가야 할 방향을 제시한다. 일터신학은 목회 전반에 영향을 끼친다. 교회가 세상에 존재하는 목적을 이해하고 실천하도록 이끈다. 예배와 설교에 변화를 가져온다. 그리스도인의 삶이 복음과 일치하도록 격려하고 도와준다. 일터신학은 위기를 맞고 있는 한국교회를 새롭게 하는 데 기여할 수 있다. 이를 위해 교회는 일터신학을 연구하고 공부하는데 많은 관심을 가지고 투자해야 한다. 일터신학은 교회와 그리스도인이 세상의 빛과 소금으로 살아가는 길을 제시할 것이다.

제2장
우리는 왜 일을 하는가?

하나님은 생명을 위해 일하라는 소명을 주셨다

고달픈 직장생활

신앙을 위해 '세속 직업'을 떠나다

20대 후반에 기자 생활을 시작한 L씨는 40대 초반의 유능한 기자로 인정받고 있었다. 취재력이 좋고 책임감이 커서 선후배들에게 칭찬받던 그가 어느 날 회사에 사표를 내고 떠나자 동료들은 깜짝 놀랐다. 아무도 그의 미래를 의심하지 않은 터였다. 그는 다른 기자들의 추측과 달리 다른 언론사로 이직하지 않고 일 년 동안 해외에 나가 쉬었다. 다음 해에 그는 신학교에 들어가 목회자가 되는 길을 밟았다. 다시 한 번 주변 사람들을 놀라게 했다.

그는 퇴직 3~4년 전부터 자기 직업에 회의를 느끼고 있었다. 특히 취재하면서 만난 성직자들의 삶에 깊은 감동을 받고 "나는 이대로 살아도 될까?"라고 스스로 질문했다. 어려운 사람들을 돕고 거룩하게 보이는 성직자들의 삶을 가까이 보면서 그는 기자라는 직업이 세속적으로 느껴졌다. 자기 일이 가볍다는 생각이 들었다. 그는 일하면서 지은 죄를 속죄하는 마음으로 종교기관과 사회복지 기관에 자주 기부를 했지만 그것으로 마음이 편해지지는 않았다.

그는 부모로부터 기독교 신앙을 물려받아 주일에는 교회에 나가 예배를 드렸지만 주중에는 일터에서 신앙과 상관없이 선배들에게 배운 대로 일해왔다. 특종을 위해서라면 거짓말도 주저하지 않았고, 불법적 수단을 사용하기도 했다. 다른 기자들과 경쟁에서 이기는 것을 최고의 미덕으로 여겼다. 때론 회사 고위층의 민원을 해결하기 위해 권력기관의 비리를 덮어주기도 했다. 그는 기자로 성공하기 위해 기자의 권한을 마음껏 활용했다.

하지만 L씨는 성직자들을 만나고 난 뒤에 마음이 흔들렸다. 자기가 하는 일이 보잘것없어 보였다. 신앙인으로서 부끄럽다는 죄책감도 들었다. 이런 마음이 들자 기자 생활이 점점 싫증났다. 힘들지만 재미있게 해오던 일이 만족스러운 의미를 발견할 수 없는 일이 되어갔다. 먹고 살기 위해 돈 버는 것 외에 일하는 다른 목적이 없었다. 그는 인생을 가치 있게 살고 있다는 생각이 들지 않았다. 그는 자신의 미래를 고민하기 시작했다. 그리고 기자라는 '세속 직업'을 떠나고 싶었다. 오랜 고민 끝에 그는 성직자의 삶을 살기로 결정했다. 신앙인으로 세상 일터에서 제대로 살기는 어렵지만, 그렇다고 신앙을 포기할 수 없다고 판단했기 때문이었다.

'세속 직업'에는 신앙의 의미가 없나?

신앙인으로서 L씨의 선택은 올바른 것이었을까? 그의 선택을 옳고 그름으로 단순하게 판단할 수는 없지만 새로운 선택에 이르기까지 고민했던 과정에 대해서는 짚어봐야 할 점들이 있다. 그는 자신의 직업을 성직과 구분되는 '세속 직업'으로 구분했다. 성직은 소명을 따르는 삶이고, 기자는 소명과 관련 없는 삶이라고 생각했다. 성직자들에 대해서는 가난하지만 거룩한 가치를 추구하는 직업으로 높이 평가했다. 반면 기자인 자신은 생존에 급급한 직장인으로 평가 절하했다. 그가 말하는 '세속 직업'에는 신앙적 의미가 없을까?

일반적으로 직장인들은 L씨처럼 거룩한 일과 세속적 일을 구분하는 이분법적인 직업관에 익숙하다. 이러한 직업관은 오랜 전통을 가진 보편적인 생각이다. 마크 트웨인(Mark Twain)은 "일은 피할 수 없는 필요악"이라고 말했다. 지그문트 프로이트(Sigmund Freud)는 "대다수는 오직 필요에 의해 강제될 때에만 일한다"고 말했다.[1] 사람들은 가능한 일하고 싶지 않지만 생계를 위해 어쩔 수 없이 일한다는 부정적 인식을 가지고 있다. 영어에서 일, 노동, 작업을 뜻하는 단어 가운데 하나인 travail에 대해 옥스퍼드와 캠브리지 영어사전은 "힘든 일이나 어려움 등으로부터 오는 불쾌한 경험 혹은 상황"이라고 정의한다. 이 단어는 고문 기구를 뜻하는 중세 라틴어 트레파리움(trepalium)에서 왔다.[2] 그만큼 일은 힘든 것이라는 의식이 사람들의 마음을 지배하고 있다.

플라톤과 아리스토텔레스 같은 고대 그리스 철학자들은 돈을 버는 일에 대해 자유인이 아니라 노예들이 해야 하는 저주스러운 것이라고 가르쳤다. 몸으로 일하는 사람은 자유가 없는 노예 같은 사람으로 취급했다. “자신의 생산물을 판매하는 장인과 자신의 용역을 빌려주는 노동자(…)는 모두 자신이 아닌 타인의 필요를 충족시키기 위해 일한다. 장인과 노동자는 생계를 위해 다른 사람들에게 의존하므로 더 이상 자유롭지 않다.”[3] 고대 사회의 시민들은 덕을 쌓고 명상을 하며 형이상학적 지식을 추구하고 정치에 활발하게 참여하는 일에 전념하였고, 노예들은 시민들의 경제생활을 위해 대신 땀 흘려 일해야 했다. 심지어 스파르타에서는 시민들이 몸으로 노동하는 것이 법으로 금지되기도 했다.[4]

그리스 시대의 노동 천시 전통은 중세 기독교 사회에도 영향을 미쳐 종교적 일과 세속적 일을 차별했다. 동양사상도 크게 다르지 않다. 한국 역사에서도 공부하고 글 쓰는 양반들의 일과 몸으로 하는 일을 엄격하게 차별하던 사농공상(士農工商) 사상이 오랫동안 이어졌다. 현대인들은 모든 직업에서 법적 차별을 제거했지만 종교적 일과 세속적 일에 대해서는 여전히 다른 가치를 부여하고 있는 성속 이원론적 태도에서 크게 벗어나지는 않았다.

이러한 이원론적 직업관과 일에 대한 생각은 현대 젊은이들에게서도 발견된다. 최대한 일찍 많은 돈을 벌어 직업에서 은퇴하는 파이어(FIRE)[5]족에 대한 갈망이 그 예다. 이들에게 일은 돈을 버는 수단 그 이상의 가치를 가지고 있지 않다. ‘진짜 내 인생’은 충분히 먹고살 만한 돈을 벌어놓고 일하지 않고 살아가는 것으로 생각한다. 주식과 가상화폐, 부동산 등 단기적으로 많은 돈을 벌어 힘든 직장생활에서 벗어나고 싶은 사람들도 적지 않다. 이러한 현상은 '세속 직업'은 피곤한 것 혹은 저주라는 전통적 의식의 현대식 표현이라 말할 수 있을 것이다.

사실 몸으로 하는 일이 정신으로 하는 일보다 열등하다는 인식과 종교적 일은 하나님의 거룩한 소명이고 세속적 일은 더러운 생존 수단이라는 생각은 성경적 근거가 없다. 하나님이 사람의 몸으로 오신 그리스도의 성육신 사건은 영혼과 육신, 정신과 물질의 차별을 철폐했다. 그리스도 안에서는 자유인인 주인과 노동을 하는 종은 한 형제였다(갈 3:28). 지성근이 말한 것처럼 "몸으로 살아가는 우리의 일상생활, 곧 성생활과 출산, 양육과 허드렛일, 생로병사와 희로애락, 춘하추동의 모든 생활세계를 감사함으로 받고 말씀과 기도로 행하면서, 그 모든 것 가운데 거룩이 무엇인지를 추구하는 삶, 이것이 바울이 이야기하는 일상생활 영성의 참모습이다."[6]

특히 창세기 1~3장이 전하는 하나님의 창조 이야기에서 이원론은 그 흔적도 찾을 수 없다. 하나님이 창조하신 물질세계가 영혼의 세계보다 열등한 곳이라는 그 어떤 암시도 없다. 오히려 창조신학은 우리의 합법적 일들이 하나님의 창조 세계를 유지하기 위해 필수적인 것들이며 특별한 목적을 위해 하나님께서 우리에게 맡겨주셨다는 진리를 증언한다.

L씨의 새로운 직업 선택 결과에 대해서는 객관적으로 옳고 그름의 기준으로 판단할 수 없지만, 그가 설명한 선택의 이유는 성경적 근거가 충분하지 않다고 평가할 수 있다. 물론 모든 선택에는 하나님의 섭리가 있게 마련이지만 그의 설명에서는 그 당시 성경

적 논리가 부족해 보인다. 이제 하나님의 창조 이야기에서 우리의 일터 이야기를 들어보자. 이 이야기에서 우리는 세속 직업의 신앙적 의미를 발견할 수 있다.

하나님의 창조와 일터

하나님이 창조하신 일터

하나님이 물질세계 속에 우리의 일터를 창조하셨다. 일터는 하나님이 창조하신 세계의 매우 중요한 한 부분이다. 일터에서 교환되는 모든 재화와 서비스는 하나님이 창조하신 세계에서 만들어진 것이기 때문이다. 그러므로 일터의 원천은 하나님이 창조하신 세계에 있다.

하나님은 세계를 일터로 만드셨다. 일터는 생존을 위해 필요한 것들을 서로 교환하고 의존하면서 살아가는 곳이다. 우리는 시장이나 백화점, 슈퍼마켓, 편의점, 카페, 식당, 병원, 학교, 관공서 등 일상의 삶이 이뤄지는 현장에서 일을 하고 번 돈으로 필요한 재화와 서비스를 구입한다. 세계는 매일 이런 경제 행위가 일어나는 일터다. 일터는 삶을 유지하기 위해 필요한 것들을 조달하는 교환 행위가 일어나는 곳이다.

세계의 모든 사람들, 심지어 자연까지도 홀로 존재할 수 없다. 생존에 필요한 것들을 홀로 조달하고 살아갈 수 있는 피조물은 없다. 특히 사람은 홀로 살아갈 수 없다. 하나님이 사람을 남자와 여자로 창조하셨다(창 1:27)는 사실은 사람이 서로 의존하는 존재라는 관계성을 의미한다. 하나님의 창조 세계는 교환하며 생존을 돕는 상호의존적 행위가 일어나는 곳, 즉 일터다. 우리는 각자의 일터에서 다른 사람들과 함께 살아간다.

> 피조물들은 독자적인 생존이나 지위를 확보하기 위해 경쟁하거나 상대를 희생시키지 않는다. 오히려 상호의존적인 관계 속에서 서로의 생존을 돕는다. 하나님의 명령에 따라 하늘의 광명체들은 시간의 질서를 지킴으로써 땅 위의 생물들이 번성할 수 있도록 돕는다. 땅은 인간과 동물들에게 먹을 것을 내어주어 생육하고 번성할 수 있도록 돕는다. 인간은 땅을 정복하고 바다와 하늘과 땅의 동물들을 다스려 그들이 번성할 수 있도록 돕는다. 이처럼 피조물들은 서로의 관계 속에서 상대를 위해 존재함으로써 생명의 땅을 지속되게 한다.[7]

창조 이야기는 하나님이 무에서 유를 창조하셨다는 무미건조한 사실만을 전달하지 않는다. 성경의 창조기사는 미카엘 벨커(Michael Welker)가 올바르게 지적하는 것처럼, 하나님이 만드신 모든 피조물들과 하나님의 관계, 그리고 피조물들 서로의 관계에 대한 강조라는 강력한 신학적 메시지를 포함하고 있다. 우리는 창조주 하나님 안에서 서로 연합하고 연결하고 의존해야 하는 존재임을 잊지 말라는 것이다.[8] 일터는 하나님의 작품이다. 이곳에서 우리는 일상적으로 하는 일을 통해 서로 돕고 살아간다. 그러므로 일터는 우리가 생명을 유지하기 위해 필수적인 곳이다.

생명의 창조

성경의 첫 이야기인 창세기 1~3장의 창조 이야기는 고도로 정교한 문학적 장치들을 통해서 하나의 목적을 향해 진행되고 있다. 창조 이야기는 이 세상을 가득 메우고 있는 생명에 관한 이야기다. 창조의 핵심 사상은 생명이다. 창조는 하나님이 생명 없던 땅을 생명으로 충만한 땅으로 만드신 사건이다. 창조 이야기는 창조주 하나님이 생명의 근원이시고 생명을 보존하시는 분이라는 사실을 선포한다.

창조의 첫째 날이 시작되기 전, 땅은 생명이 존재할 수 없는 혼돈하고 공허한 상태였고 흑암이 깊음 위에 있었다(창 1:2). '혼돈'과 '공허'라는 표현에 대해 기독교 사상가들은 오랫동안 '아무런 형체가 없고 비어 있는 상태(formless and void)'라고 해석해왔다.[9] 그러나 이 두 단어는 부정적인 영적 상황을 표현할 때 종종 사용되었다. 구약의 선지자들은 두 단어를 함께 묶어 사용하면서 하나님의 백성들이 쫓겨나고 황폐해진 땅에 동물들이 어슬렁거리는 저주받고 파괴된 상황을 묘사했다(사 34:11; 렘 4:23).

'혼돈과 공허'는 하나님의 창조가 본격적으로 시작되기 전 땅의 상태, 즉 창조와 대립되는 무질서 혹은 반창조적(anti-creation) 상황을 암시한다. 창세기 1장 2절의 '흑암이 깊음 위에 있다'는 표현은 생명체들이 존재할 수 없는 창조 이전의 상태를 묘사한다. 존 월튼(John H. Walton)은 창세기 '혼돈과 공허'가 아무런 생산적 기능이 없는 상태를 지칭한다고 해석한다.[10] 곧 생명 부재의 상태를 상징하는 표현인 것이다.

첫째 날 빛의 창조는 생명 탄생을 위한 첫 번째 사건이었다. 깊은 어둠 속에 비치는 빛은 생명의 존재에 가장 필수적인 조건이다. 현대 물리학이 증명하는 것처럼, 빛은 파장으로 에너지를 만들어 생명체들이 움직이며 존재하게 한다. 성경에서 빛은 단순한 물질이 아니라 '생명과 기쁨과 정의와 구원의 상징'이다. 예수님은 여러 명의 소경들이 눈을 뜨고 빛을 보도록 구원하여 주셨다. 빛은 어둠이 지배하는 밤의 시간에서 광명한 낮의 시간을 분리해냄으로써 생명체들이 존재할 수 있는 환경을 조성하는 하나님의 첫 번째 피조물이다.

둘째 날부터 넷째 날까지 하나님은 땅과 하늘에 생명체들이 살아갈 수 있는 환경을 만들어주셨다. 둘째 날에는 땅을 뒤덮고 있던 물을 하늘 위와 하늘 아래로 나눠 생명체들이 존재할 수 있는 공간을 만드셨다. 셋째 날에는 땅을 덮고 있는 '천하의 물'을 한 곳으로 모으고 마른 땅이 물 위로 올라오게 하셨다. 성경에서 '마른 땅'은 생명과 구원의 상징이다. 출애굽 백성들은 여호와 하나님이 홍해를 가르고 만드신 '마른 땅'을 걸어가 추격하는 애굽 군대를 피해 살아날 수 있었다(출 14:16).

하나님은 마른 땅 위에 씨 맺는 채소와 씨 가진 열매 맺는 나무를 만드셨다. 씨는 생명의 상징이다. 하나님은 동물과 사람을 창조하신 후 이날 만드신 채소와 열매를 먹고 살라고 말씀하셨다. 동물과 사람을 창조하기 전에 먼저 이들이 먹고 살아갈 음식을 창조하신 것이다.

이어 하나님은 하늘의 크고 작은 광명체들을 만드셨다. 이것들에게 하나님은 '징조와 계절과 날과 해'를 이루는 기능을 부여하셨다. '징조'는 농사를 위한 24절기 같은 것이고, 바뀌는 계절은 곡식과 채소와 과일이 자라고 익을 수 있는 최적의 환경을 제공한다. 그리고 날과 해는 주기적으로 찾아오는 시간이다. 시간도 하나님이 생명을 위해 창조하신 피조물인 것이다.

이렇게 생명체들이 살아갈 수 있는 환경이 조성된 뒤에 하나님은 다섯째 날과 여섯째 날에 하늘의 새와 물고기들과 땅 위의 짐승과 가축, 사람을 창조하셨다. 그리고 하나님은 창조된 생명체들에게 복을 주시고 충만하고 번성하라고 명령하셨다. 왕성한 생명 활동으로 생명체들이 땅과 하늘과 바다 속에 가득 차는 것이 하나님의 복이다.

하나님이 보시기에 그가 창조하신 세상은 선이었고 보기에 좋았다. '좋다'는 히브리 동사 토브(טוֹב)는 아름답다, 선하다, 적합하다 등의 다양한 의미를 가지고 있다. 창조 이야기에서 반복적으로 사용되는 이 형용사는 하나님이 창조하신 세상이 원래의 목적인 생명으로 충만한 상태, 즉 생명이 살아갈 수 있는 최적의 생태환경에 대한 미학적 판단을 의미한다. 생명이 살아갈 수 없는 곳은 아무리 광대한 풍경을 가지고 있다 하더라도 좋다고 말할 수는 없기 때문이다.

생명을 위한 일터

이처럼 하나님이 창조하신 세계, 곧 일터는 세계에 존재하는 모든 생명들이 함께 생존하며 번성하는 곳이다. 하나님은 어둠이 지배하는 죽음의 땅을 빛과 생명의 땅으로 만드시고 생명체들이 서로 의존하며 생명을 유지하고 재생산할 수 있도록 하셨다. 일터 없이 세상에 있는 모든 생명체들은 살아갈 수 없으며 어둠과 죽음으로 돌아간다.

직장에서 갑자기 해고를 통보를 받은 사람은 병원에서 시한부 생명을 선고받은 사람의 충격과 비슷한 강도의 공포감에 떤다고 한다. 당장 일해서 먹고살 일터가 없어진 현실에서 생존의 위협을 받고 두려워지기 때문일 것이다. 세상의 합법적인 모든 일터는 일해서 돈을 버는 곳이라는 기능적 역할만 하는 것이 아니라 우리의 생존을 확보해주는 가장 필수적인 곳이다. 우리가 교회를 떠나면 영혼이 서서히 말라 죽어가지만, 일터를 잃어버리고 일하면서 애써 모은 돈까지 떨어지면 내일 당장 먹고 살아갈 수 없는 생존 위기에 처하게 된다.

하나님의 창조 이야기는 일터가 생존을 위해 무한 경쟁을 벌이는 곳이 아니라 하나님이 창조하신 생명들을 섬기는 곳이라는 메시지를 준다. 많은 사람들이 일터에서 타자의 생존을 위해 일하고 있지만 정작 자기 일에 담겨 있는 이 거룩한 의미를 모르는 사람들이 태반이다. 이 때문에 쉽게 지치고 서로 상처 주고 갈등하고 떠나게 된다. 우리가 창조신학으로 성경을 이해하면 우리에게 일터를 주신 하나님의 뜻을 바르게 이해하고 보람 있게 일할 수 있게 될 것이다. 또한 스트레스 상황에서 지혜롭게 대처하며 하나님의 백성으로 순종하며 일하게 된다.

위험한 일터(workplace)

아담의 첫 일터, 에덴동산

일터는 하나님이 창조하셨지만 우리가 일상에서 경험하는 일터는 이번 장 도입부에 소개한 L씨처럼 고달프고 피곤하다. 하나님이 창조하신 일터에 어떤 일이 있었을까? 하나님은 첫 사람 아담을 창조하시고 "그 사람을 이끌어 에덴동산에 두어 그것을 경작하며 지키게" 하셨다(창 2:15). 아담의 첫 번째 일터는 에덴동산이었다. "여호와 하나님이 동방의 에덴에 동산을 창설하시고 그 지으신 사람을 거기 두시니라. 여호와 하나님이 그 땅에서 보기에 아름답고 먹기에 좋은 나무가 나게 하시니 동산 가운데에는 생명나무와 선악을 알게 하는 나무도 있더라"(창 2:8, 9).

에덴동산에는 먹을 것이 풍성했다. 온 땅을 적시는 강이 사방으로 흘러가 금은보화와 나무 열매와 채소가 생산될 수 있었다. 아담은 기름진 땅 에덴동산을 경작해 배부르게 먹을 수 있었다. 여호와 하나님은 그에게 에덴동산 각종 나무의 열매를 마음대로 먹으라고 명령하셨다(창 2:16). 그 중 생명나무는 아담이 자신의 노동으로 풍족하게 먹고 생명의 번영을 누릴 수 있는 생명의 열매를 상징한다.[11] 생명나무가 에덴동산의 중앙을 차지하고 있는 것은 잠언에서 생명나무가 의미하는 것처럼 우리를 의롭게 하고(잠 11:30), 소원이 이루어지고(잠 13:12), 온순한 혀가 치료하는 효과처럼(잠 15:4) 강한 생명력을 암시한다.[12]

그러므로 에덴동산은 하나님이 창조하신 생명체들이 부족함 없이 먹을 수 있는 생산 기반을 충분히 갖추었다. 아담은 그 땅을 경작해서 생명을 유지하고 번성할 수 있었다. 하나님은 아담에게 최고의 일터를 만들어주신 것이다.

그러나 우리가 지금 경험하고 있는 일터는 에덴동산처럼 평화롭고 안전하고 생명이 보장된 곳이 아니다. 오히려 날마다 긴장감이 넘치고 불안하고 위험이 도사리고 있어 언제라도 해를 입을 수 있는 위험한 곳이다. 직장인들 대부분이 일의 스트레스에 시달리고 있다. 아담의 죄로 쫓겨난 에덴의 동쪽에 우리의 일터가 있기 때문일까?

에덴동산과 악의 세력

하나님이 창조하신 세계는 "하나님이 보시기에 심히 좋았다"(창 1:31). 하나님의 성품을 닮은 완전하고 선하고 아름다운 곳이다. 그러나 하나님의 창조는 완성을 향해 가고 있지만 아직 완성되지 않았다. 그렇다고 하나님의 창조 세계에 결함이 있었다는 뜻이 아니다. 하나님이 창조하시는 모든 것들은 완전하지만 언제든지 생명으로 충만한 세상을 반생명적인 세상으로 퇴락시키려는 악의 세력이 완전하게 봉쇄되거나 제거된 상황은 아니었다. 천지창조 이전에 존재하고 있던 악의 세력들은 하나님의 창조 세계를 방해하려고 호시탐탐 노리고 있었다.[13] 하나님의 창조 세계에서 악의 완전한 제거는 종말에 이뤄진다(계 20: 13~15).

태초에 아담은 하나님으로부터 에덴동산을 경작하라는 명령과 함께 그곳을 지키라는 명령을 받았다. 에덴동산을 무엇으로부터 지키라는 것일까? 에덴동산 가운데는 생명나무와 더불어 선악을 알게 하는 나무가 있었다(창 2:9). 아담은 선악을 알게 하는 나무의 열매를 먹으면 반드시 죽을 것이라는 말씀을 하나님에게 들었다(창 2:17). 선악을 알게 하는 나무의 존재는 악이 이미 에덴동산에서 암약하고 있음을 암시한다.[14] 이 나무는 아직 제거되지 않은 악의 세력이 에덴동산에 침투할 수 있는 '악의 가능성'을 상징한다.

반(反)창조적 반(反)생명적 저항 세력인 악은[15] 하나님의 선한 창조 세계를 무너뜨리려 한다. 하나님은 어둠과 죽음으로 하늘과 땅을 덮고 있는 악을 이기고 빛과 생명을 창조하셨다. 그러나 하나님이 창조하신 세계에 악의 흔적들이 남아 있다. 하나님의 창조는 악이 지배하고 있던 땅을 배경으로(창 1:2) 시작되었지만 하나님은 아직 악을 완전히 내쫓지는 않으셨다. 그러므로 악은 하나님이 창조하신 생명의 번영을 끊임없이 방해한다.

예를 들어, 하나님은 빛을 창조하시고 하루의 절반만 비추게 하셨다. 어둠이 하루의 절반을 지배하게 놓아두셨다. 밤은 성경에서 죄와 죽음을 상징한다. 그리스도의 재림과 함께 새 하늘과 새 땅이 내려와 창조가 완성되면 밤은 없어지고 광명이 하루 종일 세상을 비추게 된다(계 21:23; 22:5). 하나님은 마른 땅을 만드실 때, 땅에서 바다를 아예 없애지 않고 넘지 말라고 꾸짖기만 하셨다(시 104:9~11). 고대 세계에서 죽음의 두려움을 주는 바다는 창조가 완성되는 종말에 비로소 사라진다(계 21:1).

하나님의 창조가 시작될 때부터 창조가 완성될 종말이 오기 전까지 악이 완전히 사라지지 않고 잔존하고 있는 현실을 창조 이야기는 외면하지 않는다. 그럼에도 불구하고 하나님은 창조 세계에 대한 절대 주권을 가지고 계신다. 하나님의 창조는 죽음의 땅을 지배하고 있던 악을 물리치고 생명을 탄생시킨 생명의 구원 사건이었다. 하나님이 창조하신 세계가 있기 전에 하나님에 대항하는 악의 세력은 이미 존재하고 있었지만(욥 1~2장), 창조주 하나님 앞에서는 아무런 힘을 쓸 수 없다.

우리가 이유를 알 수는 없지만 하나님은 악을 창조과정에서 완전히 제거하지 않고 다만 하나님의 창조를 방해하지 않도록 억제하셨다. 우리의 첫 번째 일터였던 아담의 에덴동산은 언제든지 혼돈과 공허로 되돌아갈 위험성에서 완전히 벗어나 있지는 않았다. 아담은 하나님의 명령에 순종해 에덴동산을 악으로부터 지키는 사명을 받았다. 에덴동산 이야기는 우리가 하나님의 말씀에 순종하고 창조주 하나님의 지배 아래 있어야 생명을 유지할 수 있고 번성할 수 있다는 메시지를 전해준다.

아담의 타락과 왜곡된 일터

그러나 아담은 하나님의 명령에 순종하지 않고 선악을 알게 하는 나무의 열매를 따 먹었다. 악의 세력이 잔존하고 있는 에덴동산에서 하나님의 말씀에 순종하지 않고 자기 판단과 욕망을 따라간 아담의 타락은 그의 일터를 심각하게 왜곡시켰다. 하나님은 아담의 타락으로 땅을 저주하셨다(창 3:17). 타락에 대한 하나님의 저주가 아담에게 직접 주어진 것이 아니라 땅이라는 일터를 통해 간접적으로 주어졌다.[16] 비록 그가 죄를 지었지만 하나님은 여전히 그를 사랑하신다는 증거다. 타락 이전에 아담은 에덴동산에서 땅과 평화로운 조화를 이루고 살았지만 그가 타락함으로써 이 조화가 깨지고 대립하는 관계가 되었다.

땅은 타락한 사람에게 가시덤불과 엉겅퀴를 내고, 사람은 얼굴에 땀을 흘리고 평생 수고해야 땅의 소산물을 먹을 수 있게 되었다(창 3:17~19). 가시덤불과 엉겅퀴는 우상 숭배하던 이스라엘에 대한 하나님의 심판을 상징하고(호 10:8) 땅을 경작하는 노동을 방해하고 힘들게 한다(사 32:13; 렘 12:13). 또한 식량 작물 성장에 필요한 햇빛과 물과 영양분을 빼앗는다.[17]

아담의 일터는 생존을 위해 죽을 때까지 일해야 하는 고통스러운 곳으로 변질되었다. 아담은 하나님의 저주를 받은 땅에서 타락 이전보다 힘들게 수고하며 땅을 경작해야 겨우 밭의 채소를 먹을 수 있게 되었다(창 3:18). 그에게 허락되었던 생명나무 열매는 금지되었고, 하나님은 결국 아담과 하와를 에덴의 동쪽으로 쫓아냈다. 그러나 하나님은 아담이 쫓겨난 에덴의 동쪽에서도 땅을 갈며 먹고 살라고 명령하셨다(창 3:23).

아담의 타락 사건은 우리의 일터가 왜 평화롭고 안전하지 않고 죄와 수고와 스트레스로 고달픈 곳이 되었는지를 설명해준다. 하나님의 말씀에 순종하지 않는 일터 현실은 고달프다. 타락한 일터에서 사람들은 다른 피조물들의 생명에 대한 관심과 협력과 의존보다는 자신과 대립하는 다른 피조물들과 싸우며 자기 생존을 먼저 추구한다. 타락 이전의 에덴동산에서도 아담은 땅을 경작해야 먹을 수 있었지만, 타락 이후 에덴동산은 그에게 대립적 관계가 되어 쉽게 먹을 열매를 내어주지 않았다. 땅으로 상징되는 우리의 일터는 이제 모든 사람들이 생명을 누리기 위해 행복하게 일하지 못하는 현실이 되어버렸다.

일터의 구원

일터가 아담의 타락으로 왜곡되었지만, 창조 이야기는 일터에 대한 저주로 끝나지 않고 구원의 길을 제시한다. 무에서 유를 창조하신 하나님의 창조는 악에 지배당한 세상을 향한 구원의 약속이자 소망이다. "하나님의 창조 행위는 악이 감싸고 있는 땅에서 악을 잠재우고 생명이 선하고 질서 있게 살아갈 수 있게 하는 구원 활동"이다.[18]

창조 이야기는 죽음과 혼돈과 흑암의 세상에 생명과 질서와 광명을 주시는 하나님의 역동적 구원 활동을 강렬하게 드러내고 있다. 창조주 하나님은 고통스러운 타락한 일터를 구원하신다. 하나님의 창조는 과거에 끝난 사건이 아니라 지금도 계속되고 우리에게 영향을 미치고 있는 현재진행형이다. 그리고 예수 그리스도의 재림과 함께 창조의 완성으로 향한다.

하나님이 아담과 하와를 에덴동산에서 추방하셨지만 계속해서 그의 근원이 된 땅을 갈게 하신 것은(창 3:23) 타락으로 죽음의 운명에 처하게 된 그들이 새로운 일터에서 생명을 유지할 수 있는 구원의 기회를 주신 은혜다. 에덴의 동쪽에도 하나님이 임재하시고 그들의 생명을 지켜주시겠다는 약속이다. 비록 그들이 하나님의 말씀에 순종하지 않고 죄를 지었지만, 하나님은 그들이 생명을 유지하고 번성할 수 있도록 구원해주신다. 타락으로 우리의 일터가 고통스러워졌지만 하나님은 일터에서 우리와 함께 하신다는 사실이 아담의 타락 사건에 담겨 있는 것이다.

이러한 사실은 하나님이 바벨론 포로로 끌려간 유대인들에게 그들의 새로운 거주지에 주시는 축복을 통해 확인된다. "너희는 집을 짓고 거기에 살며 텃밭을 만들고 그 열매를 먹으라. 아내를 맞이하여 자녀를 낳으며 너희 아들이 아내를 맞이하며 너희 딸이 남편을 맞아 그들로 자녀를 낳게 하여 너희가 거기에서 번성하고 줄어들지 아니하게 하라"(렘 29:5, 6). 에덴의 동쪽과 같은 유배지 바벨론으로 끌려간 '죄인 이스라엘'과 함께 계시고 그들이 새로운 삶의 터전에서 생명의 번성을 누리도록 도와주시겠다는 하나님의 약속이다. 이 약속에서 우리는 하나님이 창조하신 세계를 포기하지 않고 구원하겠다는 하나님의 강력한 의지를 느낄 수 있다. 우리의 일터가 아무리 타락하고 힘들어도 하나님은 그곳을 구원하신다.

일터에서 일하는 사람(worker)

하나님의 형상

일터인 에덴동산에서 경작하고 지키는 명령을 받은 아담은 하나님의 형상으로 창조되었다. 사람이 하나님의 형상으로 창조되었다는 사실(창 1:26~28)은 사람이 자신의 일터에서 무엇을 위해 어떻게 일해야 하는지 이해할 수 있는 주요 단서다. 하나님의 형상이라는 우리의 정체성은 우리가 일터에서 존재하는 이유를 설명한다. 하나님은 우리를 '하나님의 형상(image)'과 '하나님의 모양(likeness)'으로 창조하셨다. 형상과 모양에 대한 의미 해석을 놓고 교회는 오랫동안 논쟁했지만 종교개혁 이후 유의미한 차별을 두지 않고 같은 의미로 해석하고 있다.[19]

하나님의 형상의 의미를 놓고 교회는 두 가지 해석을 내놓았다. 첫째는 하나님의 성품을 닮은 윤리적 존재다. 사도 바울은 하나님의 형상으로 오신 그리스도(고후 4:4~6; 빌 2:6~7; 엡 4:23; 골 1:15; 히 1:3)가 우리가 닮아야 하는 윤리적 모델이 되었음을 강조한다. "너희가…옛 사람과 그 행위를 벗어 버리고 새 사람을 입었으니 이는 자기를 창조하신 이의 형상을 따라 지식에까지 새롭게 하심을 입은 자니라"(골 3:9, 10). 성령은 우리 안에 "사랑과 희락과 화평과 오래 참음과 자비와 양선과 충성과 온유와 절제"(갈 5:22, 23) 같은 열매를 맺게 하심으로써 하나님의 형상의 성품을 회복시켜 주신다.

현대에는 하나님의 형상을 하나님과 사람의 관계성으로 해석하는 흐름이 주류를 이룬다. 위르겐 몰트만(Jürgen Moltmann)은 하나님의 형상을 하나님의 지상 대리자 혹은 지상에 있는 하나님의 대칭, 하나님의 영광의 반영이라고 설명한다.[20] 하나님의 형상이라는 표현은 고대 이집트와 메소포타미아의 신화들에서도 신의 대리인으로 임명받은 왕의 대관식에서 종종 사용되기도 했다.[21] 이런 자료들과 비교 분석하며 구약학자들은 하나님의 형상을 하나님의 지상 대리인으로 해석한다. 차준희는 하나님의 형상인 "사람은 왕처럼 존엄한 존재이며, 모든 남자와 여자가 왕적 존재로 평등하며, 하나님 대신 다른 피조물을 통치하는 대리 통치자이고, 하나님과 특별한 교제가 허락된 존재"라고 설명한다.[22]

우리가 하나님의 형상에 담긴 하나님의 뜻을 정확하게 알기는 어렵지만 그동안 주류 교회가 이해했던 것처럼, 하나님의 성품을 닮은 하나님의 대리인 혹은 청지기로 이해하면 좋을 듯하다. 하나님의 형상으로서 우리의 정체성을 이해한다면 우리가 일터에서 어떤 존재인지를 분명하게 깨닫고 일할 수 있다. 우리는 하나님의 정의롭고 공의로우며 자비로운 성품을 갖춘 지상 대리인으로서 하나님이 창조하신 일터에서 일하도록 창조되었다.

세상을 다스리는 하나님의 형상

창조주 하나님은 자신의 형상으로 사람을 창조하시고 창조 세계를 그에게 맡겨 하나님의 지속적인 창조를 담당하도록 하셨다. 하나님이 세상의 다른 피조물들을 창조하신 뒤에 사람을 마지막으로 창조하셨다는 사실은 사람이 가장 뛰어난 피조물이라는 우월성을 강조하기보다는 하나님이 맡겨주신 사명을 감당해야 하는 청지기의 책임성을 강조한다. 하나님은 사람을 위해 세상을 창조하신 것이 아니라, 세상을 위해 사람을 창조하셨다.

하나님은 다른 피조물들과는 달리 특별한 목적, 즉 하나님이 먼저 창조하신 동물들을 다스리는 일을 하도록 사람을 창조하셨다(창 1:26, 28). 교회는 오랫동안 '다스리라'는 하나님의 말씀을 타자를 지배하고 이용하는 관점으로 이해하고 자기 권력으로 사람을 차별하고 자연을 훼손하는 오류를 저질렀다. 이 때문에 전 지구적 환경오염과 기후위기는 서구 기독교의 가르침 때문에 사람이 자연을 잘못 다스린 결과라는 비판이 제기되기도 했다.[23]

'다스리다'(히브리어 라다 רדה)는 단어가 권력을 가진 자가 권력이 없는 자를 동원하고 이용할 수 있는 정치적 지배라는 뉘앙스를 가지고 있는 것은 사실이다. 이 때문에 하나님의 형상으로서 사람은 세상을 자신을 위해 이용할 수 있는 권세를 하나님으로부터 받았다는 사상이 오랫동안 기독교계 안에 있었다. 중세 말 유럽의 탐험가들은 신대륙 원주민들을 지배할 권한을 받았다는 잘못된 신앙적 확신으로 죄 없는 원주민들의 생명을 유린했다.

그러나 창조 이야기에서 '다스리라'는 하나님의 명령은 연약한 피조물을 지배하라는 뜻이 아니라 다른 피조물들이 생육하고 번성하며 생명의 복을 받도록 도우라는 뜻이다. 사람과 동물은 처음부터 경쟁관계가 아니라 공존하고 공생하는 관계였다. 하나님은 사람을 창조하고 난 뒤에 씨 맺는 모든 채소와 씨 가진 열매 맺는 모든 나무를 동물과 사람이 함께 먹으라고 말씀하셨다(창 1:29, 30). 미카엘 벨커는 창조 이야기에서 다스림은 사람이 자신에 비해 연약한 위치에 있는 동물을 보호하고 번성하도록 자비롭게 돌보는(care) 일을 의미한다고 강조한다. 사람의 다스림은 하나님이 우리를 다스리듯 자비롭게 다스리는 것을 의미한다.[24]

"땅에 충만하라. 땅을 정복하라"는 하나님의 명령(창 1:28) 또한 인간의 생존을 위해 땅을 배타적으로 소유하라는 뜻이 아니다. 땅에 충만하고 땅을 정복하는 행위는 피조물들이 하나님의 명령에 따라 생육하고 번성하기 위한 기반을 마련하는 것이다. 특히 '정복하라'는 하나님의 말씀은 전쟁으로 땅을 빼앗는 행위가 아니라 땅에서 식물을 재배하고 생활할 수 있는 생존의 근거지를 마련하라는 의도다.

하나님의 형상으로 창조된 사람은 창조 세계라는 일터에서 자신의 생존만을 위해 생육하고 번성하고 땅에 충만하고 땅을 정복하라는 명령을 받은 것이 아니다. 오히려 사람은 하나님이 창조하신 모든 피조물들의 생명을 보호하고 보장하는 일을 하도록 창조되었다. 하나님께서 우리에게 주신 일터는 나의 생존을 위해 타자를 희생시키는 곳이 아니라 나와 함께 타자의 생명을 보존하고 섬기는 곳이다. 그러므로 하나님의 형상인 우리가 하는 일은 나와 다른 사람들의 생명을 위한 봉사의 성격을 가지고 있다. 비록 우리가 이러한 의미를 깨닫지 못하고 일을 할 때에도 우리가 하는 일에는 이와 같은 거룩한 의미가 담겨 있다.

일(work)과 소명

하나님의 일과 우리의 일

하나님의 형상으로 창조된 사람은 하나님이 창조하신 세계 안에 있는 일터에서 하나님 대신 다른 피조물들을 다스리라는 일의 명령을 받았다. 사람은 이러한 사명을 위해 창조되었다. 곧 사람의 존재 목적은 다스리는-돌보는-일을 하는 것이다. 사람은 자기가 하는 일에 하나님의 성품을 담아 하나님의 지상 대리인으로서 일할 때 하나님의 형상으로 창조된 자기 정체성을 마음껏 실현하게 된다.

사람이 일터에서 하는 일은 본질적으로 하나님의 일이다. 하나님은 창조 세계를 지속적으로 유지하고 발전시키고 완성시키는 일을 사람에게 맡기셨다. 로버트 뱅크스(Robert Banks)는 구약성경에 묘사되는 일하시는 하나님에 대한 은유적 표현을 착안해 사람의 일은 하나님의 일에서 기원한다고 말한다. 성경에서 하나님은 부지런히 일하는 일꾼(창 1~2장; 욥 10:3~12; 시 138:13~16), 건축가(잠 8:27~31), 작곡가와 연주자(신 31:19), 금속공(사 31:9), 농부(호 10:11), 목자(시 23:1~4) 등으로 묘사된다. 우리의 일은 하나님이 하시는 일의 특성을 담고 있다. 또한 하나님은 우리처럼 일하시는 분이다. 그러므로 우리의 일은 하나님의 일로 인정된다.[25]

이처럼 하나님의 일과 우리의 일은 분리되지 않는다. 예수님도 "내 아버지께서 이제까지 일하시니 나도 일한다"고 말씀하셨다(요 5:17). 예수님이 하시는 일은 하나님이 맡겨주신 일이다. 하나님이 구원하시는 일을 예수님이 하나님 대신 한다는 뜻이다. 세상을 위해 신실하게 일하시는 하나님을 사람이 따라 함으로써 사람은 하나님의 일에 동참한다. 뱅크스가 하나님의 일을 은유적으로 표현한 것은 하나님이 우리와 같은 일꾼이라는 뜻은 아니지만

"하나님의 일과 사람의 일 사이에 의미상 상호관계가 있음을 시사한다."[26]

우리가 공장에서 물건을 만들어내는 일은 세상에서 매일 필요로 하는 것들을 채워줌으로써 하나님의 창조 세계가 하루하루 지속되게 한다. 쌀, 밀, 채소, 고기 등의 식자재를 생산하는 일은 사람들의 배고픔을 해결해 준다. 학교나 학원 등에서 가르치는 일은 세상에서 올바르게 살아가는 길을 제시하고 창조 세계가 잘못된 길로 들어서지 않도록 예방한다. 병원이나 상담실, 교회 등에서 하는 일은 육체적, 정신적, 영적 질병에서 치유한다. 관공서, 경찰서, 사법기관은 사회의 질서를 유지하고 범죄를 처벌하고 예방함으로써 세상을 악으로부터 보호한다. 이러한 모든 일들이 하나님의 뜻을 받들어 창조 세계의 생명에 봉사하는 성격을 가지고 있다.

일은 소명이다

이처럼 우리가 하는 일은 하나님이 창조 세계를 유지하고 구원하고 완성하는 일의 성격을 가지고 있다. 하나님은 우리에게 일을 하라는 소명(calling 혹은 vocation)을 주셨다. 소명으로 하는 일은 하나님이 뜻하신 창조 세계를 지키고 새롭게 만들어가는 것이다. 우리는 일터에서 맡은 일을 하나님의 소명으로 의식하고 수행할 때 우리 일에 하나님의 성품을 담아낼 수 있다. 그러므로 앞의 L씨가 '세속 직업'이라고 생각했던 일상의 모든 일터에서 하는 일은 성직자들이 교회에서 하는 일만큼 거룩한 소명으로 하는 일이라고 볼 수 있다.

하지만 교회가 우리 일에서 영적 의미와 가치를 발견하고 존중하기 시작한 것은 그리 오래 되지 않았다. 중세 교회는 소명을 교회나 수도원 안에서 하나님을 섬기는 종교적 일에 국한시켰다. 하나님의 소명으로 사는 삶은 사제나 수도사가 되어 교회나 수도원에서 하나님을 예배하고 섬기는 사람들의 몫이었다. 평신도들도 하나님의 대리인 혹은 청지기로서 농사를 짓고 상업에 종사하면서 소명의 삶을 살 수 있다는 생각은 허용되지 않았다. 하나님의 거룩한 소명은 종교적인 일을 일상의 노동보다 중시했다. 관조적인 삶(contemplative life)을 행동하는 삶(active life)보다 상위에 놓은 아리스토텔레스 철학의 영향 때문이었다.[27] 토마스 아퀴나스는 "단순하게 명상하며 사는 삶이 활발하게 행동하며 사는 삶보다 더 좋다"고 가르쳤다.[28]

중세 교회와 달리 일을 소명으로 인식하고 강조한 사람은 종교개혁자 루터였다. 루터는 교회의 사제들뿐 아니라 모든 성도들이 하나님의 제사장으로 부름 받았다는 만인제사장론을 주창했다. 성직자나 평신도 구분할 것 없이 구원은 오직 믿음으로 얻을 수 있으며, 구원받은 모든 성도들이 하나님의 제사장으로 세상에 보냄 받았다는 내용이다.

> 교황, 주교, 사제, 그리고 수도사 등들만이 영적 신분을 가졌고, 왕과 영주, 농부와 기능공들은 세속적인 신분을 지녔다고 하는 생각은 순 날조된 생각이다 … 모든 그리스도인들은 진정으로 영적 신분을 확보하였다. 이들은 상호 간에 아무런 차이가 없다. 다만 직분이 다를 뿐이다.[29]

종교개혁가들은 하나님의 대리인 혹은 청지기인 평신도들의 직업도 소명이라고 강조했다. 그들은 일터에서 하나님의 뜻을 대행함으로써 세상을 향한 하나님의 제사장, 하나님을 향한 세상의 제사장의 역할을 수행한다. 가정주부, 농부, 정치인, 목사, 시장 상인, 아기의 기저귀를 갈아주는 부모는 자신의 노동 소명에 충실할 때 하나님을 기쁘시게 하고 세상 사람들을 섬기는 제사장의 삶을 살아가는 것이다.

루터는 한 설교에서 일하는 성도의 소명을 다음과 같이 설명했다. 하나님은 사람들이 추운 겨울날을 지내도록 따뜻한 옷을 주고 싶어 하신다. 하나님은 자신이 직접 옷을 만들어 주실 수도 있겠지만, 그런 방식을 택하지 않고 하나님의 형상으로 창조된 인간들을 그 일에 동원하신다. 양을 치고 양털을 깎는 목자들, 양털로 면을 만드는 직조공들, 면으로 옷을 디자인하고 만드는 기술자들, 만들어진 옷을 시장에서 파는 상인들. 이들은 모두 따뜻한 옷을 입히려는 하나님의 뜻을 성취하기 위해 일터로 부름 받은 제사장들이다.[30]

우리가 의식하든 의식하지 아니하든 옷을 만들어 파는 모든 과정에 동원된 사람들은 세상에 하나님의 선물을 전하기 위해 동원된 하나님의 제사장들이다. 루터의 탁월한 통찰력을 통해 그리스도인들은 자신의 직업이 세상을 향한 하나님의 섭리의 도구임을 깨닫게 되었다. 루터의 직업 소명론을 칼뱅, 쯔빙글리 등 다른 종교개혁자들이 이어받았고 청교도 신학자들은 더욱 정교하게 발전시켰다. 윌리엄 퍼킨스는 직업 소명론을 일반 소명과 특별 소명으로 구분하고 성도들이 직업을 어떤 기준으로 선택하고 자신에게 적용해야 하는지를 소상하게 설명했다.[31]

우리가 하는 일을 소명으로 생각한다면, 그 일이 누군가에게는 선한 영향력을 직간접적으로 끼치고 있음을 알 수 있다. 우리는 각자의 일에 하나님의 뜻과 성품이 반영되어 세상을 향한 하나님의 섭리의 도구로 사용 받게 된다. 소명으로 하는 일은 근본적으로 자기중심적이지 않다. 오히려 나를 일터로 부르신 하나님의 뜻대로 다른 피조물들의 유익에 봉사하는 성격을 더 많이 가지게 된다. 세계를 창조주 하나님의 마음으로 바라보고 하나님의 뜻에 순종하려는 자세로 일할 때 우리는 일을 소명으로 하게 된다.

안식, 일의 진정한 목표[32]

일은 하나님의 소명이지만, 일을 위해 하나님께서 소명을 주신 것이 아니다. 소명으로 하는 일은 목적이 따로 있다. 일을 중단하고 쉬며 안식을 누릴 때, 우리가 하는 일은 소명의 참된 의미를 성취한다.

하나님은 창조의 일곱째 날 그가 하시던 모든 일을 마치시고 안식하셨다. "하나님이 그가 하시던 일을 일곱째 날에 마치시니 그가 하시던 모든 일을 그치고 일곱째 날에 안식하시니라"(창 2:2). 하나님은 세계를 창조하시는 '일'을 여섯째 날이 아니라 일곱째 날에 마치셨다. 하나님이 일곱째 날에 하신 일은 무엇인가를 만드는 일이 아니라 안식하는 일이었다. 일을 중단하고 안식하는 것이 창조의 마침, 곧 목적이었다.

하나님은 일곱째 날에 홀로 안식하시지 않고 그날을 복되게 하심으로써 일곱째 날에 하나님의 안식에 동참하는 모든 피조물들과 함께 평화로운 쉼을 누리셨다(창 2:3). 혼돈과 공허로 가득 찬 땅에 빛을 만드신 일에서 시작된 하나님의 창조는 마침내 하나님의 안식으로 마무리되었다. 하나님의 안식은 땅을 어둠과 죽음으로 지배하려는 악의 세력에 대한 승리의 선포다. 그러므로 안식은 창조의 목적이자 완성이다. 하나님은 모든 피조물들과 함께 안식하며 창조의 기쁨을 누리신다.

> 창조의 목적은 피조물의 존재(being) 자체가 아니라, 모든 피조물들이 하나님 안에서 안식의 상태에 존재하도록 하는(to be) 것이다. 자신을 위해 안식을 취하신 하나님은 이제 자신의 안식을 위해 피조물들을 자신의 안식에 머물도록 초대한다. 하나님은 안식함으로 세계를 떠나는 것이 아니라, 오히려 세계의 안식을 위해 세계와 함께 거하시며 세계와 함께 향연을 누리신다. 이렇게 함으로써 마지막 날에 이뤄진 하나님의 안식은 창조의 중심으로 등극한다.[33]

하나님의 안식은 악의 세력이 창조 세계에서 완전히 뿌리 뽑혀 더 이상 세계의 안식을 방해할 수 없는 상태를 뜻하지 않는다. 에덴동산에는 여전히 선악을 아는 나무가 있었고, 아담은 사탄의 유혹에 넘어가 타락했다. 하나님의 창조 세계는 언제든지 악에 의해 혼돈으로 돌아갈 수 있는 취약성을 가지고 있다. 우리는 악의 세력이 사라지고 완전한 안식이 오는 창조의 종말론적 완성을 기다리는 '아직'의 시기에 살고 있다. 그럼에도 불구하고 창조의 일곱째 날 하나님의 안식 사건은 악의 세력이 위협적으로 존재하

고 있는 세상에서 오직 하나님 안에서 안전하게 생명의 평안을 누릴 수 있다는 메시지를 던져준다.[34]

사람은 여섯째 날에 창조되었고 그다음 날 하나님의 안식에 참여했다. 사람이 일을 시작하기 전에 먼저 안식했다. 안식이 일에 앞선다는 순서가 중요하다. 안식은 창조의 목적이다. 그러므로 안식이 일에 봉사하는 것이 아니라 일이 안식에 봉사해야 한다. 즉, 우리는 일하기 위해 안식하지 않고, 안식하기 위해 일한다.

이 점에서 창세기의 세계관은 고대 근동의 세계관과 철저하게 구별된다. 고대 근동의 설화에 반영된 사람들의 일은 신들의 안식을 위한 노예 노동의 성격을 가지고 있다. 에누마 엘리쉬, 아트라하시스 이야기, 지우수드라 홍수 이야기 등과 같은 고대 메소포타미아의 창조 설화에서 사람은 하급 신들의 고된 노동을 대신하고 그들에게 쉼을 주기 위해 창조되었다. 사람은 쉼 없이 일해서 신들을 노동에서 해방시켜 주는 노예의 운명으로 창조되었다.[35]

그러나 창조주 하나님은 인간을 자신의 안식을 위해 창조하지 않았다. 오히려 십계명의 안식일 계명에 드러나는 것처럼, 인간은 하나님의 안식에 초대를 받는 존재다(출 20:8~11). 하나님은 우리에게 힘겹게 일하도록 부리는 신이 아니다. 오히려 쉼 없이 일하는 우리에게 쉼을 허락하시고 일의 고통으로부터 해방시켜 주신다. 하나님이 우리에게 일을 맡기신 목적은 창조 세계의 안식을 이루시는 것이다.

하나님이 하시던 창조의 일이 마지막 날 안식으로 마무리되듯,

우리 일도 안식으로 마무리되어야 일의 목적을 완성한다. “하나님의 일이 안식을 향해 가듯이 인간의 노동 또한 안식을 지향한다.”[36] 우리가 아무리 큰 업적을 이룬다 해도 나와 타인의 안식을 방해한다면 소명으로 하는 일이 아니라 욕망으로 하는 일에 불과하다.

소명으로 하는 일은 하나님의 안식과 타자의 안식을 추구한다. 그러므로 우리는 모든 피조물들이 풍성한 생명을 누리며 하나님과 함께 쉼을 누리고 기뻐할 수 있는 일을 해야 한다. 모든 일은 창조 세계의 안식에 봉사해야 한다. 하나님의 샬롬과 생명을 깨뜨리지 않고 보존하고 돌볼 수 있어야 한다. 내가 엿새 동안 일하고 마음 편하게 다른 사람들과 함께 하나님 안에서 영혼의 쉼을 누릴 때 소명이 성취된다. 우리는 지금 하는 일이 나와 타인들과 하나님 앞에서 안식하는 삶을 방해하지 않고 오히려 돕는 일이 될 때 행복해진다.

타락한 현실에서 소명으로 일하는 사람들을 위한 실천적 함의

‘세속 일터’에서 하나님의 소명을 깨닫고 소명으로 일하는 것은 누구에게나 쉬운 일이 아니다. 소명으로 일하는 그리스도인은 오히려 난관을 만나게 된다. 그럼에도 불구하고 우리는 하나님의 형상으로서 하나님께서 맡겨주신 일터에서 성실하게 하나님의 뜻에 따라 일해야 한다. 타락한 일터 현실에서 소명으로 일하기 위한 세 가지 실천적 함의를 생각해보자.

첫째, 일터에서 내가 맡은 작은 일에 담겨 있는 하나님의 뜻을 발견하고 깊이 묵상한다. 일터에서 우리에게 맡겨진 일은 사소하고 지루하고 반복적인 '작은 일'인 경우가 많다. 일반적으로 사람들이 중요하게 여기지 않는 사소한 일일 수도 있다. 그렇지만 그런 일일수록 우리가 살기 위해 누군가는 해야 할 필수적인 일이다. 이 일도 하나님이 주신 일거리임을 잊지 않고 하나님의 뜻이 무엇인지를 분별하는 노력이 필요하다. 의미를 알고 일하는 사람은 작은 일도 크게 한다. 하나님은 작은 일에 충성하는 사람을 칭찬하시고 더 큰 일을 맡겨주신다(마 25:23).

둘째, 내가 하는 일이 나와 타인과 세상의 생명에 어떻게 영향을 미치고 있는지 면밀하게 분석하고 이해한다. 합법적인 일터에서 우리는 일하는 과정과 결과를 통해 동료들과 소비자들과 그 주변 사람들에게 직간접적으로 영향을 미친다. 세상의 생명에 긍정적이고 선한 영향을 미치는 과정을 주시하며 더 좋은 영향을 미칠 수 있도록 지속적으로 관리하고 개선해야 한다. 더 많은 돈을 벌려고 하기보다는 더 선한 영향력을 끼치려는 의지를 가져라. 일에 대한 정당한 보상을 받는 것은 당연하지만, 우리는 모든 사람 앞에서 선한 일을 도모하라는 부르심을 받았다(롬 12:17).

셋째, 일터에서 소명으로 일하지 못하도록 방해하는 악의 세력이 어떻게 활동하고 있는지 관찰하고 지혜롭게 대처한다. 모든 일터는 에덴동산처럼 악에 노출되어 있다. 악은 사람들의 이기적이고 두려워하는 마음을 통해 일터 안으로 들어와 일터 문화를 왜곡한다. 더 많은 이윤을 위해 생명을 해롭게 하는 수단을 사용하려는 유혹을 받는다. 우리가 이런 유혹에 한 번 넘어가면 잠시 양심의 가책을 받지만 계속 그 안에 머물면 일터의 악한 문화에 동참하게 된다. 이런 일터에서는 하나님이 주신 소명의식을 유지하기 어렵다. 우리의 씨름은 혈과 육이 아니라 통치자들과 권세들과 이 어둠의 세상 주관자들과 하늘에 있는 악의 영을 상대하는 것이므로 치열한 영적 분별력과 저항이 필요하다(엡 6:12).

제3장
일터에서 그리스도의 제자로 살기

그리스도인은 일터에서 그리스도를 따라 정의롭게 사랑한다

경쟁이냐? 사랑이냐?

"일 못하는 직원을 어떻게 해야 할까?"

중소기업을 운영하는 나경주(가명) 대표는 직원 K씨 문제로 깊은 고민에 빠졌다. 나 대표는 2년 전에 같은 교회에 다니던 K씨의 정직함과 성실함을 눈여겨보고 그를 채용했다. 당시 K씨는 30대 중반의 나이에도 불구하고 취직을 못하고 있었다. 그래서 나 대표는 같은 목장에 속했던 K씨의 어려운 생활을 돕고 싶었다. 특히 그의 순수한 성품과 성실한 자세가 회사에 도움이 될 것이라 믿고 K씨를 정직원으로 채용했다.

과연 K씨는 단 한 번도 지각하지 않고 인사성이 밝은 성실한 직원이었다. 그러나 그의 업무 능력은 나 대표가 기대한 수준에 미치지 못했다. 나 대표는 K씨가 직장 경험이 없었기 때문이라고 생각하고 그가 업무에 익숙해질 시간을 주기 위해 일 년 넘게 기다렸다. 하지만 K씨는 실수가 잦았고 일하는 속도도 느려 효율성에 문제가 있었다. 나 대표는 슬슬 그에게 짜증이 나기 시작했다. 한 번은 업무 보고하는 K씨에게 큰 소리로 야단을 쳤다. 그로 인해 교회 목장 모임에서 그의 얼굴을 보는 것도 점점 부담스러워졌다.

나 대표는 아무리 가르치고 지적해도 업무 능력이 좀처럼 개선되지 않는 K씨가 회사에 도움이 되지 않는다는 생각에 이르자 마음이 더 힘들어졌다. 사실 나 대표는 평소 생존 경쟁이 치열한 회사에서 업무 능력이 떨어지는 직원은 나가야 한다는 경영 철학을 가지고 있었다. 나 대표는 다른 직원들에게 주지 않았던 넉넉한 시간을 K씨에게 주었지만 개선되지 않는 그를 어떻게 해야 할지 고민스러웠다. 다른 직원들과 달리 K씨는 같은 교회 성도였고 자신이 직접 추천한 직원이었기에 고민이 더 컸다. 더군다나 K씨는 이제 경제적으로 안정되어가고 있는 중이었다. 그는 장남으로서 경제적 능력이 없는 부모님을 부양하는 책임까지 지고 있었다.

이런 사정을 모르지 않는 나 대표는 진퇴양난이었다. 업무 능력이 낮고 회사에 상당한 재정적 손해를 끼친 K씨를 내보내는 것이 합리적이었다. 하지만 나 대표의 마음속에서는 다른 질문들이 떠나지 않았다. 형제의 어려운 상황을 고려하지 않고 냉정하게 해고하는 것이 신앙인의 자세일까? 경쟁을 선택할 것인가, 사랑을 선택할 것인가? K 형제에게 좀 더 기회를 줄 것인가, 안타깝지만 정리를 할 것인가?

능력 경쟁주의 일터

나 대표의 고민은 일터에서 어디까지 신앙을 적용해야 하는가의 문제였다. 현실적 일터 현장에서 신앙적 고려는 배제해야 하는 것이 옳을까? 일터는 사랑을 실천해야 하는 신앙인에게 어려운 현실임에 틀림없다. 이로 인해 일터에서는 치열한 생존 경쟁이 날마다 일어나고 있다. 살아남기 위해서는 경쟁자를 능가하는 능력으로 더 많은 이윤을 남겨야 한다. 일터에서는 경쟁력 높은 사람이 우대받는다.

직장인들은 각자의 능력에 따라 경제적 보상과 지위를 부여 받는 것이 합리적이고 공정하다고 믿는다. 일터에서 성공한 사람은 그럴 만한 자격을 가지고 있고, 실패한 사람 역시 그럴 만한 이유가 있다고 생각한다. 자신의 능력에 따라 차등적으로 경제적 보상을 받는 것을 당연한 이치로 여기는 능력주의 사회는 '능력주의 윤리관'을 형성한다. 이에 대해 알랭 드 보통(Alain de Botton)은 전통적 관념을 무너뜨린 새로운 윤리의식이라고 말한다.

> 경제적 능력주의의 등장과 더불어 어떤 영역에서는 가난한 사람들이 이제 '불운하다'고 묘사되는 것이 아니라 '실패자'라고 묘사되었다. 따라서 빈자들은 이제 부자들의 자선과 죄책감의 대상이 아니었으며, 자수성가한 강건한 개인들의 눈에는 오히려 경멸의 대상이 되었다. 자수성가한 사람들은 자신의 저택에 부끄러움을 느끼지 않았으며, 그들이 떠나온 가난한 무리를 가엽게 여기는 척하며 악어의 눈물을 흘리지 않았다.[1]

경제적 능력주의 사회에서 성공한 사람은 능력이 탁월한 사람으로 존경받지만 실패한 사람은 능력 개발에 게으른 사람으로 비난받는다. 개인의 능력에 따라 차등 보상하는 방식은 현대 자본주의 사회에서 효율적이고 공정한 경제적 기준으로 인정받는다. 일터에서 개인의 능력이 윤리적 평가 기준으로 등극한 것이다. 이에 대해 마이클 샌델(Michael Sandel)은 “능력주의 윤리는 승자들을 오만으로, 패자들을 굴욕과 분노로 몰아간다”고 날카롭게 지적한다.[2]

능력주의로 인해 발생한 불평등은 더 이상 사회적 문제로 취급되지 않고 도덕적 정당성을 부여받기까지 한다. 선천적으로 타고난 능력이든 후천적으로 개발한 능력이든 상관없이 능력이 좋아야 성공할 수 있다고 믿는다. 이 때문에 부모의 좋은 배경도 능력이라는 믿음이 확산되어가고 있다. 부모로부터 능력을 물려받지 못한 사람들은 다른 사람들보다 훨씬 더 많은 노력으로 능력을 키워야 일터에서 도태되지 않을 수 있다는 것이다.

사람들은 개인의 능력을 측정하는 테스트에 극히 민감하게 반응한다. 특히 한국 사회는 다른 나라들에 비해 개인의 능력을 시험으로 ‘엄밀하고 객관적으로’ 평가하는 시험능력주의로 불평등을 구조화하고 심화시키고 있다.[3] 직장인들은 퇴근 후에 피곤한 몸을 이끌고 시험준비 학원에 가기도 한다. 여기에 자기 능력을 향상시키려는 노력은 경쟁적이다. 사회의 구조적 불공정과 출판 불황 속에서도 자기계발서와 시험준비 책들은 가장 잘 팔린다. 다른 사람들과 경쟁에서 이기기 위해 능력을 키운다. 사람들은 개인 능력 경쟁에서 뒤처지지 않아야 생존할 수 있다고 믿는다.

통제와 관리의 대상이 된 사람

자본주의 사회에서 경쟁은 개인적인 차원과 조직적인 차원에서 동시에 일어난다. 직장인들은 자기 일터 동료 직원들과 경쟁하고 다른 회사와 경쟁을 벌인다. 20세기에 합리적 자본주의 경영 방식이 발전하면서 회사들은 이윤을 최종 목적으로 하는 '이윤지상주의' 관점에서 직원들을 인격체가 아닌 생산 자원으로 보고 통제하고 관리하는 경영 기법을 발전시켜왔다.

1912년 프레데릭 테일러(Frederick Tayler)는 과학적 관리법(일명 테일러리즘)을 개발해 대부분의 사업체에 보급했다. 공장과 사무실의 작업을 세밀하게 나눠 전문화하고 작업 동작과 동선을 효율적으로 관리하는 혁신적인 경영방법이었다.[4] 포드자동차에서 큰 효과를 본 테일러리즘은 지금까지도 활용되고 있다. 인간을 생산과정의 부속품으로 취급하고 단순 노동으로 파편화한다는 비판을 받고 있지만 여전히 일터에서 사람은 효율성으로 평가받는 자원으로 취급받고 있다는 것이다.

이와 함께 합리적 관료제는 조직의 효율성 극대화를 추구하는 일터 문화를 만들어냈다. 관료제는 사람의 개인적 특성과 상황을 고려하지 않고 "잘 짜인 합리적 조직구조와 전문화된 업무경계, 일원화된 명령체계, 명문화된 규정과 절차 속에 끼워 맞춘 '조직인'"을 만들어내는 것이 목적이다.[5] 21세기에 들어와 전통적인 관료제 대신 각 개인의 능력을 최대한 발휘할 수 있는 창의적 조직으로 탈바꿈하려는 흐름이 조성되고 있지만 관료제는 여전히 일터에서 익숙하게 발견할 수 있는 경영 기법이다.

조직화된 일터에서 직원들은 다른 경쟁 회사들을 이기기 위해 여전히 최고 효율성을 요구받는다. 그리고 이러한 효율성은 오직 숫자로 표시된다. 회사는 구성원 개인들의 능력과 생산성을 숫자로 환산하고 이를 바탕으로 직원들을 관리한다. 서구 계몽주의 시대에 이성적 판단을 앞세운 과학적이고 객관적인 문화에서 발전된 자본주의 시장은 이제 동양과 서양을 구분할 것 없이 모든 일터에서 숫자라는 합리적 기준으로 사람을 통제하고 관리한다. 직장인들은 회사에서 요구하는 것 이상으로 효율성을 증명해야 살아 남을 수 있다고 생각한다.

이러한 일터 현실을 감안하면 앞에서 소개한 나 대표의 고민은 충분히 일리가 있다. 회사 책임자는 직원들을 합리적으로 평가하고 그에 따라 대우해야 한다. 회사를 이끄는 대표이자 교회의 평신도 지도자인 그에게 K씨 문제는 고민거리가 아닐 수 없었다. 그리스도의 제자로서 회사에 도움이 안 되는 K씨를 어떻게 해야 할까? 이 문제를 해결하기 위해서는 그리스도의 제자가 일터 현실에서 이웃을 지혜롭게 사랑하는 방법을 알아야 한다.

성례전적 그리스도

성육신하신 그리스도

그리스도인은 일터에서 그리스도의 제자로 존재하지 않으면 그리스도와 관련이 없는 사람으로 살아가게 된다. 이러한 그리스도인은 일과 신앙이 분리되어 신앙으로 살아갈 수 없는 세속 직장인이 될 수밖에 없다. 그러나 참된 그리스도인은 교회나 회사나 어디에서든지 오직 그리스도의 제자로 존재한다. 그리스도는 제자들을 부르시고 "나를 따라오라"고 말씀하셨다(막 1:17). 그리스도의 제자로 일터에서 살기 위해 우리는 먼저 우리의 스승이신 그리스도가 어떤 분이신지 알아야 한다. 그리스도는 죄인들을 위해 자기를 내어주신 성례전적 존재로 우리에게 오셨다.

예수 그리스도는 태초에 하나님 아버지와 함께 세상을 창조하신 말씀이셨다. 이 말씀이 육신이 되어 우리 가운데 거하셨다(요 1:1~3,14). 사도 바울은 이 사건을 하나님이 인간으로 오신 성육신 사건으로 해석한다. "그는 근본 하나님의 본체시나 하나님과 동등됨을 취할 것으로 여기지 아니하시고 오히려 자기를 비워 종의 형체를 가지사 사람들과 같이 되셨고 사람의 모양으로 나타나사 자기를 낮추시고 죽기까지 복종하셨으니 곧 십자가에 죽으심이라"(빌 2:6~8). 그리스도 찬송시로 알려진 이 말씀에서 바울은 그리스도를 성육신하신 하나님으로 고백한다.

하나님의 아들 예수 그리스도(막 1:1)는 완전한 사람이자 완전한 하나님이시다. 칼뱅(Johannes Calvin)은 영원 전부터 하나님의 아들이신 그리스도가 "참 사람이지만 죄가 없으시고, 참 사람이지만 영원한 하나님이시다"고 말했다.[6] 그분은 우리와 완전하게 동일하신 사람으로 2,000여 년 전 베들레헴에서 마리아의 몸에서 태어나셨고 사람들과 함께 먹고 마시며 여행하고 일하셨다. 그리스도는 사람으로 태어나 사람들과 함께 사셨고 사람들처럼 죽었다.

그러나 그리스도는 사람으로서는 할 수 없는 많은 초월적인 일들을 행하시며 자신의 신성을 있는 그대로 보여주셨다. 그분은 말씀만으로 수없이 많은 병을 고치시고, 보리떡 다섯 개와 물고기 두 마리로 오천 명을 먹이시고, 물로 포도주를 만드셨다. 광풍을 말씀으로 잠재우시고, 죽어서 썩은 시체가 된 나사로를 무덤에서 살려내 그의 가족에게 돌려보냈다. 그리스도는 마침내 죽음에서 부활하고 승천하심으로써 하나님이심을 보여주셨다. 궁극적으로 그리스도는 우리를 창조하신 하나님이시다(골 1:16, 17).

하나님이신 그리스도는 삶의 고통 속에서 구원을 갈구하는 우리들을 사랑하시기에 하나님 아버지의 뜻에 순종해 우리와 같은 형체로 오셨다(요 3:16). 그래서 그리스도는 자신을 하나님의 보냄받은 자로 규정하신다. 또한 자기를 믿는 사람들을 세상에 보냈다고 하셨다. "아버지께서 나를 세상에 보내신 것 같이 나도 그들을 세상에 보내었고"(요 17:18).

하나님의 보냄을 받아 이뤄진 성육신 사건은 우리에게 겸손의 미덕을 가르쳐 주는 모범을 보여주실 뿐만 아니라 고통 속에 있는 생명을 구원하는 하나님의 사랑을 실현하라는 하나님 아버지의 뜻에 복종한 사건이었다. 성육신 사건의 본질은 하나님 아버지에 대한 그리스도의 신실한 믿음과 사랑, 그리고 순종이다.

성례전이신 그리스도

그리스도의 성육신 사건은 자기 몸을 우리를 위해 내어주신 사건에서 절정에 이르렀다. 그리스도는 자기 몸을 우리에게 성례전

(sacrament)으로 주셨다. "인자가 온 것은 섬김을 받으려 함이 아니라 도리어 섬기려 하고 자기 목숨을 많은 사람의 대속물로 주려 함이니라"(막 10:45). 그리스도는 성례전이다. 성례전은 우리를 향한 그리스도의 희생적 사랑의 표식이다.

우리는 그리스도가 십자가에서 바치신 살과 피를 먹고 마심으로써 그의 사랑을 기억하고 재현함으로써 그리스도를 세상에 증언한다. 우리는 성례전을 받음으로 그리스도의 성례전적 사랑에 동참하는 제자의 삶에 헌신한다. 디트리히 본회퍼(Dietrich Bonhoeffer)가 강조한 것처럼, 그리스도는 철저히 자기를 낮추신 성례전적 존재로 우리에게 오셨다.

> 예수는 실존적으로 성례전 속에 현재하는 분으로서 실존한다. 예수의 성례전적 존재는 그의 특별한 의지나 속성이 아니다. 그는 본질적으로 교회 내의 성례전으로서 실존한다. 왜냐하면 그분은 스스로 낮아진 분이기 때문이다. 그의 성례전적 존재는 그의 현재적 낮아짐이다. 이러한 낮아짐은 그의 신적이며 인간적인 실체의 우연적 요소가 아니다. 오히려 그의 실존 자체가 스스로 낮아진 실존이다.[7]

그리스도는 하나님의 구원 사역을 감당하기 위해 일시적으로 자신을 낮추어 십자가에서 희생한 것이 아니다. 그분은 영원 전부터 하나님 아버지께 자신을 낮추는 분이셨기에 아버지의 뜻을 따랐다. 그리스도는 본성적으로 자신을 낮추는 성품을 가지셨고, 하나님은 겸손한 그를 높이셨다(빌 2:9~11).

우리를 위한 성례전이 되신 그리스도는 우리에게 사랑이 무엇인지를 비로소 깨닫게 해주셨다. "하나님의 사랑이 우리에게 이렇게 나타난바 되었으니 하나님이 자기의 독생자를 세상에 보내심은 그로 말미암아 우리를 살리려 하심이라. 사랑은 여기 있으니 우리가 하나님을 사랑한 것이 아니요 하나님이 우리를 사랑하사 우리 죄를 속하기 위하여 화목제물로 그 아들을 보내셨음이라"(요일 4:9, 10).

그리스도가 우리를 위한 성례전이 되심으로써 우리는 죄로 잃어버렸던 생명을 얻었다. 그러므로 우리는 그리스도의 성례전을 통해 우리에게 부어주신 하나님의 사랑 때문에 영원한 생명을 누리며 세상에 이 사랑을 전하게 된다.

하나님의 형상 그리스도

또한 예수 그리스도는 하나님의 형상으로 우리에게 오셨다. "그리스도는 하나님의 형상이니라"(고후 4:4). "그는 보이지 아니하는 하나님의 형상이시요"(골 1:15). "이는 하나님의 영광의 광채시요 그 본체의 형상이시라"(히 1:3). 영원 전부터 하나님이신 그리스도는 사람으로 오셔서 하나님의 형상을 자신의 인간성 안에서 아무런 흠 없이 완전하게 드러내셨다.

하나님의 형상으로 창조된 우리에게 그리스도는 우리가 회복해야 할 모습을 보여주셨다. "하나님이 미리 아신 자들을 또한 그 아들의 형상을 본받게 하기 위하여 미리 정하셨으니 이는 그로 많은 형제 중에서 맏아들이 되게 하려 하심이니라"(롬 8:29). 칼뱅은 하나님 아버지께서 그리스도를 우리에게 보내신 목적과 그리스도께서 우리에게 주신 것을 알기 위해서는 그리스도의 삼중직,

곧 예언자와 왕과 제사장의 세 가지 직책을 보아야 한다고 했다.[8] 그리스도의 제자인 우리는 일터에서 그리스도의 이 세 가지 직책을 위임받았다.

첫째, 그리스도는 하나님께 받은 복음의 말씀을 세상에 전하는 예언자적 사명에 충실하셨다. "주 여호와의 영이 내게 내리셨으니 이는 여호와께서 내게 기름을 부으사 가난한 자에게 아름다운 소식을 전하게 하려 하심이라"(사 61:1; 눅 4:18). 그리스도인은 일터에서 그리스도를 따라 말과 행함으로 그리스도의 복음을 증언하는 예언자적 사명을 받았다.

둘째, 그리스도는 또한 하나님 아버지로부터 세상을 통치하는 왕권을 위임받았다. "내가 네 원수들로 네 발판이 되게 하기까지 너는 내 오른쪽에 앉아 있으라"(시 110:1). 그리스도는 이 세상에 속하지 않은 하나님 나라의 왕으로 오셨다(요 18:33~36; 19:19). 그리스도인은 일터에서 하나님 나라의 백성으로서 왕이신 그리스도를 따라 살면서 그리스도의 왕적 통치에 동참한다.

셋째, 그리스도는 죄인인 우리를 하나님에게 중보하는 제사장의 직분에 자신의 생명을 바쳤다. 하나님은 그리스도를 "멜기세덱의 서열을 따라 영원한 제사장"으로 정하시고(시 110:4) 세상의 중보자로서 사명을 주셨다. 그리스도는 우리를 위하여 자신을 향기로운 제물로 바치심으로써 우리의 대제사장이 되셨다(엡 5:2; 히 4:14, 15). 그리스도인은 일터에서 세상을 하나님과 화목케 하는 제사장의 사명을 실천한다(고후 5:18; 벧전 2:9).

일터 속 그리스도의 제자

'그리스도의 제자'라는 정체성

그리스도의 제자로 존재하도록 부르심을 받은 우리는 세속적이고 물질적인 환경에 둘러싸인 일터에서 '그리스도의 제자'라는 정체성을 가지고 일하며 존재한다. 일터에서 그리스도의 제자는 그리스도를 믿고 순종하는 사람이다. 본회퍼는 그리스도의 제자를 그리스도에 대한 믿음과 순종으로 그리스도에게 매어 있는 사람이라고 규정한다. "오직 믿는 자만이 순종하고, 순종하는 자만이 믿는다."[9]

처음부터 '그리스도인'은 교회를 다니는 사람이 아니라 그리스도의 제자를 일컫는 호칭이었다. "제자들이 안디옥에서 비로소 그리스도인이라 일컬음을 받게 되었더라"(행 11:26). "나를 따르라"는 그리스도의 부르심은 단순하고 단호하고 명쾌하다. 제자들에게 주어진 요구는 한 가지다. "곧 예수 그리스도의 말씀을 의지하라는 것이며, 이 말씀을 세상의 그 어떤 안전성보다 더 든든한 토대로 생각하라는 것이다."[10] 그리스도의 제자로서 우리의 모범인 사도 바울은 세상에서 배운 지혜와 힘을 배설물처럼 여기고 십자가에서 죽으시고 부활하신 그리스도에게 삶을 완전히 의탁했다(빌 3:7~14).

이러한 삶은 그리스도의 말씀에 믿음으로 순종할 때만 가능하다. "누구든지 나를 따라오려거든 자기를 부인하고 자기 십자가를 지고 나를 따를 것이니라"(막 8:34). 자기를 부인하라는 요구는 가혹한 영적 훈련으로 육체를 부정하라는 뜻이 아니라 "이제 자기 자신을 아는 것이 아니라 오직 그리스도만을 아는 것이다. 자기 부인은 우리 앞에 놓여 있는 매우 힘든 길을 바라보는 것이 아니라, 앞장서 가시는 분을 바라보는 것이다."[11] 자기 부인은 자기가 가고 싶은 길을 걸어가는 것이 아니라 우리를 앞장서 가시는 그리스도에게서 눈을 떼지 않고 그분의 뒤를 바짝 쫓아가는 믿음의 순종을 뜻한다.

자기 십자가를 지고 그리스도를 따르는 제자는 그리스도가 겪으셨던 것처럼 우리의 믿음으로 인해 세상에서 받는 고난과 버림받음을 기꺼이 받아들인다. "그리스도가 오직 고난을 받고 버림을 받은 자로서만 그리스도가 될 수 있듯이, 제자들도 오직 고난을 받고 버림을 받은 자로서만, 오직 예수와 함께 십자가에 달린 자로서만 제자가 될 수 있다."[12] 본회퍼가 말한 것처럼 그리스도의 제자는 그리스도의 십자가 아래 자신을 세운다.

"서로 사랑하라": 성례전적 삶으로 부르심

제자는 일상 세계에서 어떻게 살아가야 할까? 우리를 위한 대속적 고난을 상징하는 십자가를 사랑하고 짊어지고 그리스도의 대속적 고난을 자기 삶에서 재현할 때 제자는 자기 자신의 삶을 살아간다. 제자가 세상 사람들의 죄를 대신 용서받게 해줄 수는 없지만 세상 사람들의 죄악을 슬퍼하고 그들의 중보자 역할을 할 때, 그들은 십자가에서 죽으신 그리스도의 은혜로 구원받을 수

있게 된다. 이처럼 제자는 자신을 위해 살지 않고 그리스도와 세상을 위해 살아가는 존재이다.[13]

그리스도는 십자가에 달리기 직전 제자들과 마지막 만찬을 가지면서 제자들의 발을 씻어주셨다. 당시 유대 문화에서 스승이 제자들의 발을 씻어주는 일은 있을 수 없는 일이었지만, 그리스도는 제자들에게 마지막으로 가장 중요한 메시지를 전하기 위해 일부러 종의 자리로 내려가셨다. "내가 주와 또는 선생이 되어 너희 발을 씻었으니 너희도 서로 발을 씻어 주는 것이 옳으니라. 내가 너희에게 행한 것 같이 너희도 행하게 하려 하여 본을 보였노라"(요 13:14, 15). 이는 서로 높아지려 하지 말고 서로 낮아져 섬기라는 명령이었다.

그리스도는 이어 그들에게 새 계명을 주셨다. "서로 사랑하라. 내가 너희를 사랑한 것 같이 너희도 서로 사랑하라. 너희가 서로 사랑하면 이로써 모든 사람이 너희가 내 제자인 줄 알리라"(요 13:33, 34). 이 계명은 하나님과 이웃을 사랑하라는 구약의 율법을 갱신한 것이다. 그리스도는 사랑을 "내가 너희를 사랑한 것 같이"로 새롭게 정의하셨다. 그리스도께서 자기 목숨을 바쳐 죄인들을 사랑하신 아가페 사랑이 제자들이 실천해야 할 갱신된 율법의 사랑이다.

"서로 사랑하라"는 그리스도의 새 계명은 나를 사랑하는 사람을 사랑해주는 상호 교환적 사랑이 아니라 사랑할 수 없는 사람까지 사랑하는 대속적 사랑이다. 제자는 이 명령에 따라 자기 몸을 바쳐 사랑하는 성례전적 그리스도인으로 살아간다. 교회에서나 가정과 일터에서나 그리스도의 제자는 자기를 위해서만 살지 않고 이웃을 위해 살아간다. "나는 그리스도인이다"고 생각하는 사람은 성례전적 삶으로 부르시는 그리스도의 부름에 순종하는 사람들이다.

일터 속 그리스도인

그리스도인은 일터에서도 그리스도의 제자로 존재한다. 그리스도는 지금도 세상 만물을 지으신 근원으로서 세상을 구원하기 위해 자신의 제자들을 보내신다. 일터는 그 세상의 중심을 차지하고 있다. 사람들은 일터를 자신의 이익과 욕구를 채우기 위해 마음대로 활용하려 하지만, 모든 일터의 궁극적 소유권은 이 세상을 창조하신 그리스도에게 있다. 그리스도인은 일터의 주인이신 그리스도에게 권한과 능력을 위임받아 일하는 제자라는 정체성으로 살아야 한다.

그리고 그리스도는 우리의 영적 생활 뿐 아니라 삶의 모든 영역에서 우리의 중보자이시다. 그분은 하나님과 다른 사람들 사이에서, 세상 일터와 하나님 사이에서, 일터에서 만나는 사람들과 나 사이에서 중보자로 존재하신다. 그리스도의 제자로서 우리는 직접적으로 일터와 사람들을 만나지 않고 중보자이신 그리스도를 통해 만난다. 나와 다른 사람들 사이에는 반드시 중보자이신 그리스도가 있어야 한다. 나는 그들을 향한 그리스도의 뜻과 마음을 가지고 그들을 만나야 한다. 제자가 그리스도 없이 다른 사람들을 직접적으로 만나면 다른 사람들을 자기 유익을 위해 이용하려는 유혹을 받기 마련이다. 본회퍼는 중보자 없이 직접적으로 다른 사람과 관계 맺는 것을 기만이라고 경고한다.[14]

그러므로 제자에게 일터는 그리스도와 함께 일하는 곳이다. 그리스도 안에서 일터는 이제 나의 생계만을 위한 곳이 아니라 그리스도께서 위임하신 일을 하는 곳이다. 제자는 일터에서 그리스도와 함께, 그리스도를 통해, 그리스도를 위해 사람들을 만나고 관계를 맺어야 한다. 본회퍼가 예리하게 지적한 것처럼, 그리스도 안에 있는 사람들에게는 교회 안 세계와 교회 밖 세계가 다르지 않다. "두 현실이 존재하는 것이 아니라, 오직 하나의 현실만이 존재한다. 이 현실은 그리스도 안에서 계시된 것으로서 세상의 현실 안에 있는 하나님의 현실이다."[15] 그리스도와 상관없는 '객관적' 경제 현실은 세상에 존재하지 않는다. 모든 현실이 그리스도의 통치 아래 있다. 사람들이 이 사실을 모르고 거부할 뿐이지 그리스도는 모든 일터를 통치한다.

또한 그리스도는 자신의 통치를 현실화하기 위해 제자를 일터로 보내신다. 제자는 일터에서 "서로 사랑하라"는 그리스도의 새 계명을 실천하도록 요구받는다. 이 요구는 현실에서 실천할 수 없는 부담스러운 것이 결코 아니다. 그리스도께서는 일터에서 제자들과 함께하며 그들이 만나는 이웃들을 사랑할 수 있도록 현실적이고 영적인 지혜와 능력을 주신다. 그리스도인은 일터에서 사랑하라는 말씀에 적극적으로 순종할 때 그리스도의 임재를 강하게 느끼게 된다.

사랑과 정의

일터에서 어떻게 사랑할 수 있을까?

자기 이익과 성공을 위해 치열하게 생존 경쟁을 벌이는 일터에서 그리스도인은 사랑할 수 있을까? 그리스도의 제자로서 이것이 과연 가능할까? 많은 그리스도인들이 직장에서 자신의 신앙을 말과 행동으로 표현하는 것에 힘들어 한다. 직장에서 만나는 사람들은 나의 사랑을 요구하지도 않고 오히려 사랑과 같은 정서적 표현을 부담스러워하기도 한다. 기독교 기업을 표방하는 극소수 일터를 제외한 대부분의 경우 '객관의 세계'인 일터에서 '주관의 세계'에 속한 신앙과 사랑의 표현을 금지한다. 두 세계가 섞이는 것을 꺼려한다.

그리스도인들이 이웃을 사랑하고자 하는 선의가 악용되어 지속적으로 일방적인 피해를 볼 수도 있다. 이런 상황에서 사랑은 불의에 협조하는 것이 될 수도 있고 이런 식의 사랑은 지속될 수도 없다.

한편 치열한 경쟁에서 낙오될 수도 있다. 별도의 수당을 받지 못해도 불평 없이 야근을 밥 먹듯 하는 것이 그리스도의 사랑은 아니다. 상사의 부당한 명령이나 고객의 무리한 요구에 분노를 꾹 참고 받아들이는 행위에 마냥 사랑이라는 이름을 붙일 수는 없다.[16] 분명한 것은, 이처럼 항상 모든 불의에 희생하고 양보하는 것은 그리스도께서 우리에게 보여주시고 요구하시는 사랑이 아니라는 사실이다.

그러나 그리스도의 제자는 여전히 일터에서도 그리스도가 우리를 사랑한 것처럼 사랑하라는 명령 아래 있다. 일터에서 직접적인 사랑의 언어가 부적절해 보이는 것 같지만 그곳 또한 사랑 없이 존재할 수 없다. 그렇다면 우리가 고민해야 할 것은 그리스도가 보여주신 사랑의 본질을 어떻게 일터에 적합하게 표현해야 하는가이다. 사랑의 본질은 죄인인 우리를 구원하기 위해 그리스도가 자기 몸을 내어주신 성례전적 자기희생이다. 성례전적 그리스도인으로서 우리는 이 사랑을 경제적 원리로 운영되는 일터라는 공적 세계에서 실천하는 방식을 찾아가야 한다.

그렇다면 그리스도의 제자가 일터라는 공적 영역에서 하나님의 사랑을 어떻게 표현해야 할까? 보편적 가치를 추구하고 의존하는 공적 영역에서 사랑은 공적으로 표현될 때 호소력을 가질 수 있다. 더불어 개인적 관계에서 필요한 사랑과 공적 관계에서 필요한 사랑은 달리 표현될 수밖에 없다. 개인적 관계에서는 내면적이고 정서적인 사랑이 우선인 반면, 공적 관계에서는 조직적이고 윤리적인 사랑이 필요하다. 일터에서 만나는 사람들에게 개인적 관계를 맺을 때 표현되는 사랑과 '일'이라고 하는 공적 관계에서 표현되는 사랑은 구분되어야 한다.

정의로운 사랑

십자가에서 드러난 하나님의 사랑은 온 세상을 향한 공적 성격을 가지고 있다. 십자가 사랑은 정의로운 사랑이다. "이 예수를 하나님이 그의 피로써 믿음으로 말미암는 화목제물로 세우셨으니 이는 하나님께서 길이 참으시는 중에 전에 지은 죄를 간과하심으로 자기의 의로우심을 나타내려 하심이니 곧 이 때에 자기의 의로우심을 나타내사 자기도 의로우시며 또한 예수 믿는 자를 의롭다 하려 하심이라”(롬 3:25, 26).

그리스도가 십자가에서 자기 몸을 화목제물로 바치신 것은 죄를 심판하시는 하나님의 의를 충족하기 위한 목적이었다. 정의로우신 하나님은 우리에게 죄의 대가를 요구하신다. 그러나 우리는 스스로 그 대가를 지불할 수 없는 불의한 상태에 빠져 있다. 그러므로 그리스도는 우리 대신 대가를 지불하심으로써 하나님의 정의를 만족시키셨고 또한 우리의 정의도 만족시켜 주셨다. 하나님의 사랑은 정의롭다.

하나님의 정의로운 사랑은 받은 만큼 주는 ‘분배적 정의’를 지킬 뿐만 아니라 궁극적으로 사람을 살리는 ‘생명의 정의’다. 하나님은 죄로 죽을 수밖에 없는 우리를 살리기 위해 그리스도에게 십자가에서 정의의 짐을 대신 짊어지도록 하셨다. 이것이 우리를 살리는 ‘복음에 나타난 하나님의 의’다(롬 1:17). 하나님의 의는 죽어서 천국 가는 보증 수표가 아니라 지금 여기에서 살아가는 우리의 삶을 구원하는 의다. 이처럼 하나님이 보여주신 사랑은 정의라는 형식을 통해 표현되었다.

구약의 율법에서도 하나님은 이스라엘에게 정의로운 사랑을 다양한 사회적 관계에서 실천하도록 요구하신다. 예를 들어 이스라엘은 생산 능력과 생산 도구가 없는 고아와 과부와 나그네와 레위인을 사랑하라는 명령을 받았다.

> 너희의 하나님 여호와는 신 가운데 신이시며 주 가운데 주시요 크고 능하시며 두려우신 하나님이시라. 사람을 외모로 보지 아니하시며 뇌물을 받지 아니하시고 고아와 과부를 위하여 정의를 행하시며 나그네를 사랑하여 그에게 떡과 옷을 주시나니 너희는 나그네를 사랑하라. 전에 너희도 애굽 땅에서 나그네 되었음이니라(신 10:17~19).

이 말씀에서 하나님은 자신을 정의롭고 공평하신 신이라고 말씀하시고 애굽에서 나그네로 살던 이스라엘을 해방하신 구원의 은혜를 언급하신다. 그리고 이스라엘에게 고아와 과부와 나그네를 돌봐주라고 요구하신다. 하나님의 은혜를 받은 이스라엘은 공동체의 가난한 자들에게 은혜를 베풀 때 정의로운 백성이 된다. 하나님은 이렇게 정의와 사랑을 하나로 엮으셨다.

정의로운 하나님과 정의로운 이스라엘은 어려운 사람들의 생명을 돌보는 사랑을 베푼다. 고대 이스라엘 사회에서나 현대 사회에서 정의는 자신의 권력을 어떻게 사용하느냐의 문제다. 정의로우신 하나님은 자신의 능력을 가난한 사람들의 생명을 위해 사용하신다. 먹을 것이 없는 나그네에게 먹을 것을 주시는 하나님의 사랑은 정의의 실천이다. 그러므로 하나님의 사랑은 약자를 돌보는 사회 정의를 실천하는 것이다. 구약 율법에서 "정의는 사랑을 구체화하고 사랑의 행동을 지도한다."[17] 사랑과 정의는 약자를 돌보시는 하나님의 뜻을 실현하는 것이다. 사회적 약자들의 생명이 보호받도록 돕는 것이 정의이고 사랑이다.

일터라는 공적 영역에서 그리스도의 제자는 성례전적 존재로서 사랑을 정의롭게 실천해야 한다. 일터에서 상대적으로 약자의 입장에 있는 사람들의 생존과 존엄을 위해 일하는 것이 정의로운 사랑이다. 정의롭게 행동함으로써 사랑을 실천한다. 정의로운 행동은 자신의 유익이 아니라 나보다 약한 다른 사람들의 유익을 지향하기 때문에 사랑이다.

폴 틸리히가 말한 것처럼 "사랑은 정의가 요구하는 것보다 더 큰 것을 요구하지 않는다. 오히려 사랑은 정의의 궁극적인 원리이다."[18] 일터는 사람마다 각각 당면한 상황이 다르다. 이 때문에 요구되는 정의도 획일적이지 않고 상황과 대상에 따라 다르게 작동된다. 따라서 정의는 '창의적으로' 실천되어야 한다.[19] 신명기 법전은 이스라엘의 가난한 이웃들에게는 돈을 빌려줄 때 이자를 받지 말라고 했지만, 이방인과 상거래에서 돈을 빌려줄 때에는 이자를 받으라고 규정한다(신 23:19, 20). 가난한 이웃에게는 이자를 받지 않는 것이 정의이지만, 이방인과의 상거래에서는 이자를 받는 것이 정의다. 이처럼 대상에 따라 실천해야 할 정의가 다르게 표현된다.

정의로운 사랑은 또한 불의에 대한 거부 혹은 저항으로 표현된다. 그리스도인은 일터에서 윗사람으로부터 불법적이거나 부당한 업무 지시를 받을 때 어떻게 사랑을 실천해야 할까? 정의는 분배적 정의뿐 아니라 진리를 따르는 실체적 정의가 뒷받침되지 않으면 실현될 수 없다. 정의가 자칫 불의의 수단이 될 수도 있기 때문이다. 진리를 위해 불의를 따르지 않는 용기 있는 정의감을 가진 그리스도인은 자신의 행동으로 인해 불이익을 받을 수 있지만 상대방에게 진리를 따르도록 설득함으로써 사랑을 실천한다. 불법과 불의는 결국 진리의 하나님께 심판을 받는다.

사랑과 정의는 그 자체가 목적이 아니다. 사랑을 받는 사람들이 생명을 풍성하게 누리며 살도록 도와줌으로써 하나님을 기쁘시게 하는 것이 목적이다. 우리는 일터에서 직간접적으로 만나는 사람들을 정의롭게 사랑함으로써 하나님이 주신 생명을 누리도록 부르심을 받은 제자의 정체성을 지켜야 한다.

사랑과 정의의 변증법

사랑과 정의의 관계는 윤리학자들 사이에 논쟁거리다. 안드레스 니그렌(Andres Nygren)은 성경의 아가페 사랑은 죄인을 일방적으로 용서하고 자비의 도움을 주는 종교적인 행위로서 기독교 윤리에서 절대적이며 감정적인 에로스나 정치적 정의와는 상관이 없다고 주장한다.[20] 라인홀드 니버(Reinhold Niebur)는 사랑과 정의를 서로 다른 개념으로 이해한다. 사적 영역에서는 순수한 자기희생적 사랑으로서 아가페 사랑을 해야 하지만, 갈등이 많은 정치나 경제 등의 공적 영역에서는 아가페 사랑의 실천은 오히려 피해자를 발생시킬 수 있기에 정의를 실천해야 한다는 입장이다.[21] 반면, 니콜라스 월터스토프(Nicholas Wolterstorff)는 사랑을 실천하는 한 가지 표현 방식으로 정의를 제시한다. 그는 "정의롭게 행하라는 명령이 사랑의 법과 충돌하지 않고 사랑의 법을 제약하지도 않고 그것을 보완하지도 않는 사랑의 이해"가 가능하다고 주장한다.[22]

사랑과 정의는 이처럼 다양한 의견들이 충돌하는 복잡한 주제다. 이 문제의 핵심적 논쟁은 정의가 무엇인가에 있다. 많은 사람들은 정의를 존 롤즈(John Rawls)가 그의 저명한 저작인 『정의론 Justice』에서 주장한 공정(fairness)의 관점에서 생각한다.[23] 공정은 개인이 자신의 능력을 발휘할 기회를 공평하게 보장하는 것이다. 롤즈에 따르면, 개인들이 공정하게 능력을 발휘할 수 있는 제도가 시행되고 불공정한 사례들이 처벌받을 때 정의로운 사회가 만들어진다. 선천적으로 혹은 후천적으로 다른 사람들과 공정한 경쟁을 할 수 없는 사람들에게는 사회가 보상해야 한다.

롤즈의 정의 개념에 따라 일터에서 경쟁의 기회를 공정하게 제공하는 것이 그리스도처럼 사랑하는 것일까? 공정을 외치는 사람들은 대부분 자신의 정의가 침해되지 않는다면 불공정으로 고통받는 사람들에게 무관심하다. 능력주의 사회에서 사람들은 공정한 경쟁에서 낙오된 사람들을 정의의 심판을 받았다고 폄하한다. 그렇지만 흙수저 - 금수저론처럼 태어날 때부터 불공정한 출발선에서 시작해야 하는 사람들에게 공정한 경쟁이 가능할까?

이에 대해 마이클 샌델은 롤즈가 말한 공정한 기회 보장으로서 정의는 현실적으로 존재하지 않으며 공정과 정의에 대한 모든 판단은 가치 의존적이라고 주장한다. 이 가치는 종교적일 수밖에 없다. 샌델에 따르면, 정의는 사람들이 행복하게 살아가는 '좋은 삶(good life)'이라는 공동선(common good)을 위한 것이다. 진정한 정의는 공동체를 구성하는 시민들이 서로 연대하며 행복한 사회를 만들어가는 사랑의 행위로 이루어진다. 샌델은 정의를 공동체

사람들의 행복한 삶에 기여하는 가치, 즉 사랑의 문제임을 암시한다.[24]

폴 리쾨르(Paul Ricoeur)는 샌델이 제시한 사랑과 정의 문제를 신학적으로 해석한다.[25] 그는 누가복음 6장 평지 설교에서 예수님이 주신 "네 원수를 사랑하라"는 사랑 명령과 "대접을 받고자 하는 대로 남을 대접하라"는 정의 명령을 하나님의 은혜 안에서 통합적으로 이해해야 한다고 주장한다. 리쾨르의 해석에 따르면, 사랑 명령은 하나님이 넘치게 부어주시는 은혜의 경제를 배경으로 한다. 사랑은 하나님께 받은 은혜를 이웃에게 흘려보내는 행위이다. 반면, 정의 명령은 하나님의 은혜로 운영되는 경제가 파괴되지 않도록 질서를 지키는 것이다. 사랑과 정의는 대립 관계가 아니라 변증법적 긴장 관계에 있다. 정의는 사랑의 전제 조건이고, 사랑은 정의를 보완하고 이끈다. 사랑은 정의를 기회 균등이라는 기계적 균형에 머물지 않게 한다. 정의는 사랑의 이름으로 자행되는 무수한 폭력을 막아줌으로써 생명을 보호한다.

우리는 월터스토프와 리쾨르의 논의에서 일터라는 공적 영역에서 정의롭게 사랑할 수 있는 실마리를 찾아낼 수 있다. 정의는 사랑과 별도로 존재하지 않는다. 일터에서 만나는 사람들이 처한 상황에서 일터의 질서를 파괴하지 않으면서 그들의 삶에 하나님의 은혜를 나누는 방식으로 그들을 사랑할 수 있다. 이 과정에서 그리스도의 제자는 자신의 유익을 위해 이웃을 이용하지 않는다. 그리스도의 사랑은 자기의 유익만을 구하지 않는다(고전 13:5).

일터에서 정의롭게 사랑하기

우리는 일터에서 어떻게 정의롭게 사랑할 수 있을까? 일반적으로 일터에서 정의로운 사랑을 적용할 수 있는 방법 네 가지 예를 소개한다. 그러나 일터 상황에 따라 얼마든지 다른 방법으로 정의롭게 사랑할 수 있다.

다른 사람을 위해 권한 행사를 절제한다

모든 직장인들은 자기에게 부여된 권한을 행사하며 일한다. 지위가 높을수록 더 많은 권한을 행사할 수 있다. 그리스도인은 일터에서 권한을 행사할 때 자기 아래 있는 사람들을 의식하며 절제해야 한다. 자기 아래 있는 사람들에게 권한을 폭력적으로 행사하는 '갑질'은 자기 유익을 위해 힘없는 사람들을 이용하는 불의한 행위다. 그리스도인은 일터에서 만나는 모든 사람들과 갑-을의 관계가 아니라 서로의 존엄성을 인정하고 배려하는 자세로 권한 행사를 절제해야 한다.

많은 직장인들이 권한을 무제한적으로 휘두르는 상사들 때문에 스트레스를 받는다. 일터에서 내가 행사할 수 있는 권한은 일터에서 만나는 이웃들을 다스리라 - 돌보라 - 고 하나님으로부터 위임받은 것이다. 내가 내 이기적 목적을 위해 함부로 활용할 수 있는 것이 아니다. 무제한적 권력 행사는 즉시 타락한 권세가 된다. 그리스도의 제자는 자신의 권한을 자기의 유익만이 아니라 타인의 성장을 위해 서로 활용해야 한다.

> 그리스도의 제자들은 일터에서 정의를 실현함으로써 자기보다 낮은 위치에 있는 사람을 사랑해야 한다. 제자들은 사람들을 공정하게 대우해야 한다. 그 사람이 가지고 있는 정당한 가치와 권리를 향유할 수 있도록 보장해주어야 한다. 그 사람이 가지고 있는 정당한 가치와 권리를 초과하여 배려하는 것도 다른 사람들에게 상대적 불이익을 주는 불공정한 행위다. 특정인을 지나치게 사랑하는 행위도 정의를 해친다.[26]

사도 바울은 복음을 전하면서 사도로서 자신의 정당한 권한 행사를 하지 않았다. 그는 교회에 부담이 되지 않기를 바랐기 때문이다. 바울은 일하지 않고 게으르게 살면서 교회에 폐를 끼치는 데살로니가 일부 교인들과 교회에 경고하면서 자비량 선교를 하는 사도들을 본받으라고 말했다. "누구에게서든지 음식을 값없이 먹지 않고 오직 수고하고 애써 주야로 일함은 너희 아무에게도 폐를 끼치지 아니하려 함이니 우리에게 권리가 없는 것이 아니요 오직 스스로 너희에게 본을 보여 우리를 본받게 하려 함이니라"(살후 3:8, 9). 바울은 사도로서 가진 권한을 오직 교회의 유익을 위해서 정의롭게 활용함으로써 그리스도의 사랑을 실천했다.

그러나 일터에서 권한 사용의 제한은 상호적이어야 한다. 권한을 많이 가진 윗사람만이 아니라 아랫사람 또한 자신의 권한을 절제하며 대응해야 한다. 모든 권한은 책임을 동시에 요구한다. 윗사람이 아랫사람에게 권한 사용을 절제할 때, 아랫사람은 윗사람의 절제된 권한 행사를 악용해서는 안 된다. 서비스업을 운영하는 주인이 손님의 역정을 인내하며 손님의 요구에 응할 때, 손님은 주인의 섬김을 돈을 내는 대가로 당연하게 여길 것이 아니라 감사하게 받아들여야 한다. 일터에서 형성되는 모든 관계에서 그리스도인은 상대의 입장에서 생각하고 이해하며 권한을 적절하게 활용해야 한다.

불의에 저항하고 정직하게 일한다

그리스도의 제자로서 우리는 일터에서 "불의를 기뻐하지 아니하며 진리와 함께 기뻐하는" 사랑을 실천한다(고전 13:6). 불의는 자신의 권한을 자신의 유익을 위해 무리하게 활용하려는 사람들에 의해 일어난다. 불의에 침묵하면 다른 사람들이 피해를 입는다. 이들의 대부분은 불의하게 권한을 행사하는 사람들과의 관계에서 약자의 입장에 있는 사람들이다. "불의에 대한 저항은 불이익을 감수하고 약자를 보호하려는 사랑의 행위다."[27]

기업의 이익을 위해서만 불의하게 일하는 사람들은 비용을 지불하는 소비자들과 세상에게 돌이킬 수 없는 피해를 준다. 기업이 비용 절감을 위해 유해한 성분을 사용해 손쉽게 상품을 만들어 팔면 소비자들의 건강을 해친다. 예를 들어 자동차 소프트웨어를 조작해 환경감시를 피하려는 자동차 회사의 조직적인 불의는 환경을 파괴한다. 그리스도의 제자들은 일터에서 불의한 일에 동참하지 않을 뿐 아니라 중단시켜야 한다. 그리스도인은 이 과정에서 피해를 받을 수 있더라도 피하지 않는 것이 성례전적 사랑이다. 많은 사건과 사고들이 사전에 예방할 수 있음에도 불구하고 관련 업무를 맡은 사람들이 불법과 불의에 눈 감았기 때문에 일어난다.

그리스도의 제자들은 정직하게 일함으로써 정의로운 사랑을 실천한다. 그리스도인들의 정직한 태도는 일터에 신뢰를 형성한다. 일터에서는 정직하지 않은 사람들로 인해 많은 피해가 발생한다. 그러나 정직한 사람은 "직장의 다른 사람들에게 의심을 주지 않기 때문에 서로의 신뢰 속에서 긴장감을 줄여준다."[28] 여호와 하나님은 속이는 저울을 미워하시고 공평한(정직한) 저울추를 기뻐하신다(잠 11:1). "성읍은 정직한 자의 축복으로 인하여 진흥하고 악한 자의 입으로 말미암아 무너지느니라"(잠 11:11). 이처럼 정직하게 일하는 것은 나와 다른 사람들을 정의롭게 사랑하는 행위다.

제자로서 그리스도인은 모든 사람에게 친절한 모습을 보여 착한 사람으로 인정받으려는 유혹을 이겨내야 한다. 일터에서 친절하더라도 쓴 소리를 할 줄 알아야 한다. 하나님의 정의를 위해서 냉정하게 대할 줄도 알아야 하며 화를 낼 때도 있다. 못된 사람으로부터 자신을 보호할 줄도 알아야 한다.[29] 모든 사람들의 요구를 들어주는 착한 사람은 자칫 불의에 희생을 당할 수 있다. 착한 사람이 되는 것보다 정의로운 사람이 되는 것이 우선이다. 을의 입장에서 갑에게 억울하게 당하는 것은 성례전적 사랑이 아니다. 지속적으로 '을질'을 당하는 것은 불의를 수용하는 것이다. 진리의 편에 서서 희생을 감수하고 불의에 저항하는 것이 성례전적 사랑이다. 자신에 대한 불공평하거나 불합리한 요구에 대해서는 거부할 수 있어야 한다.

예수님은 사랑이 넘치셨지만 잘못된 바리새인들이나 권세자들의 행위와 주장을 수용하지 않고 비판하셨다. 비록 그들이 이를 빌미로 예수님을 십자가에 매달았지만, 예수님은 정의를 굽히지 않으셨다. 예수님은 안식일에 병자들을 고치는 것에 대한 바리새인들의 비난에 굴하지 않고 강행하시고, 간음하다 현장에서 잡힌 여인을 즉결 처형하라는 흥분한 바리새인들을 정의와 사랑으로 굴복시키셨다. 그리스도인의 사랑은 불의를 기뻐하지 않고 오직 진리와 함께 기뻐한다(고전 13:6).

다른 사람들의 능력을 키워준다

그리스도의 제자는 일터에서 어려움을 겪는 사람들을 도와서 문제를 해결하고 성장하도록 돕는다. 그리스도께서 자신을 배신한 베드로와 제자들을 찾아가 그들을 정죄하지 않고 서로 사랑하는 제자로 살아갈 수 있도록 배려하고 도와주신 것처럼 우리도 일터에서 타인이 성장할 수 있도록 도와야 한다. 이는 그리스도의 공의로운 사랑이다.

공의의 하나님은 죄인들을 심판하기보다는 정의롭게 살아갈 수 있도록 그들을 용서하고 능력을 주신다. 하나님은 우상숭배와 부패로 바벨론에 멸망당하고 끌려간 유대인들을 하나님의 백성으로 살도록 구원하여주셨다. "또 새 영을 너희 속에 두고 새 마음을 너희에게 주되 너희 육신에서 굳은 마음을 제거하고 부드러운 마음을 줄 것이며 또 내 신을 너희 속에 두어 너희로 내 율례를 행하게 하리니 너희가 내 규례를 지켜 행할지라. 내가 너희 조상들에게 준 땅에서 너희가 거주하면서 내 백성이 되고 나는 너희 하나님이 되리라"(겔 36:26~28).

제자는 일터에서 만나는 사람들을 하나님의 공의로운 마음으로 바라보고 대해야 한다. 공의는 정의롭게 살아가도록 실질적으로 도와주는 사랑이다. 공의로운 사람은 동료들이 자신의 잠재 능력을 계발하고 발휘할 수 있도록 도움을 주고 기다려준다. "공의는 정의를 간과하지 않지만 정의를 실천할 수 있도록 시간을 벌어주고 기회를 주는 사랑이다."[30]

경쟁적인 일터에서 타인의 성장을 위해 자신의 능력을 활용하고 기다려주는 것은 결코 쉬운 일이 아니다. 공의로운 사랑은 언제든지 자신의 피해를 감수할 수 있어야 한다. 일터가 성장하려면 일터 구성원 개개인의 성장이 있어야 한다. 공의롭게 이웃을 사랑하는 그리스도인은 회사가 성장하는 데 기여한다. 이처럼 그리스도의 제자는 경쟁보다 협력을 선호하며 함께 성장하는 길을 걸어간다.

긍휼한 마음으로 돕는다

능력만큼 보상받는 능력주의가 지배하는 일터에서도 자비로운 사랑은 언제나 필요하다. 정의와 공의의 사랑은 일터에서 부여받은 권한과 능력과 관련이 있지만, 자비는 "모든 사람이 인간으로서 보편적으로 가지고 있는 가장 근본적인 가치와 권리를 누리도록 배려하는" 근원적 사랑이다.[31] 모든 사람은 인간으로서 존엄성을 지키며 살아갈 권리를 가지고 있다. 그럼에도 불구하고 태어난 가족 배경이나 삶의 환경, 혹은 뜻하지 않은 사건으로 최소한의 인간적 삶을 살지 못하는 사람들이 있다. 하나님은 이러한 사람들의 생명을 보호하기 위해 무조건 사랑하신다. 이들을 위한 사회적 제도를 마련하시고 지킬 것을 명령하신다.

> 네가 밭에서 곡식을 벨 때에 그 한 뭇을 밭에 잊어버렸거든 다시 가서 가져오지 말고 나그네와 고아와 과부를 위하여 남겨두라. 그리하면 네 하나님 여호와께서 네 손으로 하는 모든 일에 복을 내리시리라. 네가 네 감람나무를 떤 후에 그 가지를 다시 살피지 말고 그 남은 것은 객과 고아와 과부를 위하여 남겨두며 네가 네 포도원의 포도를 딴 후에 그 남은 것을 다시 따지 말고 객과 고아와 과부를 위하여 남겨두라(신 24:19~21).

이 율법은 농사지을 땅이 없는 가난한 이웃들의 생계를 보장하기 위해 추수철에 그들의 몫을 남겨두라는 명령이다. 하나님은 자기 백성들에게 가난한 이웃을 향한 자비로운 사랑을 일터에서 실천하라고 말씀하셨다. 백성들은 가난한 이웃들이 자기 논밭에 들어와 남겨둔 수확물들을 가져가도록 배려해야 한다. 가난한 이웃들은 다른 사람들의 논밭에 들어가 이삭줍기로 배고픔을 모면할 수 있었다. 그리스도의 백성들에게 자비의 사랑은 자선 행위가 아니라 의무다.

그리스도의 제자도 일터에서 만나는 어려운 이웃들에게 자비로운 사랑을 아낌없이 베푼다. 뜻하지 않게 어려운 질병에 걸려 좌절하고 고통스러워하는 동료들이나 가족에게 슬픈 일이 일어난 동료들을 위로한다. 그들이 잠시 일터를 떠나 있어야 하는 기간에 그들의 일을 기꺼이 대신 맡아주고 그들이 안전하게 자신의 업무에 복귀할 수 있도록 도와준다.

그러나 자비로운 사랑은 일방적으로 주기만 하는 것에 그치지 않고 도움을 받는 사람들이 자립할 수 있는 능력을 키워주는 것까지 고려할 때 인격적 사랑이 된다. 이러한 사랑은 상대방에게 부담을 주지 않고 자신감과 감사한 마음을 갖게 한다. 도움을 주는 사람이 도움을 받는 사람을 수혜자(收惠者)로 취급하기보다는 미래의 시혜자(施惠者)로 기대하고 바라보면 돕는 방식과 과정이 달라질 수 있다. 하나님 나라 백성에게 자비는 선택이 아니라 의무다.

일터 제자도의 실천적 함의

우리는 그리스도인이 일터에서 어떻게 신앙인으로 일할 수 있을지를 살펴보았다. 그리스도인은 그리스도를 본받아 살아가는 제자로 부르심을 받고 어디든지 보냄을 받은 사람이다. 그리스도인은 그리스도가 보여주시고 명령하신대로 아가페 사랑을 실천하며 일해야 한다. 이 논의에서 우리는 세 가지 실천적 함의를 발견할 수 있다.

첫째, 그리스도인은 일터에서 성례전적 존재로 존재하라는 그리스도의 부르심을 받은 제자라는 정체성을 지켜야 한다. 그리스도는 우리를 구원하기 위해 자기 몸을 희생 제물로 십자가에 바치셨다. 이로써 그리스도는 성례전(sacrament)으로 존재한다. 그리스도는 우리에게 "자기를 부인하고 자기 십자가를 지고 나를 따르라"고 요청하셨다. 제자는 상황과 조건을 따지지 않고 그리스도의 말씀에 단순하게 순종하며 실천하는 사람이다. 그리스도인은 일터에서 자신의 유익이 아니라 타인의 유익을 위해 자신을 성례전으로 바치는 존재임을 기억해야 한다.

둘째, 일터를 하나님의 마음으로 이해해야 한다. 생존 경쟁이 치열한 일터는 그리스도와 상관없는 비종교적 영역이 아니다. 그리스도는 우리의 중보자로서 일터가 하나님과 화해하도록 중보 사역을 하신다. 제자는 그리스도의 중보 사역에 참여하도록 부르심을 받았다. 그러므로 그리스도의 제자는 일터를 돈 버는 곳이라는 생각을 넘어 그리스도께서 통치하시는 하나님의 나라로 여긴다. 제자에게 세상의 사적 공적 모든 영역들은 그리스도 안에서 하나님과 화해해야 하는 곳이다. 제자는 그리스도의 중보 사역을 위해 사용 받을 수 있도록 노력해야 한다.

셋째, 제자는 일터에서 만나는 사람들을 정의롭게 사랑해야 한다. 그리스도께서 우리를 사랑하신 것처럼 우리도 서로 사랑할 때 우리는 그리스도의 제자로 살아간다. 그리스도의 사랑은 정의롭고 공의롭고 자비로운 사랑이다. 정의와 공의와 자비는 하나님의 정의를 실천하는 방식이다. 정의로운 사랑으로 우리는 사회적 약자들과 가난한 이웃들의 생명을 보호하고 함께 살아가는 세상을 만들어간다. 능력주의와 무한경쟁의 현장인 일터에서 우리는 이웃들의 생명을 보호하고 동료들이 자신의 능력을 충분히 발휘하고 어려움을 극복할 수 있도록 사랑해야 한다.

제4장
함께 번영하는 삶을 추구하는 일

우리는 모든 생명이 번영하는 세상을 위해 함께 일한다.

나는 왜 일하고 있을까?

"우울해요"

한 회사에서 18년 동안 일한 40대 중반의 G씨는 석 달째 우울증 약을 먹고 있다. 의사는 당분간 절대로 약을 끊으면 안 된다고 그에게 단단히 주의를 주었다. 국내 굴지의 전자 회사 관리 부서에 근무하고 있는 그는 그동안 쌓아온 업무 관련 지식과 경험을 바탕으로 후배들과 함께 한참 재미있게 일하고 있어야 할 때이지만 실상은 반대였다. 사장 결재를 받으러 들어가기 전부터 가슴이 답답하고 불안한 느낌에 짓눌리는 경험을 자주 했다. 주변 동료들과 부딪히고 갈등하는 일도 잦아졌다. 그는 일의 의욕이 떨어져갔다.

그는 자기 교구 담당 목사님을 만나 어려움을 호소했다. "회사를 그만 다니고 싶습니다. 그동안 헛고생하며 인생을 낭비했다는 생각이 듭니다. 일을 배우고 동료들과 잘 지낼 때는 신나게 일했는데 요즘은 내가 왜 이 일을 계속해야 하는지 모르겠어요. 출근하기 싫은 아침이 점점 많아지고요. 내가 회사의 소모품으로 닳아 없어지고 있다는 생각이 들면 그냥 회사를 떠나고 싶은 마음이 듭니다. 이렇게 힘들게 다닐 바에는 그냥 퇴사하고 내가 하고 싶은 일이나 실컷 하면서 살고 싶어요."

목사님은 G씨에게 회사에서 특별히 어려운 일을 겪고 있는지, 혹시 다른 직장으로 이직을 생각하고 있는지, 직장 동료들로부터 따돌림을 당하고 있지는 않은지 등등 직장생활에 대해 자세히 물었다. 그는 동료들과의 관계에 특별히 문제가 있는 것은 아닌데 지루하고 무기력한 느낌이라고 대답했다. "돈 벌어 아이들 키우고 부모님 생활을 돕고 우리 가족 먹고 사는 것 외에 내가 직장에서 일하는 다른 이유를 찾지 못하겠어요."

그는 회사가 경영의 어려움을 겪게 되자 임원으로부터 온갖 짜증을 받게 되고 업무 스트레스가 커졌다. 예전에는 문제가 생기면 해결하고자 하는 의욕이 있었지만 요즘에는 두려움과 짜증부터 났다. 일하는 속도가 느려지고 업무가 밀리면서 늦게 퇴근하는 날들이 많아졌다. 더 큰 문제는 밤에 잠을 제대로 이루지 못하는 불면증이었다. 회사 생각이 머리에서 떠나지 않아 몽롱하게 깨어 있는 상태로 누워 있지만 잠이 들 수 없었다. 하루에 많아야 3시간 정도 자고 출근하기 일쑤였다. 가끔 G씨는 자살 충동도 느꼈다. 그는 아내의 걱정과 재촉으로 정신과를 찾았다가 '직장 우울증' 진단을 받았다.

의미와 재미

G씨처럼 직장에서 우울한 마음으로 살아가는 직장인들이 많다. 한 인력업체 조사 결과 한국 직장인의 83.5%가 직장 우울증을 경험하고 있다고 응답했다.[1] 이들은 일을 하면서 자신과 회사의 비전이 불투명한 것을 주요 원인으로 제시했다.[2] 지금 하고 있는 직장 일에서 의미를 발견하지 못하기 때문이다. 이들은 직장에서 성장하고 행복할 수 있다는 확신을 얻지 못하고 있다. 자기가 일하는 의미나 목적을 이해하지 못하는 직장인은 쉽게 우울감에 빠지기 마련이다. 목적이나 의미 없이 직장생활에 바쁘게 살아가는 사람들은 삶의 초점을 잃어버린다. 빡빡한 스케줄을 자랑하며 바쁘게 일하다 은퇴한 사람들이 허무감과 우울증에 시달리는 것도 오랜 세월 해왔던 일에서 의미를 찾지 못했기 때문이다.

그러나 반대로 자신이 일하는 의미를 분명하게 알고 있는 직장인은 재미있게 일한다. 심리학자들은 일에서 느끼는 행복감(번영)과 일의 의미가 상관관계가 있다고 지적한다. 정승철은 직장인들을 대상으로 실시한 조사에서 일하는 의미를 알고 있는 직장인들은 업무 수행과 업무를 대하는 열의 및 업무에 몰입하는 상태가 그렇지 않은 직장인들에 비해 긍정적이라는 결과를 얻었다. 이 조사 결과를 토대로 그는 일의 의미가 직장인들의 행복감(번영)에 실제적인 영향을 끼치고 있다는 연구 결론을 내렸다.[3]

사람은 자기 행위의 의미와 목적을 알면 힘든 상황 속에서도 크고 작은 성취를 이루고 재미를 느낀다. 사람에게 재미없는 삶은 우울하다. 재미없게 일하면 오래 일하기 힘들고 위기에 취약하다. 안타깝게도 많은 직장인들이 소중한 인생을 우울한 마음으로 버티고 있다. 일터에서는 열심히 일하지만 만족스럽고 행복하지 못한 사람들을 쉽게 만날 수 있다.

'작은 일'에 큰 의미가?

매일 하는 반복적이고 평범하고 소소한 일에 어떤 특별한 의미가 있다고 생각하는 사람은 많지 않다. 대부분의 사람들은 매일 '작은 일'을 하며 살아간다. 회사는 하나의 제품이나 서비스를 만들어내기까지 모든 과정을 세세한 전문 분야로 나누고 연결하는 과정을 치밀하게 짜야 한다. 예를 들어, 제약회사는 연구부서, 생산부서, 판매부서, 관리부서로 나누고 각 부서에서도 몇 개의 팀을 나눈다. 팀원들은 팀에 배당된 업무를 세분화하고 각자 나눠 맡는다. 일터에서 개인은 분업화된 '작은 일'에 집중하고 전문지식을 쌓아야 생존할 수 있다. 요식업이나 소매상처럼 개인 사업을 하는 사람도 자신이 종사하는 한 분야에 집중해야 성공할 수 있다. 김밥집 사장은 김밥 말고 라면 끓이는 일을 무한 반복한다.

평범한 일상의 일터에서 '작은 일'에 종사하는 사람들은 자기 자신을 '특별한 사람'이 아니라 '작은 사람'으로 여길 수 있다. 새벽에 길거리 청소를 하는 환경미화원 가운데 어떤 사람은 먹고 살기 위해 별로 하고 싶지 않지만 어쩔 수 없이 밑바닥 일을 하는 사람이라고 자기 일을 비하할 수 있다. 이런 사람들은 자기를 성직자나 공직자처럼 다른 사람들을 위해 봉사하는 숭고한 일을 하는 사람들보다 하찮은 사람이라고 여길 수 있다.

매일 그 '작은 일'에 생계가 걸려 있는 사람이 이 세상의 수없이 많은 '작은 일'이 어떻게 연결돼 하나의 생명 네트워크를 형성하는지 큰 그림을 그리기란 쉬운 일이 아니다. 그러나 세상에 '작은 일' 없이 '큰 일'은 없다. 많은 '작은 일'이 모여 '큰 일'이 만들어진다. 누군가 독보적으로 '큰 일'을 하는 것이 아니라 모든 사람들이 하는 다양한 '작은 일들'이 하나로 연결돼 '큰 일'을 이룬다. 이 '큰 일'이 '작은 일'에 큰 의미를 부여한다. '큰 일'을 하는 사람이 있으려면 더 많은 '작은 일'을 하는 사람들이 반드시 있어야 한다.

아담 스미스(Adam Smith)는 250여 년 전 이 점을 인식하고 경제학이라는 학문을 개척했다. 그는 각 개인이 자기 이익을 추구하기 위해 자기가 만든 것을 다른 사람과 교환하지만, 이렇게 '이기적인' 목적으로 이뤄지는 수많은 교환들이 '보이지 않는 손'에 의해 전체 시민들의 삶을 유지하고 발전시킨다고 말했다.

> 우리가 저녁 식사를 기대할 수 있는 것은 정육점 주인과 양조장 주인, 그리고 빵집 주인의 자비심 때문이 아니라 그들의 이기심(self-interest)에 대한 그들의 고려 때문이다…모든 개인은 자신이 통제할 수 있는 자본으로 가장 유리하게 사용할 수 있는 방법을 찾기 위해 끊임없이 노력하고 있다. 그것은 실제로 자기 자신의 이익이지, 그가 보고 있는 사회적 이익이 아니다…그는 다른 많은 경우와 마찬가지로 '보이지 않는 손'에 의해 이끌려 그의 의도가 아닌 목적을 추진하게 된다…자신의 이익을 추구함으로써 그는 실제로 그것을 증진하려고 할 때보다 더 효과적으로 사회의 이익을 증진한다.[4]

사람들은 각자 자기 이익을 위해 이기적으로 '작은 일'을 하지만 '보이지 않는 손'이 사회를 유지하는 선한 경제 질서를 이끌어 간다는 것이다. 이처럼 지극히 개인적이고 이해타산적인 사람들의 일에 의존하고 있는 경제 현실을 아담 스미스는 날카롭게 꿰뚫어 보고 있다. 내가 하는 일이 비록 이기적이고 보잘것없는 '작은 일'인 것 같지만, 사실은 나도 모르는 사이에 '큰 일'에 활용되고 있고 내가 그 의미를 모를 뿐이라는 사실을 그는 지적했다.

우울한 노동

아담 스미스가 지적한 것처럼 나의 이기적인 일에서 큰 의미를 발견할 수 있다면 우리는 좀 더 멋지게 일하며 행복할 수 있을 것이다. 그러나 매일 분주하고 치열하게 살아가는 우리가 이런 '큰 의미'를 깨닫기에는 많은 방해 요소들이 있다. 현대인은 경쟁에 시달려 정신적으로 지치고 피곤한 상태에서 생존하기에도 바쁜데 의미를 생각할 여유가 없다. 퇴근하고 집안일을 하고 나면 다음 날 출근하기 위해 일찍 잠자리에 들어야 한다. 우리는 한 주에 책 한 권 읽을 시간이 없기에 사상과 철학의 빈곤, 신학과 말씀 기근의 시대에 살고 있는 것이다. 이런 사람들에게 의미를 찾는다는 것은 복음적인 일일 것이다.

시장에서 '보이지 않는 나쁜 손'에게 부정적 경험을 당해본 사람들 또한 의미를 찾기 힘들다. 이 손은 가격 조작 등으로 개인의 이익을 극대화하려는 사악한 상업, 제조업, 금융업 종사자 등을 말한다. 이들은 시장을 왜곡하고 시장을 불신하게 만든다. 신자

유주의 경제체제에서는 '보이지 않는 손'은 '더 거만하고 더 탐욕스러워진 손'이 되었다.[5]

생존 경쟁이 치열해지는 신자유주의 경제 체제에서 경험하는 부정적 상황에서는 '작은 일'에서 '큰 의미'를 발견하기가 더 어렵다. 직장인들은 더 열심히 일해서 더 많이 소유하면 더 자유롭게 살 수 있을 것이라 믿고 있지만 더 열심히 일할수록 몸과 마음이 더 피곤하고 우울해지는 경험을 한다. 한병철(Byung-Chul Han)은 이 시대의 신자유주의 경제 체제는 개인의 성취가 자유를 보장할 것처럼 약속하지만 사실은 자유를 착취하고 있다고 비판한다.

> 신자유주의적 성과 주체는 '자기 자신의 경영자'로서 스스로를 자발적으로, 열정적으로 착취한다…개인이 자발적인 자기 제어를 통해 지배 관계를 자신의 내면에 전사(轉寫)하도록 유도한다. 개개인은 이렇게 내면에 전사된 지배 관계를 자유로 해석하게 된다. 여기서 자아의 최적화와 복종, 자유와 착취는 하나가 된다.[6]

우리가 열심히 일할수록 정신적으로 피폐해진다는 한병철의 주장은 과장된 측면이 없는 것은 아니나 치열한 능력주의 신자유주의 경제체제의 병든 모습을 상징적으로 보여준다. 이 체제에서 사람들은 일하는 목적과 의미를 주로 자기의 성공에서 찾으려 한다. 자기의 성공을 위해 자신의 모든 자원을 쥐어짜듯 투자해야 한다고 믿는다. 일이 자기 자신을 넘어서지 못하는 것이다.

현대인들이 열심히 일하지만 그 일의 의미를 제대로 발견하지 못하는 것은 그 의미는 자기 자신을 초월한 것이기 때문이다. 자기 안에 갇혀 있는 사람은 삶의 만족스러운 의미를 결코 찾을 수 없다. 실존주의 철학의 영향을 받은 현대인들은 인생의 의미는 자기 스스로 만들어야 한다고 생각하는 경향이 있다. 그러나 진정한 인생의 의미는 자기를 초월한 외부에서 오는 것이다. 제2차 세계대전에서 유대인 강제수용소에서 끝까지 살아남은 빅터 프랭클(Victor E. Frankl)은 "의미는 발견되는 것이지 만들어내는 것이 아니다"고 말했다. "인간은 자기 자신과는 다른 어떤 것, 자기 자신의 단순한 표현을 넘어선, 자기 자신의 단순한 투사를 넘어선 의미를 향해 자신을 초월하고 있다."[7]

하나님께서 우리에게 주신 소명을 일하는 의미로 받아들이지 않고, 자기 성공만을 위해 자기계발에 집중하며 모든 노력을 쏟아내는 사람들의 노동은 우울해질 수밖에 없다. 우리에겐 나를 넘어서는 더 큰 초월적 존재인 하나님으로부터 오는 '큰 의미'가 필요하다. 우리가 하는 일도 마찬가지다. '작은 일'에 '큰 의미'가 필요하다. 그 의미는 '작은 일'을 크게 할 수 있는 동기가 된다. 그것은 무엇일까?

번영하는 삶

번영하라는 하나님의 명령

하나님은 사람을 하나님 대신 세상에서 일하는 존재로 창조하시고 "생육하고 번성하여 땅에 충만하라"(창 1:28)고 말씀하셨다.

하나님께서 창조하신 생명이 온 땅에 널리 퍼져 창조주 하나님의 영광을 기리며 예배하는 세상을 만들라는 하나님의 명령이다. 모든 생명이 번영하는 세상을 만들기 위해 일하라는 소명이 우리에게 주어졌다. 이 소명은 나를 포함한 많은 사람들과 피조물들이 내가 하는 일에 직간접적 영향을 받는다는 뜻이다.

번영하는 삶을 위해 일하라는 하나님의 명령은 사람이 죄를 짓고 벌을 받을 때에도 취소되지 않았다. 하나님이 죄인을 벌주시는 이유도 다시 하나님께 돌아와 "번영하라"는 소명을 감당하게 하려는 것이다. 하나님께 죄를 지어 나라를 잃고 바벨론에 포로로 끌려온 이스라엘 백성들에게 주신 하나님의 말씀은 하나님께서 그들의 번영하는 삶을 얼마나 소원하시는지 잘 보여준다.

> 너희는 집을 짓고 거기에 살며 텃밭을 만들고 그 열매를 먹으라. 아내를 맞이하여 자녀를 낳으며 너희 아들이 아내를 맞이하며 너희 딸이 남편을 맞아 그들로 자녀를 낳게 하여 너희가 거기에서 번성하고 줄어들지 아니하게 하라. 너희는 내가 사로잡혀 가게 한 그 성읍의 평안을 구하고 그를 위하여 여호와께 기도하라. 이는 그 성읍이 평안함으로 너희도 평안할 것임이라(렘 29:5~7).

이스라엘은 유배지에서도 땅을 경작하고 생명을 번성케 해야 한다. 하나님의 창조 명령은 이스라엘의 유배지에서도 이어진다. 이를 위해 그들은 그 땅의 평안을 간구해야 한다. 평안한 땅에서 생명이 위협받지 않고 번성할 수 있기 때문이다. 하나님의 창조는 앞서 제2장에서 설명한 것처럼 죽음과 어둠이 뒤덮고 있는 땅에 생명과 빛을 만들어내는 과정이다. 생명의 번성은 하나님의 창조가 지속되고 있다는 증거다.

하나님의 창조가 완성되는 새 하늘과 새 땅에서는 기쁨과 평화와 풍요 속에서 모든 생명이 번영하는 상태가 영원히 지속될 것이다. "(새 하늘과 새 땅에서는) 그 손으로 일한 것을 길이 누릴 것이며 그들의 수고가 헛되지 않겠고 그들이 생산한 것이 재난을 당하지 아니하리니 그들은 여호와의 복된 자의 자손이요 그들의 후손도 그들과 같을 것임이라"(사 65:22, 23).

우리는 나와 가족이 먹고 살기 위해 일하는 차원을 넘어 내가 속한 공동체가 함께 번영하는 삶을 위해 일한다. 나와 이웃이 함께 번영하는 세상을 만드는 것이 우리가 일하는 목적이다. 내가 일터에서 하는 '작은 일'에는 내 일과 연관된 모든 사람들의 삶을 번영케 하는 '큰 의미'가 담겨 있다. 그리스도는 우리에게 풍성한 생명을 주기 위해 오셨다(요 10:10). 우리는 그리스도가 주신 영원하고 풍성한 생명을 이 땅에서 누리고 이웃에게 전하기 위해 일하도록 세상에 보냄을 받았다(요 17:18).

번영(flourishing)의 의미

번영 혹은 번성이란 말은 문자 그대로는 생물학적인 성장 과정을 의미한다. 긍정심리학자들은 2000년대 초부터 사람들의 정신건강 상태를 측정하고 평가하기 위해 한글로 '번영'으로 번역되는 '플러리싱(flourishing)' 개념을 개발해 사용하고 있다. 코리 키에스(Corey Keyes)가 2002년 처음 사용한 이 개념은 정신건강을 측정하는 척도로서 개인이 행복감을 느끼는 상태를 의미한다.[8]

플러리싱은 흔히 행복 혹은 행복감, 복지라는 말과 교차적으로 사용된다.

마틴 셀리그만(Martin Seligman)은 번영하는 사람, 곧 정신건강이 좋은 사람들의 세 가지 특징을 분석했다. 첫째, 긍정적 감정을 느끼며 만족하며 살아간다. 둘째, 일에 집중하고 몰입한다. 셋째, 자기보다 큰 것에 헌신하는 의미 있는 삶을 살아간다. 그는 또한 번영하는 사람은 다른 사람들과 관계가 원만하고 일에 성취감을 느낀다고 분석했다.[9]

그러나 긍정심리학자들의 번영 개념은 성경이 말하는 번영의 한 측면만을 반영하고 있다. 성경에서 번영은 정신건강 뿐만 아니라 삶의 모든 영역을 총괄하는 개념이다. 구약성경에서 번영으로 번역될 수 있는 히브리 단어는 샬롬(shalôm), 아쉬레(ashré), 타밈(tamîm) 등 세 가지를 들 수 있다. 이 단어들은 모두 하나님이 주시는 복으로 충만한 상태를 의미한다.

첫째, 흔히 다른 사람에게 복을 비는 인사말로 자주 사용되는 샬롬은 하나님의 말씀에 순종하고 하나님의 복을 받아 건강과 물질과 관계에서 부족함 없이 온전하고 평화로운 상태를 의미한다. 샬롬은 헬라어 신약성경에서는 에이레네(eirene), 영어 성경에서는 평화(peace)로 자주 번역되는데 갈등이나 전쟁이 없는 평화로운 상태를 뜻한다(창 26:29; 34:21; 시 122:6; 슥 6:13; 눅 1:79; 2:14; 롬 5:1~11; 골 1:20).[10]

둘째, 아쉬레는 하나님의 말씀에 순종하며 지혜롭게 사는 데서 오는 복된 상태(헬라어 makarios, 영어 blessed)를 뜻한다. 하나님의 복으로 풍성하고 안전한 삶을 지칭할 때 자주 사용된다(시 1:1; 2:12; 33:12; 잠 3:13; 마 5:3~12; 요 13:17; 20:29; 롬 14:22; 약 1:12; 계 22:7, 14).[11]

셋째, 타밈은 '거룩하다(holy)' '완전하다(complete)' 등의 뜻을 가지고 있으며 헬라어 신약성경에서는 텔레이오스(teleios)에 해당한다. 하나님 앞에서 온전하고 성숙하고 완성되고 완전하고 흠잡을 수 없는 상태를 뜻한다. 예수 그리스도가 이 단어에 가장 합당한 사람으로 표현된다(출 1:25; 신 18:3; 32:4; 삼하 22:26; 시 26:11; 히 2:10; 5:8; 엡 4:13; 롬 12:1, 2).[12]

이처럼 성경은 하나님의 구원을 받은 백성으로서 이 땅에서 살아갈 때 하나님께 복을 받고 살아가는 이들을 '번영하는 삶'이라고 말한다. 조나단 페닝턴(Jonathan Pennington)은 성경에서 번영(flourishing)은 하나님의 영으로 새로워진 영혼을 가진 사람들을 통해 모든 사람들과 창조 세계에 흘러가는 하나님의 축복이라고 설명한다.[13] 번영은 한 개인에서 시작해 하나님의 창조 세계 전체에까지 뻗어나간다. 개인의 번영은 전체의 번영과 유기적으로 연관돼 있다. 성경의 번영은 영적, 정신적, 물질적, 그리고 생태적 번영을 모두 포함한다.

영적 번영

사람이 누릴 수 있는 번영은 모든 생명을 창조하신 하나님 안에 있다. 하나님 밖에서 번영은 얼마든지 재앙으로 돌변할 수 있다. 죄로 인해 하나님을 떠난 세상은 생명과 평화를 잃어버리고 죽음과 싸움으로 변했다. 가난과 질병과 고통은 하나님 없는 세상을 지배한다. 다시 번영하는 삶을 살려면 하나님께 돌아와야 한다. 하나님은 자기 백성 이스라엘이 풍성한 삶을 살기 위해 필요한 모든 것을 주시고 번영케 하겠다고 약속하셨다. 번영하는 삶은 오직 하나님에게서 나온다는 메시지다.

> 내가 오늘 명하는 모든 명령을 너희는 지켜 행하라. 그리하면 너희가 살고 번성하고 여호와께서 너희의 조상들에게 맹세하신 땅에 들어가서 그것을 차지하리라…사람이 떡으로만 사는 것이 아니요 여호와의 입에서 나오는 모든 말씀으로 사는 줄을 네가 알게 하려 하심이니라…네 하나님 여호와께서 너를 아름다운 땅에 이르게 하시나니 그 곳은 골짜기든지 산지든지 시내와 분천과 샘이 흐르고 밀과 보리의 소산지요 포도와 무화과와 석류와 감람나무와 꿀의 소산지라. 네가 먹을 것에 모자람이 없고 네게 아무 부족함이 없는 땅이며 그 땅의 돌은 철이요 산에서는 동을 캘 것이라. 네가 먹어서 배부르고 네 하나님 여호와께서 옥토를 네게 주셨음으로 말미암아 그를 찬송하리라(신 8:1, 3,7~10).

여호와 하나님은 가나안 땅에 들어가는 이스라엘 백성들에게 하나님의 말씀을 지키면 그 땅에서 풍요로운 삶을 살게 해주겠다고 약속하셨다. 하나님이 백성들에게 요구하시는 것은 오직 "마음을 다하고 뜻을 다하고 힘을 다하여" 하나님 여호와를 사랑하는 것이었다(신 6:5). 이스라엘이 받은 축복의 핵심은 하나님을 사랑하고 말씀에 순종하는 영적 번영이었다. 하나님은 이스라엘이 하나님 안에서 영적 번영을 누리며 이방 나라들과 함께 번영하는 제사장 나라의 역할을 하게 되기를 간절히 원하셨다(출 19:6; 사 61:6).

사람의 번영하는 삶은 하나님 안에서 누리는 영적 번영에서 시작된다. 미로슬라브 볼프는 "사랑의 하나님으로부터 내려오는, 우리가 희망하는 미래의 중심에는 개인과 공동체와 온 세상의 번영이 있다"고 말한다.[14] 우리는 하나님을 사랑하고 하나님 안에서 이웃을 사랑하는 기쁨을 발견할 때 번영하고 행복하다. 우리 일은 하나님 사랑과 이웃 사랑이 동기이자 목표가 될 때 나와 이웃과 세상을 번영케 한다.

물질적 번영

영적 번영은 물질적 번영과 깊은 관련이 있다. 사람이 떡으로만 사는 것이 아니라 하나님의 입에서 나오는 말씀으로 살지만(신 8:3), 그 말씀은 우리에게 떡(물질의 축복)을 주신다. 떡은 하나님이 물질로 창조하신 모든 생명이 살아가기 위해 반드시 필요하다.

> 그러므로 너희는 내가 오늘 너희에게 명하는 모든 명령을 지키라. 그리하면 너희가 강성할 것이요 너희가 건너가 차지할 땅에 들어가서 그것을 차지할 것이며 또 여호와께서 너희의 조상들에게 맹세하여 그들과 그들의 후손에게 주리라고 하신 땅 곧 젖과 꿀이 흐르는 땅에서 너희의 날이 장구하리라…내가 오늘 너희에게 명하는 내 명령을 너희가 만일 청종하고 너희의 하나님 여호와를 사랑하여 마음을 다하고 뜻을 다하여 섬기면 여호와께서 너희의 땅에 이른 비, 늦은 비를 적당한 때에 내리시리니 너희가 곡식과 포도주와 기름을 얻을 것이요 또 가축을 위하여 들에 풀이 나게 하시리니 네가 먹고 배부를 것이라(신 11:8, 9, 13~15).

이 말씀은 우리가 일해서 많은 물질을 얻었다고 물질적 번영을 이루는 것이 아니라는 지혜를 가르쳐 준다. 물질의 번영으로 인한 행복감은 많은 물질의 소유에 있는 것이 아니라 이 모든 것이 하나님으로부터 나온 것임을 깨달을 때 얻을 수 있다(전 2:24). 그렇지 않을 경우 전도서의 전도자처럼 많은 물질 앞에서 허무해진다(전 2:18~23).

물질의 번영이 하나님께로부터 오는 것임을 깨닫는 사람은 가난한 이웃들과 나눔으로써 함께 생명의 번영을 이룬다. 우리에게 번영을 약속하는 하나님의 율법은 "오직 가난한 자들이 보살핌을 받는 경우에만" 지켜질 수 있다.[15] 가난한 소년이 바친 작은 보리떡 다섯 개와 물고기 두 마리를 예수님이 나눠줌으로써 오천 명이 배부르게 먹고도 남았다. 이 사건은 물질의 번영이 물질의 많고 적음이 아니라 함께 생명을 축복하는 공동체적 사랑의 기쁨에 있음을 암시한다. 하나님께서는 우리의 작은 나눔을 많은 사람들의 번영으로 축복하신다.

물질의 번영은 소유물에만 적용되는 것이 아니라 신체적 건강과 사회적 관계 등 물질세계의 모든 복지를 포함한다. 예수님은 모든 병든 자를 고치시고, 귀신 들린 자를 온전케 하시고, 불의한 자들을 질책하시고, 죽은 자를 살리셨다. 몸이 건강하도록 생명을 회복시켜주셨다. 하나님이 주신 영적, 정신적, 물질적, 신체적 번영을 잃어버린 사람들에게 번영하는 삶을 회복시켜주는 일이 예수님의 복음 사역이었다. 예수님의 구원은 먹을 것이 필요하고 질병에서 해방되고 외로움에서 벗어나야 하는 우리의 필요를 채워주시는 것을 포함하고 있다.

정신적 번영

하나님 안에서 영적 번영과 적절한 물질적 번영을 누리는 사람은 마음의 평화를 누리게 된다. 그리스도인의 정신적 번영은 자신의 유익보다 타인의 유익을 먼저 구하는 자세로 살아가는 사랑의 마음에서 얻을 수 있다. 그리스도인은 비록 손해를 보거나 박해를 받더라도 마음(헬라어 nous, 영어 mind)은 늘 "하나님의 선하시고 기뻐하시고 온전하신 뜻"을 분별한다(롬 12:2). 주변 환경에 마음(혹은 정신)이 압도되지 않는다. 오히려 번영의 근원이신 하나님과 예수님 안에서 힘든 환경을 극복할 수 있는 능력과 근거를 찾는다.

심리학자들은 자기 주도적으로 삶과 일의 의미를 이해하고 실천하는 개인들이 즐거운 마음을 가지고 있으며 사회적 관계에서도 행복감을 느낀다는 사실을 밝혀냈다.[16] 이 행복감 혹은 번영은 다른 사람들과의 관계와 일의 성취에서 느끼는 정신적 만족감이다. 그러나 그리스도인의 정신적 번영은 그리스도를 따라 이웃을 사랑할 때 맛보는 기쁨에서 더 잘 향유될 수 있다(빌 2:17, 18; 4:4, 5). 이 기쁨은 타인에게 자신을 내어줌으로써 오는 긍정적 정서다.

직장 우울증은 일에서 얻은 성취로 극복할 수 없다. 성취감은 잠시 기쁨을 주지만 그리 오래가지 않는다. 우울증은 내면화된 병리적 심리상태다. 일의 목적이 자기 자신의 복지에 머물러 있는 사람은 목적을 달성하지 못할 경우 스트레스를 받고 우울감에 빠지기 마련이다. 반면 일을 통해 나와 이웃과 세상의 번영을 추구할 때 우리는 자기중심적인 마음을 행복한 이타적 마음으로 바꿀 수 있다. 나를 통해 다른 사람이 성장하고 성취하는 것을 기뻐하고 만족하는 사람은 정신적 번영을 누리게 된다.

생태적 번영

하나님이 주시는 번영의 축복은 사람에게서 그치지 않고 자연세계까지 뻗어나간다. 하나님은 사람의 번영뿐 아니라 자연 생태계의 번영을 책임지는 것까지 우리에게 맡기셨다. 자연은 사람의 것이 아니라 하나님의 것이라는 말씀(신 10:14)은 우리가 자연을 마음으로 사용하고 훼손할 권한이 없음을 가르친다. 그러나 자연도 사람의 죄로 생명의 번영을 누리지 못하고 있어 회복되기를 기다린다.

> 피조물이 고대하는 바는 하나님의 아들들이 나타나는 것이니 피조물이 허무한 데 굴복하는 것은 자기 뜻이 아니요 오직 굴복하게 하시는 이로 말미암음이라. 그 바라는 것은 피조물도 썩어짐의 종노릇한 데서 해방되어 하나님의 자녀들의 영광의 자유에 이르는 것이니라. 피조물이 다 이제까지 함께 탄식하며 함께 고통을 겪고 있는 것을 우리가 아느니라(롬 8:19~22).

하나님의 구원이 완성될 때 세상의 피조물들은 모든 적대 관계를 청산하고 그 어떤 생명도 해치지 않고 평화롭게 공존하며 번영하게 될 것이다(사 11:6~9). 이 종말론적 예언은 우리가 지금 하는 일의 생태적 방향성을 제시한다. 크리스토퍼 라이트는 생태적 번영을 위해 우리가 해야 할 일을 다음과 같이 말한다.

> 창조 질서는 우리가 우리 자신의 목적을 위해서 상품화하고, 소모하고, 사용하고, 남용할 수 있는 중립적인 '것'이 아니다. 더 나아가, 전체 창조 질서의 일부분으로서 우리 인간은 하나님을 찬양하고 영화롭게 하기 위해 존재하고 있을 뿐만 아니라 나머지 창조 세계도 그렇게 하도록 도와야 한다. 그리고 가장 큰 계명이 우리가 하나님을 사랑해야 하는 것이라면, 그것은 우리가 하나님께 속한 것을 존중하고, 보살피고, 귀하게 여겨야 한다는 의미를 내포하는 것이 분명하다…자연 질서의 오용과 오염과 파괴에 기여하거나 공모하는 것은 창조 세계 안에 반영되어 있는 하나님의 선하심을 짓밟는 것이다.[17]

샐리 맥페이그(Sallie McFague)가 적절하게 지적한 것처럼 지금 우리에게는 통제되지 않는 인간의 욕망을 추구하는 경제학 대신 모든 피조물들의 번영을 위한 생태경제학이 필요하다. "다른 이들의 번성을 돕는 것이 옳은 행동이며, 그들의 파괴에 관여하는 것이 죄다."[18] 우리의 과업은 하나님이 창조하신 모든 피조세계의 번영이라는 하나님의 목표를 진전시키는 것이다.[19] 우리는 일터에서 하는 '작은 일'이 창조 세계의 생태적 번영을 돕는지 파괴하는지를 예민하게 분석하고 주의해야 한다.

안식하는 번영

하나님이 주시는 번영은 안식하는 번영이다. 내 삶을 가난과 질병과 강박에서 벗어나 풍성하게 하되 이웃들과 함께 쉼과 사랑을 누리는 번영이다. 영적인 번영은 우리를 이웃들과 함께 물질을 나누며 평화로운 관계를 유지하고 어떤 생명도 착취하지 않고 돌보는 총체적인 번영의 삶으로 이끈다. 하나님 안에서 그리스도인은 나의 번영을 위해 타인의 번영을 훼손하는 일을 하지 않는다. 오히려 함께 번영하는 일을 한다.

우리의 삶을 풍성하게 하는 번영은 우상이 약속하는 번영과 다르다. 성경시대의 우상들인 바알, 밀곰, 그모스, 아데미 등은 숭배자들에게 번영을 약속하지만 쉼이 없는 번영이다. 더 많은 것을 소유하기 위해 불의를 마지하지 않고 자기의 쾌락을 추구한다. 쉼이 없는 우상 숭배적 번영은 만족하지 못하고 끝없이 소유함으로써 자기를 숭배하게 한다. 하나님으로부터 더 멀리 떠난다. 하나님 없이 번영을 추구하는 삶은 이웃에 해를 끼친다. 호세아 선지자는 바알을 숭배하는 이스라엘 사회를 이렇게 비판한다.

> 이 땅에는 진실도 없고 인애도 없고 하나님을 아는 지식도 없고, 오직 저주와 속임과 살인과 도둑질과 간음뿐이요 포악하여 피가 피를 뒤이음이라(호 4:1~2).

> 내가 이스라엘을 치료하려 할 때에 에브라임의 죄와 사마리아의 악이 드러나도다. 그들은 거짓을 행하며 안으로 들어가 도둑질하고 밖으로 떼지어 노략질하며(호 7:1).

> 그는 상인이라 손에 거짓 저울을 가지고 속이기를 좋아하는도다. 에브라임이 말하기를 나는 실로 부자라 내가 재물을 얻었는데 내가 수고한 모든 것 중에서 죄라 할 만한 불의를 내게서 찾아낼 자 없으리라(호 12:7~8).

이러한 사회에서 가난한 백성들은 생존하기 위해 쉼 없이 일을 해야 했다. 우상 숭배자들의 땅인 애굽에서 겪었던 쉼 없는 삶이 이스라엘이 정착한 젖과 꿀이 흐르는 가나안 땅에서도 재현된 것이다. 고대 우상 신들은 인간을 노예로 취급했다. 애굽에서 신의 아들로 숭배받던 파라오 왕은 이스라엘 백성에게 쉼 없는 노예 노동을 강요했다. 그러나 출애굽 하나님은 이스라엘에게 일곱째 날에는 모든 사람과 가축이 노동에서 완전하게 해방돼 안식을 누릴 것을 요구하셨다(출 20:10; 23:12; 31:15; 35:2).

번영을 위해 우상(현대 사회에서는 대표적으로 '돈')을 숭배하는 사람은 모든 것을 자기만족을 위한 도구로 사용한다. 이들은 끝없는 만족을 위해 끝없이 바쁘게 살아야 하기에 하나님만이 주실 수 있는 안식하는 삶을 누리지 못한다. "종종 우상을 숭배하는 일은 하나님의 대권을 찬탈해 자기 마음대로 사용하는 일뿐 아니라 자기 숭배도 포함한다. 이는 고대인들이 자신의 물질적, 경제적, 영적 복지를 확보하기 위해 여러 신들을 숭배했기 때문이다."[20] 그러나 그리스도인은 하나님이 약속하신 영적·물질·정신적·생태적 번영의 선물을 위해 일함으로써 이웃들과 함께 쉼을 누리는 행복을 위해 일한다.

함께 일하며 함께 번영하는 길

우리가 일터에서 맡은 '작은 일'에서 기쁨을 맛보려면 함께 번성하고 번영하는 길을 찾아야 한다. 시장을 왜곡하고 가난한 사람들을 더 가난하게 만드는 '보이지 않는 나쁜 손'에 희생당하지 않으려면 우리는 함께 일하며 함께 번영하는 길을 성찰하고 실천해야 한다. 이를 돕기 위해 나는 네 가지 실천 지침을 제시한다. 물론 이보다 훨씬 더 많은 길들이 있을 것이다.

일의 의미를 성찰하는 습관을 가져라

내가 일터에서 '작은 일'을 크게 하려면 그 '작은 일'이 나와 이웃과 세상의 번영에 어떤 역할을 하는지 성찰하는 습관을 가져야 한다. '보이지 않는 손'이 내 일을 어떻게 관리하고 통제하는지 통찰하지 못한다면 얼마든지 '보이지 않는 나쁜 손'이 내가 열심히 하고 있는 일을 악용하거나 오용할 수 있도록 방치하게 된다. 내 일이 '보이지 않는 착한 손' 혹은 '보이는 손'에 의해 타자의 생명을 이롭게 하는 데 활용될 수 있도록 해야 한다.

성찰하는 노동은 몸으로 하는 설교다. 일상의 일터에서 살아가는 신실한 그리스도인은 하나님이 우리 일을 통해 주시는 번영의 축복을 세상에 전달하는 설교가다. 목사는 강단에서 선포하는 말씀을 통해, 직장인은 직장에서 하는 일을 통해, 상인은 매일의 상거래를 통해, 가정주부는 집에서 하는 가사노동을 통해, 정치인은 국민들의 재산과 생명을 지키는 정치 활동을 통해 하나님의 복을 전달한다. 루터가 멋지게 표현한 것처럼, 그리스도인은 일터에서 설교에 둘러싸여 있다.

> 그대가 만약 기술자라면, 그대는 그대의 작업장과 그대의 손과 그대의 가슴에 있는 성경을 발견하게 될 것이다. 성경은 그대가 이웃을 어떻게

> 대우해야 하는지 가르치고 설교한다. 그대가 그대의 도구와 그대의 바늘과 그대의 골무와 그대의 맥주통과 그대의 거래 품목과 그대의 저울과 그대의 자를 바라보기만 하면 그것들에 쓰여 있는 이 말씀을 발견하게 될 것이다. 그대는 이처럼 그대의 눈을 번쩍 뜨이게 하는 것을 다른 곳에서는 보지 못할 것이다. 그대가 듣고자 하는 마음만 가지고 있다면, 그대가 다루는 매일의 일들이 아무리 사소하다 하더라도 끊임없이 그대에게 성경의 메시지를 말하는 것을 들을 것이다. 결코 그런 설교가 부족하지 않다. 그대는 그대의 일터에 거래와 물건과 연장과 그대의 집과 공장의 도구들이 있는 만큼 설교가들에게 둘러싸여 있는 것이다. 그리고 그런 것들은 그대의 면전에 이렇게 외친다. "나의 주인님, 당신의 이웃이 당신에게 해주기를 원하는 대로 당신이 이웃에게 해주도록 나를 사용해주세요."[21]

토마스 아퀴나스는 그리스도인들이 어려움에 처한 이웃들을 돕기 위해 일곱 가지의 육체적 자선행위를 베풀어야 한다고 가르쳤다. 배고픈 자를 먹이는 것, 목마른 자에게 마실 것을 주는 것, 벌거벗은 자에게 옷을 입히는 것, 쉴 곳이 없는 자에게 쉴 곳을 제공하는 것, 병든 자를 방문하는 것, 잡힌 자를 풀어주는 것, 죽은 자를 묻어두는 것.[22] 폴 스티븐스는 이에 대해 우리는 간헐적 자선행위가 아니라 식품산업, 음료산업, 의류와 디자인 산업, 숙박업, 의료와 상담, 경찰과 군대, 장례업에 종사하면서 아퀴나스가 언급한 자선행위를 일상의 직업을 통해 지속적으로 실천할 수 있다고 말한다. 우리가 생각하기에 따라 각자의 직업적 일들이 이웃들의 번영하는 삶을 돕는 행위가 될 수 있다는 의미다.[23]

'작은 일'에 담겨 있는 "번영하라"는 하나님의 축복을 받으려면 의도적이고 의지적이어야 한다. 분주하고 복잡한 일터 현실에서는 성찰할 여유를 갖기 어렵다. 특히 긴급하게 발생한 일이나 비상상황에 대처해야 할 때는 평소 하던 대로 일하게 된다. 그러므로 평소에 하는 일이 어떻게 나와 세상이 번영하는 삶에 영향을 끼치는지를 성찰하는 훈련을 해야 한다. 성찰이 깊어질수록 우리는 어떤 상황에서도 무의식적으로 "번영하라"는 하나님의 명령에 따라 일할 수 있게 된다.

개인의 유익을 넘어 공공선을 위해 일하라

우리는 일을 통해 먼저 자기 삶을 번영케 해야 한다. 자기 삶이 건강하게 지속되어야 타인의 유익을 지속적으로 도모할 수 있다. 일터에서 정당한 임금을 지불받는 것은 경제활동에서 가장 중요하다. 노동자에게 임금은 가장 중요한 생존 수단이다. "곤궁하고 빈한한 품꾼은 너희 형제든지 네 땅 성문 안에 우거하는 객이든지 그를 학대하지 말며 그 품삯을 당일에 주고 해진 후까지 미루지 말라. 이는 그가 가난하므로 그 품삯을 간절히 바람이라. 그가 너를 여호와께 호소하지 않게 하라. 그렇지 않으면 그것이 네게 죄가 될 것임이라"(신 24:14, 15).

그러나 정당한 임금을 받는 것과 자기 번영에만 관심을 갖는 것은 다르다. 정당한 임금을 받고 자기의 번영을 누리는 것은 하나님이 주신 축복이며 더불어 이 축복이 나를 넘어 함께 살아가는 공동체까지 흘러가기를 하나님은 바라신다. 번영신학(prosperity gospel)이 비판받는 것도 자신이 잘 되고 행복하게 살아가는 것에서 더 나아가지 않기 때문이다.

사람들은 누구나 건강하고 부유하게 살고 싶은 욕구를 가지고 있다. 이 욕구는 우리를 향한 하나님의 뜻이다. 번영신학은 이 기본적인 행복의 욕구를 해결하기 위해 개인의 노력과 자기계발, 혹은 기도와 마음의 태도와 같은 영적 훈련을 강조한다. 그러나 우리가 건강하고 부유하게 살지 못하는 이유가 개인의 문제이기도 하지만 개인이 해결할 수 없는 구조적 상황도 심각한 문제라는 점이 번영신학에는 빠져 있다.

번영신학은 개인의 욕구에 집중할 뿐 공동체와 우주적 생태 환경에까지 이르는 생명의 번영에 대한 책임감과 관심이 없다. 이 진구는 "개인적 차원의 부의 축적과 성공을 위해 신비적 자기계발의 테크놀로지를 활용하는" 번영신학은 모두 함께 번영하는 사회복지를 구현하는 공동체적 연대를 방해하는 장애물이라고 비판한다.[24]

그리스도인은 나의 '작은 일'이 개인의 욕구를 해결함과 동시에 공공의 선에 기여하도록 해야 한다. 우리가 적극적으로 공공선을 추구하지 않으면 다른 사람과 자연환경에 해를 끼치는 일에 적당히 타협하거나 적극적으로 불의에 가담할 수 있다. 따라서 칼뱅은 우리의 일이 반드시 공동체의 유익을 가져와야 한다고 강조한다.

> 인간의 일은 하나님 자신이 세상에서 일하는 가시적 활동이기 때문에, 우리는 개인만의 유익이 아니라 공동체 전체의 유익을 위해 이웃들과의 연대 속에서 일해야 한다. 그러므로 일은 하나님께서 사회가 화목하게

> 살도록 하기 위해 자신의 피조물들에게 주신 사랑의 원칙에 따라야 한다. 그러나 죄인의 사회는 이러한 것을 알지 못하고 자주 일의 근본을 왜곡한다…하나님은 모든 인간들에게 서로를 향한 상호 의무를 부여하셨다. 인간들은 서로를 유익하게 하고 돌보고 도와야 한다. 하나님은 의심할 것 없이 우리에게 너그러움과 친절함과 다른 의무들을 심어주시는데 인간 사회의 공동체는 이것들로 인해 유지된다…우리는 모든 노력을 다해서 자신이 소유한 것을 안전하게 유지하고 이웃의 유익을 내 유익만큼이나 증진해야 한다. 어떤 사람도 인간 공동체에 유익함을 주는 것보다 더 하나님을 찬양하게 하는 것이 없다.[25]

공공선은 우리가 나의 번영과 이웃과 세상의 번영을 동시에 추구할 때 성취될 수 있다. 비용 절감으로 자기 회사의 이익을 늘려 직원들에게 더 많은 임금과 복지 혜택을 주는 것은 좋은 일이지만, 비용 절감을 위해 몰래 오염수를 방류하거나 안전 교육을 축소하거나 소비자 정보를 왜곡한다면 공공선을 파괴하는 것이다. 복잡한 일상 세계에서 공공선을 뚜렷하게 구분해내기 어려운 경우가 적지 않지만, 우리는 가능한 생태 환경의 번영까지 관심 범위 안에 포함하고 고려할 수 있어야 한다.

일터에서 인간의 존엄성을 지키라

일터에서 자주 경험하면서도 소홀하게 대하는 문제가 인간관계에서 오는 정신건강 문제다. 콜센터 직원들은 수화기 너머로 들려오는 소비자들의 폭력적 언어 사용으로 감정에 깊은 상처를 입기 일쑤다. 요식업 종사자들은 무리한 요구를 하는 '진상 고객'에게 시달리다 못해 사업을 접기도 한다. 조직화된 직장에서는 상급자의 위압적 권한 행사로 자존감이 무너지는 일들이 다반사다. 인간으로서 지켜야 할 최소한의 존엄성마저 무시되기도 한다. 이러한 일을 빈번하게 당하면 정신적 번영이 심각하게 파괴된다.

일터에서 어떻게 정신적 번영을 이룰 수 있을까? 사도 베드로는 주인에게 부당하게 고난을 받고 있는 종들에게 그리스도의 본을 따라 선을 행함으로 고난을 참으라고 권면한다. 그리스도는 십자가에서 "욕을 당하시되 맞대어 욕하지 아니하시고 고난을 당하시되 위협하지 아니하시고 오직 공의로 심판하시는 이에게 부탁하시며" 우리 대신 죽으심으로써 우리를 살리셨다(벧전 2:18~25).

죄 없는 그리스도는 억울하게 고소당해 십자가 죽음을 당했지만 자기를 죽이는 사람들을 저주하지 않으셨다. 그리스도는 자신을 박해하는 사람들의 존엄성을 알고 있었고 마지막 순간까지 그들을 위해 기도하심으로써 그들의 훼손된 존엄성을 드러내셨다. 보복은 우리의 존엄성을 파괴하지만 대속적 고난은 나와 타인의 존엄성을 살린다는 복음의 정신을 보여주셨다.

존엄하게 대우받고 싶으면 상대를 존엄하게 대우해야 한다. 존엄에 상처를 입은 사람은 오히려 가해자의 존엄을 인정해줌으로써 자신의 존엄을 지켜낼 수 있다. 직장과 조직 내 갈등을 조정하고 연구해온 도나 힉스(Donna Hicks)는 "존엄하게 대우받으면 대뇌변연계를 자극하여 사람들이 서로 연결됨으로써 갖게 되는, 마음이 넓어지는 체험에서 오는 능력들, 즉 자신을 알아 보아주고 인정을 받고 소중하게 여겨지는 기분 좋은 느낌들이 방출된다"고 말한다.[26]

힉스는 갈등 문제 해결방안으로 '존엄 모델'을 제시하면서 존엄을 지키기 위한 열 가지 요소로서 정체성 수용, 소속감, 안전, 공감, 인정, 공정함, 호의적 해석, 이해, 자주성, 책임성 등을 든다. 또한 존엄을 해치는 유혹에서 벗어나야 한다고 조언한다. 복수하려는 마음의 미끼를 물지 말 것, 지나친 체면을 내세우지 말 것, 책임을 회피하고자 하는 마음을 버릴 것, 잘못된 존엄과 안전을 추구하지 말 것, 갈등을 회피하기보다는 직면할 것, 타인의 비판적인 견해에 저항하지 말 것, 죄책감에서 벗어나기 위해 타인을 비난하고 모욕하지 말 것, 그릇된 친밀감에 빠져 다른 사람을 험담하지 말 것 등.[27] 우리는 타인의 존엄을 "일상적으로 미묘하게 침해하고" 있지만 이를 알아차리지 못한다.[28] 우리가 각자의 고유한 존엄한 가치를 알아본다면 서로를 존엄하게 대할 수 있다.

정신적 번영을 위해 우리는 일터에서 서로의 존엄을 살려주기 위해 노력해야 한다. 우리는 존엄을 훼손하는 사람에 대해 일시적으로 분노하더라도 지속적으로 증오해서는 안 된다. 미워하는 감정이 우리 마음에 뿌리를 내리면 보복하고 싶은 증오심에 사로잡히게 된다. 누군가 말했듯이 새가 내 머리에 앉는 것은 내 책임이 아니지만 새가 내 머리에 둥지를 트는 것은 전적으로 내 책임이다.

일터에서 타인에게 내 존엄성이 훼손되었을 때에는 자연스럽게 일어나는 분노 감정을 잘 살피고 상대의 입장에서 이해하려는 노력이 따라야 한다. 우리는 분노할 정당한 자격이 있지만 상대의 존엄을 침해할 자유는 없다. 우리는 보복 대신 상대의 존엄성을 드러내 주신 그리스도를 본받음으로 정신적 번영을 지킬 수 있다. 잘못된 인간관계로 고통받고 있는 직장인들에게 각자의 존엄성을 인정하고 상대의 의견을 경청할 것을 권유한다.

종교가 다른 동료들과 연대하라

거의 모든 그리스도인은 일터에서 다른 종교를 가진 사람들이나 종교가 없는 사람들과 함께 일한다. 기독교 신앙의 표현에 호의적이지 않은 일터에서 그리스도인은 고립감을 느끼거나 그리스도의 제자라는 신앙인의 정체성을 감추거나 아예 포기하기 쉽다. 그러나 이러한 태도를 가지게 되면 그리스도인은 '작은 일'에 담겨 있는 큰 의미를 발견하지 못한다.

그리스도인은 자기 정체성을 지키면서도 신앙이 다른 동료들과 함께 생명의 번영을 위해 일해야 한다. 하나님의 창조는 인간의 모든 종교 이전에 이루어졌다. 창조 세계는 종교보다 우선이다. 창조 질서를 유지하는 것은 종교와 상관없이 모든 사람들에게 주신 하나님의 명령이다. 그러므로 하나님이 주신 번영하라는 명령은 종교를 떠나 모든 사람들에게 주어진 삶의 근본 조건이자 목표다.

사도 바울은 세상 모든 권세가 하나님에게서 나온 것이므로 신앙과 상관없이 권세에 복종해야 한다고 말했다. 하나님은 창조 세계의 질서가 악에 무너지지 않고 선을 이룰 수 있도록, 즉 모든 생명들이 번영하는 세상을 유지할 수 있도록 특정인에게 질서 유지 권한을 허락하셨다. 그러므로 모든 사람은 양심에 따라 권세에 복종해야 한다. 바울은 비록 로마 정부가 이끄는 세상이 하나님의 나라가 아닐지라도 창조 세계가 혼란에 빠지지 않고 선을 유지할 수 있도록 돕기 위해 세금을 내야 한다고 로마 교회 성도들을 설득했다(롬 13:1~7).

바울의 권면은 다양한 종교적 문화적 배경을 가진 사람들이 함께 모여 일하는 일터 공동체에도 적용될 수 있다. 그리스도인은 다른 신앙을 가진 상사와 후배와 동료들과 함께 창조 질서를 유지하고 세상의 번영을 위해 열린 마음으로 일할 수 있다. 번영하는 삶을 위해 그리스도인이 세계종교와 어떻게 연대할 수 있는지를 연구한 볼프는 세계종교의 공통적인 가르침이 종교 간 연대를 가능하게 한다고 주장한다.

> 세계종교는 우리에게, 일상적 삶의 물질을 초월하는 목적이 있고 그 목적이 일상적 삶의 물질에 대한 관심을 다스릴 때 일상적 삶을 잘 사게 된다고 가르친다. 요약하면, 세계종교는 일상적 삶을 긍정하는 동시에 일상적 삶이 초월적 질서에 부합해야 온전할 수 있다고 주장한다…세계종교를 무엇이라고 하든 그 핵심은 초월성을 우선순위에 두는 가치 있는 삶, 잘 사는 삶, 잘 풀리는 삶, 기분 좋은 삶에 대한 설명이다. 좋은 인생에 대한 설명은 세계종교가 세상에 줄 수 있는 가장 중요한 선물이다.[29]

그리스도인은 일터에서 만나는 타 종교 신앙인들 혹은 비신앙인들과 함께 '일상적 삶의 물질을 초월하는 목적'을 발견하기 위해 어떻게 일해야 하는지 각자의 양심이 들려주는 소리를 들어야 한다. '작은 것이 아름답다'는 메시지로 자본주의를 대체할 적정 규모 경제체제를 제창한 슈마허(E. F. Schumacher)는 불교 사상을 배경으로 하는 '불교 경제학'에 주목할 것을 주장했다. 그는 불교의 메시지에서 폭력적 생산 방식으로 물질의 향상을 추구하는 근대 경제학 대신 소박함과 비폭력으로 놀랄 만큼 적은 수단으로 만족할 만한 결과를 산출할 수 있는 불교 경제학을 발견했다.[30]

신학자들은 모든 사람들이 양심으로 느낄 수 있는 축복을 '일반 은총'이라는 개념으로 설명한다. 그리스도의 복음으로 우리를 구원하시는 하나님의 특별한 은총과 달리 일반 은총은 창조 세계 전체를 유지하고 구원하고 발전시키시는 하나님의 선물이다. 하나님은 모든 사람에게 햇빛과 비를 내리시고 바람을 불게 하시고 모든 사람들이 살게 하신다. 도시인들이 자연에서 스트레스를 풀고 쉼을 얻게 하신다.

일터는 일반 은총의 세계에 속한다. 이 세계에서는 아직 특별 은총을 입지 못한 사람들도 하나님이 주시는 번영의 축복을 위해 일한다. 그러므로 그리스도인은 일터에서 함께 일하는 비그리스도인들과 연대해서 하나님의 선한 창조 세계를 위해 일하는 리더십을 얼마든지 발휘할 수 있다. 종교적 표현을 하지 않더라도 번영하는 세상을 만들기 위해 창조 질서와 공공선을 양심에 호소하며 특정 개인의 과도한 욕망을 제어하는 역할이 그리스도인에게 주어졌다.

번영하는 삶을 위한 일의 실천적 함의

이상의 논의를 통해 우리는 각자의 일터에서 맡은 '작은 일'에서 어떻게 큰 의미와 가치를 발견하고 실천할 수 있는지 살펴보았다. '작은 일'에도 '큰 의미'가 있다. 세상의 모든 일은 작은 일에서부터 시작된다. 그래서 하나님은 우리의 모든 일을 통해 세상의 생명들이 번영하게 하셨다. 생명의 번영이라는 의미를 일의 소명으로 받아들일 때 우리는 일의 무의미와 허무함에서 벗어날 수 있게 된다. 이번 장의 논의에서 우리는 세 가지 실천적 함의를 도출할 수 있다.

첫째, 그리스도인은 각자 맡은 일에 담겨 있는 "번영하라"는 하나님의 명령과 축복의 의미를 깨닫고 성찰하는 훈련을 해야 한다. 세상의 거의 모든 일들이 전문화되고 분업화되어 작아 보인다. 그러나 하나님은 이 모든 일들을 결합하여 세상의 모든 생명이 행복하게 살아가도록 운영하신다. 세상을 창조하시고 사랑하시고 구원하시는 하나님의 뜻은 곧 우리가 하는 일의 의미이자 목표다. 우리의 일에 영적, 정신적, 물질적, 생태적 번영을 향한 하나님의 뜻이 담겨 있음을 인정할 때 우리는 하나님과 함께 일할 수 있다. 우리 각자 하는 일이 어떻게 번영하는 삶에 기여하고 있는지를 성찰하는 지속적인 훈련 습관이 필요하다.

둘째, 우리는 공동체의 선에 합당하게 일할 때 행복하다. 우리는 일을 통해 자신의 행복한 삶에 필요한 것들을 공급 받는다. 그러므로 일터에서 정당한 임금과 존엄한 대우를 받아야 한다. 그러나 그리스도인은 자신의 노동이 자기 유익을 넘어 타인과 세상과 우주에 반드시 어떤 영향을 미친다는 사실을 깨닫고 그 과정을 추적하며 공공의 선에 합당할 수 있도록 통제해야 한다. 그리스도인은 일터에서 의도적이고 의지적으로 생각하고 실천해야 한다.

셋째, 기후 위기로 위협받고 있는 지구적 번영을 위해 생태적 감수성을 가져야 한다. 그리스도인은 끝없는 경제 성장을 추구해 온 결과 창조 세계가 감당하기 힘든 고통을 겪고 있는 현실에 대한 책임감을 가져야 한다. 자본주의는 기독교 신앙을 가진 서구 세계에서 발전하고 전 세계로 확산되었다. 욕망을 넘어 탐욕적 소비와 생산에 의존해온 우리의 일터가 생태계를 위험에 빠뜨렸다. 우리를 위해 존재하는 자연이 아니라 자연을 위해 우리가 존재한다는 생태학적 정체성을 성경에서 배워야 한다. 타자의 번영을 훼손하는 경제 성장 대신 우리 모두가 행복한 번영하는 삶을 추구해야 한다. 우리의 '작은 일'이 생태계에 직간접적으로 영향을 미치고 있음을 깨닫고 절제할 뿐 아니라 생태계 회복을 위해 일해야 할 시점이다.

제5장
일터 소명에 필요한 지혜

우리는 하나님의 부르심을 받고 하나님의 뜻을 위해 일한다.

소명에 대한 오해

"나를 신학교로 부르시는 것일까?"

13년 동안 한 회사에서 일을 해온 J씨는 고민이 깊어졌다. 그는 회사생활 10년차까지 무신론자였다. 모태신앙인 아내의 오랜 바람과 권유에도 불구하고 교회를 멀리했다. 그러던 어느 날 친하게 지내던 입사 동기의 손에 이끌려 참석한 신우회 모임에서 마음이 편안해지는 경험을 한 뒤로 그는 매주 신우회 정기예배에 참석하고 예수님을 영접했다. 그리고 마침내 아내의 소원대로 교회를 나가게 되었다. 아내의 오랜 기도가 드디어 응답을 받은 것이다.

하지만 신앙생활을 시작하면서 회사생활에 어려움이 찾아왔다. 그는 술을 끊고 회사 회식 자리에 일체 참석하지 않았다. 직속 임원이 강권했지만 "예수 믿으니 술자리에 안 간다"라며 거절했다.

사장이 주최한 회식에는 어쩔 수 없이 참석을 하기는 했지만 사장이 돌리는 술잔을 받지는 않았다. 권위주의적 성품을 지닌 사장의 '지시'를 거부하자 회식 분위기가 순간 싸늘해졌다. 평소 그의 능력을 좋게 보았던 임원은 이 사건 이후 그를 괘씸히 여기고 중요한 업무에서 배제시켰다.

그는 능력을 발휘하고 인정받을 기회를 제대로 얻지 못해 3년 연속 연말 정기 인사고과에서 가장 낮은 등급을 받았다. 회사는 그에게 사직을 권고했지만 그는 거부했다. 회사는 그를 지방 공장으로 인사 발령을 냈다. 본사 사무직 출신인 그는 공장에서도 잘 어울리지 못했다. 업무도 낯설고 새로운 동료들도 어색했지만 무엇보다 생산 공장의 술 문화에 적응하기가 어려웠다. 다음 해 또 다른 계열사로 발령 받았지만 여기에서도 방황하다 결국 사표를 내고 나왔다.

새로운 직장을 찾아야 하는 J씨는 기도하면서 "지금 상황은 나를 신학교로 부르시는 하나님의 사인"이라는 생각이 들었다. 하나님께서 목사의 소명을 주셔서 회사에서 어려움이 따르는 것이라는 생각이었다. 그는 아내와 상의했다. 그러나 아내의 생각은 달랐다. "나는 목회자 아내의 소명을 받지 않았다"면서 회의적이었다. 아내는 그에게 질문들을 쏟아냈다. "직장은 소명과 상관없는 곳인가요?" "하나님은 믿음이 좋은 사람을 다 신학교에 보내시고 목사가 되게 하시나요?" "하나님이 당신에게 구체적으로 어떻게 말씀하셨어요?" "아이들은 어떻게 키워요?" 그는 시원하게 대답하지 못했다. 참 난감한 일이었다.

혼란스러운 '소명'

J씨가 아내에게 꺼낸 '소명'이란 말은 일상생활에서 흔히 사용되지는 않지만 뭔가 특별한 무게감을 준다. 일반적으로 '소명'이란 말을 들을 때, 우리는 뭔가 목사와 신부 같은 종교인들이나 의사처럼 봉사의 성격이 강한 전문직 종사자를 떠올린다. 나(필자)는 직장생활을 중단하고 신학공부를 시작할 때, 가톨릭 신자 한 분으로부터 "소명 받은 것을 축하한다"는 인사를 받았다. 성직자가 되는 것은 하나님께서 선택한 특별한 사람에게 주시는 각별한 은혜라는 의미였다. 이 말에는 직장에 다니던 삶은 소명이 아니라는 암시가 포함돼 있다.

소명(召命)은 어렵고 부담스러운 말이다. 소명의 국어사전적 의미는 "임금이 신하를 부르는 명령" 혹은 "기독교에서 사람이 하나님의 일(성직)을 하도록 하나님의 부르심을 받는 일"이다.[1] 첫 번째 의미는 왕조 시대에 주로 사용되었고 지금은 이런 의미로 사용되지 않는다. 두 번째 의미는 지금도 사용되고 있다. 요즘은 종교적인 영역 - 특히 가톨릭 - 뿐 아니라 일상의 직업에 종사하는 사람들이 종종 자신의 직업을 소명으로 강조하기도 한다. 직업 활동에서 소명의식을 갖는 것이 일하는 사람들의 삶에 긍정적 영향을 끼친다는 연구 결과들이 적지 않다. 한 연구팀은 '직업 소명'이 삶의 만족을 높여준다는 사실을 밝혀냈다.[2]

영어로 vocation 또는 calling으로 번역되는 소명은 이처럼 종교적 영역과 비종교적 영역에서 모두 사용되고 있지만 원래는 특별한 종교적 가치와 의미를 담은 기독교 신학의 용어였다. 영어 vocation은 '부르다'는 뜻을 가진 라틴어 동사 보카티오(vocatio)의 명사형 보카레(vocare)에서 기원했다. Calling은 '부르다'는 뜻의 영어 동사 call의 명사형으로 vocation과 같은 의미를 가지고 있지만, vocation은 profession과 혼용되면서 전문 직업을 고급스럽게 표현할 때 사용되기도 한다.[3] 이 때문에 vocation과 calling은 같은 '소명'을 뜻하지만 사용하는 사람과 문맥에 따라 뉘앙스가 조금씩 달라진다.

소명이란 말이 성직으로의 부르심이라는 종교적 의미로 사용되기 시작한 것은 일상의 직업과 성직을 구분하고 차별하던 중세 교회 시대였다. 초대 교회 교부들은 일상의 직업과 성직을 차별하지 않았다. 오히려 일상의 직업도 기도와 예배만큼이나 하나님을 기쁘시게 하며 그리스도인의 영적 성장에 도움이 된다고 가르쳤다. 『디다케』는 손기술을 익혀 일하려 하지 않고 게으르게 사는 사람을 '그리스도를 팔아먹는 자'라고 비난했다(12:1~5).[4]

그러나 중세 수도원 제도가 발전하면서 교회는 수도사나 사제를 하나님으로부터 소명 받은 사람이라 칭하고 일상 직업에서 살아가는 성도들과 구별했다. 농부나 상인은 죄와 어둠의 세상에서 몸으로 일하는 활동적인 삶을 살아가지만, 성직자들은 세상을 떠나 조용히 하나님의 말씀을 묵상하는 일을 위해 특별히 하나님의 부르심을 받은 사람으로서 존경의 대상이었다. 토마스 아퀴나스는 "단순하게 명상하며 사는 삶이 활동적으로 살아가는 사람보다 더 좋다"고 말했다.[5]

종교개혁자들은 중세 교회의 소명관을 거부하고 새로운 직업 소명론을 주창했다. 루터는 성직과 일상 직업의 일이 믿음과 사랑으로 행해진다면 소명으로 하는 선한 일이라고 주장했다. 교회 밖 직업과 교회 안 성직은 구별되는 일이지만 하나님의 부르심을 받은 동일한 가치를 지닌 소명이라는 것이다. 직업과 성직은 각각 다른 형식으로 하나님의 말씀을 전하는 도구다. "그리스도인은 직업과 교회 안에서 산다. 직업은 율법의 구체적인 형식이고 교회는 복음의 구체적인 형식이다."[6]

칼뱅은 루터에 이어 그리스도인의 직업을 하나님이 부르신 소명의 자리로 확고하게 자리매김했다. 그에 따르면, 그리스도인은 하나님으로부터 그리스도의 복음으로 부르심과 세상 직업으로 부르심이라는 소명을 받는다. 특히 그리스도인에게 직업 현장은 하나님이 지키라고 보내신 군대 초소와 같은 곳이다.

> 주께서는 우리 모든 사람이 모든 행동에서 각각 자기의 소명에 관심을 둘 것을 요구하신다…각 사람에게 그 독특한 생활양식에 따라 의무를 지정하셨다. 그리고 아무도 자기의 한계를 경솔히 벗어나지 않도록, 그 다양한 생활들을 소명이라고 부르셨다. 그러므로 각 개인에게는 주께서 지적하신 생활 방식이 있다. 그것은 일종의 초소와 같아서 사람이 생각 없이 인생을 방탕하지 않도록 하시려고 지정하신 것이다.[7]

영국 청교도들은 칼뱅의 소명론을 세밀하게 발전시켰다. 그들은 그리스도인이 직업 소명을 분별하는 방법을 세세하게 연구했다. 윌리엄 퍼킨스(William Perkins)가 쓴 직업 소명론은 현대 그리스도인들을 위한 소명 지침서로 사용되기에 손색이 없다. 그는 일반 소명(general calling)과 개인 소명(personal calling)을 구분했다. 일반 소명은 복음 안에서 믿음으로 살아가는 소명이며, 개인 소명은 일상적 직업의 소명이다. 퍼킨스는 개인 소명을 분별하기 위한 구체적이고 현실적인 원리와 실천 방침을 자세하게 가르쳤다.[8]

이처럼 일상의 직업에 신적 의미를 부여한 개신교의 소명 개념은 산업혁명과 함께 점차 신적 의미를 잃고 오늘날 일반적인 직업적 의미로 사용되기에 이르렀다. 막스 베버(Max Weber)는 그의 기념비적 저서 『프로테스탄티즘의 윤리와 자본주의 정신』(*Die Protestantische Ethik und der Geist des Kapitalismus*)에서 부르주아 개혁주의 그리스도인들이 자신들의 직업을 소명으로 인식했다고 분석했다. 직업적으로 성공하는 것을 구원의 확신을 얻는 증거로 여긴 그리스도인들은 근면, 성실, 저축 등과 같은 금욕적 태도를 직업 소명을 실천하는 중요한 미덕으로 제시했다. 베버는 이러한 소명관이 '불의한' 부의 축적을 이루었다고 비판했다.

> 노동을 직업(소명)으로, 구원을 확신하기 위해 가장 좋은, 그리고 궁극적으로는 유일하기도 한 수단으로 파악함으로써 심리적 동인을 만들어 내었다. 그리고 이 금욕은 다른 면에서 기업가의 화폐취득도 '소명'이라 해석하여, 위와 같이 특별히 노동의욕을 가진 자들에 대한 착취를 정당화했다. 분명한 것은 직업으로서의 노동의무의 이행을 통한 신의 나라에 대한 배타적 추구와 교회 규율이 당연히 무산계급에 강제했던 엄격한 금욕은 자본주의적 의미에서의 노동 '생산성'을 강력히 촉진시키지 않을 수 없었다는 것이다.[9]

베버의 분석에 대한 논란이 있지만 산업혁명 이후 기업 활동과 노동을 소명으로 인식하는 비종교적 개념이 사회적 통념으로 확산된 것은 사실이다. 요즘은 소명의 세속화라고 부를 만한 현상이 일어나고 있다. 한 리서치 기업은 직업 소명의식 조사에서 소명을 "개인적인 삶의 목적을 실현하고 사회적으로 의미 있는 일을 한다는 생각"으로 정의했다. 이 조사에서 소명의식은 각 개인이 스스로 자신의 직업이 얼마나 사회적으로 가치 있으며 만족하고 있는지를 측정하는 기준으로 제시된다.[10]

이 조사에서 현대인들의 직업 소명의식이 고학력 고소득 전문직 종사자들에게 상대적으로 높게 나온다는 흥미로운 결과가 나왔다. 교사와 공무원 집단과 전문가 집단의 다수는 자신의 직업에 대한 높은 소명의식을 가지고 있지만, 사무직 직장인이나 서비스직과 영업직은 소명의식이 상대적으로 적었다.[11] 소득이 많은 직장인들은 높은 소명의식을 가진 반면, 소득이 적은 직장인들의 소명의식은 상대적으로 낮았다.[12] 학력에 따른 소명의식 차이도 컸다.[13] 이 조사 결과를 놓고 보면 엘리트들이 더 많은 소명의식을 가지고 일하는 것처럼 보인다.

앞에서 살펴본 것처럼 소명이라는 단어의 의미는 시대의 변천에 따라 달라졌다. 전통적으로 소명은 종교적 언어로 사용되었지만 현대에 들어서는 비종교적 의미로 사용되기 시작했다. 기독교의 직업 소명론은 비종교적 영역의 직업에 종교적 의미를 부여했지만, 현대 사회에서는 종교적 의미를 배제한 전문 직업을 의미하는 '소명의 세속화'라고 부를 만한 현상이 발생했다. 이러한 흐름 속에서 일터신학은 기독교가 발전시킨 직업 소명론에 근거하여 모든 직업에 있는 종교적 의미를 현대적 상황에 맞게 재발견하고 실천적으로 적용할 수 있는 원리와 지혜를 발견하는 것을 목표로 한다.

일터 소명의 일반 원리

하나님의 부르심을 따라 일하라

자신의 직업에서 소명의식을 가지고 있는 현대인들은 자기 직업에 스스로 가치와 의미를 부여한다. 누구나 자기 일에 고상한 목적과 가치를 부여한다면 그 일은 소명이 될 수 있다고 생각한다. 하지만 이런 소명의식은 기독교가 사용하고 발전시켜온 소명과는 다르다. 기독교에서 소명은 자기 스스로 부여하는 것이 아니라 자기 밖에서, 즉 하나님으로부터 받는 것이다. 소명은 누가 주는가에 따라 그 의미와 목적이 달라진다.

기독교적 소명은 복음으로 사람을 부르시는 하나님과 부름 받은 사람의 관계에서 발생한다. 하나님은 우리를 구원으로 부르신다. 부름 받은 사람이 자기를 부르신 하나님께 순종으로 반응할 때 구원이 온다. 하나님은 모세를 불러 애굽으로 보내시고 중노동에 시달리는 이스라엘을 구원하라는 소명을 주셨다. 모세는 하나님의 소명에 따라 이스라엘을 광야로 탈출시키는 데 성공했다. 예수 그리스도는 제자들에게 "나를 따르라"고 부르시고, 부름 받아 나선 그들에게 복음 전파의 사명을 주셨다.

이처럼 소명은 우리를 향한 하나님의 부르심이다. 칼뱅은 이 점을 분명하게 지적했다. 김선권에 따르면, 칼뱅은 소명을 세 가지 측면에서 적용한다. 첫째, 구원을 받는 신자로의 소명이다. 하나님은 모든 사람에게 보편적으로 그리스도의 복음으로 부르시는데 이 가운데 하나님의 선택을 받은 사람들만이 신자가 된다는 것이다. 둘째, 교회 직분으로의 소명이다. 칼뱅은 교황과 사제에게 제한했던 교회 직분의 소명을 모든 성도들에게 확산했다. 모든 성도는 그리스도의 몸인 교회를 세우도록 봉사하는 부르심을 받는다. 셋째, 세상 속 직업으로의 소명이다. 우리를 하나님의 자녀로 삼기 위해 그리스도의 복음으로 부르시는 하나님은 그의 자녀들을 또한 세상 속 일터로 부르신다. 그리스도인에게 직업은 하나님의 부르심을 받은 곳이다. 우리가 직장에 나가 일해서 먹고 살아가는 것 자체가 하나님의 부르심, 곧 거룩한 소명이라는 뜻이다.[14]

기독교적 직업 소명은 나의 의지적 선택 이전에 하나님의 부르심이 먼저 있다는 점에서 세상적 직업 소명론과 뚜렷하게 구별된다. 초대 교부 시대부터 현대 교회에 이르기까지, 기독교는 소명을 하나님의 부르심으로 이해했다. 소명은 내가 스스로 가치 있다고 생각하는 일이 아니라 하나님이 실현하고자 하는 특별한 일을 위해 나를 부르시고 맡겨주시는 것이다.

그러므로 소명의 주체는 하나님이시고, 우리는 소명을 받는 객체이면서 또한 소명을 실현하는 주체다. 소명은 일상의 직업에서 하나님의 뜻을 실현하기 위해 우리를 부르시는 하나님의 행위다. 하나님은 소명을 주시고, 우리는 소명을 받는다. 기독교 직업 소명론에서는 이 관계가 흔들리지 않고 지켜지는 것이 중요하다.

모든 사람에게 소명이 주어졌다

앞에서 살펴본 것처럼 현대적 직업 소명의식은 엘리트 계층에게서 주로 발견되지만, 기독교적 직업 소명은 합법적인 직업에 종사하는 모든 사람들에게 주어진다. 우리가 일해서 먹고 살아가는 모든 직업이 우리를 통해서 하나님이 만드신 것이다. 이 점에서 일상의 직업과 차별화된 성직에 우월적 또는 독보적 가치를 부여한 중세 교회의 소명관은 개신교의 소명과 다르다.

루터는 소위 '영적 영역'에 있는 자들로 불리는 교황이나 주교, 사제, 수도사와 '일시적 영역'에 속한 자로 취급받은 영주나 지주, 장인, 농부는 아무런 차별 없이 그리스도에 대한 믿음과 세례로 인해 하나님의 거룩한 제사장이 되었다고 선포했다.[15] 이 만인제사장 교리를 바탕으로 루터는 믿음과 사랑으로 일하는 모든 직업이 하나님의 소명이라고 강조했다.

루터는 복음으로의 소명과 직업으로의 소명을 다른 신학적 근거에 따라 설명한다. 복음으로의 소명은 우리 영혼을 향한 하나님의 특별 은총에 관한 것이고, 직업으로의 소명은 세상의 질서와 평화를 위한 일반 은총에 관한 것으로 구분한다. 그는 하나님의 소명은 심지어 우리의 신앙과 상관없이 모든 사람들을 향한 것이라고 주장한다. 고린도전서 15장 8절 주석에서 루터는 아버지와 자식의 관계를 예로 들면서 비록 복음을 믿는 그리스도인이 아니라 하더라도 하나님은 사람들을 그 자리에 지정하셨다고 말한다.[16] 루터가 직접 이 본문 주석에서 소명이란 단어를 사용하지는 않았지만 "아버지나 가장, 혹은 정치인이나 왕이 된 것은 하나님의 뜻과 의지로 그렇게 된 것"이라는 뜻이다.[17] 모든 사람의 직업은 하나님의 부르심에 따른 것이라는 의미가 담겨 있다.

하나님이 창조하신 세상에는 기독교인과 비기독교인들이 뒤섞여 살고 있다. 세상의 유일한 참된 주인이신 하나님은 세상의 모든 사람들을 부르시고 그들에게 세상을 유지하고 관리하고 생명의 번영을 누리도록 직업을 주셔서 일하게 하신다. 그러므로 모든 사람들이 하나님께서 주신 소명을 완수하기 위해 각자의 일터에서 일하는 것이다. 세상에는 많은 종류의 직업이 있다. 합법적인 모든 직업은 사람들의 삶을 지탱해주고 선하게 살아가도록 협력한다. 우리는 각자 구별된 직업에서 소명의식으로 일할 때 세상의 모든 사람들을 사랑의 끈으로 묶는다.[18]

기독교 직업 소명론은 신앙을 가진 그리스도인들만을 대상으로 하지 않고 세상의 모든 사람들을 대상으로 한다. 나아가 종교적 입장에 따라 차별하지 않는다. 또한 특정 직업을 높게 평가하거나 낮게 평가하지도 않는다. 사람들 사이의 담을 헐고 모든 사람을 구원하시는 그리스도의 사랑을 인정하는 사람은 직업에 따라 사람들의 가치를 차등 대우하지 않는다. 흔히 사람들이 비천하다고 생각하는 직업이나 고소득 고학력 전문직이나 하나님의 소명에는 차별이 없다. 하나님은 살아가는데 필요한 것들을 만들어 파는 모든 직업으로 우리를 부르신다. 기독교의 직업 소명론 관점에서 모든 직업은 귀천이 없다. 모든 직업은 하나님의 부르심의 열매라는 신적 가치를 가지고 있기 때문이다. 다만 맡은 역할과 그에 따른 보상이 다를 뿐이다.

비좁은 가게에서 국수를 만들어 파는 자영업자가 자기 직업을 소명으로 받아들이면 그렇지 않은 사람과 전혀 다른 마음가짐과 태도로 장사하게 될 것이다. 마틴 루터 킹 주니어(Martin Luther King Jr.) 목사는 암살 직전 참석한 행사에서 이렇게 연설했다. "우리가 버린 쓰레기를 줍는 사람은 의사만큼이나 소중합니다. 그가 일을 하지 않으면 질병이 창궐할 테니까요. 모든 노동은 존엄합니다."[19] 그는 청소원이나 의사는 기능상 구별되는 직업이지만 차별적 가치를 가지고 있지 않다는 점을 지적한 것이다. 두 직업 모두 세상에 필요한 소명의 자리이기에 동일한 존엄성을 갖는다. 청소원의 일은 비천하고 의사의 일은 고귀하다는 세속적 평가는 올바르지 않다.

직업 소명론은 직업과 노동과 관련된 정책 결정에도 영향을 미친다. 예를 들어 노동의 보상으로 지급되는 임금은 가치 차별적 기준이 아니라 기능 평가적으로 책정되어야 한다. 같은 조건에서 같은 시간 동안 같은 일을 하더라도 정규직과 비정규직의 임금이 차별적으로 지급되는 것은 기독교의 직업 소명론에 맞지 않는다.

기능이 다른 일을 하는 사람들에게 보상을 달리하는 것은 자연스럽다. 그러나 의사는 높은 신분의 사람이고 간호사는 낮은 신분의 사람이므로 그만큼 보상에 차등이 있어야 한다는 신분 차별적 관점은 기독교적이지 않다. 모든 직업을 하나님의 부르심에 따르는 것으로 이해하는 그리스도인은 신분 차별적 임금 책정 기준을 받아들일 수 없다. 교회는 모든 직업이 하나님의 소명이라는 성경의 가르침을 사회적으로 실천해야 한다.

모든 순간이 소명의 현장이다

그리스도인에게 소명은 특별한 행위나 사건에 국한되지 않는다. 삶의 모든 순간이 소명이다. 그리스도인은 복음의 부르심에 합당하게 살도록 요구받는다. "너희가 부르심을 받은 일에 합당하게 행하라"(엡 4:1). 이 말씀은 우리가 직업에서뿐 아니라 모든 삶의 순간에서 하나님의 부르심에 걸맞게 행동하라는 뜻이다. 하나님의 부르심에는 목적이 있다.

> 그러나 너희는 택하신 족속이요 왕 같은 제사장들이요 거룩한 나라요 그의 소유가 된 백성이니 이는 너희를 어두운 데서 불러내어 그의 기이한 빛에 들어가게 하신 이의 아름다운 덕을 선포하게 하려 하심이라(벧전 2:9).

하나님은 우리가 일터에서 살아가는 모든 순간에 그리스도의 선하고 아름다운 모습을 세상에 보여주는 사명으로 우리를 부르신다. 소명은 특별한 업적에 스포트라이트를 비추는 것이 아니라 일하는 모든 순간에 그리스도의 아름다운 덕을 주변에 선포하는 것이다. 오스 기니스는 소명을 "하나님이 우리를 그분께로 부르셨기에, 우리의 존재 전체, 우리의 행위 전체, 우리의 소유 전체가 특별한 헌신과 역동성으로 그분의 소환에 응답하여 그분을 섬기는 데 투자된다는 진리"로 정의했다.[20] 이 정의에 따르면, 소명이란 삶의 모든 과정 모든 순간에 창조주 하나님의 부르심에 믿음으로 응답하는 것이다. 소명은 평범한 사람이 평범한 직장에 출근해서 퇴근할 때까지 하는 모든 일에 거룩한 광채를 비춘다. 직장뿐 아니라 직장 밖의 생활, 곧 가정이나 교회, 친구들과의 모임 등 일상의 모든 순간을 소명으로 살아간다.

소명(calling)은 사명(mission 혹은 ministry)과 구분된다. 소명은 하나님의 부르심이고, 사명은 하나님의 소명을 실행하는 방식이다. 하나님의 소명은 총체적이고 상시적인 우리의 삶을 대상으로 한다. 사명은 소명을 받은 사람이 해야 하는 일이다. 하나님의 부르심을 받은 우리는 상황에 따라 혹은 성령의 인도하심에 따라 다양한 사명을 수행할 수 있다. 사명은 바뀌기도 한다. 하나님은 하나의 직업으로 우리를 부르시지만, 우리가 소명의 목적을 실천해야 할 직장은 상황에 따라 언제든지 바뀔 수 있다.

목회자는 예배 설교를 하거나 심방을 하는 등 목회활동에서만 소명으로 살아가는 것이 아니다. 목회자가 살아가는 하루 24시간의 모든 순간들이 하나님의 소명이라고 믿고 살아갈 때 성도들도 소명으로 살아가게 된다. 좋은 교회를 다니기 원하는 사람은 담임목사의 설교보다는 부교역자들의 얼굴 표정과 언어 습관을 살펴보는 것이 더 좋을 것이다. 복음의 소명에 충실한 교회는 설교만으로 알 수 없다. 부교역자들이 교회에서 행복한지, 교역자들끼리 서로 사랑하고 존중하는지, 교회 상근 직원들이 교회에 만족하고 있는지 여부가 소명에 충실한 교회를 판단하는 더 좋은 평가 기준이다.

소명은 '하나님과 함께 춤을 추는' 삶이다

하나님의 소명으로 사는 사람은 주체성을 상실한 수동적 존재인가? 하나님은 자신의 뜻을 위해 사람을 선택하고 부르신다. 다시 말해 "하나님이 각 사람을 부르심은 각 사람에 대한 하나님의 선택의 증거인 것이다."[21] 소명은 하나님의 선택에 따른 결과다. 그렇다면 우리 각 사람은 하나님의 예정된 계획(plan)을 족집게처럼 발견하고 수동적으로 따르기만 하면 되는가? 내 자신의 의지와 결단은 필요 없는가? 내 삶은 아닌가?

그렇지 않다. 우리는 소명을 주시는 하나님의 이끌림을 받는다는 면에서 수동적이다. 그러나 하나님은 우리를 강제적으로 동원하지 않으신다. 하나님은 우리의 의지적 결단을 존중하시고 우리가 주체적이고 자발적으로 하나님이 이끄시는 소명의 길을 선택하길 바라신다. 소명으로 살아가는 사람은 하나님의 이끄심에 적극적으로 응답하는 '수용적 자세'를 가진다. 고든 스미스(Gordon Smith)는 소명의 삶을 피겨 스케이팅에 비유했다.

> 그러나 하나님의 의지가 자의적이고 독재적인 것은 아니다. 하나님의 의지는 피겨 스케이팅에서 리더의 역할에 비유할 수 있다. 다른 형태의 무용에서처럼 피겨 스케이팅에도 리더가 있다. 두 명 중에서 한 사람이 리더가 되고 다른 한 사람은 그 리더를 따른다. 리더를 따르는 사람은 수동적이거나 맥 빠진 연기를 하지 않고, 오히려 리더의 연기에 열정적으로 응답하며 움직인다. 거기에는 주고받음과 상호 대응하는 요소들이

있다.[22]

리더이신 하나님은 우리를 잘 알고 계시기에 우리가 감당할 수 있는 소명을 주신다. 우리는 하나님을 신뢰하고 사랑하기에 온몸과 마음을 그분께 맡기고 기꺼이 따라간다. 이 과정에서 우리는 하나님의 선하심과 인자하심을 경험하며 깊은 사귐을 갖는다. 이처럼 소명의 길은 하나님과 함께 춤을 추며 인생의 모든 순간들을 씨줄과 날줄로 엮어 멋진 작품을 만들어가는 예술 행위와 같다. 그리스도인에게 일터는 하나님과 함께 멋지게 일하며 하나님과 함께 기쁨의 열매를 수확하는 소명의 현장이다.

소명으로 살아가는 지혜

마음의 동기를 중시한다

"하나님은 나를 어떤 일터로 인도하실까?" 하나님의 소명을 따르는 그리스도인은 직업과 직장을 선택할 때 하나님의 계획 혹은 뜻을 알길 원한다. 하나님의 음성을 듣고 싶어 한다. 그리스도인은 많은 직업과 직장에서 어떤 곳이 소명의 장소인지 분별하는 과정을 거쳐야 한다. 그런데 올바른 분별을 하려면 훈련이 필요하다. 분별 훈련 없이 소명에 적합한 일터를 선택하기는 어렵다. 대부분의 사람들은 직업과 직장을 선택하기 전에 고민하고 준비한다. 그리스도인은 여기에 하나님의 뜻을 분별하는 노력을 더해야 한다. 그리스도인들이 소명을 살아가는 지혜로서 적절한 기준이 필요하다. 우리는 다섯 가지의 기준을 고려할 필요가 있다.

무엇보다 마음의 동기가 중요하다. 내가 더 빨리 성공하고 더 많이 돈 벌 수 있는 목적을 위해 직장을 얻기 원한다면 하나님의 소명을 실천하기 어렵다. 반면에 하나님의 영광을 드러내기 위해 직장을 선택한다면 성령의 인도하심을 받을 것이다. 그러므로 직업과 직장을 얻으려는 마음의 동기를 중시해야 한다. 우리는 말씀과 기도 가운데 묵상하면서 성령의 도움을 받으며 분별해야 한다. 존 웨슬리(John Wesley)가 제시한 '성령의 내적 증거'를 인식하고 따르는 지혜가 필요하다. 성령은 우리 안에 하나님의 자녀로서의 기쁨을 충만케 하심으로써 소명의 길을 확신하게 하신다.[23]

성령은 분별에 앞서 우리 마음을 준비시키신다. 분별의 목적이 영적이지 않으면 성령의 말씀을 잘못 들을 수 있다. 일터에서 개인적 성공과 명예, 부, 안전을 얻고자 하는 욕망은 성령의 말씀을 방해한다. 로욜라의 이냐시오(Ignacio de Loyola)는 하나님께 헌신하는 삶을 살고자 하는 사람만이 성령이 들려주시는 하나님의 음성을 듣는다고 말한다. 소명을 제대로 분별하려면 마음의 흐름과 성향이 오로지 하나님께 향해야 한다. "모든 선택을 잘하려면 우리 편에서 지향하는 바가 단순해야 한다. 즉, 내가 창조된 목적, 곧 우리 주 하나님을 찬미하고 내 영혼을 구원하려는 목적만을 바라보아야" 한다.[24]

나(필자)는 12년 동안 다니던 직장을 떠나 신학공부를 하고 싶은 마음이 들었을 때 목사님에게 기도를 부탁하고 한 달 뒤에 만나 각자에게 주시는 하나님의 응답을 듣기로 했다. 나는 기도하면서 세속에 찌들어 살던 내 모습에 실망하고 목회자의 자격이 없다고 생각하고 포기하는 것이 좋겠다는 마음이 들었다. 그러나 목사님의 생각은 달랐다. 처음에는 나의 계획에 반대하던 목사님은 한 달 뒤에 내가 목회자 되는 것을 하나님이 원하신다고 전해주었다.

나는 그때 기도하면서 내 마음을 하나님께 드리기보다는 나의 지금 모습을 집중적으로 바라보며 부족한 모습에 실망했다. 내 자신이 부끄럽다는 생각이 컸다. 나중에 안 사실이지만, 목사님은 나의 현재 모습으로 판단하지 않고 나를 향한 하나님의 뜻을 알기 원하는 마음으로 기도했다. 서로 다른 기도 응답에 내 마음이 혼란스러웠다. 나는 결정을 미루고 일 년 동안 매일 새벽기도를 하면서 하나님의 소명을 알게 해달라고 기도했다. 결국 목사님의 말씀대로 신학교에서 신앙을 다시 배우고 인생을 새롭게 출발하는 것이 하나님의 뜻이라는 확신이 들었다. 다음 해에 나는 신학공부를 시작하고 목회자의 길을 걸었다.

소명 분별에는 인격적 신앙적 성숙이 필요하다. 우리는 하나님의 소명에 합당한 사람으로 성장하면서 소명의 길과 그때그때마다 각자에게 주어진 사명을 잘 분별할 수 있다. 성령은 하나님을 더 알고 더 사랑하는 마음을 주신 뒤에 우리가 가야 할 길을 선택하도록 인도하신다. 우리는 이 과정을 거치면서 시행착오를 겪을 수밖에 없지만 그로 인하여 성숙하게 되고 두려움과 회의가 줄어든다.

성령은 소명 분별의 과정에서 우리의 마음을 소명에 합당하게 변화시켜 하나님께서 기뻐하시는 일터를 찾게 하신다. 하나님은 우리가 일터에서 하나님의 영광을 위해 일하기를 원하신다. 일터에서 하나님의 나라와 의를 구하는 마음을 가질 때 우리는 어떤 일터를 선택해야 하는지 분별할 수 있게 된다. 그리고 무엇보다 마음의 동기가 소명 분별에 중요하다.

나에게 주신 달란트를 최대한 살려라

마음의 동기를 점검했다면, 다음으로 해야 할 일은 내가 잘하는 것이 무엇인지 객관적으로 확인하는 것이다. 소명은 소명의 삶에서 하나님이 주신 구체적 사명을 수행할 수 있는 달란트(능력 혹은 은사)와 떨어져 생각할 수 없다. 소명과 달란트는 하나님의 선물이다. 하나님은 우리의 달란트를 소명 받은 일터에서 사용하신다. 하나님은 교회 성도들이 각자 받은 서로 다른 은사로 교회 공동체를 섬기고 성장하게 하시는 것처럼(고전 12장, 엡 4장) 세상을 위해 사람들마다 각기 다른 노동의 은사를 주시고 일터를 섬기게 하신다.

하나님이 각자에게 주신 달란트는 서로 다르다. 어떤 사람에게는 다섯 달란트, 두 달란트, 한 달란트를 주신다(마 25:14~30). 각자 잘 할 수 있는 분야와 분량이 다르다는 뜻이다. 그러나 하나님이 우리에게 달란트를 주시면서 요구하시는 것은 게으르지 않고 각자 받은 달란트로 "적은 일에 충성하는" 것이다(마 25:21, 23).

그러므로 우리는 직업과 직장을 선택하기 전에 먼저 하나님께서 나에게 주신 달란트가 무엇인지 인지해야 한다. 자신의 성향과 은사(달란트)에 적합한 직업과 직장에서 하나님의 소명을 더 잘 펼칠 수 있다. 부모나 교사, 목회자, 친구 등 나를 잘 알고 있는 권위 있는 사람들에게 검증받으면 더욱 확신할 수 있다. 초대 교회에서 공정하고 충분한 검증을 거쳐 집사를 임명했던 것처럼(딤전 3:10), 일터 소명 분별에서도 자신의 은사를 객관적으로 검증받아야 한다.[25]

사실 우리는 잘하는 일을 사랑하게 된다. 일을 사랑하는 사람은 위기를 극복하고 다시 일어서는 회복탄력성이 좋다. 이런 사람은 쉽게 일터를 떠나지 않고 오랫동안 자리를 지키며 풍성한 열매를 맺게 된다. 우리는 자기의 전문성으로 최고의 경지에 이르는 프로 정신과 함께 내 일을 사랑하고 즐거워하는 아마추어(사랑하는 사람이라는 뜻) 정신을 가질 때 하나님이 주신 소명에 더욱 충실할 수 있다.

나(필자)는 대학 시절부터 글쓰기를 좋아했다. 그러나 글쓰기 능력을 첫 번째 직업과 연결시키지 못했다. 충분한 소명 분별 과정 없이, 내 달란트와 상관없는 해운회사에 들어가 기획 업무를 하다 일 년 반 만에 퇴사했다. 숫자를 만지는 일이 적성에 맞지 않아 힘들고 지루하고 재미없는 시간을 견뎌야 했다. 나는 그 일을 계속해야 할 의미를 찾지 못했다. 그리고 퇴사 후에는 글을 쓰는 일간지 기자가 되었다. 기자의 일이 힘든 일이었지만 글을 쓰는 기쁨으로 버틸 수 있었다. 목사가 되어 목회를 하면서도 글을 계속 썼다. 이 책을 쓰는 고단함도 글쓰기의 즐거움으로 이겨낼 수 있었다. 우리는 하나님이 주신 은사를 최대한 활용할 때 재미있고 생산적으로 일하면서 세상의 번영이라는 하나님의 뜻에 가장 잘 공헌할 수 있다.

공공선에 합당한 일터를 선택하라

그리스도인이 하는 일은 공공선에 합당해야 한다. 아무리 사회문화가 생존 경쟁이 치열하다고 할지라도 공공선(the common good)에 기여할 수 있는 일이어야 한다. 공공선은 창조 세계와 타인의 생명을 지키는 인류의 오래된 가치 판단의 기준이다. 로울라는 하나님의 소명을 분별하는 과정에서 공공선에 대한 기여를 강조했다. "모든 소명의 목적은 바로 공공선(the common good)이다. 즉 인류의 유익 또는 좋은 상태가 모든 소명의 목적이라는 말이다."[26] 공공선은 하나님이 창조하신 모든 생명의 번영이라는 인류 공통의 가치에 부합하는 선한 행위를 포괄한다.

하나님이 우리에게 주신 달란트는 타자를 위한 것이다. 달란트는 타자를 섬기는 나의 능력이다. 그리스도인이 일터에서 타인을 섬기는 일을 할 때 하나님께 영광이 된다. 칼뱅은 수도사들이 세상과 담쌓고 이웃들과 관계를 끊은 채 영적 신비를 묵상하는 것은 타자를 섬기라는 하나님의 소명에 부합하지 않은 것이라고 강도 높게 비판했다.[27] 수도사들에 대한 칼뱅의 비판에 지나친 면이 없지 않지만, 우리 일은 타자를 섬기는 것이 되어야 한다는 것은 타당한 지적이다. 반면에 내 능력을 십분 발휘하며 일할 수 있는 직장일지라도 내 일이 다른 사람들과 자연 생태계를 파괴하는 결과를 가져온다면 소명에 어긋난다.

취업을 준비하는 그리스도인들이 연봉이나 복지와 같은 물질적 조건만을 추구할 수는 없지만 그것들을 모두 배제할 수도 없다. 내가 가길 원하는 일터에서 삶에 필요한 돈을 버는 동시에 공공선에 부합한 지를 세심하게 살펴보아야 한다. 대부분의 합법적 직장은 공공선을 파괴하지 않는 선에서 이윤 활동을 벌인다. 그러나 밖으로 보이는 명목과 달리 직장 안에서는 직원들과 소비자들의 영혼과 육체에 해를 끼치며 이윤을 추구하는 직장이 있다. 이런 곳은 미리 알기가 쉽지 않다. 그러나 어렵게 들어간 직장이라 할지라도 이러한 직장은 가능한 빨리 나와야 한다.

그리스도인이 가능한 피하거나 오래 있지 않아야 할 직장들이 있다. 연봉이나 자리 등을 미끼로 비윤리적 일을 지속적으로 요구하는 직장은 나와야 한다. 아무리 노력해도 성과를 낼 수 없는 직장은 구조적 문제 때문에 성장할 수 없고 스트레스가 크기에 오래 머물지 않아야 한다. 그리고 육체적으로 무리한 일을 계속 강요하는 직장은 아무리 많은 보수를 준다 해도 버티는 데 한계가 있다. 건강을 잃으면 일의 소명 자체를 잃게 된다. 사람의 생명과 생태 환경을 파괴하는 직장에는 발을 들여놓아서는 안 된다. 당신의 영혼이 파괴되는 것은 시간문제다. 무리한 업무로 쉼을 빼앗는 직장은 가정과 자신을 돌볼 시간을 빼앗고 일중독에 빠져 건강한 삶을 망가뜨린다. 이런 직장들은 하나님의 소명에 적합하지 않다.

주어진 상황과 환경을 고려하라

우리에게는 가고 싶지만 가기 힘든 직장이 있다. 입사 경쟁이 치열하거나 오래 준비해야 하지만 형편상 여유가 없는 사람들은 원하는 직장에 들어가기 쉽지 않다. 서울의 신림동이나 노량진 등의 고시촌에는 몇 년씩 시험 준비를 하며 원하는 직장을 기다리는 사람들이 적지 않다. 하지만 경제적 신체적 상황이 어렵다면 어떻게 해야 하는가? 언제까지 버티어야 하는가?

그리스도인들의 소명의 삶은 어떤 고정된 기준을 고집스럽게 따르는 것이 아니다. 하나님은 우리 각자가 처한 환경을 십분 활용하면서 우리를 소명의 길로 인도하신다. 때로는 우리의 달란트와 다른 사명을 주시기도 한다. 생계가 급한 상황에서는 급한 문제를 먼저 해결할 수 있는 길을 선택하는 것이 현실적이다. 우리나라가 가난했던 시절에 똑똑한 동생을 위해 자기 꿈을 접고 일찌감치 공장노동자의 길을 간 언니 누나의 선택은 거룩한 소명의 삶이었다. 우리들의 생계만큼 우선적인 소명은 없다. 소명의 삶은 쉽게 환경에 좌우되어서도 안 되지만 환경을 고려하지 않으면 나와 주변 사람들에게 피해를 입힐 수 있다.

그리스도인이 직업을 선택할 때 흔히 빠지는 함정들이 있다. 어떤 사람은 "하나님이 내게 그것을 택하라고 명령하셨다"고 주장하면서 객관적으로 문제 있는 자신의 선택을 합리화한다. 반면에 하나님의 뜻을 분명하게 깨닫지 못한다는 이유로 결정을 지연시킨다. 두 가지 길 중에 선택하기 어려울 때에는 자기희생을 기준 삼아 자신이 개인적으로 더 좋아하는 것을 포기한다. 또는 기드온이 양털로 하나님의 뜻을 판단하듯 환경에 자신의 선택을 맡긴다.[28] 이러한 함정들을 피해 자신의 능력과 환경과 하나님의 뜻을 신중하게 고려하는 선택이 필요하다.

경력관리 전문가인 클라크 카니(Clarke G. Carney)와 신다 웰즈(Cinda F. Wells)는 직업 결정 과정에서 자기의 능력과 주변 환경을 충분히 인지하고 고려하는 계획적인 결정 모델을 따라야 불필요한 대가의 지불을 줄이고 최대의 보상을 얻을 수 있다고 조언한다. 환경 요인을 고려하지 않을 경우 상당한 혼란을 겪게 되거나 직관적 혹은 감정적 결정으로 하나님의 뜻을 왜곡할 수 있다.[29]

환경이 허락하지 않을 경우 내가 확신하는 소명의 길을 우회하는 결정을 한다 해도 하나님은 나를 향한 뜻을 포기하지 않으신다. 필자는 대학을 졸업하고 글 쓰는 직업을 갖길 원했지만 경제적 능력이 없는 부모님을 돕고 내 자신을 위해 시급히 돈을 벌어야 했다. 나는 글 쓰는 직업에 대한 꿈을 잠시 내려놓고 일반 기업체에 들어가 당장 시급했던 경제적 필요를 해결하면서 언론사 입사 시험을 준비하고 마침내 들어갈 수 있었다.

나는 언론사 기자가 되었지만 대학 졸업 후 신학교에 진학하고 싶은 꿈이 있었다. 그러나 부모와 가정을 부양해야 하는 상황을 외면할 수 없어 돈 버는 직장을 구했다. 원래 계획보다 15년 뒤에 신학교에 갔지만 나는 기자생활을 통해 일반 독자들이 쉽게 읽을 수 있는 글을 쓰는 훈련을 받았다. 이 훈련은 글 쓰는 목회를 위해 매우 요긴하게 사용되는 달란트가 되었다. 하나님은 우리가 처한 상황 때문에 선택한 직업의 경험을 통해서도 소명의 삶을 준비시키신다는 교훈을 나는 깨달았다.

성장할 수 있는 일터로 옮기라

현대 사회에서는 한 직업과 직장에 머물지 않고 옮기는 이직이 일반적이다. 특히 인공지능 시대에 직업 기술의 유효기간이 줄어드는 환경에서는 평생 한 일터에서만 일하기는 어렵다. 직장인들은 업무적으로 성장하기 위해 직업이나 직장을 옮길 필요를 자주 느낀다.

이 때문에 볼프는 한 직업과 직장을 강조하는 루터식 소명 개념은 현대 시대의 유동적 사회에 적용하기 어렵다고 비판하지만,[30] 기독교의 직업 소명론은 처음부터 한 일터만을 고집하지는 않았다. 오히려 변화하는 일터 환경에서 소명을 더 잘 실현하기 위해 이직 가능성을 인정했다.

루터가 고린도전서 7장 20절 주석에서 하나님이 주신 소명의 자리를 떠나지 말라고 했지만 평생 한 직업과 직장에만 머물라고 강요한 것은 아니었다. 교육을 통해 더 나은 신분으로 성장할 수 있다면 직업의 이동이 가능하다고 했다.[31] 칼뱅 또한 이 구절의 의도는 평생 한 직업에 머무르라는 것이 아니었을 것이라고 해석했다. "정말 바울이 재단사는 평생 동안 재단사의 일을 하여야 하고 다른 직업을 가져서는 안 된다거나, 상인은 평생 상인으로 살아야지 농부가 되려고 해서는 안 된다는 의미로 이런 말을 한 것이라면, 그것은 지나치게 가혹한 것일 수밖에 없다."[32]

대대로 가업을 이어받는 전통적 천직 개념이 무너진 현대 사회에서는 직업과 직장의 이동이 불가피하다. 특히 SNS를 이용한 정보 취득이 용이해지면서 한 직장에서 정년퇴직할 때까지 일하기는 더욱 어려워졌다. 사람의 생각과 능력이 성장하면 더 크고 복잡한 일을 할 수 있는 곳으로 옮겨야 한다. 능력이 성장하면 그 능력을 발휘하기 더 좋은 곳으로 옮기는 것은 자연스러울 뿐만 아니라 당연한 세상이다.

그러나 이직할 때는 동기와 목적을 잘 살펴야 한다. 더 많은 돈을 벌거나 인정받고 싶은 마음과 같은 자기중심적 목적이 우선이라면 바람직하지 않다. 상당수 직장인들이 자기 능력보다 더 많은 것을 요구하며 이직 협상을 한다. 타자를 위한 섬김이 이직의 중요한 동기가 되어야 한다. 능력을 키워서 다른 사람들을 더 효과적으로 섬길 수 있는 기회를 얻기 위해 이직하는 사람들은 동료 직원들에게 축하와 축복의 인사와 박수를 받고 떠난다.

소명의 삶에 필요한 덕목들

두려움을 이기는 용기

소명의 삶을 살기 위해서는 분별력과 함께 소명을 지켜낼 수 있는 성품과 덕목이 필요하다. 무엇보다 두려움을 이길 수 있는 용기가 없이는 소명의 길을 끝까지 가기 어렵다. 소명의 삶은 다수의 사람들이 가는 방향과 다를 수도 있고 방해받을 수도 있다. 소명의 길에는 건너야 할 장애물들이 적지 않은데 두려움이 가장 큰 위협이다. 소명의 삶은 불확실한 미래를 바라보며 믿음으로 걷는 천로역정의 길이다. 이 과정에서 내면의 두려움을 극복하는 것이 과제다. 스미스는 두려움을 극복하려면 자신에게 정직해야 한다고 조언한다.

> 두려움을 솔직하게 인정할 때 비로소 용기가 생겨난다. 지혜로운 사람은 "상상을 불허하는 정직성"으로 두려움을 솔직하게 인정하지 않으면 늘 내면의 불안에 시달리며 무기력한 삶을 살 수밖에 없다는 사실을 잘 안다.[33]

용기는 진실에서 나온다. 내 안의 두려움을 회피하지 않고 인정해야 한다. 하나님께 내 두려움을 보여드리고 도움을 구할 때 두려움은 물러나기 시작한다. 정직하게 일하는 사람은 직장에서 불이익을 당할 수 있다는 두려움 앞에서 머뭇거리게 된다. 두려움으로 머뭇거리는 것은 자연스러운 현상이다. 그러나 이것을 수치스럽게 생각하지 않고 넘어설 수 있는 용기를 간구할 때 불이익도 감당할 수 있다. 스스로 위기를 돌파할 수 있다는 자만심이 아니라 자신의 한계를 인정하고 하나님의 도우심을 믿을 때 소명으로 살아갈 용기를 얻는다.[34]

두려움을 쫓아내기 위해서 우리 마음이 불안하지 않고 평안해야 한다. "아무것도 염려하지 말고 다만 모든 일에 기도와 간구로 너희 구할 것을 감사함으로 하나님께 아뢰라. 그리하면 모든 지각에 뛰어난 하나님의 평강이 그리스도 예수 안에서 너희 마음과 생각을 지키시리라"(빌 4:6-7). 그리스도께서 주시는 평안 안에서 우리는 하나님의 사랑을 확신하고 두려움을 잠재운다. "사랑 안에 두려움이 없고 온전한 사랑이 두려움을 내쫓나니"(요일 4:18).

두려움이 사라진 마음의 자리에서 소명을 따르는 용기가 자라난다.

모호함과 어려움을 견디는 인내심

소명은 한순간에 완성되지 않는다. 소명은 성취해야 할 과업이 아니라 완주해야 할 과정이다. 우리의 소명은 삶이 끝나는 순간 마무리된다. 행동주의 심리와 자본주의적 효율성에 길들여진 사람들은 하나님의 소명을 처리해야 할 하나의 과제로 생각하기 쉽다. 그러나 하나님의 소명은 빨리 끝낼 수 있는 일이 아니다. 우리의 소명은 위대한 영웅이 되는 것이 아니다. 세상에서 하나님의 선한 뜻을 이루는 일은 그리 호락호락하지 않다. 수없이 많은 저항과 장애물을 통과하지 않으면 소명의 길을 완주할 수 없다.

하나님은 우리가 원하는 대로 빨리빨리 움직이시지 않고 천천히 자신의 뜻을 행하신다. "그분의 길은 너무 미묘해 쉽게 감지할 수 없는 경우가 많다. 그분은 결코 서두르지 않으신다".[35] 우리 앞에는 항상 뚜렷하게 보이는 소명의 길만 있는 것이 아니다. 소명 분별이 모호한 지점과 순간들이 많다. 이런 때에는 하나님의 소명을 의심하기보다는 믿음으로 견디어야 한다. 나를 부르신 하나님을 믿고 인내하는 힘이 필요하다.

하나님은 십대의 어린 나이에 다윗에게 사울 왕을 이을 두 번째 이스라엘 왕의 소명을 주셨다. 그러나 그는 탁월한 능력을 발휘했음에도 불구하고 사울 왕에게 쫓겨 10여 년 동안 광야를 헤매며 생명의 위협을 받았다. 그는 사울 왕을 죽일 수 있는 두 번의 기회를 얻었지만 이마저 포기해야만 했다. 하나님의 소명을 받은 사람이 "하나님이 택하신 왕을" 죽일 수는 없었다(삼상 24:6). 다윗은 광야생활을 하면서 이스라엘 왕은커녕 자신의 안위조차 확신할 수 없는 애매하고 괴로운 시절을 견뎌야 했다. 소명의 길은 모호함과 어둠 속에 잠겨 있을 때가 있다. 소명을 확신하고 인내해야 모호하고 어둔 소명의 길을 끝까지 걸어갈 수 있다.

우리를 부르시는 하나님의 뜻과 섭리를 감지할 수 없을 때가 적지 않다. 그러나 하나님은 신실하심으로 언젠가 내 안에서 자신의 뜻을 이루신다. "우리가 인내하는 동안 소명은 결국 이루어질 것이다."[36] 일터에서 소명의 삶은 때론 퇴직하고 난 뒤에 더 분명하게 보일 때가 있다. 일터에서 매일 분주하고 힘들게 일할 때에는 하나님의 소명이 모호하고 알 수 없을 때가 있다. 그러나 그러한 순간에도 우리를 소명의 길로 이끄시는 하나님은 일하고 계신다. 우리가 답답하고 느리게 느끼는 속도가 하나님이 이끄시는 최적의 속도일 수 있다. 인내하는 사람이 하나님의 소명을 향한 오랜 길을 완주한다.

공동체의 격려와 위로

소명으로 일하는 그리스도인은 일터 동료들과 다른 방법과 목표를 추구한다. 당장 손해 보는 상황을 택하기도 한다. 편하고 빠른 효과를 추구하는 일터에서 사람들을 보호하기 위해 우회로를 택한다. 1982년 시카고에서 독극물이 주입된 타이레놀을 복용한 사람 7명이 사망하는 사건이 발생하자 판매 회사 존슨앤존슨의 이사회는 즉시 일억 달러의 손해를 감수하고 시장에서 모든 타이레놀을 수거 폐기했다. 당시 회사는 아무런 사회적 요구를 강요받고 있지 않은 상태였고 사법당국의 원인 조사가 시작되기도 전이었다. 그러나 회사의 이사회 이사들은 '돌봄(care)'이라는 회사의 소명에 따라 추가 희생을 막는 것은 물론 재발 방지 대책을 연구하기 위해 엄청난 비용을 지불하기로 신속하게 결정했다.

소명의 사람은 우리를 부르신 하나님을 최고의 청중으로 모시고 이 청중의 반응을 두려워한다. 그렇기에 이 한 분의 청중을 위해서라면 세상의 조롱도 두려워하지 않는다. 오히려 그리스도를 위한 바보의 길을 자원한다.[37] 잔인한 경쟁체제에서 생존의 압박 가운데 홀로 바보 같은 소명의 길을 걸어가는 것은 외롭고 어려운 일이다.

이 때문에 일터에서 소명으로 사는 그리스도인들은 홀로 견디기보다는 동료 그리스도인들과 함께 연대하며 서로 격려하고 위로해야 할 필요가 크다.[38] 고립감 속에서는 복잡다단한 일터 현실에서 소명의 길을 분별하기 힘들고 인내하기 어렵다. 소명의 삶은 홀로 걷는 길이 아니다. 하나님은 그리스도인들을 교회로 부르시고 서로 연합하고 도우며 성장하기를 원하신다(엡 4:11~16). 그리스도인이 교회공동체로 존재하듯 일터에서도 믿음의 친구들과 함께 공동체로 존재할 때 더욱 힘 있게 소명으로 일할 수 있다.

소명은 함께 손을 맞잡고 연대하는 공동체적 사랑 안에서 성장하고 강해진다. 특히 일터에서 매일 도전받고 시험받는 그리스도인들은 서로 안아주고 토닥거려주는 위로가 필요하다. 목회자들은 일터 그리스도인들을 위한 목회를 개발해야 한다. 교회에서 믿음의 친구를 사귀며 서로 격려하고 위로하는 기회를 제공해야 한다. 일터 그리스도인은 같은 직장에서 신우회로 모여 함께 어려움을 나누고 기도하며 영적 업무적 도움을 주고받는다면 큰 힘이 될 것이다. 소명의 삶은 믿음의 형제와 함께 걷는 길이다.

평범한 일을 비범하게 하는 지혜

가정의 살림살이처럼 일터도 매일 반복되는 평범한 일들의 연속이다. 사람들은 평범함 속에서 하나님의 소명을 발견하기보다는 특별하고 위대하고 영웅적인 행위에서 소명을 찾으려 한다. 그러나 소명은 밖으로 보이는 일의 외형이 아니라 일의 본질에 주목한다. 인도 콜카타의 성녀로 추앙받는 마더 테레사는 자신이 했던 말처럼 위대하고 엄청난 일을 했기 때문이 아니라 작은 일을 큰 사랑으로 했기 때문에 존경받았다.[39]

소명은 일하는 행위 이전에 일하는 사람의 마음에 관한 것이다. 소명의 관건은 어떤 일을 하느냐가 아니라 누구를 위해 하느냐에 달려 있다. 청교도 목사 존 코튼(John Cotton)은 하나님을 위해 일하는 사람에게는 "도저히 하지 못할 정도로 단조로운 일"은 없다는 말로 소명의 정곡을 찔렀다.[40]

하나님 앞에서는 매일 밥하고 청소하고 빨래하는 가정주부의 일이나 매일 동일한 코스를 순찰하며 건물을 경비하는 일, 직장에서 전표를 처리하고 회계장부를 기록하는 일처럼 평범하고 반복적인 것이 매우 중요한 소명의 일이다. 이런 일들이 없으면 세상과 생명이 단 하루도 유지될 수 없다. 지루함을 이겨내고 소명으로 작은 일을 성실하게 해내는 사람들이 있기에 이 세상이 하루하루를 이어가고 있다.

소명의 사람에게 필수적인 자질은, 내가 지금 하고 있는 일이 나에게 적절하고 나와 타자에게 유익하고 필수적인 일인지를 분별하는 안목이다.[41] 우리가 "무슨 일을 하든지 마음을 다하여 주께 하듯"(골 3:23) 하면 일터에서 다른 사람들이 싫어하는 평범한 일을 소중하게 여기고 사랑하게 된다. 평범한 일일수록 일터에 반드시 필요한 일이다. 그 일이 맡겨질 때 피하지 않고 마음을 다한다면 평범함에 광채가 비칠 것이다.[42] 그리스도인의 소명에는 평범한 일을 비범하게 만드는 지혜가 필요하다. 일상에서 평범한 일을 숙달되게 수행하는 '생활의 달인'의 손놀림은 놀랍게도 비범하다. 그들은 단순한 일을 빛나게 한다.

소명으로 일하는 삶의 실천적 함의

하나님은 우리를 그리스도의 복음으로 부르시고 또한 일터로 부르신다. 하나님은 우리에게 분리되지 않는 두 소명을 동시에 주신다. 소명은 그리스도인이 매일 살아가는 일상의 삶에서 하나님과 이웃을 위해 살아갈 것을 요구한다. 그러나 일터 현실에서 소명의 삶을 살아가기란 결코 쉽지 않다. 무엇이 소명을 실천하는 일인지를 분별하는 것도 어렵지만 소명의 삶을 살아내는 능력을 갖추기 위해 오랜 영성 훈련이 필요하다. 소명은 명백한 정답을 찾는 것이 아니라 믿음으로 신실하게 살아가는 과정이기 때문이다. 소명의 삶은 단순하지 않고 복잡 미묘하다. 이러한 논의를 바탕으로 우리는 소명으로 일하는 삶을 위한 네 가지 실천적 함의를 발견할 수 있다.

첫째, 소명의 일차적 주체는 내가 아니라 하나님이라는 사실을 주지해야 한다. 하나님은 우리를 부르시는 분이고, 우리는 하나님의 부르심을 받은 피조물이라는 관계에 충실해야 한다. 그러므로 우리는 내 인생의 소명을 스스로 찾는 것이 아니라 하나님이 부르시는 소리를 예민하게 들어야 한다. 하나님의 소명을 듣지 못하면 내 욕망과 두려움이 나를 지배하게 된다. 하나님은 나에게 소명을 주시는 주체이시고, 나는 하나님의 소명을 수용하고 실행하는 주체이다. 그리스도인이 일터에서 가장 두려워할 분은 하나님이시다.

둘째, 그리스도인은 소명을 올바른 기준으로 지혜롭게 분별해야 한다. 무엇보다 하나님의 영광을 구하고자 하는 순전한 마음의 동기를 가지고 있는지 지속적으로 점검하는 영성 훈련이 필요하다. 하나님은 소명과 함께 달란트를 주신다. 자신의 달란트를 객관적으로 인지하고 사용하는 길을 택할 때 소명에 합당한 일을 하게 된다. 또한 그리스도인은 공공선에 부합한 직업과 직장을 선택해야 한다. 이상적인 목표를 추구할 수 있으면 좋지만 자신이 처한 환경이 허락하지 않을 때에는 탄력적인 자세로 우회하는 것이 피해를 최소화할 수 있다. 이직할 때에도 자신이 성장함으로써 타자를 더 잘 섬기기 원하는 동기를 따르길 바란다.

셋째, 소명을 실천하기 위해 필요한 성품과 미덕을 갖추기 위한 끊임없는 영적인 노력을 기울여야 한다. 소명의 완주는 특별한 일보다 평범하고 반복적인 일상의 일을 하는 자세에 달려 있다. 우리들의 성공뿐 아니라 실수와 실패도 소명의 일부다. 이런 경험들을 통해 우리는 하나님의 성품을 닮아가고 소명을 감당할 수 있는 사람으로 성장한다. 소명은 우리가 평범한 일상의 세계에서 하나님을 닮아가는 아름다운 삶의 과정이다. 그리스도인은 연약하고 부족한 자신을 용기 있게 인정하고 하나님의 도움을 구하며 소명을 살아낼 성품과 미덕을 지속적으로 쌓아야 한다. 우리는 소명의 길을 걷기에 합당한 사람으로 성장할 때 소명의 길을 완주할 수 있다.

넷째, 소명으로 살아가는 그리스도인은 기쁨으로 충만하다. 하나님의 소명은 우리의 삶에 윤리적 의무라는 무거운 짐을 지우는 것이 아니라 오히려 가볍게 하며 하나님과 함께 춤을 추며 성장하는 과정이다. 소명에 충실할 때 우리는 하나님의 나라를 맛볼 수 있는 기쁨과 만족, 감사, 성숙 등의 긍정적 정서를 갖게 된다. 소명의 길을 걸어가는 사람들에게 인생의 힘든 문제들이 사라지는 것은 아니지만 하나님과 함께 해결해 나간다. 소명은 하나님이 우리 각자에게 주신 꿈을 향해 살게 한다. 우리는 소명의 길을 걸을 때 주변 사람들에게 바울처럼 "나를 본받으라"고 담대하게 말할 수 있다.

제6장
성령과 함께 일하기

일터에서 성령의 은사와 열매, 성령의 능력과 인도하심에 의지하라.

소명감을 상실한 일터

"내가 먼저 승진하고 싶어요."

인사철을 앞두고 사내 평가가 진행되고 있던 어느 날 C과장은 자신의 인사평가자인 부장과 면담했다. 그녀는 부장에게 자신에 대해 이야기하는 대신 같은 부서 과장인 M씨에 대해 이야기했다. M과장은 승진을 앞두고 그녀의 강력한 경쟁자였다. 그녀는 M과장이 실적을 부풀려 보고하거나 부하 팀원의 실적을 자기 실적으로 도용하는 경우가 적지 않다고 부장에게 보고했다. 그녀는 M과장에 대해 고자질을 한 셈이었다. '보고'의 정당성을 주장하기 위해 그녀는 한마디를 덧붙였다. "부장님, 저는 M과장에게 사적 감정은 없습니다. 다만 인사 평가는 공정해야 한다고 생각하기에 진실을 알려드리고 싶었습니다." C과장의 '보고'를 짜증스러운 표정으로 듣고 있던 부장은 "알았다"는 한 마디만 언급하고 그녀를 보냈다.

C과장은 부장을 만나러 갈 때는 의기양양했지만 자리로 돌아오자 기분이 찜찜했다. 마음으로는 올바른 소리를 했다고 정당화했지만 옆 자리의 M과장 얼굴을 평소처럼 보기 어려웠다. 그녀는 마음이 점점 불편해졌다. '좀 더 신중하게 생각하고 갈 걸' 후회하는 마음이 그녀를 떠나지 않았다.

그녀는 주일 오후에 교회 목사님께 넌지시 이 이야기를 꺼냈다. 목사님은 그녀에게 물었다. "집사님은 M과장의 잘못을 오래전부터 알고 있었잖아요. 그런데 왜 이번에 '보고'를 했어요?" 그녀는 잠시 머뭇거리다 솔직한 마음을 털어놓았다. "승진 경쟁에서 밀리기 싫었어요. 제가 더 일을 잘하기 때문에 회사 발전을 위해서는 제가 먼저 승진해야 한다고 생각했어요. 회사에 더 도움이 되는 사람이 승진하는 것이 정의롭다는 판단이 순간적으로 들었어요."

목사님은 그녀에게 다시 물었다. "집사님 마음은 잘 알겠습니다. 혹시 부장님에게 '보고'를 하겠다고 결심하기 전에 하나님께 먼저 물어보았어요?" 그녀는 어느 날 M과장이 부장과 웃으면서 대화하는 모습을 보고 불안한 마음에 갑자기 부장을 찾아갔다고 실토했다.

내 유익이 우선인 경제활동

C과장이 경쟁심 때문에 상사에게 어필하는 행위는 일터에서 특별히 지탄 받을 일은 아니다. 경쟁 사회에서 상대의 약점을 공격

하는 일은 흔하기 때문이다. 대부분의 직장인들은 내가 먼저 먹고 살아야 한다는 자기 욕구 충족을 가장 우선으로 여긴다. 경쟁은 현대 사회의 구조적 문화다.

우리가 제3장에서 살펴본 것처럼 고전 경제학의 선구자 아담 스미스는 시장에서 이뤄지는 모든 경제 행위를 '자기 이익 추구'로 보았다. 스미스가 말한 '이익'은 단순히 이기심만을 의미하지 않는다. 스미스는 모든 경제적 교환에는 자신의 생존을 추구하는 본성적 측면이 있다는 사실을 예리하게 파악했다. 경제활동을 하는 모든 사람들은 자신의 처지를 개선하고 재산을 증식하려는 '정당한 욕망'에 충실하게 행동한다는 것이다.

스미스는 시장에서 이뤄지는 생산자와 소비자 사이의 보편적 교환 행위는 탐욕스러운 이기적 차원에서 결정되는 것이 아니라 상대방과 공감대를 형성하는 수준에서 이뤄지기 때문에 타인에게 피해를 끼치지 않는다고 강조했다.[1] 오히려 자기의 처지를 개선하려는 노력 덕분에 개인 뿐 아니라 사회가 건강하고 활력을 갖게 된다는 것이다.[2] 스미스 이후 시장에서 이뤄지는 개인의 경제활동 목적은 자기 유익을 추구하는 것으로 인정받았다. 자본주의 시스템을 비판한 칼 마르크스도 스미스의 개념을 바탕으로 인간이 일하는 목적은 자신의 잠재력을 개발하고 세상을 자기 뜻대로 재구성하는 것으로 여겼다.[3]

아담 스미스와 칼 마르크스는 시장 경제가 개인의 유익을 추구하는 경제활동으로 운용되고 있지만 사회 전체의 효율성과 공공선을 유지하기를 바랐다. 그러나 20세기 이후 신자본주의 경제

체제에서는 공동체적 선에 대한 관심은 줄어들고 자기 유익을 우선시하는 경제 개념이 갈수록 노골화되고 있다. 시장에서 개인의 자유로운 활동을 강조하는 자유주의 사상을 극단적으로 추구하는 요즘 시대에서는 경제활동에서 얻는 개인의 이익이 최우선 관심사다. 개인을 초월한 더 높은 차원의 의미와 공동체적 관점에서 자기 일을 이해하는 사람을 찾기란 쉬운 일이 아니다. 더 높은 연봉을 주는 직장으로 옮기는 이직의 일상화는 이런 현상을 반영한다.

직장인들이 당연하다고 생각하는 이러한 현상, 즉 내 필요와 욕망을 위해 일한다는 믿음은 18세기 산업혁명 이전까지는 노골적으로 표면화되지 않았다. 중세와 근대 사회는 이윤을 추구하는 경제 행위를 대놓고 자랑하지 않았다. 이자를 주고받는 돈거래는 비난의 대상이었다. 또한 무절제한 이윤 추구는 통제되었다. 그리스도인이 하는 일은 언제나 공공선에 부합해야 한다고 믿었다. 이러한 오랜 역사적 전통에 비춰보아 개인의 이익 추구를 가장 우선적 가치로 여기는 현대인들의 경제적 관념은 무척 낯선 것이다.

내 능력에 의존하는 직장생활

개인의 유익이 거의 유일한 우선순위가 되면서 직장인들은 아이러니하게도 점점 더 생존 경쟁의 수렁에 깊이 빠지고 있다. 노동자의 자유로운 해고와 비정규직 노동을 가능하게 하는 노동유연성 확산은 생존 경쟁을 가열시키고 있다. 직장인들은 이제 고

용주와 싸우기보다는 다른 사람들보다 더 좋은 직장과 더 높은 지위에 더 빨리 도달하기 위해 자기 자신을 다그친다. 미래의 자기를 위해 현재의 자기와 경쟁하며 끊임없이 일한다.

이러한 현대 사회의 흐름을 날카롭게 분석한 지그문트 바우만(Zygmunt Bauman)에 따르면, 직장인들은 “직장에 충성하거나 자기 삶의 목표를 직장의 미래 속에서 찾으려 하지 않으려고 조심한다”고 지적했다. 한 직장에서 장기적 안정을 찾는 직장인들은 거의 없다는 것이다.[4] 그래서 현대 사회는 한곳에 머물지 못하고 쉼 없이 변하고 있으며 불안정하다. 이런 세상에서 자본가들은 언제라도 일 잘하는 사람을 뽑고 경쟁력이 떨어진 사람을 내보내고 싶어 한다. 결국 자본이 승리한 자본주의 사회에서는 해고가 자유로워졌다.

> 구조적 실업의 세계에서는 그 누구도 진정 안전하게 느낄 수 없다. 안정된 회사에서 안정된 일자리를 갖는다는 것은 할아버지의 향수 어린 옛날이야기로 느껴진다. 일자리를 일단 얻고 나면 그 자리를 오래도록 보장해줄 기술이나 경험이 따로 있는 것도 아니다. 그 누구도 다음번 ‘감원’이나 ‘능률화’, ‘합리화’, 들쑥날쑥 변하는 시장의 수요, 변덕스러우면서도 저항할 도리 없는 ‘경쟁력’, ‘생산성’, ‘효율성’이라는 불굴의 압력에 대항하는 보험에 들었다고 생각할 수가 없다. ‘유연성’이 오늘날의 표어다.[5]

직장인들 또한 자신에게 더 유리한 직장을 찾아 언제라도 떠날 마음의 준비가 되어 있다. 그들은 생존하기 위해 능력을 최대치로 개발하고 자신의 유용성을 인정받으려 한다. 일터에서 인정

욕구가 커지고 탈진할 때까지 일하려 한다. 생존의 두려움 속에서 "좀 더 노력하면 가능할 거란 희망으로 인정에 대한 끝없는 야망을 불태운다."[6]

사실 자기 능력 향상과 자기실현은 잘못된 것이 아니다. 문제는 그 동기가 생존의 위기감과 두려움이라는 사실이다. 이러한 직장인 심리는 스트레스와 우울증 같은 신경 정신질환의 원인으로 자주 지적되고 있다. 한병철이 날카롭게 지적한 것처럼 '나도 할 수 있다'는 맹목적 믿음을 가진 현대인들은 과도한 자기 긍정의 포로가 되어 스스로 자신을 착취한다. 이 때문에 자기가 자신의 가해자가 되는 병리적 현상이 일터에서 일어나고 있다.[7] 일터가 점점 더 피곤한 곳이 되고 있다.

소명의 실종

우리는 역사상 가장 많은 물질적 풍요를 누리며 필요 이상의 상품을 만들어내고 있음에도 불구하고 그 어느 때보다 생존의 위기감이 높은 모순된 세상을 살아가고 있다. 이런 세상에서 그리스도인이 하나님의 소명으로 일하기는 결코 쉽지 않다.

자기 유익과 능력에 집중할 수밖에 없는 현실에서 우리에게 소명을 주신 하나님의 음성을 듣기 위해 집중할 여유와 에너지가 남아 있지 않다. 우리를 일터로 부르신 분이 하나님이기에 그리스도인은 부르신 자의 음성을 끊임없이 들어야 소명으로 일할 수 있지만 현실은 녹록치 않다. 많은 그리스도인들이 일터에서 하나님을 생각조차 못한다.

일터에서 소명의식을 상실하고 방황하는 그리스도인들이 적지 않다. 일터에서 소명감에 투철한 그리스도인을 찾기란 하늘의 별 따기다. 우리는 소명이 실종된 시대에 살고 있다. 앞에서 언급한 C과장이 하나님의 소명을 의식했다면 상대방을 비방하는 '정의로운 보고'를 아무런 고민도 하지 않고 할 수 있었을까? 바쁘고 피곤하고 힘든 일터에서 그리스도인은 어떻게 소명으로 일할 수 있을까?

소명, 일터, 성령

세상의 나그네인 그리스도인

세상에서 그리스도인이 하나님의 소명으로 살아가려면 자기 정체성에 대한 확신이 있어야 한다. 그리스도인은 세상 안에서 살아가지만 세상에 속한 사람이 아닌 하늘 시민권자다(요 17:14; 빌 3:20). 그리스도인은 세상 한가운데 있는 일터에서 하늘 시민권자로 살아가도록 하나님의 부르심을 받았다.

베드로는 세상에서 비그리스도인들과 함께 살아가는 그리스도인을 나그네 혹은 거류민과 같다고 말한다(벧전 2:11). 나그네 혹은 거류민은 자신이 현재 거주하고 있는 세상의 공동체에 체류할 수 있는 합법적인 자격을 가지고 있지만 그 공동체에 정주하지 않고 언젠가 떠날 사람이다. 그들은 그곳의 가치와 요구를 따르지 않고 돌아갈 본향을 바라보며 그 나라 사람으로 살아간다. 그렇다고 세상을 겉돌며 살아가는 사람이라는 뜻이 아니라 현실의 땅을 밟고 믿음으로 살아가는 그리스도인이다.

그리스도인은 번영하는 삶이라는 목표를 위해 비그리스도인들과 함께 일하지만 그리스도를 믿는 삶의 가치관에 어긋나는 요구를 따르지 않는 태도로 살아가는 사람이다. 리 비치(Lee Beach)는 그리스도인에게 세상은 유배지라고 비유했다. 그리스도를 믿음으로 자기 고향에서 스스로 유배생활을 택한 사람이 그리스도인이라는 것이다. 세상을 유배지로 비유하는 것에 대해 논란이 있지만 분명히 그리스도인은 "지배적인 문화와 갈등을 야기하는 그분(하나님)과의 관계를 따라 살아갈 것을 요구하시는 하나님의 부르심"에 따라가는 사람이다.[8]

그리스도인은 일하는 목적과 방향, 태도를 결정하는 가치관을 기준으로 보면 세상의 중심부가 아니라 주변부에 위치하고 있으며, 세상과 신앙 사이에서 불협화음이나 갈등을 두려워하지 않는다. 세상의 경계선에 믿음으로 서면 우리를 일터로 부르시는 하나님의 음성이 잘 들린다. 그러나 세상의 가치관에 동화돼 중심부로 진입하면 하나님의 음성이 아니라 자기 욕망의 목소리가 먼저 들린다. 그러므로 그리스도인은 비그리스도인들과 평화롭게 공존해야 하지만 그들과 구별되는 타자로 세상의 주변부에 설 때 소명을 의식할 수 있다.

성령과 함께 사는 삶

그리스도인이 세상 일터에서 정체성을 유지하며 소명으로 살기 위해서는 성령에 의지해야 한다. 사도 바울은 긴급하고 강력한 어조로 "너희는 성령을 따라 행하라"고 말한다(갈 5:16). 이 말은 마치 군인이 향도를 따라 행군하듯 우리를 앞서 가시는 성령을 따라 질서정연하게 걸어가는 모습을 연상시킨다. 매사에 성령의 인도하심을 따르는 삶이다(갈 5:18).

성령은 육체가 욕망하는 세속적인 것들에 대항하는 하나님의 영이다(갈 5:17). 육체의 소욕은 자기중심적 성품과 행위들 - 음행, 더러운 것, 호색, 우상숭배, 주술, 원수 맺는 것, 분쟁, 시기, 분냄, 당 짓는 것, 분열함, 이단, 투기, 술 취함, 방탕, 정욕과 탐심(갈 5:19~21, 25) - 이다. 이러한 것들은 바울이 살던 로마 시대에 사람들이 명예를 얻기 위해 경쟁하던 문화의 산물들이다.[9] 돈과 인정을 얻기 위해 탈진하도록 경쟁하는 현대인들도 이러한 것들에 둘러싸여 있다. 성령은 이처럼 파괴적이고 부정적인 환경에서 벗어나 선하게 살아갈 수 있는 능력을 우리에게 주신다.

인간은 스스로 하나님의 마음을 알 수 없다. 성령이 하나님을 계시하여 주실 때 하나님의 뜻을 알 수 있다. "성령은 모든 것 곧 하나님의 깊은 것까지도 통달하시느니라. 사람의 일을 사람의 속에 있는 영 외에 누가 알리요. 이와 같이 하나님의 일도 하나님의 영 외에는 아무도 알지 못하느니라"(고전 2:10, 11). 성령은 "그리스도께서 우리를 자신에게 효과적으로 연결시키시는 띠"다.[10]

칼 바르트가 언급한 것처럼 성령은 세상에 "전적인 타자"(das Andere)로서 우리에게 다가오신다.[11] 성령은 세상이 자신과 "대등하게 병존하는 것"이나 "자신과 대항할 어떤 것도" 허용치 않으신다. 성령은 자신과 다른 것을 추구하는 세상에게 “안정과 평화와 타협과 관용”을 주지 않으신다.[12] 하나님의 영이며 동시에 그리스도의 영인 성령은 오직 그리스도 안에서 하나님 아버지의 나라와 의가 이뤄지기만을 허용하신다. 그리스도인은 세상에 전적인 타자로 오신 성령을 따라 성령과 함께 살아갈 때에만 세상의 가치에 동화되지 않는 타자로 살아갈 수 있다. 하나님의 소명은 다름 아닌 세상에서 타자로 존재하라는 하나님의 명령이다.

세상에서 타자로 산다는 것은 세상과 관계를 끊거나 무관심하게 살아가는 삶이 아니다. 오히려 그리스도인이 확고한 자기 정체성을 지키며 세상에서 성령과 함께 세상을 축복하는 삶이다. 성령은 자기 유익을 우선적으로 추구하는 일터에서 이웃을 사랑하는 마음을 우리에게 주신다. 소명의식을 가진 그리스도인은 일터에서 성령이 주시는 마음과 태도로 하나님과 이웃을 적극적으로 사랑하는 주체적 삶을 살아간다.

일터에 계시는 성령

신학자들은 오랫동안 성령의 활동을 교회와 개인의 삶의 틀 안에서 이해했다. 성령은 오순절에 제자들이 모여 기도하던 교회에 임하셨다. 교회에서 성령세례를 받은 제자들은 십자가에서 죽으시고 부활하신 그리스도의 복음을 비로소 깨닫고 세상에 복음을 증언하기 시작했다. 성령은 교회를 세상과 다른 공동체로 만드셨다. 성령의 은사와 열매는 교회를 교회답게 만드는 중요한 성령의 사역이다.

성령은 일터와 같은 세상 속 공공의 장소에도 계시는가? 성령은 교회 안에만 계시지 않고 온 세계를 운행하시며 주관하고 구원하시는 하나님의 영이다. 하나님이 세상을 창조하실 때 하나님의 영이 수면 위에 운행하셨다. 구약에서 생명의 근원인 바람 혹은 능력 주시는 하나님의 활동을 상징하는 하나님의 영은 성전에만 계시지 않았다. 사사 혹은 왕 등 통치자들의 정치 현장(삿 6:34; 13:25; 14:6,19; 15:14; 삼상 10:6, 10; 19:20-24), 성막을 건설하는 현장(출 35:30~35), 예언자의 사역 현장(왕상 18:12, 22:24; 왕하 2:16; 미 3:8), 마른 뼈를 일으켜 군대를 일으키는 골짜기(겔 37:1~10) 등 세상의 모든 곳에서 하나님의 영이 활동했다.[13]

신약 시대에 성령이 교회에 임했지만 성령을 교회와 개인의 영역으로 축소해서는 안 된다. 성령은 지금도 피조물들이 탄식하며 고통을 겪고 있는 것을 아시고 하나님의 아들들을 통해 구원하신다(롬 8:18~25). 다니엘 밀리오리(Daniel L. Migliore)가 말한 것처럼, “성령의 활동은 공동체를 형성하지만 그렇다고 교회의 형성과 삶으로 제한되지는 않는다. 성령의 창조적 갱신적 해방적 사역은 창조 세계 전체에 현존한다.”[14] 그러므로 성령은 세상 일터에도 계신다.

성령은 그리스도인의 삶이 이웃 세상을 향해 뻗어나가도록 개방성과 확산성을 부여한다. 교회 안으로 오신 성령은 그리스도인들이 가는 곳에 함께 가시며, 그들을 통해 세상 속에서 일하신다. 그리스도인은 일터에서 성령의 능력에 힘입어 “자유롭게 해방시키는 화해의 사역”을 할 때 하나님의 소명에 합당하게 살아갈 수

있다.[15]

성령이 주시는 능력

성령은 우리에게 그리스도의 말씀을 깨우쳐주시는 진리의 영이시다(요 14:17, 26; 16:13). 우리의 지혜로는 십자가 복음을 하나님의 진리로 받아들일 수 없다. 성령만이 나사렛 예수가 우리 죄를 대신 짊어지고 죽으신 하나님의 아들 그리스도라는 진리를 인정하고 믿게 해주신다. 우리가 그리스도를 믿고 하나님의 자녀가 되는 것은 성령의 선물이다(갈 4:6).

성령은 또한 사랑의 영이시다. 성령은 우리가 하나님의 사랑을 알고 서로 사랑하게 하신다(요일 4:10~13). 존 웨슬리(John Wesley)는 그리스도인이 성령과 함께 살아가는 윤리적 삶에 특별히 관심 많은 신학자이자 목회자였다. 그는 성령을 사랑의 능력으로 이해했다. 〈성령의 첫 열매들〉이라는 설교에서 웨슬리는 "성령을 따라 행하는 자는(롬 8:4) 모든 생각이 주님께 성결하게(슥 14:20) 될 때까지 영생의 샘인 사랑을 가지고 하나님과 이웃을 사랑한다"고 말했다.[16]

진리와 사랑의 영이신 성령은 소망의 영이시다. 성령은 그리스도인들이 죄악 된 세상에서 좌절하거나 포기하지 않고 구원의 소망으로 인내할 수 있는 힘을 주신다. "우리가 성령으로 믿음을 따라 의의 소망을 기다리노니"(갈 5:5).

성령은 일터에서 갈등을 회피하기보다는 오히려 갈등을 직시하고 도전하며 적극적으로 해결하려는 의지를 키워주신다. 성령은 그리스도인이 일터에서 마주치는 불의와 악을 숨기기보다는 오히려 밝히 드러내고 싸워 이기도록 이끄신다(엡 5:11~13). 그리스도인은 성령충만할 때 불이익을 감수하고 일터에서 강요받는 탈법적 불법적 일을 거부할 수 있는 용기를 얻는다. 성령은 하나님께서 악을 심판하는 그 날을 소망하며 사랑으로 선한 삶을 살아갈 수 있는 인내의 능력을 주신다.

성령의 열매와 일터의 변화

성령의 새 창조

성령은 견고하고 완고해 보이는 일터 문화에 균열을 일으키고 새로운 문화를 창조하신다. 창조의 영이신 하나님의 영은 지금도 세상 안에서 창조를 계속하신다. 시편 기자는 하나님의 영을 통한 지속적 창조에 대해 이렇게 말한다. "주의 영을 보내어 그들을 창조하사 지면을 새롭게 하시나이다"(시 104:30). 주의 영(루아흐, רוּח)은 죄로 오염된 땅을 새롭게(하다쉬, חדש) 창조하신다(바라, בָּרָא). 이 구절에서 사용된 '창조하다'라는 히브리어 바라 동사는 구약에서 창조주 하나님만을 주어로 사용된다. 하나님의 영은 하나님이 창조하신 세상을 갱신하는 새 창조의 힘으로 작용한다. 성령 안에서 하나님의 창조는 무에서 유를 창조하신 첫 창조의 일회적 사건에 그치지 않고 "오늘도 지속되고 있는 연속적 사건"(creatio continua)이다.[17]

하나님은 그리스도인을 새롭게 창조하셔서 세상을 변화시키신다. 하나님께로부터 난 자, 곧 하나님의 영으로 거듭 태어난 자는 "단지 세례를 받거나 어떤 외적 변화가 아니라 광대한 변화"를 겪게 된다. 성령은 "우리의 존재 방식에" 변화를 일으킨다. 그러므로 그리스도인은 세상에서 비그리스도인과 어울려 일하던 일터에서 이전과는 "다른 방식으로 살게 된다."[18]

그리스도인의 성품이 하나님을 닮아가지 않으면 그리스도인은 일터에서 비그리스도인들과 구별되지 않거나 영적으로 무기력한 모습을 보인다. 성령은 우리의 성품이 변화될 수 있는 능력을 부여하시지만 우리가 성령에 적극적으로 반응하지 않으면 아무것도 일어나지 않는다. 적극적으로 성령을 따르지 않으면 우리의 인격과 성품과 능력은 새로워지지 않는다. 성령과 함께 일하지 않으면 우리는 일터에서 그리스도의 제자의 정체성을 지킬 수 없다.

성령의 열매: 죄와 싸우는 힘

일터에서 우리는 성령의 역사를 소멸시키려는 악한 힘들을 마주친다. 중세 가톨릭교회가 규정한 일곱 가지 대죄(Seven Deadly Sins: 자만, 질투, 분노, 나태, 탐욕, 탐식, 음욕)뿐 아니라 여기에서 파생하는 수많은 비윤리적이고 비신앙적인 말과 행동들이 일터를 힘들게 한다.

성령은 하나님과의 연합을 갈망하는 그리스도인에게 성령의 열매 - 사랑, 희락, 화평, 오래 참음, 자비, 양선, 충성, 온유, 절제 -

를 주시고 죄악과 싸우게 하신다(갈 5:22, 23). 성령의 열매는 자기 유익과 자기 세계에 몰입하는 자기중심성에서 우리를 해방시켜 준다.[19]

성령의 열매는 그리스도의 영이 우리 안에서 맺는 거룩함의 결실이지 우리 노력의 산물이 아니다. 그리스도 안에 내가 거하고 내 안에 그리스도가 거할 때 드러나는 자연스러운 성품의 변화가 성령의 열매다. 고든 피(Gordon D. Fee)는 이것을 '성령의 감염'으로 표현했다.[20] 우리가 해야 할 일은 그리스도의 믿음 안에 거하는 것이다(갈 2:20). 성령의 열매는 일터에서 만나는 사람들과의 관계에 선한 영향을 끼친다.

폴 스티븐스(R. Paul Stevens)와 앨빈 웅(Alvin Ung)은 일터에서 성령의 아홉 가지 열매가 일터 그리스도인에게 어떤 능력을 주는지 설득력 있게 설명한다.[21] 첫째, 사랑(love)은 타인을 이용하려 하지 않고 타인에게 진정한 관심을 보이며 실제로 돕게 한다. 둘째, 희락(joy)은 자기를 우선시하지 않고 하나님을 최우선으로 여기며 즐거움을 누리게 한다. 셋째, 화평(peace)은 변화무쌍한 일터에서 차분한 마음으로 온전함과 조화를 추구하게 한다. 넷째, 오래 참음(patience)은 불안정하고 동요하는 마음을 다스리고 의미와 희망을 갖고 자리를 계속 지킬 수 있게 한다. 다섯째, 자비(kindness)는 다른 사람의 재능과 성취를 질투하기보다 오히려 기뻐하고 그들을 편안하게 해준다. 여섯째, 양선(goodness)은 타인의 것을 탐하거나 받기보다는 오히려 주는 것을 좋아하게 이끈다. 일곱째, 충성(faithfulness)은 나태하지 않고 중요한 일을 맡기면 끝까지 완수하며 전적으로 신뢰할 수 있는 사람이라는 평가를 받게 한다. 여덟째, 온유(gentleness)는 분노하기 쉬운 상황에서 자신의 의지를 내려놓고 겸손히 타인을 북돋는 부드러움을 보여주게 한다. 아홉째, 절제(self-control)는 불필요하게 많이 가지거나 먹으려 하지 않고 성령의 인도하심을 따라 거룩하게 살게 한다.

성령의 열매는 내가 원하는 것을 취사선택할 수 있는 것이 아니라 자기를 죽이고 성령이 이끄시는 대로 살려는 사람들에게 드러나는 성품의 다양한 측면들을 설명하는 영적 윤리적 미덕이다. 특별한 미덕을 쌓기 위해 집중적으로 노력을 해서 얻는 것이 아니라 성령께서 소명의 삶을 살려는 사람들에게 주시는 무조건적 선물이다.

일터에 변화를

성령의 열매는 일터에서 각각의 상황과 필요에 따라 구체적 변화를 일으키는 힘으로 작용한다. 한 사람에게서 시작된 사소한 변화가 주는 감동이 조직 안으로 조용히 번질 때 새로운 조직 문화를 만들어낼 수 있다. 예를 들어 희락의 열매는 하나님을 향한 순전한 마음에서 오는 기쁨으로 쉼 없이 기도하며 자만의 유혹에서 벗어나게 한다.

주방의 수도사로 알려진 로렌스 형제는 정식으로 서품 받은 수도사가 아니었다. 이 때문에 그는 수도사들이 먹을 음식을 만드는 요리사로 주방에서 오랜 세월을 보내야 했다. 그는 서품 받은 수도사들에 대한 경쟁의식이나 자격지심 혹은 인정 욕구가 내면에서 솟아나올 때 이것들을 잠재우기 위해 주방에서 쉼 없이 기도하며 하나님의 임재를 경험했다. 지속적인 기도로 그는 항상 기쁨으로 수도사들에게 음식 봉사를 할 수 있었고 삶의 역경을 겪는 사람들을 위로하고 도울 수 있었다.[22] 자칫 그에게 불행해질 수 있었던 일터 현장이 영적 성숙을 경험하는 훈련장이 되었다.

양선의 열매는 더 많이 가지려는 열망에 사로잡힌 탐욕스러운 사람과는 반대로 자기 것을 다른 사람들에게 나누어주기를 좋아하는 선한 마음이다.[23] 양선의 마음을 가진 그리스도인은 이웃들에게 일터에서 선한 영향력을 끼칠 수 있다. 스티븐스와 웅은 중세 교회가 강조했던 일곱 가지의 선행을 오늘날 우리의 직업에서 양선의 성품으로 지속적이고 현실적으로 실천할 수 있다는 흥미로운 아이디어를 제안했다.

이 제안에 따르면, 가난한 사람들을 먹이는 선행은 음식산업과 식당을 운영하는 사람들이 직업을 통해 할 수 있다. 목마른 사람들에게 마실 것을 주는 선행은 식수 관리와 음료 생산업자들을 통해, 헐벗은 사람들을 입히는 선행은 섬유 및 의류 기업 종사자들을 통해, 집 없는 사람들에게 거처를 마련해주는 선행은 숙박 서비스업과 호텔업 종사자들을 통해, 병자를 찾아가는 선행은 의료와 보건과 상담을 통해, 몸값을 주고 포로를 구해주는 선행은 법 집행 기관과 군대를 통해, 죽은 자를 묻어주는 선행은 호스피스와 장례 서비스를 통해 실천할 수 있다는 것이다.[24] 일터에서 하는 일이 이웃들에게 선을 행하는 것으로 여기는 사고의 전환이 필요하다는 제안이다.

그리스도인은 각자의 직업에서 양선의 마음으로 섬길 때 최적의 가격에 상품과 서비스를 제공함으로써 고객들을 만족시킬 수 있다. 양선의 열매는 고객들을 이용해 나의 이윤을 남기는 것만을 목표로 일하지 않도록 이끈다. 이처럼 성령의 열매는 일터에서 선하고 의미 있는 변화를 일으키는 소명의 능력이다.

성령의 은사로 일하는 능력

각자에게 주시는 일의 은사

우리에게 소명을 주시는 하나님은 우리가 소명으로 살아갈 능력을 주신다. 우리는 각자 특정한 일을 다른 일보다 더 재미있고 쉽게 잘 할 수 있는 재능(달란트)을 가지고 있는데, 이것은 우리를 일터로 부르시는 하나님이 주시는 은사, 곧 선물이다. 예를 들어, 여호와 하나님은 출애굽한 이스라엘 백성들에게 이동식 성막을 건설하라는 명령을 주시면서 성막에 필요한 기구들을 만드는 두 명의 기술자 브살렐과 오홀리압을 부르셨다. 하나님은 그들에게 하나님의 영을 부어주시고 기구 제작에 필요한 총명과 지식과 지혜와 재주를 주셨다(출 31:1~6). 하나님의 영에 충만한 그들은 황량한 광야 한복판에 아름다운 성막을 만들었다. 하나님이 주시는 은사로 일할 때 우리는 일터에서 하나님의 나라와 뜻을 세울 수 있다.

그리고 성령의 은사는 개인에게 주어지지만 공동체적이다. 은

사는 교회와 가정과 일터와 세상 전체의 유익을 위해 주어진다.[25] 은사의 공동체성은 교회에 주시는 은사에서 잘 나타난다. 성령은 교회에서 성도 각자에게 여러 가지 사역을 나눠서 감당할 수 있는 은사를 주신다(고전 12~14장). 교회 안에서 각자 받은 다양한 은사들은 하나의 목적을 가지고 있었는데, 이는 "성도를 온전하게 하며 봉사의 일을 하게 하며 그리스도의 몸을 세우려"는 것이다(엡 4:12). 성도들은 각자 받은 성령의 은사를 활용해 서로 그리스도를 더 알고 사랑하도록 섬기며, 교회의 머리이신 교회 안에서 함께 자라고 연합하는 믿음의 공동체를 세워나간다.

바울은 은사 가운데 특별히 사랑의 은사를 사모하라고 말한다(고전 12:31~13:13). 성도들은 은사를 통해 사랑으로 서로를 섬길 때 그리스도 안에서 함께 자라기 때문이다. 이처럼 성령의 은사는 다른 사람들의 유익을 구함으로써 자신의 유익을 얻는 섬김의 능력이다. 그러므로 그리스도인은 하나님이 주신 은사로 일하면서 자기 유익을 넘어 함께 일하는 동료들과 소비자들의 유익을 고려해야 할 책임이 있다.

더불어 우리는 일터로 부르심을 받기 전에 각자 일의 은사를 받는다. 이 은사는 어느 순간 신비롭게 주어지기보다는 나의 성장 과정을 통해 형성된 재능과 깊은 관련이 있다. 볼프는 각자에게 주어지는 일의 은사 배분은 하나님과 우리 사이의 상호작용 관계를 통해 더 잘 이해할 수 있다고 말한다. 그는 일의 은사를 "유전적 계승과 사회적 상호작용에 의해 형성된 사람이 하나님의 임재 앞에서…새로운 상황이라는 도전에…새로운 방식으로 반응하는 것"이라고 설명했다.[26] 은사는 상황의 변화에 따라 다르게 주어질 수 있다는 뜻이다.

은사는 자기 재능을 하나님의 부르심에 따라 자신과 공동체의 유익을 추구하는 과정에서 더욱 분명하게 인지되고 발전한다. 그러므로 재능은 공동체 전체의 유익을 위해 활용되어야 한다. 성령의 은사는 성령의 열매를 맺은 사람을 통해 선한 결과를 만들어낸다. 은사와 열매는 따로 있는 것이 아니라 서로 밀접하게 연계돼 있다. "성령의 은사를 받고 발전시키고 사용하는 것은 성령의 열매를 맺는 것과 함께 이루어져야 한다."[27] 성령의 은사와 열매는 하나님이 이끄시는 내 일을 통해 일터와 세상을 새롭게 하시는 새 창조의 능력이다.

탁월함의 은사

성령과 함께 일하는 그리스도인은 지속적으로 성장한다. 육체적 정신적 문제가 없는데도 불구하고 업무 능력이 떨어지거나 발전하지 않는다면 이는 윤리적인 문제인 동시에 영적인 문제다. 설교에 진보가 없는 목사에게 영적 문제가 있는 것처럼, 일터에서 맡은 일을 처리하는 능력이 제자리걸음 하거나 퇴보하는 그리스도인에게는 분명히 영적인 문제가 있다.

성령은 탁월하게 일할 수 있는 능력을 주신다. 탁월함은 다른 사람들에 앞서는 성과를 보여주는 경쟁 능력이 아니라 자신과 이웃과 공동체의 번영을 위해 일할 수 있는 섬김의 능력이다. 성령의 은사는 더 잘 섬기기 위해 노력하고자 하는 동기를 준다.

탁월함은 성령에 의존하는 그리스도인에게 주어지는 일의 능력이자 윤리다. 성령은 사랑이라는 지배적 원리로 그리스도인의 윤리적 삶을 이끈다(롬 13:8-10; 고전 8:2, 3; 13:4-7; 갈 5:13, 14; 엡 5:2; 골 3:14). 그리스도인 안에 거하시는 성령은 그리스도인이 표현하는 말과 행위가 그리스도가 보여주신 사랑의 패턴과 원리를 반영하도록 우리의 이기적 욕망을 통제한다.[28] 성령은 "무슨 일을 하든지 마음을 다하여 주께 하듯 하고 사람에게 하듯 하지 말라"(골 3:23)는 말씀에 따르고 싶은 마음을 주신다. 최선을 다해 주님을 섬기는 마음으로 일할 때 우리는 더 좋은 결과를 내기 위해 노력한다.

사랑은 이웃과 세상을 섬기고자 하는 내면의 열정이 외부로 표현되도록 에너지를 생산한다. 열정적 에너지는 사랑의 섬김을 방해하는 의심과 불신, 애매함, 무관심 등의 부정적 성향을 잠재운다. 열정은 타고난 것이 아니라 믿음으로 받는 것이다.[29] 또한 사랑은 윤리적 열정을 생산하고, 열정은 탁월하게 일하는 영적, 정신적, 육체적 에너지를 생산한다.

다윗에 이어 이스라엘의 왕위에 오른 솔로몬은 왕으로서 많은 백성들의 송사를 재판할 때 선악을 분별할 수 있는 "듣는 마음"을 달라고 기도했다. 하나님은 그에게 "지혜롭고 총명한 마음을" 주시고 이스라엘 역사에서 가장 총명하고 지혜로운 왕으로 판결할 수 있는 능력을 주셨다(왕상 3:9~12). 솔로몬은 하나님이 주신 능력으로 재판 역사에서 가장 지혜로운 판례 - 창기 두 여인 가운데 아기의 진짜 엄마를 가려낸 사건 - 를 남겼다(왕상 3:16~28). 백성을 사랑하는 마음에 감동받으신 하나님이 그에게 "지혜와 계시의 영"(엡 1:17)을 주셨기에 그는 인류 역사에 길이 남을 탁월한 재판을 하게 되었다.

창의성의 은사

성령은 창조의 영이시다. 창조주 하나님은 성령 안에서 세상을 창조하셨다. 하나님은 "언제나 그의 영을 통하여 그리고 이 힘 속에서 창조하며, 그의 영의 임재가 그의 창조의 가능성과 현실성을" 규정한다. 그러므로 성령은 하나님이 창조하신 그 모든 것들을 "유지하고 생기 있게 하고 새롭게" 하신다.[30] 성령은 죄의 지배를 받으며 살던 우리를 그리스도 안에서 새 피조물(new creation)로 만드신다(고후 5:17). 성령은 이전 것들을 새로운 존재로 변화시킨다.

하나님의 창조를 이 땅에서 지속하시는 성령은 우리가 세상을 새로운 안목으로 바라보게 하시고 세상의 질서와 관행을 따르는 일터를 하나님의 뜻대로 새롭게 창조하는 능력을 주신다. 성령은 그리스도인으로 하여금 비그리스도인이 보지 못하는 다른 가능성을 바라보며 새로운 일을 개척하고 현실화시키는 지혜와 능력을 주신다. 성령은 세상을 생명으로 변화시키는 혁신의 영이다.

하나님의 영으로 창조된 사람의 내면에는 하나님처럼 창조의 능력이 새겨져 있다. 하나님이 사람에게 창조 능력을 주시는 목적은 사람이 창조주 하나님을 대신해 세상을 지속적으로 창조하기를 바라시기 때문이다. 사람은 하나님이 주시는 창조성으로 일하며, 이 세상을 생명이 새로운 환경에 적응하고 번영하도록 가꾼다. 폴 스티븐스는 이러한 이유로 사람을 하나님과 공동창조자(co-creator)로 일하라는 소명을 받은 존재라고 말했다.[31] 사람의 창조는 무에서 유를 창조하신 하나님과는 달리 유에서 유를 창조하는 재창조다. 이 일을 하도록 성령은 창의성을 그리스도인들에게 은사로 주신다.

일터에서 위기를 극복하려면 창의적 혁신이 필요하다. 치열한 일터에서는 매일 쉼 없이 변하는 환경에서 살아남는 싸움이 벌어지고 있다. 현재를 뛰어넘는 무엇인가를 발굴하고 혁신하지 않으면 위기의 파고를 넘기 어렵다. 요세프 슘페터((Joseph K. Schumpeter)가 강조한 기업가의 '창조적 파괴' 능력은 기업가뿐 아니라 일하는 모든 사람들에게 요구되는 능력이다.

창의성은 다른 사람들이 보지 못한 생각이나 아이디어를 다양하게 제시하는 것, 혹은 새롭고 유용한 것을 생산하는 행동이나 정신 활동, 기존의 정보들을 새롭게 변형하거나 조합하는 능력이다.[32] 창의적 능력은 창의적 생각을 새롭고 유용한 결과물로 실현하는 힘이다. 창의적 생각은 새로운 가능성을 파악하는 통찰력과 문제 해결을 위한 집념이 결합 될 때 위기 돌파 능력을 발휘한다.[33] 사랑의 은사가 충만한 사람은 위기의 상황에서 쉽게 포기하지 않고 공동체를 위해 "모든 것을 참으며 모든 것을 믿으며 모든 것을 바라며 모든 것을 견디며"(고전 13:7) 일에 집중한다.

과학자들의 숱한 비행 실험이 실패한 가운데 라이트 형제는 4년에 걸쳐 1,000달러라는 적은 비용으로도 끝없는 도전과 연구 끝에 드디어 성공할 수 있었다. 라이트 형제는 한 언론 인터뷰에서 "비행기 발명은 인류에 선한 일이기에 성공할 수 있다"는 확신을 포기하지 않았다고 밝혔다. 통찰력과 집념이 있었기에 그들의 창의적 생각과 노력이 결실을 맺을 수 있었다.

창의성은 없던 것을 새롭게 만드는 것에 국한되지 않는다. 창조주 하나님과 함께 하나님의 창조 세계에 참여하는 일들은 세상을 유지하며 회복시키고 새로운 방향을 제시하는 등 다양하게 펼쳐질 수 있다. 성령은 일터에서 치유와 회복, 변화를 경험할 수 있는 새로운 마음을 주시고 실행할 능력을 주신다. 이러한 일들은 하나님이 마지막 날에 변화시켜주실 완성된 종말의 세상을 미리 보여주는 것이다.

성령의 치유 사역은 종말에 이뤄질 새 창조의 전조 현상이다. 예를 들어 의료인들이 아픈 사람을 치료하는 행위는 본질적으로 죽음과 고통과 눈물이 없는 하나님의 새 창조를 반영한다. 그러므로 의료업에 종사하는 그리스도인은 질병의 고통에서 사람들을 위해 새로운 치료법을 개발하기 위한 창조적 노력을 기울여야 한다. 성령은 이렇게 일하려는 사람들에게 능력을 주신다. 의료계뿐만 아니라 모든 일터에서 그리스도인은 성령과 함께 일하며 창조의 완성인 종말의 새로운 세상을 미리 맛볼 수 있다.

일터에서 성령의 음성 듣기

하나님과 사귐의 기도

일에 몰두하며 정신없이 바쁘게 살아가는 일터에서 그리스도인은 하나님의 음성을 들어야 한다. 하나님은 우리와 대화하며 우리를 향한 하나님의 뜻과 길을 알려주시길 원하신다. 하나님은 우리에게 지속적으로 말씀하시지만, 하나님의 음성을 듣지 못하는 이유는 우리가 하나님과 대화할 기회를 소원해지게 만들기 때문이다. 위급한 일에서나 평범한 일에서나 하나님은 언제든지 우리에게 하나님의 지혜를 주시고자 섭리하지만, 문제는 우리의 태도와 자세에 있다.

우리가 영혼의 귀를 열고 성령 하나님의 음성에 집중할 때 성령의 음성을 들을 수 있다. 하나님의 음성은 "부드러운 주의 환기, 고요함 가운데 찾아오는 확신, 성령이 인도하시는 구체적인 꿈, 강력한 충동, 분명한 지혜, 또는 부르시거나 인도하신다는 확고한 느낌 등과 같은 수단을 통해 임하신다."[34] 우리는 각자에게 맞는 방식으로 성령이 말씀하시는 하나님의 음성을 들을 수 있다.

일터에서 하나님의 음성을 들을 수 있는 가장 좋은 방법은 물론 기도다. 기도는 하나님이 자기 백성에게 약속하신 특권이다. "너희가 내게 부르짖으며 내게 와서 기도하면 내가 너희들의 기도를 들을 것이요 너희가 온 마음으로 나를 구하면 나를 찾을 것이요 나를 만나리라"(렘 29:12, 13).

기도는 하나님에게 우리의 연약함과 어려움을 호소하고 도움을 간구하는 수단이다. 우리에게 기도할 수 없는 일은 없다. 출근길에 오늘의 안녕을 위해 기도하고, 업무 보고에 들어가기 전에 기도하고, 투자를 위해 기도하고, 상한 마음을 위해 기도하고, 좋은 일에 감사하는 기도를 할 수 있다. 우리의 모든 순간들이 기도의 제목이다. 하나님은 시시콜콜한 기도를 귀찮아하시기는커녕 즐거워하신다. 우리는 기도를 하면 할수록 하나님을 더 깊이 만나고 하나님을 더 잘 알 수 있다. 기도는 "하나님과 인격적으로 사귀는" 소통 행위이다. 우리는 하나님과 자주 만날수록 사귐이 깊어진다.[35]

성령은 우리의 기도를 통해 하나님의 마음을 알려주신다. 영적 윤리적 싸움터인 일터에서 하나님이 기뻐하시는 길을 걸어가기란 쉽지 않다. 치열한 경쟁 현장에서 기도할 여유를 갖기 힘들다. 하지만 피곤하고 바쁜 일터일수록 더 적극적으로 기도하며 하나님의 음성을 듣기 위해 노력해야 소명의 삶을 걸어갈 수 있다. 우리의 모든 결정과 말과 행위를 하나님이 지켜보고 도우신다는 믿음으로 기도하면 우리는 그렇게 결정하고 말하고 행하게 된다.

기도가 빈번하고 깊어질수록 하나님의 음성은 더욱 분명하게 들리지만, 반대로 기도하지 않을수록 자기 욕망과 불안의 소리가 더 크게 들린다. 우리의 간구에 응답하시는 하나님의 말씀을 들을 때 우리는 일터의 주인이 사람이 아니라 하나님이라는 사실을 확신할 수 있다. 하나님은 모든 사람들이 세상의 번영을 위해 일하도록 지혜와 능력을 주시겠다고 약속하셨지만 믿음으로 기도하는 사람만이 그 약속을 성취할 수 있다.

무엇을 기도할까?

우리는 무엇을 위해서라도 기도할 수 있지만, 하나님은 하나님의 성품과 말씀에 부합하게 우리의 기도에 응답하신다. 우리가 개인적 만족과 유익을 위해 기도할 때, 하나님은 이웃과 세상에 해를 끼치는 방식으로 응답하시지 않는다. 다만 우리의 기도를 통해 하나님의 뜻이 무엇인지 알려주신다. 우리가 기도하지 않으면 하나님의 마음을 무시하고 내 이익을 위해 이웃에게 불이익을 주는 말과 행동을 억제할 수 있는 기회를 잡지 못한다.

기도를 하면 할수록 우리는 무엇을 위해 기도해야 할지 더 분명히 안다. 내 사정이 아무리 급하더라도 구해야 할 것과 구하지 않아야 할 것을 구분하고 절제하게 된다. 성령은 하나님을 기쁘시게 하는 기도로 우리를 이끌어 가신다. 성령은 또한 나의 유익이 이웃과 공동체의 유익에 부합할 수 있도록 기도하게 하신다. "그리스도인의 기도는…땅에 사는 모든 사람을 기도 중에 기억해야 한다는 법칙과 일치해야 한다…우리가 아는 것은 모든 사람이 잘되기를 원하며 바라는 것이 인정을 받을 일일뿐 아니라 경건한 태도라는 것이다…우리의 모든 기도는 우리 주께서 그의 나라와 그의 가족 사이에 이루어 놓으신 공동체에 주의를 기울이는 것이어야 한다."[36]

일터에서 드리는 가장 좋은 기도는 주기도문이다(마 6:9~13). 주기도문은 예수님이 우리에게 가르쳐주신 모범 기도문이다. 주기도문에는 우리가 간구해야 할 모든 기도가 축약되어 있다. 주기도문은 하나님의 성품을 담고 있다. 우리는 주기도문으로 기도할 때 하나님과 인격적 사귐 안으로 들어간다. 그러나 주기도문을 형식적으로 주문 외우듯 하면 아무런 의미도 효과도 없다.

주기도문은 크게 두 부분으로 구성돼 있는데, 첫 번째 부분은 하나님을 구하는 세 가지 기도이며, 두 번째 부분은 우리의 필요를 구하는 세 가지 기도다. 첫 번째 부분에서 우리는 하나님의 이름이 거룩히 여겨지고 하나님의 나라와 하나님의 뜻이 하늘에서처럼 우리가 살아가는 이 세상에서도 이뤄지기를 기도한다. 일터에서 우리는 내 일을 통해 하나님이 드러나기를 위해 기도해야 한다. 하나님이 원하시는 대로 나를 이끌어달라고 기도할 때 하나님은 용기와 지혜를 주셔서 하나님의 이름과 나라와 뜻을 위해 일하게 하신다.

주기도문의 두 번째 부분에서 우리는 일용할 양식과 용서와 선한 삶을 위해 기도한다. 이 기도에서 우리는 먹고 살아가는 것이 내 노력 이전에 하나님의 선물임을 고백하고, 그리스도의 사랑으로 서로 사랑할 능력을 간구하고, 윤리적으로 무능력한 우리를 구원해달라고 간청한다. 나와 직장 동료들이 함께 일해서 먹고 살아갈 수 있는 능력과, 직장 동료의 잘못을 너그럽게 용서할 마음과, 악한 마음을 버리고 선한 마음과 지혜로 일하기 원하는 기도다.

주기도문은 우리의 기도가 탐욕의 수단으로 악용되지 않도록 기도의 방향과 내용을 결정해준다. 나의 부족함과 연약함이 하나님의 영광과 이웃과 공동체의 사랑으로 승화되도록 한다. 헬무트 틸리케(Helmut Thielicke)는 주기도문을 그리스도 중심의 삶을 향한 우리의 고백이라고 말했다.[37] 우리가 주기도문을 이해하고 기도할 때 성령은 하나님의 음성을 더욱 분명하게 들려주신다.

일터에서 어떻게 기도할까?

일터는 분주하고 피곤한 곳이지만 그렇기 때문에 더욱 그리스도인의 기도가 필요한 삶의 현장이다. 일터 기도는 반드시 일터 안에서 드리는 기도만을 의미하지 않는다. 일터 밖에서 일터를 위해 드리는 기도 또한 일터 기도다. 각자에게 맞는 기도 방식을 발견하고 실제로 기도하는 것이 중요하다. 많은 기도의 방식이 있지만 지면 관계상 중요한 세 가지 일터 기도만 소개한다.

① 묵상 기도

시끄럽고 분주한 일터에서 일하는 그리스도인은 주기적으로 말씀을 묵상하며 하나님의 마음을 헤아리는 묵상 기도를 반드시 해야 한다. 묵상 시간에 우리는 성령 안에서 그리스도의 말씀으로 들어간다. 우왕좌왕 방황하던 마음이 성경말씀에서 하나님의 위로와 격려를 받는다. 묵상하며 드리는 기도에서 우리는 삶의 본질적 문제가 '얼마나 멀리 가느냐'가 아니라 '어디로 가느냐'이고, '얼마나 빨리 가느냐'가 아니라 '어떻게 가느냐'라는 사실을 깨우친다.[38]

묵상 기도는 매일 변하는 세상에서 흔들리지 않는 소명의 길을 걸어가도록 말씀으로 중심을 잡아준다. 기도자는 삼위일체 하나님의 사랑 안에서 자신의 위치를 발견하고 위로받으며 사랑받는 기쁨을 경험한다. 이 기쁨은 일터에서 불쾌하고 절망스러운 일들로 힘들었던 마음을 치유하고 마음의 평안을 준다. 묵상 기도는 치유의 시간이다. 묵상 기도는 퇴근 후 혹은 출근 전 조용한 장소에서 시간을 정해 정기적으로 하는 것이 좋다. 평일에는 평균 30분 정도, 주말에는 1시간 정도가 적당하다.[39]

② 짧은 기도

일터에서는 눈 감고 길게 기도하기 어렵다. 이런 환경은 영혼에 위험하다. 아프리카 속담에 "몸이 너무 빨리 가면 영혼이 따라오지 못한다"는 말이 있다. 기도할 여유 없이 바쁘게 움직이다 보면 하나님의 음성을 듣지 못한다. 이럴 때에는 오래 기도하기보다는 짧은 기도를 자주 하는 것이 좋다. '화살 기도' 혹은 '호흡 기도'라고도 하는 짧은 기도는 순간순간 하나님과 대화하며 도움을 구하는 기도다. 어디서든지 어떤 상황이든지 기도할 수 있다.

짧은 기도는 1초 만에 끝날 수도 있고 1분 안에 할 수도 있다. 짧은 기도의 목적은 몸으로 일하는 동안 영혼으로는 하나님의 임재를 기억하며 하나님을 만나는 '사건'을 일으키는 것이다. 보고하러 복도를 걸어가는 동안, 거래처를 방문하러 가는 길에서, 동료와 갈등을 겪고 있는 순간에, 어떻게 일을 처리해야 할지 몰라 막막한 자리에서 짧고 굵직하게 하나님께 도움을 간구하라. "주 예수여 자비를 베푸소서"라는 단문 '예수 기도'를 드려도 되고 "하나님, 도와주세요"라고 외쳐도 된다. "주님"이라는 한 단어만으로도 하나님을 의식한다면 훌륭한 기도다. 자기만의 짧은 기도문을 만들거나 "여호와는 나의 목자시니" "내가 너와 함께 하리라" "나를 보내소서" 등의 성경말씀으로 짧은 기도를 드릴 수 있다.[40]

③ 중보 기도

일터에서 혼자 해결하기 어려운 문제로 힘들 때 다른 사람들과 함께 기도하며 위기를 헤쳐 나가는 중보 기도가 필요하다. 일터 신우회 형제자매들에게 또는 교회 교우들, 믿음의 친구들, 가족들에게 기도를 부탁하라. 성도는 근본적으로 공동체로 존재한다. "한 사람이면 패하겠거니와 두 사람이면 맞설 수 있나니 세 겹줄은 쉽게 끊어지지 아니하느니라"(전 4:12). 믿음의 우정은 소명의 삶에 반드시 필요하다.

중보 기도는 어려움을 겪고 있는 그리스도인이 홀로 남겨져 사탄의 먹이가 되지 않도록 돌보는 사랑의 행위로서 위기가 상존하는 일터에서는 매우 필요한 기도다. 중보 기도를 하면서 그리스도인들은 서로에 대한 관심과 사랑을 표현하고 그리스도인의 정체성을 잃지 않도록 서로 지지해준다. 성도는 서로 영적, 정서적, 관계적, 실제적 도움을 주고받는다. 함께 기도하고 하나님의 기도 응답을 체험하면서 영적 성장을 함께 경험하게 된다. 중보 기도는 사울의 왕궁에서 만난 다윗과 요나단처럼 그리스도인들이 믿음의 우정을 쌓는 좋은 기회가 된다.[41]

일터에서 성령으로 일하기의 실천적 함의

자기 생존과 자기 유익만을 추구하는 일터에서 그리스도인은 강물을 거슬러 올라가는 결단과 노력이 필요하다. 소명으로 일하는 삶은 나 혼자의 힘만으로는 불가능하다. 따라서 하나님은 우리의 형편을 아시고 성령을 통해 끊임없이 도와주신다. 우리는 성령과 함께 일해야 한다. 성령으로 일하기 위해 우리는 네 가지 실천적 노력을 기울여야 한다.

첫째, 그리스도인은 일터에서 반드시 성령의 인도하심을 따라야 한다. 성령은 일터에서도 운행하시며 세상을 치유하고 유지하며 발전시켜 새 창조를 향해 가도록 이끄신다. 그리스도인은 출근해서 퇴근할 때까지 성령과 함께 일한다는 의식을 가져야 한다.

둘째, 그리스도인은 일터에서 악한 문화를 선하게 변화시킬 책임이 있다. 성령은 우리 안에 성령의 열매를 맺어 죄악에 맞서 싸울 수 있는 능력을 심어주신다. 내 안에 성령의 열매가 맺히도록 성령과 협력할 때 우리는 일터의 변화를 이끌 수 있다.

셋째, 성령은 우리 각자에게 탁월하고 창의적으로 일할 수 있는 재능을 은사로 주신다. 우리에게 소명을 주신 하나님은 소명으로 일할 수 있도록 도우신다는 사실을 믿어야 한다. 그리스도인은 자기 은사를 분별하고 개발하고 적극 활용해 나와 타인의 유익을 위해 일해야 한다.

넷째, 그리스도인은 일터에서 성령과 함께 일하기 위해 쉬지 않고 기도해야 한다. 하나님의 마음을 알기 위해 깊이 묵상하는 기도, 일터라는 특성을 감안해 드리는 짧은 기도, 성도들과 함께 드리는 중보 기도 등 다양한 기도 방식을 통해 항상 하나님의 음성을 들어야 한다.

제7장
일터를 변화시키는 교회

교회는 성도들의 일터를 통해 세상을 변화시키라는 소명을 받았다

일터에 무심한 교회

"우리 목사님은 내 직장생활에 관심 없는 것 같아요."

A집사는 직장 근처로 찾아오신 담임 목사님을 만나고 실망스러웠다. A집사는 교회 등록 10년 만에 목사님으로부터 직장을 방문하겠다는 전화를 받았다. 마침 직장 일로 고민하고 있던 그는 신앙인으로서 그 일을 어떻게 처리해야 하는지 목사님의 조언을 듣고 싶었다.

그런데 직장 근처 식당에서 만난 목사님은 안부를 묻고 곧바로 교회의 골치 아픈 민원을 해결해달라고 부탁했다. 교회는 관할 시청으로부터 예배당 건물의 불법 사항을 시정하라는 행정 명령을 두 번이나 받았다. 이를 시정하려면 예배당을 허물고 새로 지어야 하지만 교회 재정적으로는 어려운 상황이었다. 목사님은 A집사에게 시 고위층에 손을 써서 이 문제를 대충 넘어가달라는 민원이었다. A집사는 당시 시 최고위 관계자에게 영향력을 행사할 수 있는 위치에 있었다. 그는 최대한 교회 일을 돕겠다고 약속하고 저녁식사를 대접한 뒤 야근을 하러 다시 직장으로 돌아왔다.

그는 자기 고민을 목사님에게 말도 꺼내지도 못했다. 그는 목사님이 부탁한 민원을 해결해주었다. 목사님은 몇 주가 지나서 설교 시간에 그를 공개적으로 칭찬했다. 하지만 그는 교회를 위해 자기 권한을 사실상 부당하게 이용한 것이 밖으로 알려지면 심각한 문제가 될 수 있어 당황스러웠다.

A집사는 성도로서 교회 문제를 해결해서 뿌듯했지만 마음 한편으로는 불편했다. 직장에서 자기에게 부여된 권한을 업무와 관련 없는 사적인 일에 활용한 것이 못내 찜찜했다. 그리고 목사님이 자기 성도의 업무적 권한을 동원해서 교회 불법을 감추는 것이 과연 올바른 것인지 의문이었다. 이제 자기 자신과 교회는 시의 잘못에 문제를 제기할 수 없는 입장이 되었다.

또한 그는 목사님이 10년 만에 처음으로 자신을 직장 근처로 방문해주셨지만 심방이 아니라 민원 때문이었다는 사실에 섭섭했다. 목사님을 만나기 직전 그는 직장에서 맡고 있는 프로젝트 때문에 난감한 상태였다. 윗선에 문제를 지적했다 호되게 질책을 당했지만 사회적 영향력이 큰 사안이라 그대로 추진하면 더 큰 문제가 생길 것이 뻔해 어떻게 처리해야 할지 고민하던 중이었다. 마지막으로 목사님의 도움을 받아볼까 했지만 목사님은 그의 직장생활에 대해 안부조차 묻지 않았다. 생각이 복잡해지자 그는 “거룩한 교회가 세속 직장에 관계할 수는 없는 일이지”하고 마음을 정리해버렸다.

공적 세상에서 멀어진 교회

A집사의 생각처럼 많은 교회들이 세상에서 일상적으로 일어나는 일에 그리 관심을 기울이지 않는다. 공적 세상에서 날마다 벌어지는 일들을 교회와 상관없는 것으로 치부한다. 성도들이 그곳에서 일하고 있다는 사실을 그다지 신경 쓰지 않는다.

그런데 교회는 과연 공적 영역에서 일어나는 일들에 중립을 지키거나 무관심해도 되는가? 목회자들은 특히 정치 문제 때문에 교회가 분열하고 상처 입지 않을까 우려하고 조심한다. 이 때문에 목회자들은 성도들이 교회에서 정치와 세상의 논란거리들을 교회 안에서 대화의 이슈로 삼지 않기를 바란다. 가능한 세상일에는 초월하려고 한다. 그러나 교회 역사를 살펴보면 교회가 오히려 정치에 깊숙이 개입하고 영향력을 행사한 흔적들을 발견할 수 있다. 예를 들어 한국교회는 해방 이후 정치적 문제들에 대해 보수와 진보로 갈라져 친정부 - 반정부 활동을 하는 등 현실 정치에 개입했다.[1] 이 과정에서 소수의 진보적 교회는 세상일에 성경적 신학적 의미를 부여하고 세상과 교회의 일치와 통합을 추구했다. 그러나 주류 보수 교회들은 영혼 구원을 앞세워 진보적 교회의 사회 운동을 비판하고 교세 확장에 집중했다.[2]

이러한 과정을 거치면서 성장한 한국의 주류 보수 교회는 세상의 공적 영역을 교회의 관심 대상에서 제외함으로써 매일 공적 영역인 일터에서 일하는 성도들의 삶에 개입하지 않으려 한다.

교회 담장 너머 주변 이웃 세상에서 벌어지는 일들에 개입하지 않고 해외 선교 사역에 집중하기도 한다. A집사가 다니는 교회도 마찬가지였다. 그의 교회에서는 설교와 대표 기도에서 사회적 이슈가 공식적으로 언급되지 않아야 한다는 불문율이 있다.

그러나 세상에는 중립지역이 없다. 교회도 마찬가지다. 교회가 세상일에 관심을 보이지 말고 중립을 지켜야 한다는 주장도 성경적 근거가 없다. 오히려 세상은 하나님의 것이고 하나님의 통치 아래 있다고 성경은 선포한다(시 24:1; 104:1~35). 하나님은 이스라엘뿐 아니라 모든 이방 나라를 심판하시는 온 세상의 주권자이시다.

칼 바르트가 언급한 것처럼 교회는 본질상 세상과 다른 방식으로 존재하는 새로운 표지로서 세상과 충돌할 수밖에 없다. 교회는 세상과 대립하고 충돌하면서 방황하는 세상에 선한 가능성으로 충만한 더 좋은 대안을 제시해야 한다.[3] 그러나 주류 교회들은 교회가 세상과 충돌하지 않고 세상과 적당히 거리를 두면서 '영혼 구원'을 전담하는 종교기관으로 존재하려 한다.

갈수록 복잡하고 전문화되는 이 세상에서 목회자들이 끼어들 여지가 좁아지고 있는 것도 사실이다. 목회자들은 세상일을 잘 모르기 때문에 개입하기를 두려워하는 경향이 있다. 세상일은 세상 전문가의 영역이고, 목회자는 교회 일에 전념하면 된다고 생각한다. 바르트는 "한 손에는 성경을, 한 손에는 신문을"이라는 말로 교회가 현실 세계의 문제를 외면해서는 안 된다고 권면했지만, 신문과 책을 정독하고 성도들이 살고 있는 세상을 목회에 반영하려는 용기 있는 목회자를 찾기가 쉽지 않다.

성도들도 교회가 세상일에 관심을 보이고 언급하는 것을 불편해한다. 교회 밖 사람들 중에도 교회가 공적 세상에 관여하는 것을 부정적으로 생각하는 사람들이 더 많다. 필자도 동창회 모임에서 정치적 의견을 밝혔다가 친구들로부터 "목사는 정치에 끼어들지 말고 목회에 전념하라"는 경고를 받은 적이 있다. 교회와 세상의 분리가 상식이 된 현실 속에서 목회자들이 세상의 공적 영역에서 일하는 성도들의 삶에 무관심한 것은 어쩌면 당연한 결과인지도 모른다.

세속화된 세상과 교회

교회와 세상이 분리되는 현상을 세속화라고 한다. 세속화는 사회와 개인의 삶에 정당성과 의미, 도덕적 기반을 제공하던 종교가 근대화 과정에서 개인의 영적 문제만 다루는 사회 하부 구조의 하나로 축소된 현상을 설명하는 사회학적 개념이다. 세속화론에 따르면, 한때 세상의 중심을 차지하던 교회는 변방으로 밀려났고 세상은 신의 영향에서 벗어났다. 세속화론자들은 종교가 현대사회에서 사회적 영향력을 상실하거나 크게 축소되었다고 주장한다. 이들은 사회가 세속화될수록 교회는 공적 영역에서 더욱 무기력해질 것으로 전망한다.[4]

세속화 사회에서는 종교가 사회뿐 아니라 개인에게 미치는 영향력도 줄어들게 된다. 한국 갤럽이 실시한 '한국인의 종교 현황과 종교 인식 조사'는 한국 사회의 세속화 현상을 여실히 보여주었다. 이 조사에서 '현재 믿는 종교가 있다'고 응답한 사람은 2014년 50%에서 2021년 40%로 줄었다. 특히 젊은 세대의 탈종교 현상이 두드러졌다. 또한 '종교의 사회적 영향력이 증가하고 있다'고 응답한 사람들은 같은 기간 47%에서 18%로 급락했다. 반면 '영향력이 감소하고 있다'고 말한 응답자는 19%에서 28%로 증가했다. 개인 생활에 종교가 중요하다고 응답한 사람도 52%에서 38%로 감소했다.[5]

하지만 놀랍게도 한국교회는 서구 기독교가 쇠퇴하던 1960~1990년대에 오히려 크게 성장해 신학자들의 관심을 끌었다. 한국기독교의 주류를 이루고 있는 보수 교단을 중심으로 교회들이 세속화에 맞서 부흥회, 전도 집회, 복음화 운동 등으로 오히려 교세가 확장되는 놀라운 성과를 얻은 결과였다.

세계적 세속화 흐름 가운데 이룬 한국교회의 성장은 아이러니하게도 교회의 사회적 영향력이 크게 축소되는 세속화 현상을 심화시켰다. 정재영은 한국 보수 교회가 세속화에서 교회를 지키기 위해 내세 중심적 영혼 구원론을 바탕으로 종교적 순수성과 보수성을 강조하면서 스스로 사회적 영향력을 축소했다고 지적한다.[6] 주류 한국교회는 세속화된 사회에서 살아남기 위해 스스로 자신의 활동 범위를 제한하고 있다는 의심을 사기에 충분하다.

세상에 교회는 불필요해질까?

성도들이 교회를 떠나는 '가나안 성도' 현상은 이러한 세속화 현상과 무관하지 않다. 일부 극단적 세속화론자들은 교회가 미래에 소멸될 수도 있다고 전망한다. 과거에 교회가 해결해주던 세상의 필요들을 과학 기술과 인간 이성이 해결해주기 때문에 교회가 더 이상 필요 없는 날이 도래할 것이라고 예측한다. 유발 하라리(Yuval N. Harari)는 전통적 종교를 '데이터교(the Data Religion)'가 대체할 것이라고 예언했다. 전 세계의 모든 정보를 통제하고 관리하는 거대한 데이터 시스템이 인간의 신으로 등극할 것이라고 했다.[7]

미래에는 과연 종교가 사라지고 교회는 불필요해질까? 하라리의 예측과는 달리 종교와 교회는 세상에서 사라질 수 없다. 인간은 근본적으로 신을 예배하는 존재(호모 아도란스 homo adorans)다. 하나님을 예배하는 교회도 사라질 수 없다. 오히려 현대의 포스트모던 사회는 SBNR(Spiritual But Not Religious) 현상에서 볼 수 있는 것처럼 제도 종교는 거부하지만 영성(spirituality)을 적극적으로 추구한다. 삶에 의미를 부여하고 도덕적 기준을 부여하는 거대 서사(meta-narrative)를 상실한 현대인들은 영성을 통해 파편화된 삶의 의미를 찾으려 한다. 모든 영성은 종교적 뿌리를 가지고 있다. 이처럼 종교는 제도화된 형태이든 개인적 차원이든 인간의 삶에 본질적인 요소다.

프랑스 종교사회학자 다니엘 에르비외-레제(Danièle Hervieu-Léger)는 세상에서 전통적 종교를 대체할 만한 것을 발견하기란 불가능하다고 주장했다. 사회에서 종교의 영향력이 침식되더라도 침식으로 빈 공간은 종교 이외의 다른 것으로 채울 수 없다는 것이다. 세속화와 함께 탈세속화의 요구도 동시에 발생한다. 에

르비외-레제는 전통적 기독교 사회인 유럽의 일상 세계에는 종교적 문화와 언어가 뿌리 깊게 스며들어서 종교를 공적 세상에서 영구 추방할 수 없을 것이라고 단언한다.[8]

종교에 대한 그녀의 통찰력은 세속화로 종교가 영향력을 잃어 가는 현상을 새로운 관점에서 바라보게 한다. 사회 공동체에 대한 도덕적 헌신의 정당성이 희석되고 개인주의와 이기주의가 깊어진 현실에서도 종교의 필요성은 결코 줄어들지 않는다. 오히려 그 반대다. 삶의 의미와 목표를 찾지 못해 방황하는 현대인들이 현실 세계에 뿌리내리고 정착하기 위해서는 원래의 종교적 기능을 회복해야 한다. 문제는 종교의 생존 여부가 아니라 '사사화된(individualized) 종교'를 조심스럽게 공공의 영역에 영향을 끼치는 '공적(public) 종교'로 회복시키는 것이다.[9]

교회가 세상의 필요를 채워주고 존재 가치를 회복하려면 무엇보다 먼저 교회의 본질에 충실해야 한다. 이를 위해 우리는 종교개혁가들이 발견한 교회의 본질과 교회와 성도의 공적 사명을 재검토하고 현대사회에 탄력적으로 대응해야 한다. 이때 일터 그리스도인들은 교회의 도움을 받으며 믿음으로 일하는 즐거움을 맛보게 될 것이다.

교회: 제자들의 섬김과 선교 공동체

성도의 교제 (Communio Sanctorum)

교회는 세상에서 결코 사라지지 않을 것이다. 교회는 인간이 인위적으로 만든 단체가 아니라 하나님이 세상을 구원하기 위해 세우고 임재하시는 성전이다. 그러므로 하나님이 세상을 포기하지 않는 한 교회는 소멸될 수 없다. 그러나 하나님은 결코 세상을 포기하지 않으신다. 따라서 교회는 세상의 종말이 오기 전까지 이 땅에 존속할 것이다. 세속화 사회에서 교회는 더욱 더 교회의 본질을 추구하고 소명을 회복해야 한다. 한국교회가 부흥하려면 교회의 공적 사적 사명에 충실해야 한다.

그렇다면 교회는 무엇인가? 교회의 본질은 무엇인가? 한마디로 명쾌하게 대답하기 어렵다. 교회는 기독교 역사에서 다양한 모습으로 존재해왔다는 역사적 사실에서 알 수 있듯 교회는 어려운 주제다. 애버리 덜레스(Avery Dulles)는 교회론에서 중요한 저서인 『교회의 모델』에서 교회를 제도로서의 교회, 신비적 교제로서의 교회, 성례전으로서의 교회, 사신(herald)으로서의 교회, 섬기는 종으로서의 교회 등 다섯 가지 유형으로 분류했다.[10] 덜레스의 유형별 교회 분석이 탁월한 관점을 제공하는 것은 사실이지만 한 교회에는 여러 특성들이 얽혀 있어 하나의 유형으로 분류하기 어렵다. 교회는 역사 속에서 다양한 모습으로 존재하면서 맡겨진 역할을 수행해왔다.

그러나 개신교는 루터 이후 교회를 '성도의 교제(Communio Sanctorum)'로 이해한다. 루터는 당시 로마 가톨릭 교회의 성직자 중심 교회를 비판하고 교회를 성도들의 친교 모임으로 규정했다.[11] 사제가 있는 곳에 교회가 있다는 중세의 오랜 교회론을 뒤

집고 성도들이 그리스도의 이름으로 모이는 곳이 교회라는 혁명적인 교회론을 제시한 것이었다. 이에 따라 개신교는 교회를 예배당이나 성직자들의 권한이나 조직 등 외적 표지가 아닌 성도들의 교제를 교회의 본질로 믿는다.

성도의 교제에는 거룩한 사람들(sancti)의 교제와 거룩한 일들(sancta)을 함께하는 교제라는 두 가지 뜻이 담겨 있다.[12] 교회는 세상 단체들과 달리 오직 그리스도의 복음을 믿음으로 고백함으로써 거룩하게 된 성도들의 자발적 모임이지 사람들이 특정한 필요를 충족하기 위해 모인 봉사단체나 사교 모임이 아니다. 교회는 그리스도 안에서 부름 받은 성도들이(그리스도론적 교회) 종말에 완성될 하나님 나라의 소망을 품고(성부 하나님의 종말론적 교회) 성령의 능력으로 서로 사랑하고 섬기며 현실에 하나님 나라를 심어 나가는(성령론적 교회) 삼위일체적 역사 안에 있다.[13]

그리스도의 반석 위에 세워진 교회는 성령의 인도와 능력주심에 의지해 성부 하나님이 주도하시는 역사에 동참하는 소명을 받았다. 교회는 삼위일체 하나님과의 교제와 관계 안에 들어가 하나님을 예배하고 사랑의 친교를 나누며 세상에 하나님의 사랑을 증언하는 성도들의 모임이다. 교회는 공동체로 존재하는 삼위일체 하나님 안으로 들어가 교제한다.[14]

그러므로 교회는 성도들의 공동체다. 성도는 교회 안에서 공동체로만 존재할 수 있다. 어떤 성도도 개인으로만 존재할 수 없다. 그리스도께서 성도들을 교회로 불러 믿음의 공동체를 구성하셨기 때문이다. 칼뱅은 교회를 "성도의 어머니"라고 말했다.[15] 성도는 교회라는 어머니 품에 안겨 있을 때 하나님의 진리 안에서 성장하고 보호받을 수 있다는 뜻이다. 물고기가 어항을 뛰쳐나가 살 수 없듯, 성도는 교회를 떠나 살 수 없다.

어머니 같은 교회의 공동체성을 가장 잘 드러내는 표현이 '그리스도의 몸'이다. 교회는 그리스도의 몸이고, 그리스도는 교회의 머리다(엡 1:22, 23). 교회 안에서 성도들은 서로 유기체적으로 연결돼 있으며 자신의 신앙과 삶을 교회의 다른 지체들에게 의지한다. 성도는 교회를 구성하는 하나의 지체로서 다른 성도들과 함께 엮여 있을 때 믿음이 성장하고 풍성한 생명을 누린다.

> 너희는 사도들과 선지자들의 터 위에 세우심을 입은 자라. 그리스도 예수께서 친히 모퉁잇돌이 되셨느니라. 그의 안에서 건물마다 서로 연결하여 주 안에서 성전이 되어 가고 너희도 성령 안에서 하나님이 거하실 처소가 되기 위하여 그리스도 예수 안에서 함께 지어져 가느니라(엡 2:20~22).

이처럼 교회는 공동체로 존재한다. 본회퍼가 말한 것처럼, 교회의 머리이신 그리스도가 공동체로 존재하기에[16] 교회 또한 공동체로 존재하고 교회를 구성하는 성도들도 공동체로 존재한다. 그러므로 그리스도 안에서 하나님과 화해한 사람은 교회 안에서 다른 성도들과의 친교 가운데 있다. "교회는 현존하는 그리스도 자신이다. 그러므로 그리스도 안에 있다는 말은 교회 안에 있다는 말과 같은 말이다."[17]

그리스도인의 신앙은 주관적 확신에 근거하지 않는다. 그리스도인은 교회를 통해 전승되어온 객관적 신앙고백과 믿음의 행위를 통해 신앙을 형성하고 표현한다. 그리스도인은 혼자 집에서 온라인으로 설교를 듣고 혼자 책을 읽으면서 참된 신앙인으로 살아가기 어렵다. 자기 마음에 맞지 않는다는 이유로 함부로 교회를 떠나서도 안 된다. 성도에게 교회는 선택이 아니라 소속되고 헌신하고 사랑해야 할 삶의 공동체이다.

섬김의 공동체

교회는 하나님 나라의 표징으로서 지상에서 하나님의 영광과 기쁨으로 충만한 세상을 맛볼 수 있는 유일한 곳이다. 교회는 현실에서는 불완전하지만 하나님 나라를 닮아감으로써 세상의 다른 공동체들과 확연하게 구별된다. 교회는 그리스도를 닮아 타자를 위해 자신의 것을 내어주고 나누는 섬김의 공동체로 존재한다. 그리스도의 영인 성령은 그리스도의 몸을 구성하는 교회 지체에게 다른 지체들을 섬기고 연합할 수 있는 능력을 주신다.

> 그가 어떤 사람은 사도로, 어떤 사람은 선지자로, 어떤 사람은 복음 전하는 자로, 어떤 사람은 목사와 교사로 삼으셨으니 이는 성도를 온전하게 하여 봉사의 일을 하게 하며 그리스도의 몸을 세우려 하심이라. 우리가 다 하나님의 아들을 믿는 것과 아는 일에 하나가 되어 온전한 사람을 이루어 그리스도의 장성한 분량이 충만한 데까지 이르리니(엡 4:11~13).

교회의 하나 됨은 개인의 개성을 무시하는 연합이 아니라 그리스도께서 각자에게 주신 능력으로 서로를 섬기는 연합이다. 서로 다른 은사로 지체들을 세워주고 온전케 하여 그리스도의 충만함에 이르기까지 성장하며 함께 하나님을 예배하는 연합이다. 성도들은 각자 개성을 가지고 있는 다양성을 가진 채로 그리스도 안에서 하나가 되는 공동체를 이룬다.[18] 교회 공동체 지체들의 개성은 때론 갈등의 원인이 되기도 하지만 성령 안에서 자신을 낮추고 서로 사랑하고 섬기는 아름다운 공동체를 만드는 도구로 사용된다.

오순절에 성령이 강림하실 때 교회가 보여준 사랑의 섬김은 교회 공동체성의 상징이다. "믿는 사람이 다 함께 있어 모든 물건을 서로 통용하고 또 재산과 소유를 팔아 각 사람의 필요를 따라 나눠주며"(행 2:44, 45). 루터는 성도의 교제로서 교회를 믿었다.

> 나는 지상에 전 세계에 걸쳐 오직 하나의 거룩한 공동의 기독교 교회가 있다는 것을 믿는다.…나는 이 기독교 세계의 공동체에서 모든 것이 공동의 소유이고, 각각의 소유 재산은 서로에게 속하고, 어떤 사람도 자신의 고유한 것을 소유하고, 각각의 소유 재산은 서로에게 속하고, 어떤 사람도 자신의 고유한 것을 소유하고 있지 않다고 믿는다. 그 결과 공동체 전체의 모든 기도와 선한 행위는 나와 모든 신자들을 돕는다. 그들 모두는 생명의 시간에도, 죽음의 시간에도 서로를 지켜주고 힘을 주고, 바울이 가르친 대로, 각각 다른 사람의 짐을 져준다.[19]

교회 공동체의 섬김은 성찬 테이블에서 흘러나온다. 성찬식은 타자를 위해 존재하는 '섬기는 삶'으로 우리를 초대한다. 성찬 테이블에서 그리스도의 섬김을 받은 성도는 타인을 그리스도처럼 섬긴다. 고통당하고 있는 타인을 대리하는 자리에 함께 서서 기도하고 섬기고 돕는 교제 안에서 교회는 건강하게 자란다.

교회 공동체의 섬김은 내 앞에 존재하는 타자를 나의 유익을 위해 이용할 수 있는 존재 혹은 나와 무관한 존재로 여기지 않고 내 것을 바쳐서 사랑할 인격적 대상으로 받아들이는 것이다. 몰트만은 교회 안에서 일어나는 성도의 교제를 '타자를 발견하고 인식하는 과정'이라고 설명했다.[20] 교회 안에서는 어느 누구도 소외되지 않는다. 인종과 계층과 민족과 남녀노소의 차이 없이 모든 지체들이 사랑 받고 존중 받고 채움 받는다. 참된 교회는 성도들 사이에 사랑과 기쁨과 평안으로 충만하다.

우리가 경험하는 현실 교회에는 문제와 갈등이 없지 않다. 그러나 종말론적 하나님 나라의 선취(先取)로서 교회는 성령 안에서 회개하고 용서하고 화해하는 공동체적 연합을 이루는 능력을 받는다. 교회는 근본적으로 나를 위해 존재하는 이익단체가 아니라 세상의 유익을 위해 존재하는 타자 지향적 섬김 공동체다.

증언하는 선교 공동체

섬김 공동체로서 교회는 세상에 그리스도를 증언하기 위해 존재한다. 하나님의 아들 예수 그리스도는 세상에 하나님 아버지의 진리와 은혜를 보여주고 들려주기 위해 사람의 몸으로 오셨고(요 1:14), 그리스도는 세상에 그리스도를 증언하기 위해 제자들을 부르고 교회를 세우셨다. 제자들은 그리스도의 복음을 세상 끝까지 전하고 증언하는 교회로 부르심을 받았다(마 28:18~20; 행 1:8).

교회는 하나님께서 그리스도 안에서 하신 일을 증언함으로써 세상을 섬긴다. 레슬리 뉴비긴(Lesslie Newbigin)은 하나님이 마지막 심판 날을 보류하신 이유는 "온 세상을 위해 행하신 일이 온 세상에 알려져 온 세상이 복음에 순종하고 하나님이 이루신 그 구원으로 치유되어야" 하기 때문이라고 말했다.[21] 교회는 그리스도의 초림과 재림 사이에 그리스도를 증언하는 선교 사역을 위해 그리스도께서 세우신 특별한 공간이다.

교회는 어떻게 세상에 그리스도를 증언하는가? 그리스도의 몸인 교회의 이야기를 들려주고 교회를 이루는 지체들이 자신의 삶을 통해 그리스도의 삶을 세상에 보여줌으로써 교회의 머리이신 그리스도를 증언한다. 사랑으로 충만하고 아름다운 교회는 세상을 그러한 곳으로 변화시킨다. 그러나 교회가 증언에 실패하면, 세상은 교회로부터 혜택을 받지 못한다.

세상은 귀로 듣는 교회 언어뿐 아니라 눈으로 보는 교회 행실을 통해 복음을 믿는다. 교회의 머리이신 그리스도는 성도들이 일상과 일터에서 살아가는 성례전적 삶을 통해 세상에 계시된다. 말로 선포된 복음의 진실성을 증명하는 가장 확실한 수단은 성도들의 삶이다. 성도는 "그리스도께서 (교회 안에서) 주신 가시적이고 구체적인 표지에 자신을 내어 맡기는 삶"을 통해 교회가 믿는 것을 세상에 증언한다.[22]

교회와 성도가 선교적으로 존재할 때 복음이 세상 사람들의 귀에 제대로 전달될 것이다. 성도들이 서로 사랑하고 섬김으로 그리스도를 더 깊이 알아가는 것처럼, 교회는 세상을 사랑하고 섬길 때 그리스도의 신비를 더 깊이 체험한다. 교회가 선교적이라는 표현은 교회가 세상과 떨어져 존재할 수 없다는 뜻이다. 교회는 그리스도의 신비를 세상에 드러낸다. 그리스도께서 우리를 섬기시는 방식으로 교회가 세상을 섬길 때 선교의 열매가 아름답게 열릴 것이다.

교회와 세상

세상을 지향하는 교회

교회는 세상을 향한 하나님의 성례전이다. 교회는 성례전을 집전할 뿐 아니라 교회 자체가 세상에게 주어진 성례전이다. 칼 라너(Karl Rahner)는 교회를 '세상의 교회'이자 '세상의 성례전'으로 이해했는데 이는 교회의 본질을 가장 잘 드러낸 표현이다.[23]

교회가 세상의 성례전이라는 말에서 우리는 교회와 세상의 관계를 이해할 수 있다. 교회는 세상의 구원을 위해 세상에 주어진 하나님의 선물이다. 교회는 세상을 위해 존재한다. 교회는 그리스도 안에서 계시된 하나님의 은혜를 세상과 나누기 위해 자신을 바칠 때 비로소 참된 교회다. 교회는 세상에 속하지 않지만 세상 안에 존재하고 세상을 떠날 수 없다(요 17:14~16). 교회는 세상과 구별되지만 언제나 세상을 지향한다. 그러므로 교회의 전 존재, 곧 교회의 모든 것들이 "세상을 향해서 그리스도와 그리스도께서 시작하신 하나님 나라를 드러내는 것이 되어야 한다."[24]

교회는 세상에 직접 참여할 수도 있지만 성도들을 통해 세상 구석구석으로 들어가 영향을 끼쳐야 한다. 성도는 예배가 끝나면 세상 속으로 흩어져 이웃을 사랑하는 삶을 살면서 교회에서 받은 하나님의 사랑을 세상에 전한다. 성도는 세상의 유익을 위해 자신의 영적, 물질적, 육체적 자산을 나눌 때 세상의 소금이 되고 빛이 되어 하나님의 선하심을 세상에 드러내고 하나님께 영광을 돌린다(마 5:13~16; 유 2:14; 벧전 2:9). 성령은 성도들이 세상을 향해 성례전적으로 살아갈 수 있는 능력을 주신다.

세상에 저항하는 교회

교회는 세상의 제사장으로서 그 실천에 있어 부정적 측면(교회의 예언자적 소명)과 긍정적 측면(교회의 왕적 소명)을 가지고 있다. 교회는 예언자로서 하나님의 진리와 은혜를 거부하거나 방해하는 세상에 대해서는 저항하고 싸우고, 왕으로서 세상을 생명으로 충만케 한다.

교회는 세상에서 죄와 싸우는 믿음의 공동체다. "마귀의 간계를 능히 대적하기 위하여 하나님의 전신갑주를 입으라. 우리의 씨름은 혈과 육을 상대하는 것이 아니요 통치자들과 권세들과 이 어둠의 세상 주관자들과 하늘에 있는 악의 영들을 상대함이라"(엡 6:11, 12). 악의 세력에 저항하며 세상을 진리와 사랑 안에서 보호하는 사명이 교회에 주어졌다. 개인과 집단과 국가의 죄와 싸워야 교회가 교회다워진다. 반면에 죄에 순응하는 교회는 세상의 짐이 된다.

독일 나치 정권의 하수인으로 전락한 독일제국교회에 소속되기를 거부한 고백교회 사례에서 보는 것처럼,[25] 교회는 유일한 하나님의 말씀이신 예수 그리스도 이외의 다른 존재를 구원자로 삼는 우상 숭배 세력들에 즉각적으로 맞서야 한다.[26] 교회는 참된 인간성과 자유와 진리를 불의하게 억압하고 탄압하는 모든 세력들에 순응하거나 복종하는 대신 저항함으로써 그리스도 안에서 세상의 고난에 동참한다. 불의와 거짓에 희생당하는 이웃들의 고난의 자리에서 그들의 인권과 재산과 생명을 지키기 위해 맞서지 않고는 하나님의 사랑을 증언할 수 없다.

교회가 세상의 불의와 싸우는 것은 교회의 책임이다. 세상의 모든 권세는 창조주 하나님이 위임해주신 것이다. 하나님은 창조세계를 다스리기 위해 세상의 각 영역에 종사하는 사람들에게 권한을 위임해주셨다. 그러므로 모든 권세는 하나님의 말씀 안에서 하나님의 나라와 뜻에 봉사해야 한다.

하나님의 말씀을 선포하고 지키는 권한을 위임받은 교회는 세상의 공적 영역을 통치하는 권세들이 하나님으로부터 위임받은 권한을 잘못 사용할 때 경고 사이렌을 울려야 한다. "교회는 하나님의 말씀의 권위 안에서 부정적인 한계선을 그으면서, 예수 그리스도에 대한 신앙을 명백하게 방해하는 경제적 사고와 형태가 잘못된 것이라고 천명해야 할 것이다."[27] 구약의 예언자들은 핍박을 받으면서 이스라엘을 우상숭배와 부패로 이끌던 왕들에 맞서 경고했다. 교회는 세상의 악에 동조하지 않음으로 받게 될 핍박과 손해를 두려워하지 않고 진리의 말씀으로 싸워야 하는 예언자적 소명을 받았다. 교회가 세상을 하나님의 진리와 사랑으로 지키는 예언자적 소명에 충실하지 않으면 안으로부터 타락하고 세상에서 외면 받는다.

세상에 생명을 주는 교회

교회는 또한 세상이 생명으로 충만하고 번성할 수 있도록 돕는 왕적 사명을 받았다. 그리스도는 세상에 풍성한 생명을 주기 위해 오셨다(요 10:10). 그리스도의 몸인 교회는 그리스도 안에서 세상을 생명으로 충만케 한다. "교회는 그의 몸이니 만물 안에서 만물을 충만하게 하시는 이의 충만함이니라"(엡 1:23).

그러므로 교회는 세상이라는 타자를 위해 존재할 때 참된 교회가 된다.[28] 교회는 자신의 것으로 세상의 결핍을 채워줌으로써 세상의 생명들이 번영하도록 섬긴다. 다만 변화하고 있는 세상의 필요에 맞게 섬기는 현실적 지혜가 필요하다. 예를 들어 교회는 전통적으로 구제와 교육활동으로 세상을 도왔다. 그러나 현대사회에서는 정부와 사회단체들이 훨씬 광범위하게 구제와 교육활동에 참여한다. 그러므로 교회는 구제와 교육을 위해 정부나 사회단체들과 경쟁하는 대신 성도들이 일하는 직업을 통해서 세상을 섬기는 새로운 전략을 구사할 필요가 있다. "교회는 모든 직업에 종사하는 사람들에게 그리스도와 더불어 사는 삶이 어떤 것이며, 또 '타자를 위한 존재'가 무엇을 의미하는지를 보여주어야 한다."[29] 모든 성도들을 세상 일터의 선교사로 파송한다면 이는 매우 효과적인 선교 전략이 될 것이다. 그리스도는 성도들을 통해 세상 곳곳을 잠식하고 있는 죽음을 생명으로, 어둠을 광명으로, 다툼을 화해로, 불화를 평화로, 불의를 정의로 전복함으로써 세상을 생명으로 충만케 하실 것이다.

교회와 일터

일터와 소통하는 교회

위에서 살펴본 것처럼 교회는 세상과 소통하는 존재다. 세속화 세상에서 교회는 세상을 향해 도전적으로 자신을 개방하며 세상에 거룩한 영향을 끼쳐야 한다. 교회가 세상에 가장 많은 영향을 끼칠 수 있고 또한 끼쳐야 하는 곳이 바로 성도들의 일터다. 성도들의 일터가 변화되어야 세상이 변화된다. 성도들의 일터는 교회가 세상과 소통하는 창구이자 선교 현장이다.[30] 교회는 성도들이 일하는 사무실에, 공장에, 식당에, 병원에, 교실에, 전철과 버스 안에, 시장에 들어갈 수 있다. 교회는 "성도들의 삶을 통해 인간 행동의 모든 영역에 존재한다."[31]

그렇다면 교회는 어떻게 성도들의 일터에 영향을 줄 수 있을까? 먼저 교회 목회자들이 성도들의 삶에 가장 영향을 많이 주는 일터를 이해하고 주시해야 한다. 그리고 설교와 성경공부, 교제 등을 통해 일터에 지속적으로 메시지를 전해야 한다. 성도들은 일터에서 자기 일에 교회의 메시지를 담을 때 교회로 하여금 세상과 소통하게 하는 역할을 감당하게 된다.

웨슬리가 "모든 세상이 내 교구다"라고 외쳤던 것처럼, 지역 교회는 교회가 위치하고 있는 지역 전체를 목회 대상지로 삼아야 한다. 지역에서 일어나고 있는 모든 일들과 그곳에서 일하며 살고 있는 사람들, 그들의 일터가 모두 교회의 목회 대상이다. 교회

의 교구는 성도들의 가정에서 성도들의 일터로 확대된다.[32]

교회가 일터에 영향을 끼치려고 의식적으로 노력하지 않으면 거꾸로 교회가 세상의 악한 문화에 영향을 받는다. 교회가 일터에 영향을 줄 수 있는 것처럼, 일터도 교회에 영향을 준다. 성도들이 일터에서 교회의 메신저 역할을 하지 않으면 일터의 세속문화에 쉽게 오염되고 교회에 이 문화를 가지고 돌아올 수 있다. 교회는 타락한 일터를 구원할 수도 있지만, 거꾸로 일터의 세속문화에 지배당할 수도 있다.

목회자들은 성도들의 거룩하지 못한 노동을 분별하고 그 열매가 교회 안으로 들어오지 못하도록 분리하여 거룩한 예배를 지키는 '거룩한 낯섦(holy strangeness)'의 긴장감을 잃지 않아야 한다.[33] 로마 시대에(1~4세기) 교회는 성도들이 거룩하지 않은 노동으로 번 '더러운 돈'을 헌금으로 받지 않기 위해 성도들이 하는 일을 엄격하게 감시했다. 교회는 종들을 가혹하게 다루는 주인, 위선적인 법률가, 우상 그림을 그리는 화가, 부정직한 세금 징수자, 무게나 저울추를 속이는 사람, 물을 포도주와 섞는 숙박업자 등 불의하게 돈을 버는 사람들이 내는 헌금으로 과부와 고아 등 어려운 이웃들을 돕지 않도록 주의했다.[34]

교회는 성도들의 일터가 악해지지 않도록 감시하고 경고하고 하나님이 기뻐하시는 일터가 될 수 있도록 성도들을 통해 끊임없이 메시지를 전해야 한다. 또한 교회는 성도들의 일터에서 일어나는 이야기에 귀를 기울여야 한다. 교회와 일터 사이의 소통은 일과 일터를 주제로 하는 프로그램이나 세미나를 진행하는 '특별 목회'보다는 예배, 설교, 양육, 심방 같은 교회의 목회 일반에서 일어날 때 지속적으로 일어날 수 있다.

일터를 예배와 연결하라[35]

성도들이 주일에 교회에서 드리는 예배는 "교회의 심장박동"이다. 성도들은 한 주간의 삶을 예배를 중심으로 교회에 모였다 흩어지는 리듬으로 살아간다. 교회는 예배 안으로 성도들을 환대하고 모으며 예배 밖으로 성도들을 흩어 보낸다.[36] 성도들은 예배에서 하나님의 섬김을 받고 각자의 일터로 돌아가 이웃을 섬기는 리듬을 탄다. 성도들이 이 리듬을 타고 살기 위해서는 예배와 일터가 연결되어야 한다. 예배와 일터가 연결되지 않으면 성도들이 일터와 같은 공적 영역에서 하나님의 섬김과 사랑으로 살아가기 어렵다.

교회가 일터와 소통하며 복음적 영향력을 행사하기 위해서는 예배 안에서 일과 일터 이야기가 표현되어야 한다. 기도와 찬양과 간증과 설교와 축도 등 예전(liturgy)에서 하나님의 이야기와 일터의 이야기가 만날 때 성도들의 삶이 예배를 중심으로 리듬을 타게 된다. 선교사들의 선교지 이야기가 설교에서 들리듯 교회의 주요 선교 대상인 성도들의 일터 이야기가 설교에서 들리는 것이 당연하다.

성도들이 기도와 간증과 찬양으로 직접 자신의 이야기를 들려주어도 좋고, 목회자들이 성도들에게 들은 이야기들을 설교로 들려주어도 좋다. 대표기도 순서에 성도들의 일터를 위한 기도가 포함되면 성도들은 자기 일터를 위해 진지하게 기도하게 될 것이다. 일터 성도들을 위로할 수 있는 찬양을 부를 수 있다면 더욱 좋을 것이다. 일터에서 겪은 실패와 성공과 기쁨과 슬픔 등 모든 일들이 하나님의 말씀 안에서 해석되고 의미를 부여 받을 때, 성도들은 예배 가운데 하나님의 음성을 듣기 원하고 일터에서 하나님의 임재를 기다린다.

예배가 일터를 적극적으로 껴안지 않으면 예배가 무기력하거나 타락할 수 있다. 브루그만은 고대 이스라엘의 예배와 일터의 관계가 밀접하게 연결돼 있다고 지적했다.

> 이스라엘이 성전에 모여 하나님께 드리는 예배는 시장과 들판과 공적 광장에서 벗어나 영적인 것으로 섬기도록 고안되지 않았다. 대신 성전 예배는 이스라엘인들의 경제적 문화적 정치적 행위에 직접 개입하고 도전하는 것을 의미했다. 성전에서 예배드린다는 것은 여호와 한 분만이 이스라엘의 정치경제적 삶을 주관하시는 분이라는 사실을 공적으로 선포하는 것이었다.[37]

하나님은 불의하게 일하는 자들의 예배를 받지 않으신다. "너희의 무수한 제물이 내게 무엇이 유익하뇨. 나는 숫양의 번제와 살진 짐승의 기름에 배불렀고 나는 수송아지나 어린 양이나 숫염소의 피를 기뻐하지 아니하노라"(사 1:11). 이웃을 해치며 일하는 성도들이 드리는 예배를 하나님은 거부하신다. 교회는 거룩한 예배를 지키기 위해 일과 일터에서 성도들이 어떻게 일하는지 감시하고 경고할 책임이 있다. 예배가 살려면 성도들의 삶이 살아야 하고, 성도의 삶이 살려면 예배가 살아야 한다. 교회는 성도의 일과 일터를 예배 안으로 포용하고 하나님의 통치 아래 둠으로써 성도들의 일터에 메시지를 전한다.

일과 일터에 대해 설교하라

설교만큼 성도들의 삶에 큰 영향을 끼칠 수 있는 수단도 없다. 성도들은 강단에서 선포되는 설교를 들으며 영성을 형성한다. 교회는 일상과 일터의 영성을 설교해야 한다. 성도들의 일상과 일터를 다루는 설교에서는 예언자적 선포가 중요하다. 개인주의와 소비주의 문화에 지배받고 있는 세상에서 종말에 완성될 하나님 나라를 상상하며 그 나라에 합당한 삶을 살아갈 수 있는 대안, 대조, 대항의 메시지가 우리 시대에 절실하게 필요하다. 브루그만이 강조하는 것처럼, 설교는 성도들이 일터를 지배하는 세속 문화의 비인간적 파괴성을 인식하고 하나님의 말씀에 따라 "새롭게 결정하고 행동하도록 촉구하는" 역할을 해야 한다.[38]

설교자는 타락한 권세들이 통치하고 있는 일터에서 하나님 나라의 비전을 가진 하나님 나라 백성으로 살아가도록 성도들의 믿음과 실천을 촉구해야 한다. 루터와 칼뱅 같은 종교개혁가들은 성도들의 일터를 설교에서 빈번하게 다루었다. 웨슬리의 설교는 말할 것도 없다. 그들은 성도들의 일상과 일터에서 그리스도를 따르는 성례전적 삶을 설교했다. 그들의 설교는 공허한 성속이원론의 함정에 빠지지 않고 지극히 성경적이면서도 현실적이었다.

일터신학이 다루는 내용들은 설교자들에게 중요한 설교 주제다. 일의 소명, 사랑과 번영을 위한 노동, 일터에서 윤리적인 고민, 직장과 직업 소명 분별하기, 일터 영성, 일과 예배의 관계, 돈을 벌고 쓰는 자세, 인간관계 문제, 직장 은퇴 등은 성도들이 반드시 들어야 하는 설교 주제다.[39] 성도들이 직장에서 인간관계 문제로 고통을 당하고 있는데 어떻게 설교자들이 이 문제를 외면할 수가 있는가? 성도를 사랑하는 설교자라면 하나님의 지혜와 은혜를 담은 성경적 인간관계에 대해 설교하지 않을 수 없다.

설교를 통해 교회는 성도들의 일터에 성경적 신학적 메시지를 전할 수 있다. 그 가운데 세 가지 메시지는 필수적이다.[40] 먼저 성도들이 일터에서 하는 일은 피조물들의 번영을 위한 소명이라는 '일의 의미에 관한 메시지'다(창 1:26~28). 성도들은 피곤하고 스트레스 많은 일터에서 돈 버는 일이 얼마나 힘든지를 경험한다. 이 때문에 일을 하나님의 소명이 아니라 하나님의 저주로 생각하는 성도들도 있다. 설교자는 성도들이 힘겹게 일하면서 먹고 살아가는 것 자체가 하나님의 소명이며 그렇게 하는 일은 나의 생계를 넘어 타인의 생계를 도모하는 거룩한 사랑의 행위라는 메시지를 설득력 있게 설교해야 한다. 성도들은 이 설교를 한두 번이 아니라 귀에 따갑게 자주 들어야 자기 일에서 하나님 거룩한 뜻을 비로소 발견하게 된다.

둘째, 설교자는 또한 '일과 일터 윤리에 대한 메시지'를 전해야 한다. 그리스도의 복음 안에서 하나님의 거룩한 사람으로 택함 받은 성도들은 일터에서 죄의 종이 아니라 의의 종으로 살아야 한다(롬 6:15~23). 일터에는 성도들을 죄의 종으로 유혹하는 타락한 권세들의 힘이 매우 크다. 성도들은 일을 하나님이 주신 소중한 선물로 받아들이고, 억압적 관행에 저항하며, 종종 부당한 타협이 강요되는 일터에서 믿음으로 일하는 법을 배워야 한다.[41] 성도들이 불의한 일, 반환경적이고 반생명적인 일을 거부하도록 촉구하는 메시지를 교회에서 듣지 못하면 정의와 생명을 위해 일할 동기부여를 받지 못하고 현실에 타협하기 쉽다. 설교자가 하나님이 우리에게 요구하는 거룩한 노동을 선포하고 하나님의 도우심과 위로를 전해줄 때 성도들은 일터에서 윤리적으로 일할 수 있는 동기부여를 받는다.

셋째, 일터에서 가장 큰 힘과 능력을 발휘하고 있는 돈에 대한 설교 또한 많을수록 좋다. 돈 문제는 가장 현실적이면서 영적인 주제다. '돈의 위험성을 경고하는 메시지'가 설교에서 빠져서는 안 된다. 돈이 하나님의 자리를 차지하고 있는 일터에서 성도들이 돈의 압도적 힘에 지배당하지 않으려면 설교의 도움이 필요하다. 일터에서 가장 소중한 것은 돈이 아니라 사람이다. 이윤을 위해 사람을 희생하는 일들이 일터에서 자주 일어난다. 돈은 우리에게서 하나님을 뺏을 수 있는 맘몬(마 6:24)이며 돈을 사랑하는 것이 모든 악의 근원이라는 말씀(딤전 6:10)이 설교 강단에서 강력하게 선포되어야 한다. 성도들에게 일터에서 돈을 사랑하지 않는 믿음을 분명하게 실천할 것을 권면하라. 성도들은 돈이 전부인 것처럼 여겨지는 일터에서 돈을 버는 목적과 자세와 영성을 반드시 설교를 통하여 배우고 훈련해야 돈의 유혹과 힘에 맞서 싸울 수 있다.

일터 그리스도인을 양육하라

교회는 일터에서 소명으로 일하는 성도들을 적극 양육해야 한다. 설교만으로는 부족하다. 성도들은 예배에서 들었던 설교를 일터에 적용할 수 있는 실천적 지식과 지혜를 필요로 한다. 일터에서 일어나는 구체적 상황에서 소명으로 일하는 실천적 원리들을 알아야 일터에서 믿음으로 살아낼 수 있다. 이를 위한 교회 양육 프로그램들을 만들어야 한다.

교회가 일과 일터를 주제로 하는 성경공부, 세미나, 수련회, 기도회, 특강 등 다양한 양육 프로그램을 제공한다면 성도들은 유익한 도움을 받게 된다. 일터 성도들을 위한 양육 프로그램은 성경본문에서 정답 찾는 식보다는 각자의 삶을 나누고 말씀의 지혜를 적용하고 서로 권면하는 방식이 효과적이다.

일터 성도들을 위한 양육 프로그램은 그들이 학생이 아니라 일터에서 치열하게 살아가는 성인이라는 점을 감안해야 한다. 박종석은 성인 성도들의 삶을 변화시키기에 한계가 있는 성경공부보다는 성인교육(안드라고지, andragogy) 차원의 성경공부를 제안했다. 성도들의 삶에서 중요한 문제들, 성도들의 삶이 전개되는 정황, 문제에 대한 성도들의 대응 방안 등 성인 성도들의 현실적 이슈와 질문을 성경 공부의 중심으로 삼으라는 제안이다.[42]

양육 프로그램은 성도들의 교제를 친밀하게 이끄는 방향으로 가야 할 필요가 있다. 성도들이 함께 배우고 나누고 위로하고 기도하면서 성장하는 친밀한 공동체적 소그룹 방식은 성도의 교제를 깊어지게 한다. 소그룹에서 성도들은 최소 일 년 이상 주기적으로 모여 공부하고 대화하고 공감하는 교제를 이어가면서 서로 일터의 고민을 털어놓고 함께 기도하고 위로하고 해결책을 모색하면서 우정을 쌓게 된다.[43]

일터 성도들이 각자의 일터에서 일어났던 경험을 나누는 것은 쉬운 일이 아니다. 친밀한 교제를 나누고 신뢰할 수 있게 되었을 때 그들은 각자의 일터에서 경험했던 일들, 특히 당면한 어려운 문제들과 실패와 좌절의 경험을 나눈다. 소그룹 공동체 방식에는 오랜 기간 함께 만나고 대화하며 비밀을 보장해준다는 장점이 있다. 시간이 지나면서 참여자들이 자기 삶을 공개하고 도움을 요청하고 기도하며 서로에게 헌신하는 모습을 발견할 수 있다.

일터 그리스도인을 위한 양육 프로그램은 목회자가 주도권을 가지기보다는 평신도 리더를 세우고 키워서 후배들을 이끌게 하는 것이 바람직하다. 평신도들이 편안하게 자신들의 이야기를 교회 모임에서 풀어놓으려면 '부담스러운 존재'로 느껴질 수 있는 목회자가 자리를 비켜주는 센스가 필요할 때도 있다. 목회자는 성도들에게 좋은 프로그램을 선별하고 제공하되 그들이 모임을 지속할 수 있도록 물심양면으로 지원하는 것에 만족하면 된다. 선배 성도들이 후배들을 가르쳐 지혜와 경험을 전수하는 단계까지 간다면 성도들 사이의 교제가 더욱 깊어지고 성도들은 교회에서 세상을 사는 지혜를 얻을 것이다.[44]

일터로 성도를 심방하라

목회자는 성도들을 교회 안에서뿐 아니라 교회 밖에서도 만난다. 심방은 중요한 목회 활동이다. 심방은 다양한 기능을 가지고 있다. 이 사역은 성도가 처한 현실을 구체적으로 이해하고, 목회자와 성도의 인격적 관계 형성의 계기가 된다. 목회자는 심방을 통해 성도들 개인의 구체적인 상황과 신앙 상태를 확인하고 개인에게 필요한 신앙적 권면과 지혜를 줄 수 있다. 또한 심방에서 듣고 보았던 성도들의 삶을 설교에 반영하면서 신앙을 성도들의 삶의 현장으로 확장시킬 수 있다.[45]

교회의 심방은 전통적으로 목회자 혹은 평신도 지도자가 평신도 가정을 방문하는 것을 의미했다. 주로 낮 시간에 이뤄지는 심방은 일터에 나간 남편 대신 아내가 맞이하고 목회자가 설교와 기도로 가정에 복을 빌어주는 형식으로 이뤄진다. 그러나 맞벌이 부부가 늘고 개인의 사생활 노출을 기피하는 요즘 시대에 가정 심방을 원치 않는 성도들이 늘고 있어 심방도 바뀌어야 한다는 목소리가 높아지고 있다.

목회자가 성도들의 일터를 심방하는 것이 좋은 대안이 될 수 있다. 목회자가 일터 안으로 들어가기 어려운 경우에는 일터 주변에서 점심 혹은 퇴근 시간에 성도를 만나면 된다. 심방 목회는 성도들의 삶과 이야기를 편견 없이 정확하게 들을 수 있는 기회다.[46] 목회자는 예배 중심의 전통적 심방의 틀에서 벗어나 창의적 방식으로 일터 심방 계획을 마련해야 한다. 목회자는 일터 심방에서 일터의 애환을 간접적으로 경험할 수 있다.

성도들은 목회자의 가르침도 필요하지만 고달픈 일터의 삶을 이해받고 위로받고 싶어 한다. 가르침도 위로가 함께 있을 때 더 잘 들린다. 소통하고 위로하는 목회자와 성도는 인격적 관계를 맺고 서로 신뢰하게 된다. 신실한 성도일수록 일터에서 신앙적 의무를 다하지 못하는 삶에 죄책감을 가지고 있다. 목회자가 사랑으로 섬기는 마음으로 성도들의 이야기를 들어주고 위로할 때 성도는 마음을 열고 목회자와 교회를 자기 안에 받아들인다.

하나님께서 죄인을 사랑하고 용서하시듯 교회는 일터에서 영적 윤리적으로 실패한 성도들을 위로하고 공감해야 한다. 직장인들은 너나 할 것 없이 질책과 자책에 위축되는 경험을 한다. 성도들도 예외가 아니다. 일터 성도들에게 "가장 큰 영향을 미치고 도움을 주는 것은 정서적인 공감과 위로, 그리고 따뜻한 격려의 말이다."[47] 일터 심방에는 비난과 훈계와 교육보다 경청하고 공감하는 따뜻한 분위기가 필수적이다.

성도들은 목회자로부터 일터의 삶을 이해받고 위로받을 때 일터에서 신앙으로 살고자 한다. 필자가 한 성도의 직장을 방문해 대화하고 기도하고 나올 때, 그는 "직장생활 만 20년 동안 처음으로 목사님의 직장 방문과 위로 말씀을 받았다"면서 "짜증나는 일이 많은 직장과 동료들을 바라보는 마음이 달라졌다"고 고백했다. 그리스도인의 위로는 사람을 강하게 만든다. 이렇게 교회는 성도들의 일터에 개입하고 영향을 끼쳐야 한다.

일터를 섬기는 교회를 위한 실천적 함의

교회는 일터라는 세상에 무관할 수 없다. 교회는 성도들의 일터에 하나님의 사랑을 전해야 한다. 교회는 대개의 경우 직접적으로 일터에 개입할 수는 없지만 성도들을 통해 간접적으로 일터에 개입할 수 있다. 성도들은 흩어진 교회로서 일터에서 만나는 사람들에게 교회 공동체에서 맛본 사랑과 섬김으로 살면서 복음의 메시지를 전한다. 교회와 일터의 관계에서 우리는 세 가지 실천적 함의를 발견할 수 있다.

첫째, 교회가 일터를 돌보고 영향을 끼치려면 섬김의 공동체라는 교회의 본질에 충실해야 한다. 교회가 세상에 줄 수 있는 최고의 선물은 그리스도가 교회를 섬기는 그 사랑이다. 일터는 개인들과 조직들의 이익이 충돌하는 경쟁적 현실이다. 피곤하고 불안하고 위태로운 일터를 위해 교회는 그리스도의 사랑으로 일터 사람들을 섬기라는 소명을 받았다. 교회는 그리스도의 성례전적 사랑을 근거로 생존을 위한 파괴적 노동이 아니라, 사랑으로 섬기는 노동을 가르치며 일터에서 함께 성장하고 유익을 얻는 이익공동체의 비전을 심어줄 수 있다. 교회가 이 사명을 감당하려면 성도들이 교회에서 섬김의 비밀을 먼저 깨닫고 맛보아야 한다.

둘째, 목회자들은 다양한 목회 활동을 통해 성도들의 일터에 성경적 신학적 메시지를 전해야 한다. 이를 위해 성도들의 일터 이야기가 교회 안에서 지속적으로 들려야 한다. 설교, 기도회, 간증집회, 성경 공부 세미나와 같은 일방적 전달이 아니라 성도들의 삶의 이야기들이 공유되는 기회가 되어야 한다. 성도들이 일터에서 경험하는 많은 이야기들이 교회 안에서 하나님 이야기와 만날 때 성도들이 성속이원론의 폐해에서 벗어날 수 있다. 교회가 적극적으로 일터 이야기를 하나님 이야기 안에서 해석하고 수정해 줄 때 교회도 일터의 세속적 문화로부터 거룩함을 잃지 않게 된다. 목회자는 교회와 일터를 분별하고 연계하는 '거룩한 낯섦'의 긴장감을 놓치지 않아야 한다.

셋째, 교회 목회자는 성도들의 일터 이야기를 경청하고 위로해야 한다. 목회자들은 가르치고 비판하고 교정하려는 '교육 본능'을 가지고 있다. 성도들이 일터에서 살아가는 삶은 목회자들의 기준에 미치지 못하는 경우가 적지 않다. 성도들이 일터에서 실망스럽게 일하고 절망스러운 결과에 힘들어할 때, 목회자는 무엇보다 그들의 상황을 이해하려고 노력해야 한다. 그들을 판단하고 정죄하는 자세를 버리고 그들의 이야기를 주의 깊게 듣고 공감할 때, 성도들은 죄책감에서 벗어나 그리스도 안에서 위로받고 믿음으로 일하려는 의지와 용기를 얻을 수 있다. 목회자가 성도들의 이야기를 길게 듣고 짧게 말하는 것이 바람직한 '목회적 대화'다.

교회는 세속화 과정에서 잃어버린 공적 영역에서 하나님이 맡기신 소명의 자리를 회복해야 한다. 과거 교회가 세상을 지배했던 시대의 지배적 방식이 아니라, 이스라엘이 바벨론에 유배되었을 때 세상을 섬기던 방법에서 포스트모던 사회에서 교회의 존재 방식을 찾을 수 있을 것이다. 이스라엘은 유배지에서 하나님의 임재를 의식하고 세상과 구별되는 거룩함으로 세상 안에서 살아감으로써 선교적 사명을 감당했다. 교회는 세상에서 성례전적 삶으로 세상을 섬기며 선교하는 성도들의 교제 공동체다. 교회는 하나님께서 그리스도 안에서 보여주신 사랑의 섬김으로 함께 성장하는 공동체의 힘과 지혜로 일터를 변화시킬 능력을 충분히 가지고 있다.

제8장
예배의 연속인 일

일터에서 이웃을 섬기는 일로 하나님을 예배하라

내 일의 궁극적 대상은 누구인가?

"하루 장사를 예배로 시작해요."

N씨 부부는 서울 강남에서 고층 빌딩이 밀집한 상업지구의 뒷골목에서 주방을 포함해 스무 평 남짓 되는 좁은 식당에서 종업원 없이 설렁탕을 만들어 판다. 두 사람은 새벽에 출근해서 장사 준비를 마치고 홀에서 예배를 드리고 가게 문을 연다.

늦은 아침 식사를 할 수 있는 식당을 찾던 나(필자)는 우연히 N씨 부부가 예배를 드리는 장면을 목격하고 예배가 끝날 때까지 밖에서 기다렸다. 나는 식당 문이 열리자 첫 손님으로 들어가 설렁탕을 주문해 먹었다. 음식이 정갈하고 맛있었다.

아직 직장인들 점심시간 전이어서 사장님과 짧은 대화를 나눌 수 있었다. 나는 N씨에게 왜 가게에서 예배를 드리는지 물어보았다. 직장을 조기 은퇴하고 식당을 열었다는 N씨는 직장인 시절 경험을 꺼냈다. "직장에서는 내 신앙을 마음껏 표현하고 발휘할 수 없어서 영적 갈증이 심했습니다. 회사에서는 너무 바빠서 잠시 기도할 틈도 없었습니다. 그러다 몸과 마음이 번 아웃되고 실적이 떨어져 회사로부터 명예퇴직을 요구받았습니다."

그는 퇴직 후 뭘 할까 고민하다 매일 예배를 드릴 수 있고 직장인 시절 가장 많이 먹었던 설렁탕 식당을 운영하기로 결정했다고 말했다. "지금은 내가 운영하는 식당에서 눈치 보지 않고 예배를 드릴 수 있어 좋습니다. 가게 시작할 때부터 매일 아침 예배로 영업을 시작하는데 이 예배가 하루종일 저희 부부에게 은혜로운 영향을 주고 있습니다."

나는 예배가 가게 운영에 어떤 영향을 미치는지 물어보았다. N씨는 가게를 운영하다 보면 더 많은 이윤을 남기기 위해 여러 유혹을 받는다고 말했다. 비싼 식재료를 덜 쓰고 대신 값싼 조미료를 쓰면 더 많은 이윤을 벌 수 있다고 설명했다. 그러나 가게 손님들에게 미안하고 그렇게 번 돈을 교회에 헌금하기가 부끄러워 매일 예배 때마다 당당하게 돈을 벌겠다고 다짐한다고 했다. "하나님은 많은 돈을 버는 것보다 좀 더 고생하더라도 손님들에게 건강하고 맛있는 음식을 대접하는 것을 기뻐하실 것이라고 믿습니다." N씨는 하나님을 예배하며 만든 음식을 손님들이 맛있게 먹을 때 큰 보람을 느낀다고 말했다.

내가 "음식이 맛있어 종업원을 두고 회전율을 높이면 돈을 더 많이 벌 수 있을 것 같다"고 말하자, N씨는 아직은 종업원을 둘 정도로 수익이 충분히 나지 않는다고 대답했다. 그는 종업원을 두면 재정 부담 때문에 쉽게 돈 벌고 싶은 마음이 커질 것 같아

꺼려진다는 솔직한 심정을 털어놓았다. "우리 두 사람으로는 감당할 수 없을 만큼 손님이 늘어나면 함께 예배드리고 일할 수 있는 종업원을 고용할 생각입니다."

'자아실현'을 위해 일하는 사람들

자영업을 하는 그리스도인들이라 해도 N씨처럼 예배하며 일하는 사람은 드물다. 사람들은 자기가 원하는 것을 얻기 위해 일한다. 사람들은 일터에서 매슬로우(A. H. Maslow)가 말한 '자아실현'이라는 인간 최고의 욕구를 채우기 위해 일하지만 결코 만만치 않은 꿈이다.[1] 직장인들은 이 꿈을 실현하기 위해 여기저기 직장을 옮기거나 창업에 뛰어들기도 한다. N씨도 신앙인으로서 자기 정체성을 분명하게 실현할 수 있는 일을 찾아 식당을 차린 사례다.

요즘 젊은 세대 직장인들은 직장 문화에 적응하며 살던 기성세대에 비해 상대적으로 개성이 강하고 독립적이다. 이들은 기성세대처럼 조직이나 사회의 요구 혹은 기대에 맞춰 살기보다는 자신의 꿈에 충실하게 살고자 한다. 자기가 생각한 기대와 기준에 맞지 않으면 미련 없이 직장을 떠나기도 한다. 첫 직장을 몇 년 다니다 퇴직하고 선교단체에서 활동한 뒤 재취업한 A씨(31세)는 청년 이직 연구자와 인터뷰하면서 이렇게 말했다.

> 회사생활 3년 동안 그 짓(야근과 초과 노동 등)을 하고 나니 몸에 병이 난 거죠. 나는 주말에도 일했거든요. 그래서 뭐랄까 내가 이걸 왜 하고 있지? 몸을 망치면서까지 일하는 것에 회의하고 있을 때 (진로에 영향을 준)

그 두 명의 사람을 만났어요. 그 후 내가 얻은 교훈은 'Be myself!' 이거예요. 이게 이 세상에서 제일 중요해요. 인생을 살아가는 여정은 내가 어떤 사람인지 찾아가는 과정인거죠.[2]

이 연구에 따르면, 청년들은 '진짜'하고 싶은 일을 찾을 때까지 견딜 수 있는 돈을 벌기 위해 직장을 다닌다. 이들이 '진짜'하고 싶은 일은 무엇일까? 이 연구에 참여한 청년 직장인들은 자아실현, 사회적 역할 수행, 혹은 사회적 인정 획득이 중요하다고 답했다.[3] 자아실현이나 자기 꿈을 넘어서는 '소명의식'으로 직장을 다닌다고 말하는 사람은 거의 없었다. 개인의 꿈과 비전을 우선시하는 자아 집중 현상이 뚜렷하게 나타나고 있다.

우리는 누구를 위해 일하는가? 나 자신? 하나님?

개인의 다양한 생각과 가치를 존중하는 포스트모던 시대에서는 자신의 자아를 실현하며 '진짜 자기 삶'을 사는 것이 상식이다. 그런데 우리는 어떤 '자아'를 실현하길 원하는 것일까? 내 '자아'는 구체적으로 어떤 '나'인가? 내 '자아'의 중심에는 누구 혹은 무엇이 있는가? 이성적으로 생각하고 판단하는 나 자신인가? 내 가족과 가까운 지인들이 기대하는 삶을 살아가는 나인가? 아니면, 나를 창조하고 구원하신 하나님인가?

내가 실현하고 싶은 '자아'가 무엇인지 이해하는 것은 간단한 문제가 아니다. 하지만 우리는 내 중심을 이루는 존재 혹은 가치를 분명하게 찾아야 내 '자아'를 알 수 있다. 내가 실현하고자 하는 자아가 무엇인지 알기 전까지는 '자아실현'을 위한 인생의 방랑은 끝나지 않을 것이다. 내 자아를 알 때, 나는 내가 하는 일의 의미를 발견하고 그것을 위해 어려움을 견디며 보람 있게 일할 수 있다.

사실 자아실현은 모든 사람들에게 주어진 필생의 과업이다. 자아실현은 '나는 궁극적으로 누구를 위해 일하는가?'라는 질문에 대답하는 것이다. 소명으로 일하려면 이 질문을 진지하게 다뤄야 한다. 그리스도인이라면 내가 실현해야 할 자아가 그리스도 안에서 어떻게 새롭게 형성되었는지 깊이 살펴보아야 한다. 그렇지 않으면 소명의식을 발견할 수 없다. 일터에서 그리스도인으로서의 자기 정체성이 분명하고 소명의식으로 일하지 않으면 결코 행복할 수 없다. 자아실현은 자기 정체성이 뚜렷하고 정체성에 맞게 일하는 사람만이 이룰 수 있다.

그리스도인의 자아는 그리스도 안에서 새롭게 태어난다(고후 5:17). 진정한 그리스도인은 그리스도를 만나기 이전의 옛사람을 벗고 "하나님을 따라 의와 진리의 거룩함으로 지으심을 받은 새 사람을" 입는다(엡 4:21~24). 이제 그리스도인은 "무엇을 하든지 말에나 일에나 다 주 예수의 이름으로" 하고 "무슨 일을 하든지 마음을 다하여 주께 하듯 하고 사람에게 하듯 하지" 않는다(골 3:17, 23). 어떤 일이라도 하나님의 영광을 위해 일한다(고전 10:31).

그리스도인은 그리스도 안에서 새롭게 얻은 자아를 삶으로 실현해가는 사람이다. 그리스도인의 자아실현은 나의 옛사람이 추구했던 것들을 버리고 그리스도 안에서 나를 새롭게 하신 하나님의 꿈을 이루는 것이다. 그러므로 내 일의 궁극적 대상 혹은 목적은 일하는 내 자신이 아니라 내 자아를 형성하고 지탱하고 계시는 하나님이다. 내 자아를 새롭게 만드신 하나님의 영광을 위해 일할 때, 이 일은 하나님께 드리는 향기로운 예배가 된다.

예배란 무엇인가?

다양한 예배들

그런데 일터에서 하는 일은 어떻게 예배가 되는가? 하나님이 없어 보이는 일터에서 그리스도인은 어떻게 하나님을 예배할 수 있는가? 모든 일이 예배가 되는 것은 아니지만 소명의식으로 하나님을 의식하며 하는 일은 훌륭한 예배가 될 수 있다.

그러나 많은 그리스도인들이 일과 예배를 통합적으로 생각하지 못한다. '일은 예배다'는 말이 생소하게 들리는 것은 아마 예배가 무엇인지를 잘 모르기 때문일 것이다. 우리는 습관적으로 주일성수를 강조하며 예배를 소중하게 여기지만 막상 예배가 무엇인지 정확하게 모를 때가 있다. 우리는 예배를 드리는 것인가? 예배를 보는 것인가? 예배하는 것인가? 우리는 예배를 말할 때 이런 표현들을 사용하지만 어떤 표현이 맞는 것인지 분별하기도 쉽지 않다.

기독교 예배를 한 마디로 정의하기는 어렵다. 교회 예배를 조금만 자세히 살펴보아도 교회마다 예배가 다르다는 사실을 발견할 수 있다. 예배 순서가 다르고, 찬양이 다르고, 기도가 다르고, 인도자의 복장이 다르고, 성찬식이 다르고, 예배 절기가 다르다. 교회마다 예배 분위기가 제각각이다. 극장에서 공연하는 것 같은 자유로운 형식의 예배가 있는가 하면, 엄격한 예전 절차를 따라 진행되는 전통적 예배도 있다.

장로교 성도는 사제 중심으로 진행되는 정교회의 고전적 예배에 이질감을 느낄 것이다. 루터교 성도는 침례교 예배의 자유분방함이 불편할 것이다. 정해진 예배 의식 없이 진행되는 퀘이커들의 예배에서는 기이함마저 느낄 수 있다. 이처럼 교회마다 예배 형식과 분위기가 제각각이다. 예배학자 제임스 화이트(James F. White)가 지적한 것처럼, "기독교 예배는 그것이 속한 시대와 지역의 문화와 매우 밀접하게 연관되어 있기 때문에, 본질적인 기독교 예배의 특징을 깨닫게 되기 전까지는, 예배를 문화와 혼동하기 쉽다."[4] 기독교 예배는 시대와 지역과 언어와 문화에 따라 변화를 거듭해왔고 지금도 변하고 있다. 그렇다면 기독교 예배는 다른 종교의 예배와 어떤 면에서 다른가? 기독교 예배만의 독특한 특성이 무엇인가? 기독교 예배의 본질은 무엇인가?

하나님과 인간이 만나는 예배

필자는 개신교인으로서 개신교가 이해하는 예배에 집중하려 한다. 기독교 예배는 우리를 구원하시는 하나님의 이야기와 이에 대한 인간의 반응이 만나는 사건이다. 예배에서는 죄로 인해 죽음과 저주를 받게 될 운명에 처한 인간들을 구원하기 위해 자기를 희생하신 하나님의 거룩한 사랑의 이야기가 선포된다. 예배에 참석한 성도들은 하나님의 이야기를 듣고 감사와 찬양과 헌신으로 반응한다. 예배에서 하나님의 은총이 선포되고, 여기에 응답하는 성도들의 말과 행동이 뒤따른다.

종교개혁을 시작한 루터는 예배를 독일어로 고테스딘스트(Gottesdienst)라고 표현했다.[5] 우리말로 하나님의 섬김(God's Service)이라는 뜻의 이 단어에는 하나님이 우리를 섬긴다는 뜻과 우리가 하나님을 섬긴다는 뜻이 동시에 들어 있다. 전자의 경우, 섬김의 주체는 하나님이고 대상은 우리다. 후자에서는 섬김의 주체가 우리이고 대상이 하나님이다.

루터 당시 가톨릭교회 미사에서는 인간이 하나님의 은총을 받기 위해 하나님께 바치는 인간의 선행이 있어야 한다는 점이 강조되었다. 루터는 『바벨론의 포로가 된 교회』(*De captivitate babylonica ecclesiae*)에서 이런 예배가 성경의 가르침에 맞지 않다고 반박하고 가톨릭의 미사 개혁을 주창했다. 그는 "인간의 선행과 제물의 봉헌을 통하여 하나님을 섬기는 것이 아니라 하나님이 말씀과 성례전을 통하여 인간을 섬기는 신앙적 사건"이 예배의 시작이고 본질이라고 반박했다.[6]

그렇다고 루터가 하나님을 섬기는 인간의 선행을 부정한 것은 아니다. 다만 하나님이 먼저 위로부터 인간에게 내려주시는 구원의 은총 사건이 예배의 우선적 사건임을 강조한 것이다. 다른 종교와 달리 기독교 예배는 인간의 종교적 행위에서 시작된 것이 아니라 우리를 구원하기 위해 그리스도의 십자가를 통한 희생으로 우리를 섬기신 하나님의 선행 은총에서 시작되었다.

예배의 본질은 성경을 통해 들려주시는 하나님의 구원 이야기에 믿음으로 화답하고 감사하며 하나님께 영광을 드리는 것이다. 이처럼 예배에서는 하나님의 은총과 이에 대한 인간의 반응이 함께 일어나지만 순서가 중요하다. 하나님의 은총이 예배를 일으키고 인간은 이 사건에 감사와 찬양과 헌신의 약속으로 화답한다.[7] 우리의 화답이 예배 시간을 넘어 일상의 삶으로 이어질 때 온전한 예배가 된다. 로버트 웨버(Robert Webber)는 진정한 예배가 무엇인지를 다음과 같이 설명했다.

> 예배의 주인공은 나에게 구원을 베푸신 하나님이시기 때문에, 그저 입술로 어떤 기도문을 따라 하거나 노래하는 것으로 예배 참석을 다했다고 할 수 없다. 진정한 예배 참석은 예배를 통해서 구현된 그분의 본을 따라 살아가는 삶이다. 예배의 주인공이신 하나님은 예배를 통해서 기억되고 예상되는 그리스도의 진리 속에서 (그리고) 예배 안에서 직접 일하시며 자기 백성들과 만나신다. 이 하나님의 진리가 예배를 통해서, 그리고 성령의 역사로 내 안에 역사하면서 나는 죄에 대하여 죽고 부활 안에서 새로운 삶을 살도록 부름 받은 소명을 따라 예수와 함께 하나 된 그 거룩한 일치를 이루어가는 것이다.[8]

예배를 교회 안에서 드리는 것으로만 생각하지 말라는 뜻이다. 교회에서 예배를 드린 그리스도인은 자신의 삶에서 하나님의 진리를 구현할 때 온전한 예배가 된다는 것이다. 그러므로 교회 예배는 일상과 일터의 삶으로 연장되고, 예배는 교회 밖에서 완성된다.

예배의 핵심 메시지: 하나님이 섬김으로 통치하신다

개신교 예배의 핵심 메시지는 우리를 위한 하나님의 섬김이다. 개신교는 설교와 성례전이라는 두 기둥을 중심으로 진행되는 예배에서 하나님의 섬김 이야기를 반복적으로 회상하고 우리의 섬김을 고백한다. 설교와 성례전의 기초는 우리를 위해 자기 몸을 바치신 그리스도의 십자가 사건에 있다. 우리는 그리스도 안에서 계시 된 성례전으로 하나님을 경배한다. 성례전적 하나님의 은총이 선포되지 않는 설교는 기독교 설교가 아니다.

그러므로 기독교 예배는 하나님의 자기 주심(self-giving)에서 출발한다.[9] 개신교는 세례와 성찬식을 유효한 성례전으로 인정하는데, 세례는 내 죄를 용서하기 위해 그리스도의 생명을 선물로 주셨음을 받아들이는 최초의 성례전이고, 성찬식은 하나님이 나에게 구원의 선물을 주신 은총을 일생에 거쳐 반복적으로 경축하는 성례전이다. 세례와 성찬식은 그리스도께서 우리 신앙의 유익을 위해 직접 제정해주신 신비로운 성례전(sacrament)이다.

칼뱅이 지적한 것처럼, 성례전은 우리의 약한 믿음을 받쳐 주기 위해 그리스도께서 제정해주신 것으로서 "우리에 대한 하나님의 은혜를 외형적인 표로 확인하는 증거이며 동시에 우리는 하나님께 대한 우리의 충성을 확인하는 것"이다.[10] 설교는 성례전으로 하나님의 은총을 들리는 말로 선포하고, 성례전은 보이는 행동으로 선포한다. 예배에서 성례전으로 "하나님의 자기 주심은 오늘 여기에서 새롭게 일어난다."[11]

예배에서 하나님은 그리스도의 희생으로 보여주신 섬김의 사랑으로 세상을 통치하신다고 선포한다. 초대 교회 성도들은 하나님의 성례전적 섬김과 통치를 예배의 본질로 이해하고 예배 시간에 이 하나님을 찬양했다.

> 너희 안에 이 마음을 품으라. 곧 그리스도 예수의 마음이니 그는 근본 하나님의 본체시나 하나님과 동등 됨을 취할 것으로 여기지 아니하시고 오히려 자기를 비워 종의 형체를 가지사 사람들과 같이 되셨고 사람의 모양으로 나타나사 자기를 낮추시고 죽기까지 복종하셨으니 곧 십자가에 죽으심이라. 이러므로 하나님이 그를 지극히 높여 모든 이름 위에 뛰어난 이름을 주사 하늘에 있는 자들과 땅에 있는 자들과 땅 아래에 있는 자들로 모든 무릎을 예수의 이름에 꿇게 하시고 모든 입으로 예수 그리스도를 주라 시인하여 하나님 아버지께 영광을 돌리게 하셨느니라(빌 2:5~11).

이처럼 예배는 우리의 영혼에 국한된 종교적 행위가 아니라 삶과 사회와 우주 전체를 통치하시는 하나님의 섬김에 관한 것이다. 하나님의 섬김은 피조 세계의 모든 존재들, 과거와 미래, 모든 공간을 향해 퍼져나간다. 예배 참석자들은 하나님께서 과거에 행하신 구원의 일들을 기억하고 경축하며 그 일들이 장차 종말의 미래에 완성될 것이라 믿는다. 그리고 하나님의 구원의 역사에 삶으로 동참하기를 서약한다. 그리스도인은 삶을 위해 하나님을 예배하고, 하나님을 예배하기 위해 살아간다. 그리스도인은 예배에서 "그리스도인다운 삶의 원동력을 얻고 그리스도인의 모형을" 배운다.[12]

공 예배와 일상의 예배

교회 안에서 드리는 예배는 세상과 분리되지 않는다. 예배 안에서 교회와 세상은 통합된다. 그리스도인들이 교회에 모여 함께 드리는 공 예배(corporate worship)는 일상에서 살아가는 그들의 삶으로 이어진다. "너희 몸을 하나님이 기뻐하시는 거룩한 산 제물로 드리라. 이는 너희가 드릴 영적 예배니라"(롬 12:1). 몸으로 살아가는 일상이 예배가 되게 하라는 뜻이다.

일상은 어떻게 예배가 될 수 있는가? 이 구절에서 활용된 '제물' - 그리스도가 십자가에서 하나님께 제물로 바친 자기 몸 - 은 일상과 예배를 연결하는 매개체 역할을 한다. 우리가 살아가는 일상의 삶이 그리스도의 제물처럼 세상을 위해 바쳐질 때, 곧 우리가 세상을 몸으로 섬길 때, 이것은 하나님께 바쳐지는 영적 예배가 된다.

교회의 공 예배는 일상의 삶에 결정적 영향을 미친다. 성도들은 공 예배에서 계시 된 성례전으로 하나님을 일상의 삶에서 본받음으로써 자기 몸을 거룩한 산 제물로 바친다. 루터는 십계명의 제일 계명을 해설하면서 그리스도인의 가정과 국가와 사회와 정치적 삶의 자리가 모두 예배 처소이고 그 자리에서 맘몬이나 성인, 다른 신들을 의지하지 않고 하나님만을 유일한 신으로 믿고 살아가는 것이 예배라고 말했다.[13]

하나님을 예배하는 사람들은 세상과 삶이 하나님의 선물임을 고백한다. 그들은 하나님을 "우리에게 몸, 생명, 먹을 것, 마실 것, 양식, 건강, 보호, 평화, 그리고 지금부터 영원까지 필요한 모든 것을 가장 좋은 것으로 주시는 분"으로 믿는다. 그들은 하나님이 살아가는 데 필요한 모든 것을 선물로 주신다고 믿는다.[14] 그리고 이웃들에게 하나님의 선물을 전달하기 위해 일한다.

교회에서 드리는 공 예배는 일상의 예배를 압축한 것이다. 성도들은 주일에 한 시간 동안 압축된 공 예배를 드리고, 한 주의 나머지 167시간 동안 삶으로 그 예배를 살아낸다. 그러므로 예배와 일상은 분리될 수 없다. 일상의 삶은 이번 주의 공 예배와 다음 주의 공 예배 사이에 존재하면서 반복되는 주일 공 예배를 연결한다. 공 예배 사이에서 일상의 삶은 교회의 공 예배와는 다른 형식으로 드리는 공적 예배(public worship)가 된다. 교회의 공 예배가 성공하기 위해서는 일상의 공적 예배가 성공해야 하고, 일상의 공적 예배가 살기 위해서는 공 예배가 살아야 한다.

성례전적 삶으로 드리는 예배

레이투르기아(leiturgia): 세상에 생명을 주는 예배

교회에서 예배를 지칭하는 여러 영어 단어들 가운데 예전(禮典)을 뜻하는 리터지(liturgy)는 교회와 일상에서 드리는 예배의 본질을 가장 정확하게 포함하는 단어다. 리터지는 헬라어 레이투르기아(leiturgia)에서 나왔다. 레이투르기아는 신약 성경에서 하나님을 섬기고 교회를 섬기는 일을 뜻한다(눅 1:23; 고후 9:12; 빌 2:17,

30; 히 8:6; 9:21). 신약 성경이 기록되기 이전의 고대 그리스 사회에서 레이트루기아는 시민 사회와 국가의 이익을 위해 시민들이 각자 맡아 수행하는 공적 혹은 직업적 일을 의미했다. 레이투르기아는 사회의 안녕과 질서를 위해 필요한 일이었다. 그런데 기독교가 이 용어를 차용해 사용하기 시작한 이후에는 주로 예배를 뜻하는 종교 용어로 사용되고 있다.

정교회 예배에서 레이투르기아는 우리를 위한 그리스도의 섬김을 기념하는 성찬식을 지칭한다.[15] 그러나 레이투르기아는 예배를 통한 섬김, 즉 우리를 향한 하나님의 섬김과 하나님을 향한 우리의 섬김을 동시에 아우르는 기독교 예배 일반을 포괄한다. 레이투르기아로서의 예배는 그리스도인들과 교회의 삶을 지배하는 '삶의 원리'로 작용한다.[16] 김광석은 레이투르기아로 이해하는 예배는 삶을 변혁하는 성례전적 삶을 의미한다고 해석했다.[17]

정교회 예배학자 알렉산더 쉬메만(Alexander Schmemann)이 기술한 것처럼, 예배(레이투르기아)는 세상에 생명을 줌으로써 세상을 변혁하는 힘이다.[18] 예배에서 "세상은 하나님의 '에피파니(나타나심)'이며, 세상의 참된 본질과 소명은 예배를 통해 '성례'로서 드러난다."[19] 예배에서 세상은 하나님이 임재하심으로써 생명으로 충만해지는 곳으로 계시된다.

예배에서 우리는 성례전적 섬김으로 세상을 구원하시는 하나님을 만난다. 그리스도인은 나를 섬기시는 하나님의 성례전적 사랑에 감동 받고 감사하는 마음으로 그 사랑을 세상과 함께 나눈다. 이처럼 그리스도인은 '예배공동체 안에서의 예배(primary liturgy:

Liturgy before the liturgy)'를 통하여 계시공동체로서 자기 정체성을 세우고, 하나님의 사랑으로 세상을 섬기는 '삶의 자리에서의 예배(secondary liturgy: Liturgy after the liturgy)'를 드린다.[20] 웨버는 성찬성례전에 참여하는 성도들이 일상에서 드리는 예배의 삶을 아름답게 설명한다.

> (성찬성례전은) 하나님의 모든 구원 이야기를 우리의 심장 속으로 가져다가 그 이야기가 우리의 혈관을 따라 흐르게 하고 우리의 인간관계와 일 그리고 즐거움과 같은 모든 삶에 활력을 공급하도록 한다. 그러면 우리의 모든 삶은 이제 예수께서 사셨던 삶의 능력으로 살아갈 수 있는 힘을 얻는다. 또 그분이 모든 사람들을 위하여 자신의 생명을 기꺼이 내어주셨듯이 우리도 남을 위하여 자신을 기꺼이 세상의 고통에 내어줄 수 있는 힘을 얻는다.[21]

이처럼 공 예배에서 받은 은혜에 화답하여 우리가 성례전적 삶으로 하나님과 세상을 섬길 때, 예배는 개인의 실존적 문제에 대한 해답이 되고 사회적 문제들을 치유하는 힘이 된다.[22]

그렇다면 우리에게 자기를 주시는 성례전적 하나님은 구체적으로 어떻게 자신을 계시하시는가? 우리는 성례전적 하나님을 어떻게 따라야 하는가? 성경은 하나님의 자기 주심의 여러 가지 모습들을 보여주고 있지만 그 가운데 자기를 제한하고, 자기를 낮추고, 자기를 나누는 모습에서 성례전적 하나님을 분명하게 이해할 수 있다.[23]

자기를 제한하시는 하나님

하나님은 그리스도 안에서 우리의 구원을 위해 자신을 스스로 제한하신다. 그리스도는 하나님의 아들로서 자신의 뜻이 아니라 아버지의 뜻에 복종했다. 그리스도는 십자가 죽음에 앞서 겟세마네 동산에서 고난의 잔을 거두어달라고 기도했지만 결국 자기 뜻을 내려놓고 하나님의 뜻에 복종했다(막 14:36). 그리스도의 자기 제한은 십자가에서 가장 명확하게 드러났다.

> 그는 죄를 범하지 아니하시고 그 입에 거짓도 없으시며 욕을 당하시되 맞대어 욕하지 아니하시고 고난을 당하시되 위협하지 아니하시고 오직 공의로 심판하시는 이에게 부탁하시며 친히 나무에 달려 그 몸으로 우리 죄를 담당하셨으니 이는 우리로 죄에 대하여 죽고 의에 대하여 살게 하려 하심이라. 그가 채찍에 맞음으로 너희는 나음을 얻었나니 너희가 전에는 양과 같이 길을 잃었더니 이제는 너희 영혼의 목자와 감독 되신 이에게 돌아왔느니라(벧전 2:22~25).

하나님의 자기 제한 없이 우리는 단 하루도 존재하지 못한다. 죄로 멸망할 수밖에 없는 우리를 자녀로 받아들이기 위해 하나님은 자신의 절대적 심판 권한을 스스로 제한하시고 우리 죄를 용서해주신다. 하나님은 이스라엘의 거듭된 우상숭배로 상처받고 그들을 심판하셨지만 끝내 그들을 버리지 않고 다시 구원하셨다. 하나님은 악한 피조물들을 영원한 심판의 고통 속으로 몰아넣지 않고 자기 품에 안기 위해 애끓는 마음으로 그들을 사랑으로 섬기신다.

하나님의 자기 제한은 우리가 타자를 위해 살아야 하는 이유이자 모범이다. 우리는 자기를 제한함으로써 하나님의 섬김을 감사함으로 받아들이고 하나님을 섬긴다. 예수님이 우리에게 내 필요보다 먼저 하나님의 이름과 나라와 뜻을 위해 기도하라고 가르치신 것은 우리의 욕망을 제한하는 삶을 구하라는 것이었다(마 6:9~13). 내 이름과 내 나라와 내 뜻을 포기하고 내가 원하는 것이 하나님의 뜻과 나라에 합당하게 살아가는 것이 삶으로 드리는 일상의 예배다.

자기를 낮추시는 하나님

말씀으로 세상을 창조하고 다스리시는 하나님은 멀리 떨어진 하늘 보좌에 계시지 않고 우리에게 오셨다. "말씀이 육신이 되어 우리 가운데 거하시매 우리가 그의 영광을 보니 아버지의 독생자의 영광이요 은혜와 진리가 충만하더라"(요 1:14). 하나님은 자기를 낮추어 피조물의 세상 안으로 들어오셨다. 하나님은 낮은 자리에서 우리를 섬기신다. 성육신은 가장 급진적인 하나님의 섬김을 보여준다.

예수님의 세족식은 성육신의 윤리적 표현이다. 예수님은 스승으로서의 권위를 버리고 제자들의 발을 씻어주셨다. 당시 손님 발을 씻어주는 것은 종이 하는 일이었다. 그러나 예수님은 직접 제자들에게 섬김의 모범을 보여주시고 서로 발을 씻어주는 섬김, 곧 성례전적 삶을 당부했다. "내가 주와 또는 선생이 되어 너희 발을 씻었으니 너희도 서로 발을 씻어주는 것이 옳으니라. 내가 너희에게 행한 것 같이 너희도 행하게 하려 하여 본을 보였노라"(요 13:14, 15).

성례전적 하나님은 항상 낮은 곳을 향하신다. 하나님은 십자가의 자리에 이르기까지 우리를 위해 자신을 낮추신다. 예수님은 "누구든지 첫째가 되고자 하면 뭇 사람의 끝이 되며 뭇 사람을 섬기는 자가 되어야 하리라"고 말씀하셨다(막 9:35). 하나님에게 첫째가 되기를 원하는 사람은 세상에서 다른 사람들을 낮은 자리에서 섬기는 자가 되라는 뜻이다.

교회의 공 예배에서는 담임목사나 찬양 인도자나 대표 기도자, 성가대를 막론하고 그 어떤 사람도 주목의 대상이 될 수 없다. 오직 우리를 구원하기 위해 자기를 죽기까지 낮추신 하나님만이 주목받으셔야 한다. 하나님께서 자신을 낮추신 것처럼, 모든 사람들이 자신을 낮출 때 온전한 예배를 드릴 수 있다. 지나치게 위엄을 부리는 설교자 혹은 자신이 마치 하나님인 것처럼 장황한 기도자, 지나치게 화려하고 웅장해 성도들의 시선을 사로잡는 성가대, 현란한 불빛과 몸동작으로 말초감정을 자극하는 찬양 등은 오히려 참된 예배를 방해한다. 예배가 특정한 사람들을 돋보이게 하는 이벤트가 되지 않도록 극도로 경계해야 한다. 우리의 삶도 마찬가지다. 하나님이 가장 우선적으로 드러날 때 일상의 삶은 공 예배의 연장이 된다.

신실한 예배는 서로 섬기는 겸손한 공동체를 형성한다. 성도들이 서로의 발을 씻어주는 자기 낮춤으로 서로를 섬길 때 따뜻한 성례전적 교회로 성장한다. 그리스도인은 일상에서 자기를 낮추고 타자를 섬기는 성례전적 삶으로 일상을 예배자로 살아간다.

자기를 희생하고 나누어주시는 하나님

성례전적 하나님은 자기를 희생함으로써 타자의 유익을 먼저 구하는 사랑을 가르쳐주셨다(고전 13:5). 예수 그리스도는 자기 몸을 우리의 대속물로 내어주셨다. 하나님은 우리와 화해하기 위해 그리스도 안에서 자기를 희생하고 나누어주신다. 하나님이 우리와 화해하심으로써 우리는 생명을 받고 그 생명으로 새로운 삶을 살아가게 된다. "화해, 용서, 생명의 힘, 그 모두는 다 이 새로운 존재 상태, 이 새로운 삶의 양식, 곧 성찬식을 목적과 성취로 한다. 성찬식은 하나님과 더불어, 하나님 안에서 사는 창조물의 유일한 참된 삶, 하나님과 세상 사이의 유일한 참된 관계이기 때문이다."[24] 하나님이 보여주시고 우리에게 바라시는 자기희생은 자아를 소멸시키는 것이 아니라 나를 위해 타인을 희생시켰던 옛사람을 버리고 타인을 위해 나를 희생하는 새 사람으로 살아가는 것이다.

> 내가 진실로 진실로 너희에게 이르노니 한 알의 밀이 땅에 떨어져 죽지 아니하면 한 알 그대로 있고 죽으면 많은 열매를 맺느니라. 자기의 생명을 사랑하는 자는 잃어버릴 것이요 이 세상에서 자기의 생명을 미워하는 자는 영생하도록 보전하리라. 사람이 나를 섬기려면 나를 따르라. 나 있는 곳에 나를 섬기는 자도 거기 있으리니 사람이 나를 섬기면 내 아버지께서 그를 귀히 여기시리라(요 12:24~26).

우리는 자기희생의 본을 보여주신 그리스도를 따라 살아갈 때 그리스도를 섬기며 영원한 생명을 누리게 된다. 하나님이 우리와 화해하기 위해 자기를 희생하고 나누어주신 것처럼, 우리도 다른 사람과 화해하기 위해 먼저 나를 희생하고 나누어 주어야 한다. 이때 상처 나고 끊어졌던 관계가 회복되고 잃었던 평화를 되찾게 된다.

기쁨의 레이투르기아

성례전적 섬김의 예배로서 레이투르기아를 살아가는 삶은 결코 우울하거나 어둡지 않다. 오히려 진리의 빛과 기쁨으로 충만하다. 사도 바울은 그리스도를 본받아 살아가는 성도의 기쁨으로 충만했다. "만일 너희 믿음의 제물과 섬김 위에 내가 나를 전제로 드릴지라도 나는 기뻐하고 너희 무리와 함께 기뻐하리니 이와 같이 너희도 기뻐하고 나와 함께 기뻐하라"(빌 2:17, 18). 그는 또한 성도들에게 이 기쁨에 동참할 것을 요구했다. "주 안에서 항상 기뻐하라. 내가 다시 말하노니 기뻐하라"(빌 4:4).

기쁨은 우리를 향한 하나님의 마음이다. 교회가 박해를 이겨낼 수 있었던 것은 성례전적 하나님이 우리를 섬겨 주시는 기쁨과 우리가 성례전적 삶을 통해 받는 기쁨이 있었기 때문이었다. 기쁨은 교회의 외적 표현이자 복음의 생명력이다. 쉬메만은 기쁨의 중요성에 대해 이렇게 말했다. "교회가 이 기쁨을 잃어버렸을 때, 이 기쁨에 대한 믿음직한 증인이 되기를 그쳤을 때, 교회는 세상을 잃어버렸다. 기독교에 대한 가장 호된 비난은, 그리스도인들에게는 기쁨이 없다고 했던 니체의 말이었다."[25]

이 기쁨은 교회의 성찬 테이블에서 흘러나온다. 오순절 사건 직후 그리스도인들은 함께 모여 "집에서 떡을 떼며 기쁨과 순전한 마음으로 음식을 먹고 하나님을 찬미"했다(행 2:46, 47). 성례전적 예배에서 누리는 기쁨이 없다면 교회는 힘을 잃어버린다. "성찬식은 교회가 주님의 기쁨 속으로 들어가는 행위다. 이 기쁨 속으로 들어가는 것, 세상 속에서 이 기쁨의 증인이 되는 것은 교회의 핵심적인 소명이다. 기쁨은 교회의 본질적 '레이투르기아'이며 교회를 교회 되게 하는 성례다."[26] 교회 예배에서 기쁨을 얻는 그리스도인이 일상에서 진정한 기쁨을 세상과 나눌 수 있다. 성찬식에서 기쁨을 맛보고 이어 일상에서 성례전적 삶으로 드리는 예배 안에서 이 기쁨을 기뻐해야 한다.

예배의 기쁨은 윤리적 행위가 아니라 존재론적 충만함에서 나오는 것이다. 이 기쁨은 내가 하나님과 이웃에게 선행을 베풀고 인정받는 만족감이 아니다. 그리스도 안에서 하나님의 백성이 됨을 기뻐하시는 하나님의 기쁨이 우리에게 전달된다. 우리는 인위적으로 기쁨을 느끼려고 노력할 필요가 없다. 오직 하나님의 섬김을 받은 기쁨을 타인에게 복음의 섬김으로 전달할 뿐이다.

일은 어떻게 예배가 되는가?

생명을 섬기는 일

그리스도인에게 일터는 예배의 현장이다. 교회는 전통적으로 성도가 일터에서 하는 일을 예배와 연관시키고 예배에 합당하게 일하라고 권면했다. 그런데 근대 시대의 세속화 소용돌이 속에서 일이 예배와 분리되기 시작하고 이로 인해 기독교의 예배가 절름발이가 되었다. 교회 밖의 일상과 일터에서 예배가 사라졌다. 교회에서 성례전으로 만나는 하나님이 우리의 일상과 일터와 상관없는 분이 되었다. 교회의 공 예배와 일상의 예배가 분리되면 교회는 예배의 능력도 기쁨도 잃어버리게 된다. 성도들은 일터에서 기쁨을 누리지 못한다.

그리스도인이 참된 예배자로 살아가기 위해서는 교회와 일터에서 하나님의 섬김과 우리의 섬김을 회복해야 한다. 그리스도인은 일터에서 섬기는 자세로 일할 때 세상에 생명을 주는 예배자로 하나님을 영광스럽게 한다. 세상은 성례전적 태도로 일하는 그리스도인들을 통해 전에 알지 못했던 일의 즐거움을 보게 될 것이다.

그리스도인은 일터를 경작하고 지키라는(창 2:15) 일을 하는 제사장이다. 그리스도는 우리의 대제사장으로서 우리에게 일터에서 어떻게 제사장으로 살아야 하는지 모범을 보여주셨다. 그리스도인은 그리스도처럼 세상의 모든 생명들을 섬기라는 소명을 받았다는 사실을 기억하고 일할 때 그 일이 하나님께 드리는 예배가 된다.

그리스도인은 자기 욕망을 위해 경쟁에서 이기고 높이 올라가는 것보다는 그리스도처럼 동료들과 소비자들을 섬기는 사랑의 모습을 보여줌으로써 하나님께 받은 은혜에 반응한다. 섬김은 자기를 감추는 것이 아니라 오히려 그리스도인의 자기 정체성을 뚜렷하게 드러내는 행위다. 또한 그리스도인은 하나님의 섬김을 무시하고 거부하거나 조롱하는 사람들과 대립하고 저항하는 적극적 태도로 진리를 수호한다. 하나님의 섬김은 소극적이지 않다.

고대 교회는 예배에 참여하는 성도들이 예배에 합당한 일을 엄격하게 분별하고 감독했다. 3세기 인물인 히뽈리뚜스(Hippolytus)가 정리한 고대 교회의 규정집 『사도전승』에 따르면, 교회는 세례 예비자들을 교육하기 전에 그들의 직업을 심사했다. 교회는 세상의 직업들 가운데 세례 교인이 종사할 수 없는 부적절한 직업을 적시하고 그 직업에 있는 사람들에게 떠날 것을 요구했다. 응하지 않는 사람에게는 세례 교육을 실시하지 않았다.

예를 들어, 창녀를 조종하는 포주, 우상을 만드는 조각가나 화가, 검투사 관련 업종에 종사하는 사람들, 사람을 죽이는 군인, 마법사 등의 직업을 가진 사람들이 교회 안으로 들어오는 것을 허용하지 않았다. 이런 직업들은 당시 사회에서는 적법한 직업이었지만, 교회는 이러한 직업에 종사하는 것은 생명을 섬기는 성례전적 삶에 어긋난다는 이유로 거부했다.

교회가 금지한 직업을 떠나거나 이웃을 섬기는 일에 합당한 직업을 가진 사람만이 세례 교육을 받을 수 있었다. 만약 군인이 현실적인 문제로 떠날 수 없다면 사람을 죽이라는 명령을 명시적으로 거부하고 사람을 죽이라는 명령을 내리는 상관에게 복종하겠다는 선서를 하지 않아야 했다. 교회는 3년 동안 교육하면서 그들의 직업적 삶을 면밀하게 관찰한 결과를 토대로 세례를 받을 자격 여부를 결정했다.[27]

이처럼 성례전적 삶을 강조한 교회는 성도들이 직업에서 일을 예배로 승화시키기를 요구했다. 요즘에는 고대 교회처럼 성도들의 직업을 엄격하게 감시하고 감독하는 교회를 찾아보기 힘들다. 하나님이 우리의 생명을 섬겨 주셨듯이 우리도 일터에서 만나는 사람들의 생명을 섬기는 직업 소명에 투철해야 교회가 교회다워진다. 오직 하나님이 주신 생명을 섬기며 함께 번영하는 일만이 예배가 되기 때문이다.

욕망을 절제하는 일

다른 사람에게 잘 보이려고 하는 일은 예배가 될 수 없다. 사람들이 알아주지 않고 빛나지 않은 일이라도 섬김으로 할 때, 이 일은 예배가 된다. 그리스도인은 "세상에 있는 것들을 사랑하지" 않고 "육신의 정욕과 안목의 정욕과 이생의 자랑"을 구하지 않는다(요일 2:15, 16). "육체와 함께 정욕과 탐심을" 십자가에 못 박는다(갈 5:24). 하나님 앞에서 자신의 욕망을 내려놓고 절제하는 하나님의 나라와 뜻을 먼저 구할 때(마 6:34) 일상의 예배가 시작된다.

우리가 일터에서 하는 많은 일들은 평범하고 반복적이고 지루하다. 자기 욕망이 큰 사람은 이런 일들에 만족하지 못하고 좀 더 자신을 드러낼 수 있는 일을 찾아 떠난다. 이런 사람은 일상의 평범함을 거부하고 화려하고 특별한 것에서 자기만족을 얻으려 한다. 일상적인 일들은 조직과 삶에 필수적이지만 지루하고 오래 견디기 어려운 것이 사실이다. 하지만 이런 일들을 누군가 하지 않으면 세상은 즉시 대혼란에 빠진다.

농부들이 농사일은 수입이 적고 힘들다는 이유로 도시로 떠난다면 세상은 곧 기근에 시달릴 것이다. 엄마가 힘들다고 매일 아기 돌보는 일을 포기한다면 아기의 생명이 위험해진다. 건물 청소원이 매일 먼지를 뒤집어쓰고 청소하지 않으면 일터는 더럽고 위험해진다. 회계 직원이 매일 꼼꼼하게 장부 정리를 하지 않으면 회사가 파산한다. 농부와 엄마와 청소원과 회계원은 일상의 고달픔을 인내하고 수고함으로써 타자의 생명을 섬기는 것이다.

그리스도인은 자기 욕망을 채우는 것보다 자기 일을 통해 어떻게 세상을 섬길 수 있을지를 먼저 생각하는 사람이다. 예수 그리스도의 아버지 요셉은 목수로 일하며 가족들의 삶을 책임졌다. 그는 이마에 땀을 흘리며 성실하게 일하는 평범한 목수였다. 목수 요셉이 이웃들에게 생활 가구들을 만들어주는 일상적 노동에 관한 이야기는 성경 어디에도 자세히 기록되어 있지 않다. 예수 그리스도의 아버지이자 목수였던 요셉은 성경에서 사람들의 특별한 관심을 끌지 않는다. 단지 사람들이 그의 아들 예수를 "(우리가 아는 평범한) 그 목수의 아들"이라고 불렀을 뿐이다(마 13:55).

목수라는 평범하고 고된 일을 인내하며 가족 경제를 책임졌던 요셉의 삶이야말로 성례전적 삶이다. 자기 욕망을 절제하고 예배에서 받은 하나님의 섬김의 은혜를 본받아 살 때 가능한 삶이다. "우리는 사람들 앞에서 화려하게 빛나려고 애쓸 필요가 없다. 다른 사람들이 우리의 존재를 꼭 알아야 할 필요도 없다. 오직 하나님을 기쁘시게 하려는 의도를 가지고 사랑과 겸손으로 매일 감당해야 할 작고 평범하고 따분한 일을 수행하는 것만으로 충분하다."[28] 요셉처럼 자기 욕망을 절제하고 타자를 섬기는 일은 세상에 생명을 주는 예배다.

겸손하게 섬기는 일

직장인들은 승진 경쟁에서 이기고 싶어 한다. 다른 사람들보다 자신이 더 유능하다는 인정을 받고 싶어 한다. 그러나 그리스도인은 생존 경쟁이 치열한 일터에서 그리스도처럼 자신을 낮추는 섬김의 자세가 흐트러지지 않는다. 그렇다고 항상 승진 기회를 포기하라는 것이 아니다. 자기 스스로 높아지려는 의도가 아니라면 능력을 발휘할 기회가 주어질 때 외면할 이유가 없다.

섬김의 본질은 낮은 지위에 만족하며 머무르는 것이 아니라 신분과 지위에 상관없이 다른 사람들의 필요를 채워주는 배려심에 있다. 섬기는 사람은 상대방의 필요에 민감하다. 평직원이든 사장이든 눈높이를 낮춰 함께 일하는 사람들과 소비자들의 필요를 채워주려고 의식적으로 노력하는 것이 섬김이다. 눈높이를 높이면 욕망의 포로가 될 수 있다. 욕망은 상대를 지배하고자 하는 배타적 마음이다.

자기를 낮춤으로써 그리스도인은 세상에 생명을 불어넣는다. 물이 위에서 아래로 흐르듯 생명은 하나님으로부터 가장 낮은 사람을 향해 흐른다. 그리스도인은 나보다 낮은 자들에게 관심을 가지고 그들의 능력을 키워주고 번영하도록 도움으로써 섬김을 실천한다. 낮은 자나 약자를 자기 성장을 위해 이용하지 않는다.

사도 바울의 자비량 사역은 성례전적 섬김을 보여주는 좋은 사례다. 당시 텐트 만드는 일은 바울처럼 학식 많고 로마 시민권을 가진 사람이 할 일이 아니었다. 이 일은 노예나 노예 상태에서 갓 해방된 사람들이 하는 천한 직업이었다. 물건을 만들어 파는 일은 자신이 천한 신분임을 드러내는 것이었다.

그러나 바울은 천한 신분이라는 낙인을 기꺼이 받아들이고, 심지어 이 낙인을 사랑의 근거(고전 9:15)이자 보상으로 받아들이고자 했다. 그가 천막 만드는 일을 한 것은 선교 비용을 스스로 충당하려는 이유 때문만은 아니었다. 더 중요한 이유가 있었다. 그는 "내가 모든 사람에게서 자유로우나 스스로 모든 사람에게 종이 된 것은 더 많은 사람을 얻고자 함이라"(고전 9:19)고 강조했다. "약한 자들에게 내가 약한 자와 같이 된 것은 약한 자들을 얻고자 함이요 내가 여러 사람에게 여러 모습이 된 것은 아무쪼록 몇 사람이라도 구원하고자 함이니"(고전 9:22).

사도 바울은 로마 사회에서 손으로 하는 노동을 비천하다고 생각했기에 "약하고 천한 사람들을 얻으려고 자신을 낮추고 일했다."[29] 시장터에서 텐트를 만들어 팔아서 생계를 유지하며 선교했던 바울의 성례전적 노동은 자기보다 낮은 계층의 사람들을 섬기는 향기로운 예배였다. 일터에서 높은 사람에게 잘 보여 좋은 자리에 가려고 애쓰기보다 자기 아래 사람들을 섬기기 위해 몸과 마음의 자세를 낮추며 일할 때, 그 일은 일상의 예배가 된다.

나눔으로 함께 성장하는 일

일터에서는 타인을 희생하고 자신의 유익을 얻는 경우가 비일

비재하다. 자본주의 사회에서 흔히 고용주는 사람을 비인격적 자원의 하나로 여긴다. 20세기 초 미국의 자동차 왕 헨리 포드는 주변 사람들에게 "나는 노동자의 일손만 고용하는데 왜 그들의 인간 존재까지 받아야 하느냐?"고 불만을 토로했다고 한다. 그는 노동자들의 희생 위에 성공한 기업인의 상징이다.

그러나 성례전적 섬김으로 일하는 그리스도인은 일터에서 자신의 유익을 위해 타인의 존재와 능력을 희생하지 않는다. 오히려 타인의 번영하는 삶을 위해 자기 능력과 자원을 다른 사람들과 아낌없이 나눈다. 자기희생은 여분의 것을 불운한 사람에게 베푸는 자선이 아니라 자발적으로 그리스도의 고난에 참여함으로써 생명의 연대를 이루는 것이다. 그리스도인은 하나님으로부터 받은 은혜와 사랑의 선물을 타인과 나눔으로써 은혜와 사랑의 공동체를 형성한다.

베드로는 까다로운 - 혹은 잔인한 - 주인으로부터 괴롭힘을 받고 있는 종으로 일하던 그리스도인들에게 십자가의 그리스도를 닮아 인내하고 순종할 것을 권면했다. 주인의 보복이 무서워서가 아니라 주인에게 그리스도의 생명을 주기 위해서였다. 베드로는 종과 주인이 그리스도 안에서 하나 되는 사랑의 교회공동체를 위해 종에게 자기를 희생하는 그리스도의 모범을 따를 것을 요청한 것이다(벧전 2:18~25).

자기를 희생하고 자기를 타인과 나누는 성례전적 삶은 일방적으로 손해를 보는 '정의롭지 않은' 행위를 강요하지 않는다. 그리스도가 먼저 우리를 위해 희생하고 자기를 나눠주심으로써 우리가 그리스도 안에서 하나가 되어 서로 사랑하는 공동체를 이룬 것처럼, 희생하는 사람과 도움받는 사람은 함께 번영하는 공동체를 이룬다. 4세기의 설교자 요한네스 크리소스토무스(Joannes Chrysostomus)가 이와 관련해서 멋지게 설교한 적이 있다.

> 만약 대장장이가 자기 기술을 아무에게도 알려주지 않는다면 자기 자신과 다른 모든 기술자도 망하게 한다. 마찬가지로 구두공, 농부, 제빵사, 그리고 필요한 모든 소명을 추구하는 사람들이 자기 기술의 결과들을 아무와도 소통하지 않는다면 다른 사람들뿐 아니라 자기 자신도 망하게 될 것이다...농사, 공부, 기술 등의 영역에서 서로 주고받는 것은 서로를 축복하는 원리다. 만약 기술을 혼자만 알고 있으려 하는 사람은 자기 자신과 모든 일들에 해를 가져올 것이다. 만약 농부가 씨앗을 집안에 묻고 보관만 한다면 심각한 기근이 올 것이다. 마찬가지로 부자가 자신의 재산을 그렇게 활용한다면 무척 고통스러운 지옥 불을 자기 머리에 쌓기에 가난한 사람보다 자기가 먼저 망할 것이다. (고전 3:18, 19절 설교에서 발췌)[30]

그리스도인이 자기 것을 동료들과 나누고 함께 성장하고 번영하는 공동체를 만들기 위해 노력한다면 이는 하나님이 기뻐하시는 예배가 되기에 충분하다. 내 시간과 재능과 물질을 다른 사람과 나누는 것은 내가 가진 모든 능력이 하나님의 선물이라고 믿기 때문이다.

직장에서는 흔히 업무 능력이 모자라는 사람들을 귀찮게 여기고 함께 일하지 않으려 한다. 효율성이 떨어져 방해가 된다고 생각하기 때문이다. 많은 시간과 돈을 투자해 배운 지식과 기술을 다른 사람들과 공유하지 않으려 한다. 그러나 그리스도인은 자신의 지식과 능력을 통해 다른 사람들이 성장하고 일을 더 잘 할 수 있도록 기꺼이 자신의 것을 나눈다. 상대방이 나를 통해 성장해서 회사 전체에 유익을 끼치기를 원한다. 이러한 리더십을 가진 사람이 일터를 행복하고 성장하는 공동체로 만들어간다.

기쁨으로 충만한 일

성례전적 삶은 기쁘다. 기쁨(joy)은 자기 성취에서 느끼는 만족감이나 육체적 쾌락이 아니라 타자를 섬길 때 마음의 중심에 넘치도록 주시는 성령의 열매다(갈 5:22). 하나님이 우리에게 맡겨주신 자원과 능력이 하나님의 의도에 맞게 활용될 때 하나님은 우리의 일을 기뻐하신다. 예수님의 달란트 비유(마 25:14~30)에서 다섯 달란트와 두 달란트 받은 종들이 재산을 두 배로 불리자 돌아온 주인은 그들을 칭찬하고 크게 즐거워했다. 그리고 종들도 주인의 즐거움에 참여하는 특권을 받았다.

그리스도인이 일터에서 느끼는 보람은 자기가 큰 업적을 냈을 때보다 다른 사람들의 성취에 기여했을 때가 더 크다. 이러한 보람과 기쁨은 자기를 제한하고 자기를 낮추고 자기를 희생하는 하나님을 본받음으로써 얻을 수 있다. 이처럼 함께 기쁨을 누리는 일은 하나님께 드리는 예배다. 기쁨은 혼자 누리는 것이 아니라 함께 누리는 공동체적 특성을 가지고 있다.

하나님은 고대 이스라엘 백성들에게 첫 추수를 마친 칠칠절과 마지막 추수를 마친 초막절에 동네 모든 사람들이 하나님 앞에 모여 배불리 먹고 마시며 "즐거워하라"고 명령하셨다(신 16:11,

14, 15). 레위인, 과부, 고아, 나그네 등 생산 능력이 없는 모든 가난한 이웃들도 이 즐거움에 초대되었다. 이스라엘 농민들은 노동으로 얻은 열매를 하나님이 지켜보시는 앞에서 이들과 함께 나누며 감사의 축제를 즐겼다. 이 열매를 "하나님 여호와께서 주신 복"이라고 믿었기 때문이다(신 16:17; 26:11). 이렇게 이스라엘의 노동은 예배의 기쁨을 낳았다.

글로벌 에너지 회사인 AES의 회장 데니스 바케(Dennis W. Bakke)는 네 가지 경영 원칙 가운데 '즐거움(joy)'을 매우 중요하게 여겼다. 그는 회사를 즐거운 일터로 만들기 위해 회사 안팎의 압력과 싸우며 '즐거움의 원칙'을 지켰다. 더 많은 이윤을 벌기 원하는 주주들과 회사 임원들은 바케의 '즐거움의 원칙'이 성장에 방해가 된다며 달가워하지 않았지만 그는 즐거운 회사 만들기에 매진했다.

그가 일하는 즐거움을 고집한 것은 회사 직원들을 이윤을 위한 경제적 자원이 아니라 함께 일해서 먹고 사는 공동체 구성원으로 여겼기 때문이다. 그는 가족이 함께 즐겁게 살아야 행복한 가정이 되는 것처럼, 직원들이 즐겁게 일해야 좋은 회사가 된다는 확신을 굽히지 않았다.

바케는 즐거운 일터를 만들기 위해 네 가지 리더십 덕목이 필요함을 회사 경영을 통해 깨달았다고 술회했다. 아랫사람들을 귀하게 여기고 존중하는 겸손, 자기 권력을 아랫사람에게 과감하게 위임할 수 있는 용기, 다른 사람의 가치와 중요성을 인정하는 사랑, 동료들을 위해 일할 수 있는 열정.[31] 그는 "일터의 즐거움과 성공을 증가시키기 원하는 리더들은 자신이 행사하는 권력이 아닌, 자신이 이끄는 사람들의 성과에서 만족을 얻는 것을 배울 필요가 있다"고 말했다.[32]

많은 돈을 벌고 높은 자리에 오르더라도 마음에 흡족한 기쁨이 없다면 그동안 해온 일에 보람을 느끼기 어렵다. 그러나 성례전적 섬김으로 일하는 사람의 마음은 기쁨과 감사로 채워진다. 모든 것이 하나님의 선물이고 복이라고 믿는 사람은 어떤 상황에서도 기쁨과 감사로 일상의 예배를 드리며 일한다.

예배하는 일을 위한 실천적 함의

우리는 이번 장에서 일과 예배에 대해 살펴보았다. 예배는 영적 세상에서만 드리는 것이 아니다. 기독교 예배는 세상을 부정하거나 세상에 무관심하지 않는다. 오히려 예배는 세상에 생명을 불어넣는 하나님의 섬김이다. 교회에서 드리는 한 시간의 공 예배는 일상의 공적 영역에서 드리는 예배로 이어진다. 공 예배와 일상의 예배는 하나님의 섬김을 본받는 성례전적 삶으로 드리는 레이투르기아로 올바르게 실현된다. 그리스도인이 일터에서 예배자로 살기 위해서는 세 가지 실천적 원리를 항상 염두에 두어야 한다.

첫째, 교회에서 드리는 공 예배는 일상의 예배로 이어진다는 원리다. 공 예배에서 우리는 우리를 위해 자기를 희생하신 하나님의 섬김을 받았고 지금도 받고 있는 존재임을 반복적으로 확인한다. 우리는 하나님의 섬김에 감사와 찬양으로 반응한다. 우리의 반응은 공 예배를 마치고 일상으로 돌아가 하나님의 섬김을 본받는 성례전적 삶을 통해 레이투르기아로서의 예배를 드린다. 우리는 일상의 예배를 통해 하나님께 받은 생명을 세상과 함께 나누는 기쁨 가운데 살아간다. 이렇게 공 예배는 공적 영역에서 이루어지는 일상의 예배로 이어진다.

둘째, 일터에서 이웃을 섬기는 일로 하나님을 예배한다는 원리다. 하나님은 자기를 제한하고, 자기를 낮추고, 자기를 희생하심으로 우리를 섬기신다. 그리스도인은 하나님의 성례전적 성품을 일터와 일에 반영하기 위해 노력해야 한다. 그리스도인은 세상을 섬김으로 세상에 생명을 불어넣는다. 만약 그리스도인이 다른 사람들과 마찬가지로 높은 자리를 욕망하고 타인의 희생 위에서 목표를 달성하고자 한다면 세상에 생명을 주시는 하나님의 뜻을 실현할 수 없다. 그리스도인은 일터에서 이웃을 섬기는 일로 하나님을 섬기는 예배자로 부르심을 받았다.

셋째, 기쁨으로 일한다는 원리다. 하나님은 우리가 하는 일을 통해 다른 사람들이 유익을 얻고 즐거워하는 모습을 보고 기뻐하신다. 하나님이 기뻐하실 때, 우리도 기뻐할 수 있다. 하나님은 예배를 통해 세상은 하나님의 섬김의 통치 아래 있음을 선포한다. 우리는 하나님이 나를 통해 다른 사람들의 필요를 채워주신다는 믿음으로 일할 때 일 자체에서 기쁨을 누린다. 일터에서 제사장의 역할을 다할 때 하나님은 우리에게 기쁨을 선물로 주신다. 그러므로 그리스도인은 일터에서 이 기쁨을 간구하고 누려야 한다. 이에 우리는 일을 통하여 하나님께 드리는 거룩한 예배를 이어가게 된다.

제9장
위험한 돈을 다루는 영적 스킬

믿음과 소망과 사랑으로 돈을 조심스럽게 다루어라

돈은 왜 그렇게 중요한 것인가?

"돈 더 주는 곳으로 이직합니다."

제약회사 영업부서 관리자인 S씨는 평소 아끼던 후배 영업사원이 사직서를 제출하자 크게 낙심했다. 후배는 평소 이직이 많은 영업부서에서 10년 동안 호흡을 맞춰온 특별히 아끼는 팀원이었다. 주말에는 함께 운동을 하고 사적인 대화를 스스럼없이 나누는 사이였다. 그런데 갑자기 사직서를 내밀자 심하게 뒤통수를 맞은 느낌이었다.

S씨는 사전에 자신과 아무런 상의도 없이 사직서를 불쑥 내민 후배가 무척 섭섭했다. 퇴직 이유를 물었다. 후배는 이렇게 대답했다. "미리 말씀드리지 못해서 죄송해요. 일에 지쳐서 쉬고 싶어요. 쉬면서 다음 진로를 천천히 생각하려고요." 다음날 S씨는 다른 회사 영업사원에게 그 후배가 한 달 전부터 경쟁 회사로부터 스카우트 제안을 받았다는 소문을 전해 들었다.

며칠 뒤 S씨는 업무 인수인계차 출근한 후배에게 "우리 회사에 남으려면 연봉을 얼마나 더 올려주면 되느냐"고 물어보았다. 우수 영업사원 확보에 사활을 걸고 있는 회사 입장에서는 이 후배만 한 유능한 사람을 찾기도 어려워 어떻게든 붙잡고 싶은 마음이었다. 후배는 머뭇거리다 솔직하게 말했다. "선배님 죄송해요. 저쪽 회사로부터 연봉 30% 인상을 약속받았습니다. 저희 가족이 요즘 재정적으로 어려운 문제가 생겼습니다. 저도 떠나고 싶지 않았지만 이 정도 연봉 인상을 거절할 수가 없었습니다. 우리 회사에서는 말도 꺼내기 어렵잖아요."

S씨는 그 말에 설득 계획을 포기했다. 그는 후배에게 "직장인에게 연봉보다 더 중요한 것이 없는데 당신을 붙잡을 방법이 없다"며 무척 아쉬운 마음으로 후배를 보내주었다. 그는 씁쓸하고 허탈한 마음을 이렇게 표현했다. "오랫동안 영업 전선에서 우여곡절을 함께 겪으며 동지애로 똘똘 뭉쳤다고 생각했는데 어리석은 생각이었습니다. 돈이 참 무섭네요. 회사에서는 사람보다 돈이 더 우선이네요. 직장에서 쌓은 우정은 돈 앞에서 아무것도 아닌가 봐요. 안타깝지만 이것이 현실인 것을 어떻게 하겠어요."

돈이 전부인 직장

S씨의 자조 섞인 하소연처럼 돈은 직장생활의 전부일까? 전부는 아닐지라도 직장인들에게 돈이 직장생활을 결정하는 가장 중요한 요소인 것은 틀림없는 것 같다. 시장조사 전문 업체인 엠브레인이 한국 직장인들을 대상으로 실시한 2022년 리서치에서

'연봉만큼 직장인들에게 중요한 것은 없다'는 문항에 동의하는 사람이 78.5%였다. 이 조사에 참여한 직장인의 절반 이상은 업무에 비해 받는 급여가 적다고 느껴지면 이직을 고민하게 된다고 응답했다.[1] 경쟁 회사로 이직한 S씨의 후배도 같은 생각이었을 것이다.

같은 조사에서 절반 안팎의 직장인들은 직장생활에서 연봉 이외에도 중요한 조건들이 있다고 생각하거나 높은 연봉이 직장생활의 전부는 아니라고 응답했지만, 절대다수는 연봉을 직장생활에서 가장 중요한 조건으로 여기고 있었다. 직장인들은 '연봉 높은 직장'을 가장 선호하는 직장으로 꼽았다.[2]

이 조사 결과에서 볼 수 있는 것처럼, 돈은 직장인들이 일하는데 가장 중요한 동기로 작용하고 있다. 전통적으로 경제의 세 요인으로 여겨온 토지, 노동, 자본 가운데 자본은 현대 자본주의 사회에서 다른 두 요인을 대체할 수 있는 절대 강자로 부상했다. 토지와 노동은 자본으로 살 수 있지만 자본이 없으면 생산에 필요한 토지와 노동을 공급받을 수 없기 때문이다.

이처럼 자본은 경제활동에서 중심적 지위와 막대한 힘을 가지고 있다. 19세기 독일의 사회학자 막스 베버는 자본주의에서 돈이 인간을 지배하는 현실을 날카롭게 지적했다. "인간은 돈을 벌고 취득하는 일에 지배당한다. 이는(돈은) 그의 삶의 궁극적 목적이다."[3] 돈이 삶의 목적이 되었다는 뜻이다. 그리스도인들이 일터에서 소명으로 살아가기 힘든 이유 가운데 하나도 막강해진 돈의 영향일 것이다. 돈은 일터에서 하나님의 소명을 가린다. 돈과 소명이 충돌할 때 돈을 포기하고 소명을 선택하기란 결코 쉬운 일이 아니다.

시스템이 된 돈

돈은 어떻게 이처럼 막강한 힘을 가지게 되었을까? 돈 없이는 살 수 없을까? 자본주의 사회에서 돈은 모든 곳에 영향력을 행사한다. 돈은 경제활동을 하는 기업에만 필요한 것이 아니다. 정부 기관, 비영리 기구, 가정, 학교 등 사람들이 활동하는 모든 곳이 돈 없이 존립할 수 없다. 또한 교회나 성당, 회당, 모스크, 절 등 종교단체들도 마찬가지다. 사람이 공기를 호흡해야 살 수 있는 것처럼, 경제활동에서 돈은 피와 같은 것이다. 돈이 있어야 사람은 경제활동을 하며 살아간다. 이처럼 돈이 없으면 경제활동이 불가능한 세상이다.

이 세상에서 돈은 우리가 살아가는 사회의 모든 영역을 이어주고 움직이고 평가하는 시스템이 되었다. 돈은 모든 사람들이 의존하는 사회 구조로서의 시스템이 되었다. 교환의 매개 수단으로 여겨지던 돈이 이제는 인간 활동을 통제하는 유용하고 편리한 보편적 가치가 되었다. 이제는 돈 때문에 파괴되어가는 환경 문제도 돈으로 해결하려 한다. 정부는 흔히 환경 문제 해결방안을 이해관계자들에게 설득하기 위해 경제적 효과가 얼마인지 돈으로 계산한다.

이와 같이 우리는 돈에 둘러싸여 있다. 돈은 지속적으로 영향력을 확장해 가고 있다. 돈은 어떻게 자본주의 사회에서 중심 세력이 되었을까? 크레이그 게이(Craig M. Gay)는 모든 질적 가치를 숫자라는 양적 가치로 객관화하는 능력을 갖춘 돈이 인간의 경제활동을 예측하고 계획하고 통제하고 평가하는 합리성의 세계를 구축했다고 분석했다.[4] 우리는 머니 메트릭(money metric) 세상에 살고 있다. 모든 것이 돈으로 측정되고 통제될 수 있는 세상이다. 머니 메트릭 세상에서는 사람의 마음도 돈으로 계산할 수 있을 정도로 돈이 온 세상을 지배한다.[5] 외딴 숲속의 기도원이나 수도원에서 살아가는 성직자들이나 수도사들도 누군가 돈을 후원해야 존속할 수 있다. 자연 속에서 홀로 살아가는 자연인도 돈 없이는 못 사는 세상이 되었다.

욕망의 대상이 된 돈

돈이 세상의 중심이 되어갈수록 사람들의 관심은 돈에 집중될 수밖에 없다. 돈으로 돈을 버는 세상에서 사람들의 마음과 생각은 온통 돈에 쏠린다. 많은 직장인들이 직장에서 일해서 버는 근로소득과 사업소득 외에도 주식, 부동산, 코인 등 돈을 투자해 돈을 버는 자본소득을 벌기 위해 공부하고 투자하고 분석한다.[6] 최근 고위급 정치인이나 공무원들이 국회 회의장에서 핸드폰으로 주식이나 코인 투자 활동을 하다 적발되기도 했다.

경제학자들은 돈의 세 가지 기능을 지적한다. 상품의 가치를 정하는 척도로서의 돈, 상품과 상품을 교환하는 수단으로서의 돈, 자본을 증식하는 화폐로서의 돈이다. 돈은 시장에서 이 세 가지 기능을 동시에 수행하고 있지만 오늘날 사람들은 가치 척도와 교환 수단으로서의 돈보다 자본을 증식하는 화폐에 빠져들고 있다.

시장은 돈으로 상품을 교환하는 곳에서(상품-돈-상품) 돈을 벌기 위해 상품을 교환하는 곳으로(돈-상품-돈) 옮겨갔다. 교환 수단이었던 돈이 그 자체로 교환의 목적이 되어가고 있다. 돈으로 살 수 있는 것들이 늘면서 돈의 영향력이 높아지고 있다. 더 많은 돈은 더 많은 영향력을 갖는다. 그래서 사람들은 더 많은 돈을 갖고 싶어 한다. 막스 베버의 친구였던 게오르그 짐멜(Georg Simmel)은 "수단으로서의 돈의 가치가 증가함에 따라서 목적으로서의 돈의 가치가 증가하는데, 그것도 돈이 절대적인 가치로 간주 되고 돈에서 목적의식이 완전히 사라져버리는 정도에까지 이른다"고 말했다.[7]

자본을 증식하는 화폐로서 돈은 칼 마르크스가 표현한 것처럼 '절대적인 사회적 부의 형태'로서 사람들이 욕망하는 대상이 된다. 사람들은 화폐를 보유하게 되는 것을 마치 '현자의 돌을 발견하는 것'처럼 여긴다.[8] 돈에 대한 욕망은 상품에 대한 욕망과 본질적으로 다르다. 상품으로 만족할 수 있는 수준은 한계가 있지만 돈의 욕망은 끝이 없다.[9]

이 때문에 사람들은 돈을 권력으로 여긴다. 더 많은 돈을 가지면 더 많은 것을 가질 수 있다는 믿음 때문에 돈을 많이 가질수록 더 많은 돈을 갖길 원한다. 가난한 사람은 생계를 유지하기 위해 필사적으로 돈을 벌려고 한다. 그들은 충분히 돈을 번 것 같지만 여전히 생계의 염려에서 벗어나지 못한다. 이렇게 돈은 모든 사람들의 마음에 '조금만 더' 정신을 심어준다. 대부분의 현대인들이 돈에 중독되었는지도 모른다. 모두 돈을 끝없이 욕망한다. 돈은 이 욕망을 절제할 수 있는, 영성 없는 부족한 사람들의 마음을 지배한다.

돈으로 살 수 없는 것은 없다?

돈의 권력은 돈의 구매력에서 나온다. 현대 사회에서 돈의 구매력은 막강하다. 샌델은 이런 세태를 심각하게 우려한다. "세상에는 돈으로 살 수 없는 것들이 있다. 하지만 요즘에는 그리 많이 남아 있지 않다. 모든 것이 거래 대상이 되고 있기 때문이다."[10] 과거에는 생각하지도 못했던 것들이 돈으로 해결된다. 예를 들어, 교도소 감방 업그레이드, 멸종위기에 놓인 검은 코뿔소를 사냥할 권리, 환자들에게 의사의 휴대전화 번호 공개, 로비스트 대신 국회의사당 앞에서 밤새 줄서기, 이마나 신체 일부를 상업용 광고로 임대하기, 학력 부진아의 독서 보상하기 등 예전에는 거래 대상이 아니었던 것들이 이제는 공개적으로 혹은 암암리에 돈으로 거래되고 있다.[11]

이처럼 모든 것이 돈으로 거래되도록 방치해도 괜찮을까? 샌델은 시장에 속한 영역과 시장과 거리를 두어야 할 영역을 구분해야 한다고 주장한다. 건강·교육·가정생활·자연·예술·시민의 의무와 같은 영역은 경제적 기준이 아니라 도덕적 정치적 가치와 판단이 우선적으로 적용되어야 한다는 것이다.[12] 그는 모든 것을 돈으로 사고팔 수 있다면 돈을 가진 사람과 가지지 않는 사람들 사이의 불평등이 양극화되고 시장이 부패한다고 경고한다.[13]

샌델이 지적한 것처럼, 돈으로 살 수 있는 것이 급증하면서 생산과 소비 활동이 이루어지는 시장 경제(market economy)가 모든 인간 활동을 돈으로 사고팔 수 있는 시장 사회(market society)로 변질되어가고 있다.[14] 사람들은 무엇을 거래할 때 "이것이 어떠한 가치가 있는가?"를 묻는 대신 "이것이 얼마의 가치가 있는가?"를 먼저 따진다.

이처럼 막강한 능력자로 등극한 돈이 우리 삶을 좌지우지하고 있는 현실에서 우리는 질문해야 한다. 돈으로 모든 것을 살 수 있는 세상에서 우리는 정말 행복할까? 이런 세상에서 우리는 하나님이 주신 소명조차 돈으로 계산하게 되지 않을까? 돈이 우리를 통제하는 세상에서 우리는 돈을 하나님의 소명을 위해 사용할 수 있을까? 이 질문들에 대한 답을 찾기 위해서 우리는 먼저 돈이 만들어가는 세상을 좀 더 자세히 들여다볼 필요가 있다.

돈이 만들어가는 세상

비인격적(객관 문화) 세상

돈의 영향력이 커질수록 세상은 사람 냄새가 나지 않는 비인간적인 곳으로 변해간다. 맘몬이 된 돈은 거래되는 재화에 담겨 있는 고유한 질적(質的) 가치를 양적(量的) 가치로 바꾼다. 돈이 도구가 아닌 목적이 되었을 때 예외가 없다. 돈은 공평한 거래를 위해 교환되는 모든 것들의 가치를 매기는 등가물(等價物)이다. 돈은 숫자로 모든 가치를 측정한다. 쌀 10kg이 5만 원이라면 kg당 1만 원짜리 감자 5kg과 교환될 수 있다. 가격이라는 객관적 기준이 정해지면 농민이 쌀과 감자를 재배할 때 쏟은 노력과 애정 같은 주관적 가치나 개별적 관계 등은 철저하게 배제된다.

돈으로 거래하는 행위가 일상화되면서 대부분의 사람들은 거래되는 재화의 가격에만 관심을 가질 뿐 재화가 생산되기까지 거쳤던 흔적과 생산자에 대한 정보와 같은 질적 가치에 관심이 없다. 그리고 알려고 하지도 않는다. 짐멜은 돈에서는 냄새가 나지 않는다는 말로 돈의 비인격성을 꼬집었다.

> 화폐 거래에서는 인정미가 사라지는 것이 전적으로 옳은 것이다. 돈은 절대적으로 객관적인 것이기 때문에 거기서는 모든 인격적인 것이 소멸된다. 바로 이런 연유로 또한 다른 모든 소유물은 우리로 하여금 아주 다양한, 긍정적인 또는 부정적인, 그리고 종종 그 무엇으로도 대체할 수 없는 가치를 느끼도록 하는 데 반해 돈에는 그런 의미에서는 역사가 없다…돈은 '냄새가 나지 않는다.'[15]

돈은 교환의 과정에서 인격적인 것들을 소멸시킨다. 돈은 노동자들의 노동력을 평가하는 객관적 기준이 되었다. 노동자는 자기 노동을 상품으로 판매하고 돈을 받으면 무슨 일을 했는지 그리 중요하게 생각하지 않는다. 노동자는 노동에 정당한 돈을 지불받는지 여부만을 중요하게 생각한다. 대부분의 일터에서 돈 - 그것이 이윤이든 매출이든 연봉이든 상관없이 - 이외에 개인적 이슈나 고민은 사람들의 주요 관심 대상이 아니다. 오직 돈이 유일한 공통의 관심사다.

개별적 고유성을 잃어가는 세상

모든 것의 가치를 객관적 숫자로 결정하는 돈은 사람들의 사고 방식에 깊은 변화를 가져왔다. 사람들은 매매하는 재화의 고유한 가치에 관심이 없다. 돈은 모든 것을 교환 가능한 객관적 가치를 지닌 중립적인 것으로 취급한다. 따라서 재화의 개별성은 사라진다. 모든 재화는 생산 과정에 고유한 이야기를 가지고 있지만 시장에서는 이런 이야기들이 사라진다.[16]

짐멜은 돈을 '비천한' 것이라고 했다. 왜냐하면 "여러 가지 것들에게 동일한 것은 그 가운데 가장 낮은 것과 동일한 것이며, 따라서 가장 높은 것도 가장 낮은 것의 수준으로 끌어내려"지기 때문이다.[17] 재화와 서비스를 생산하는 과정에 모든 사람들이 어떤 노력을 했는지에 대한 이야기들은 의미가 없어진다. 오직 가격만이 중요하다. 돈은 모든 것들을 평등하게 만드는 '민주적' 특성을 가지고 있지만, 바로 이 때문에 교환되는 모든 재화는 아무런 향기도 나지 않는 재미없고 밋밋한 사물일 뿐이다.

개별적 고유성이 외면당하는 문화에서는 재화와 서비스의 원래 주인공인 사람에 대한 관심이 사라진다. 식당에서 밥을 사 먹는 사람들을 생각해보자. 이들의 우선적 관심사는 무엇일까? 맛있는 밥과 싼 가격이다. 가성비를 따진다. 밥을 먹으면서 맛이 가격에 합당한지 여부를 생각한다. 이 밥을 만드는 사람들이 어떤 사람들인지, 그들이 어떤 노력을 기울였으며, 어떤 과정을 거쳐 만들었는지 구태여 알려 하지 않는다. 이 가격을 지불할 가치가 있는지를 판단하는 것이 최고 관심사다. 단골손님이 아니라면 식당 누구에게도 눈길을 주지 않는다. 식당 종업원도 마찬가지다. 손님이 누구인지 관심이 없다. 맛있게 밥을 먹고 밥값을 계산하고 나가면 그만이다. 시장에서 재화들은 "그 질은 무시된 채 오직 싸다는 이유만으로 매매된다."[18]

공동체보다 개인의 세상

화폐로서의 돈은 공동체를 허문다. 공동체는 구성원들의 생명과 복지를 서로 책임지는 연대의식으로 살아간다. 공동체 안에서 구성원들은 서로 잘 알고 각자의 고유한 가치와 존엄을 인정하고 서로 돌본다. 공동체는 구성원들과의 거래로 자기의 독자적 이윤을 추구하기보다는 공동의 이익을 우선 추구한다. 공동체 안에서 매정한 돈거래는 비난받기 십상이다.

공동체에서는 돈이 큰 힘을 발휘하지 못하며 화폐 경제 역시 발전하기 어렵다. 마르크스가 관찰한 것처럼, 자본을 증식하는 화폐는 공동체 밖에서 발전한다. 자본주의가 발전한 서구 근대사에서 화폐의 발전은 유럽의 전통적 공동체가 몰락하고 개인들이 모여 사는 도시에서 발전했다. "화폐 자신이 코뮨(commune)이 아닌 곳에서 화폐는 코뮨을 해체한다."[19] 지역 화폐를 사용하는 폐쇄 공동체가 아닌 사회에서 화폐가 사용되기 시작되면 전통적인 공동체 문화와 인간관계가 해체되고 재화 교환 당사자로서 개인의 활동이 중시되기 때문이다.

시장에서 교환은 익명으로 이뤄진다. 그러므로 상품을 교환하는 사람은 서로에게 타인으로 존재한다. 페르디난트 퇴니스(Ferdinand Tönnies)가 언급한 전통적 공동체 혹은 공동 사회(게마인샤프트 Gemeinschaft)로부터 근대적 이익 사회(게젤샤프트 Gesellschaft)로 이행하는 과정에서 돈의 역할이 중요했다. 게마인샤프트에서는 공동체 내부의 규정에 의해 인간관계가 유지되지만, 게젤샤프트에서는 돈을 매개로 한 계약관계가 중심을 이룬다.[20]

사실 사람들은 노동이 분업화된 자본주의 사회에서는 노동이 미분화되었던 전통적 공동체 사회보다 훨씬 더 많은 사람들과 만나게 된다. 분업화된 생산과 소비의 광범위한 네트워크 안에 참여하기 때문이다. 내가 밥을 먹기 위해서는 농부, 도정업자, 운송업자, 도소매업자, 식자재업자 등 많은 사람들의 도움이 필요하다. 나는 돈을 지불함으로써 이들과 간접적으로 연결된 네트워크에 참여하게 된다. 하지만 나는 돈을 지불하는 것 외에는 그들과 아무런 인간관계를 직접 맺지 않는다. 교환에 참여하는 나는 그들과 공동체적 관계를 맺지 않고 개별적 존재에 머문다. 그들 개인의 고유한 가치에 대해 나는 아무것도 모른다. 그들 이름도 얼굴도 성격도 종교도 모른다. 돈을 내고 그들과 거래를 마치면 남남으로 헤어진다. 그리고 대부분 다시 볼 일이 없다. 거대한 경제 네트워크에 참여하지만 나는 개인일 뿐, 공동체적 관계를 형성하지 않는다.

이처럼 돈 위에 세워진 자본주의 사회에서는 공동체적 이익보다 개인의 이익이 우선이다. 자본주의 사회의 공기는 냉랭하다.

셰익스피어의 소설 『베니스의 상인』의 고리대금업자 샤일록처럼 채무자가 어떤 어려운 상황에 처해 있는지 내 알 바 아니다. 돈을 갚든지 약속대로 엉덩이 살을 잘라 대신 갚아야 한다. 돈은 개인의 이익 앞에서 지독하게 잔인해질 수 있다.

의미를 상실한 세상

돈이 지배하는 세상에서 우리는 자칫 인생의 길을 잃을 수 있다. 수단이어야 하는 돈이 목적이 될 때 우리는 하나님께서 각자에게 주신 삶의 의미와 소명에서 멀어질 우려가 크다. 짐멜은 돈을 잘 활용하면 더 풍성한 주체적 삶을 살아갈 수 있을 것으로 기대했다. 돈의 양적 특성이 질적으로 새로운 생활양식을 만들어낼 수 있다는 것이다. 여유로운 돈이 생기게 되면 예술과 사교, 종교, 정치 등 비경제적 활동에 참여하면서 원하는 삶을 즐길 수 있을 것이다.[21] 과연 우리는 돈으로 생긴 여유를 즐기면 삶의 의미를 발견할 수 있을까? 돈이 떨어지면 또다시 의미 없는 노동의 삶으로 내몰리는 것은 아닐까?

돈이 많고 적음을 떠나 돈이 지배하는 현실에서는 주체적이고 창조적인 삶을 살기 어렵다. 돈이 삶의 의미와 목적을 가리기 때문이다. 돈은 원래 목적을 위한 수단이기에 삶에 진정한 의미와 목적을 줄 수 없다. 따라서 돈이 일하는 목적이 되면 일의 의미와 목적을 상실하게 된다. 중세 수도사들은 가난 속에서 "아무것도 가지지 않는 것이 모든 것을 갖는 것이다"는 프란체스코의 지복(至福) 사상을 실천하며 살았다. 그러나 돈으로 과도하게 많은 것들을 소유하게 된 현대인들은 "모든 것을 가졌지만 아무것도 소유하지 않는" 주체성 상실의 시대를 살아가고 있다.[22]

돈은 모든 것을 교환할 수 있는 편리하고 유용한 힘을 가지고 있다. 그러나 바로 이런 특성 때문에 사람들은 더 많은 돈을 욕망하고, 어느 순간에는 돈이 우리 영혼을 지배하고 조종한다. 이쯤 되면 돈은 우리 삶을 쥐고 흔드는 최고의 힘으로 등극한 것이다. 돈이 많으면 많을수록 삶의 의미와 하나님의 소명을 발견하며 살기가 힘들어진다. 돈이 하나님의 자리를 쉽게 차지하기 때문이다.

교회와 돈

좋은 돈: 하나님의 축복

앞에서 살펴본 것처럼 비판적인 인문학자들은 돈의 부정적 영향에 주목하지만, 성경은 돈을 꼭 부정적으로만 여기지 않는다. 성경은 우리가 돈을 어떻게 다루느냐에 따라 좋은 돈이 될 수도 있고 위험한 돈이 될 수도 있는 양면성을 가르친다. 리차드 포스터(Richard Foster)는 이것을 돈의 밝은 면과 어두운 면으로 구분했다.[23]

구약은 돈으로 얻게 되는 재물이나 부를 하나님의 축복으로 인정한다. 하나님은 아브라함과 이삭과 야곱, 요셉, 다윗, 솔로몬 등 하나님이 택하신 사람들을 큰 재물로 축복하셨다. 하나님은 신실한 백성들에게 돈과 재물을 복으로 주신다. “네 하나님 여호와께서 네 모든 소출과 네 손으로 행한 모든 일에 복 주실 것이니 너는 온전히 즐거워할지니라”(신 16:15). “부자의 재물은 그의 견고한 성이요 가난한 자의 궁핍은 그의 멸망이니라”(잠 10:15). “겸손과 여호와를 경외함의 보상은 재물과 영광과 생명이니라”(잠 22:4).

신약에서는 자기 돈으로 궁핍한 성도들을 돕는 아름다운 이야기들이 소개된다. 예수님을 따르던 여인들은 예수님의 사역을 재정적으로 도왔다(눅 8:1~3). 오순절에 성령세례를 받은 성도들은 자기 재산을 팔아 가난한 성도들의 어려운 생활을 도왔다(행 2:45; 4:32~35). 또한 위로의 아들 바나바는 밭을 판 돈으로 어려운 사람들의 필요를 도와주었다(행 4:36, 37). 사도 바울은 기근으로 곤궁에 처한 예루살렘 교회를 돕기 위해 고린도교회 교인들에게 헌금을 모아 보내주었다(고후 8~9장).

돈은 가난을 벗어나 풍요로운 삶을 살아갈 수 있는 축복의 도구로 사용되었다. 인간의 역사에서 자본주의 사회는 부익부 빈익빈의 사회적 문제에도 불구하고 더 살기 좋은 세상을 만드는 데 공헌한 것이 사실이다. 유아 사망률이 급락하고 영양실조와 질병들이 통제되고, 전염병 발생률도 낮아졌다.[24] 자본주의 이전 시절에 비해 건강, 교육, 복지 등의 성장 기회가 늘었다. 이로 인해 세계 북반구와 남반구의 많은 나라 사람들이 고질적인 가난에서 벗어날 수 있었다.[25]

이는 돈이 주도한 자본주의 경제의 결실이다. 우리는 돈을 활용해 더 살기 좋은 세상을 만들어왔다는 사실을 부정하거나 은폐할 이유가 없다. 돈은 좋은 삶 좋은 세상을 만들기 위해 활용되어야 할 좋은 수단이다. 나 자신과 이웃과 세상에게는 좋은 돈이 필요하다. 돈은 우리가 사랑하는 삶을 사는데 필요한 선한 도구다.

위험한 돈: 맘몬

그러나 돈은 언제든지 나 자신과 이웃과 공동체에 상처를 줄 수 있는 위험한 것으로 돌변할 수 있다. 돈은 우리를 무릎 꿇리는 우상이 될 수 있다. 자크 엘룰(Jacques Ellul)은 "인간의 악을 주로 드러내고 타락의 기회"로 작용하는 돈을 경멸한다.[26]

악한 방법으로 돈을 번 부자들은 사회적 약자들을 억압하고 생존을 짓밟고 환경을 파괴해도 양심의 가책을 느끼지 못한다. 더 많은 돈을 벌 수 있다면 없는 자들의 것마저 빼앗는 죄를 짓기도 한다. 성경은 종종 부자를 하나님에게 심판받을 악인과 동일시하거나 사회 정의를 파괴하는 죄인으로 정죄한다(사 5:8; 53:9; 렘 5:27, 28; 6:6,7; 암 5:7, 11; 합 1:4; 미 2:1, 2).

위험한 돈에 대한 가장 강력한 경고는 돈을 맘몬으로 표현한 예수님의 말씀이다. "너희가 하나님과 재물을 겸하여 섬기지 못하느니라"(마 6:24; 눅 16:13). 이 말씀에서 예수님은 '재물'을 아람어 맘몬(μαμωνᾶς)으로 표현했다. 맘몬은 하나님처럼 우리 마음을 지배하고 끌어당기는 인격적 신과 유사한 능력을 가진 존재다.

예수님은 왜 여기에서 돈을 일상용어 대신 맘몬이란 단어로 말했을까? 돈이 사람의 영혼을 조종하고 지배하는 영적 권세임을 우리가 깨닫고 이 권세에 빠지지 않도록 경고하려는 목적이었을 것이다. 엘룰은 예수님이 돈을 윤리적 차원이 아니라 영적 차원에서 다루고 있음을 정확하게 지적한다. 돈 문제는 "권세와의 관계의 문제이지 단순히 하나의 객체에 대한 태도의 문제가 아니다."[27]

맘몬은 사람을 소유하려 한다. 맘몬은 돈을 축복하는 도구로 사용하지 않고 타인을 경쟁 대상으로 대하게 한다. 또한 맘몬은 타인의 존엄과 생명을 무시하거나 해치면서 공동체의 안녕을 위협하도록 배후 조종한다. 맘몬은 탐욕의 대상이 된다. 사도 바울은 맘몬에게는 돈을 사랑하게 하는 마력이 있음을 꿰뚫어보고 돈에 대한 확고한 마음과 자세를 가질 것을 요구한다.

> 부하려 하는 자들은 시험과 올무와 여러 가지 어리석고 해로운 욕심에 떨어지나니 곧 사람으로 파멸과 멸망에 빠지게 하는 것이라. 돈을 사랑함이 일만 악의 뿌리가 되나니 이것을 탐내는 자들은 미혹을 받아 믿음에서 떠나 많은 근심으로써 자기를 찔렀도다(딤전 6:9, 10).

우리 마음은 쉽게 돈에 끌린다. 우리에게는 돈을 사랑하는 마음을 막을 수 있는 능력이 부족하다. 맘몬을 심판하시는 하나님의 능력만이 우리로 하여금 돈을 위험한 돈이 아니라 하나님 나라를 위한 복된 돈으로 사용할 수 있다. 그러나 맘몬은 우리를 지배하고 통제하려고 한다. 맘몬을 중립적으로 다룰 수 있다는 자만과 어리석음을 버리고 하나님께 은혜를 구하는 겸손한 마음을 가질 때 우리는 돈을 사랑하지 않을 수 있다.

맘몬으로 영생을?!

그러나 문제는 불의하고 위험한 돈이 지배하는 이 '객관적 세상'에서 어떻게 돈을 사랑하지 않고 의롭고 선하게 사용할 수 있는가이다. 자본주의 세상에서 그리스도인은 영혼을 유혹하는 맘몬을 하나님의 축복으로 바꿔야 하는 긴장과 갈등 속에서 살아간다. 불의한 돈이 지배하는 일터에서 생존을 위해 분투하며 살아가는 그리스도인은 돈을 어떻게 다루어야 할까?

예수님의 '불의한 청지기' 비유(눅 16:1~9)는 맘몬과 생존 사이에서 갈등하는 그리스도인들에게 돈을 다루는 지혜를 가르쳐준다. 어떤 부자가 있었는데 그는 자신의 청지기에게 돈을 맡겨주었다. 그런데 어느 날 청지기가 그 돈을 낭비한다는 사실을 알고 그를 해고했다. 나이 많은 이 청지기는 생존 위기에 직면했다. 진퇴양난에 빠진 청지기는 한 가지 꾀를 냈다. 그는 주인에게 빚진 사람들을 불러 모아 빚 문서를 조작하고 빚을 탕감해주었다. 기름 백 말 빚진 사람에게는 오십 말로 깎아주고, 밀 백석 빚진 사람에게는 팔십 석으로 줄여주었다.

이 소식을 들은 주인의 반응이 뜻밖이었다. 자기 재산을 탕진하는 것도 모자라 빚까지 탕감해줘 재산에 막대한 손해를 끼친 청지기를 옥에 가두는 것이 마땅할 터였다. 그러나 주인은 오히려 청지기가 일을 지혜롭게 잘했다고 칭찬했다. 예수님은 이 비유를 해설하면서 '이 세대의 아들들'이 '빛의 아들들'보다 더 지혜롭다고 설명했다(눅 16:8). 여기에서 '빛의 아들들'은 율법을 진리의 빛으로 신봉하는 유대 율법주의자들을 상징하고, '이 세대의 아들들'은 그리스도의 복음을 믿고 따르는 제자들을 지칭한다. 주인은 엄격한 율법의 잣대로 이 청지기를 정죄하지 않고 그의 일 처리로 인한 선한 결과에 만족했다. 주인의 청지기에게 빚을 탕감받은 사람들은 마을로 돌아가 주인을 널리 칭송하고 주인의 체면을 크게 세워주었을 것이다. 고대 사회에서는 돈보다 체면이 소중하다.

예수님은 결론적으로 이렇게 말씀하셨다. "불의의 재물로 친구를 사귀라. 그리하면 그 재물이 없어질 때에 그들이 너희를 영주할 처소로 영접하리라"(눅 16:9). 예수님이 말씀하신 불의한 '재물'은 원어로 맘몬이다. 예수님은 맘몬 근처에도 가지 말라고 하시지 않았다. 제자들이 맘몬 세상에서 살아갈 수밖에 없는 현실을 감안하신 것이다. "친구를 사귀라"는 말씀은 돈으로 우정을 사라는 것이 아니라 도움이 필요한 사람들을 도우라는 뜻이다. 비록 맘몬으로 먹고 살아야 하지만, 그것으로 하나님의 심판 받을 짓을 하지 말고 하나님께 영접받을 수 있는 선한 열매를 맺으라는 뜻이다.

이 비유에서 예수님은 놀랍게도 불의한 맘몬이 영생을 얻는 수단이 될 수 있는 가능성을 시사했다. 불의한 재물을 탐하고 낭비했던 자신을 반성하고 그 재물로 생존의 위기에 내몰린 이웃들을 구제한다면, 영생의 희망을 꿈꿀 수 있다는 것이다. 우리는 이 비유에서 돈을 잘 사용해 불의한 사회 경제 체제를 바로잡으며 종말론적 구원을 소망하라는 교훈을 배운다. 차정식은 이 비유에서 '탐욕 지향적인 맘몬을 함께 살아가는 생존 지향으로 바꿔 살아갈 때 영생의 꿈을 잃어버리지 않을 수 있다'는 메시지를 읽어낸다.[28]

맘몬을 통제해 온 교회

교회는 맘몬의 위력을 깨닫고 맘몬과 싸워왔다. 사도 바울은 부자들에게 이 싸움에 동참할 것을 권고했다. "네가 이 세대에서 부한 자들을 명하여 마음을 높이지 말고 정함이 없는 재물에 소망을 두지 말고 오직 우리에게 모든 것을 후히 주사 누리게 하시는 하나님께 두며 선을 행하고 선한 사업을 많이 하고 나누어 주기를 좋아하며 너그러운 자가 되게 하라. 이것이 장래에 자기를 위하여 좋은 터를 쌓아 참된 생명을 취하는 것이니라"(딤전 6:17~19).

야고보는 추수 노동자들에게 품삯을 주지 않은 부자들을 향해 "그 추수한 자의 우는 소리가 만군의 주의 귀에 들렸다" 고 경고한다(약 5:4). "땅에서 사치하고 방종하여 살육의 날에 너희 마음을 살찌게" 한 탐욕스러운 부자들(약 5:5)에게 남은 것은 하나님의 심판뿐이다. 이처럼 초대 교회는 가난한 자들이 맘몬에게 희생당하지 않도록 보호하는 일에 애를 썼다.

로마 제국의 핍박에 시달려왔던 고대 교회도 맘몬의 영향력이 교회 안에 들어오지 못하도록 성도들과 입교자들의 직장생활을 엄격하게 통제하고 감시했다는 사실은 앞 장에서 우리가 이미 살펴보았다. 콘스탄티누스 황제의 칙령(313년)으로 기독교가 로마 제국의 공적 종교로 공인된 이후 돈이 교회 안으로 쏟아져 들어오자 맘몬의 힘을 피해 세상을 등지고 산과 사막으로 들어간 그리스도인들은 맘몬으로부터 순결한 믿음을 지키기 위해 수도원 운동을 일으켰다.

중세 교회는 1,000여 년 동안 돈을 철저하게 통제했다. 특히 이자를 받고 돈을 빌려주는 고리대금을 금지하는 성경구절들(출 22:24; 레 28:35~37; 신 23:20; 눅 6:36~38)을 문자 그대로 적용했다. 교회는 이자 받고 돈을 빌려주는 경제 행위를 탐욕스러운 도둑질이라고 비난했다.[29] 파리국립도서관에 소장된 12세기 필사본 『예화 일람』(*Tabula exemplorum*)에 나오는 수도사들의 대화 한 단락은 돈에 대한 중세의 관점을 잘 설명해준다. "축일이면 모든 사람들이 일을 멈추지만 고리대금이라는 소들은 쉴 새 없이 일을 해서 하나님과 모든 성자들을 모독한다. 끝도 없이 죄를 짓는 만큼 고리대금은 영벌을 받아 마땅하다."[30]

돈거래를 통제해온 중세 교회는 그러나 이자를 용인할 수밖에 없는 예외적 현실들을 점차 받아들이기 시작했다.[31] 밀물처럼 밀려오는 자본주의의 맹아를 교회가 막을 수 없었던 것이다. 그럼에도 불구하고 중세 교회는 공동체를 보호하기 위해 고리대금을 억제했다. 농민들이 고리대금업자가 되거나 이자에 눈이 어두워져 지주들에게 농기구와 가축들을 빼앗기고 더 이상 농사를 지을 수 없어 농촌이 공동화되는 현상을 막아야 했다. 자끄 르 고프(Jacques le Goff)는 다수의 농부들이 고리대금의 매력에 빠져 "토지 점유율의 하락과 농업의 후퇴를 염려하게 만들었고 아울러 기근에 대한 공포를 불러일으켰다"는 기록을 통해 교회가 돈에 무

관심한 것이 아니라 엄격하게 돈을 통제해왔다고 설명한다.[32]

그러나 16세기 중반 칼뱅은 이자 금지를 지켜오던 교회 전통을 깼다. 그는 제네바 시의 재력가들이 합리적 수준의 이자(5%)를 받고 가난한 종교 난민들에게 돈을 빌려줘 산업을 일으킬 수 있도록 허용했다. 이후 교회는 오랫동안 돈으로 돈을 버는 자본주의 세계에 닫아놓았던 문을 열어주었다. 하지만 교회가 충분한 대비를 갖추지 못한 사이 맘몬은 세상을 휘젓고 다니게 되었다. 가난한 형제를 돕기 위해 이자를 허용했던 칼뱅은 몰랐다. 자신의 결단으로 전통적 공동체를 허물고 모든 사람들을 타자로 만드는 자본주의 사회가 오리라곤 예상하지 못했을 것이다.[33]

일터에서 돈을 대하는 그리스도인의 자세

돈의 주인은 하나님이라는 믿음

맘몬이 맹렬하게 활약하는 일터에서 그리스도인은 돈을 어떻게 대하고 다뤄야 할까? "너희는 하나님과 재물(맘몬)을 겸하여 섬기지 못하느니라"는 예수님의 말씀에 답이 있다. 하나님을 섬기는 마음과 태도로 돈을 사용하라는 뜻이다. 돈 위에 하나님이 계시다는 사실을 깨우쳐주는 말씀이다. 하나님을 섬기면 하나님의 뜻대로 선하고 진실하게 돈을 사용하지만, 맘몬을 섬기면 탐욕에 지배당한다.

예수님은 우리가 살아가는 데 필요한 모든 것을 하나님이 미리 아시고 우리에게 주신다는 믿음으로 염려하지 말고 먼저 하나님의 나라와 의를 구하라고 말씀하셨다(마 6:32~34). 그리스도인들에게 필요한 것은 모든 것을 주시는 하나님에 대한 확고한 믿음이다. 우리가 일터에서 일하는 대가로 받는 임금은 궁극적으로 우리의 수고에 대한 보상으로 하나님이 회사를 통해 주시는 것으로 믿어야 한다. 물론 정의로운 보상을 전제로 한다. 이 믿음으로 우리는 과도한 보상을 원하는 욕심을 절제할 수 있다. 또한 불의한 보상에 대해서는 합법적 수단을 동원해 정의를 회복하기 위해 적극적으로 노력해야 한다.

맘몬의 힘에서 벗어나는 것은 근본적으로 인간을 대상으로 하는 싸움이 아니라 악의 영을 상대로 하는 싸움이다. 우리 힘만으로는 이길 수 없는 싸움이다. 박득훈은 그리스도인이 돈에서 해방된 삶을 살기 위해서는 믿음이 우선이라고 강조한다. 그리스도인은 '나는 믿음으로 구원을 받았다'는 확고한 신앙 없이 맘몬과 싸워 이길 수 없다.

> 맘몬이 내미는 당근을 거부하려면 맘몬이 약속하는 것보다 훨씬 더 아름다운 그 무엇을 발견해야 한다. 맘몬이 우리를 위협하기 위해 드는 채찍에 대한 두려움을 이기려면 나를 안전하게 지켜주실 누군가에 대한 확신이 서야 한다. 이 두 가지는 궁극적으로 진실한 회개와 믿음을 통해 얻게 되는 구원의 경험을 통해서만 얻을 수 있다. 세속적인 인간으로 남아 있거나 적당히 종교적인 존재가 되어서는 맘몬을 이길 재간이 없다.[34]

맘몬은 매매 행위를 통해 우리가 자신의 이익을 우선적으로 챙기는 경쟁적 이기심을 심어주는 반면, 하나님은 우리에게 모든 것을 은혜로 주심으로써 사랑의 정신을 가르쳐주신다. 하나님은 나와 이웃과 세상이 함께 생명의 번영을 누리는 수단으로 사용하라고 돈을 주신다. 내 돈은 궁극적으로 하나님이 주신 것이라는 믿음을 통해 우리는 돈에 대한 새로운 눈을 뜨게 된다. 하지만 맘몬은 내 욕망을 채우기 위해 돈을 사용하도록 유혹한다.

"너희가 거저 받았으니 거저 주어라"(마 10:8)는 말씀의 의미는 하나님께 받은 것을 다른 사람들과 나누는 사랑의 정신으로 돈을 사용하라는 것이다. 일터에서 우리는 적선을 베풀 듯이 돈을 나눌 수는 없다. 일터의 합리적 관행과 경제적 법칙에 따라 돈을 벌되 타인의 희생 위에 돈을 버는 것이 아니라 함께 성장하기를 바라는 마음으로 돈을 다뤄야 한다. 그리스도인은 이윤 지상주의적인 일터에서 하나님의 뜻대로 돈을 투자하고 사용할 수 있는 창조적인 방법을 찾아내기 위해 성령의 지혜를 간구해야 한다.

돈보다 사람이 우선

하나님의 뜻대로 돈을 사용하기 위해서는 돈은 목적이 아니라 수단이라는 돈의 원래 기능과 위치를 지켜야 한다. 맘몬은 돈을 수단이 아니라 목적이 되게 한다. 자본주의 사회에서 돈은 끝없는 자기 증식을 추구하는 운동력 때문에 이 운동을 방해하는 모든 것 - 사람을 포함해서 - 을 제거하려 한다. 하나님이 모든 것을 주신다고 믿는 그리스도인에게는 사람이 돈보다 우선이다. 사람을 위해 돈을 사용하지 돈을 위해 사람을 이용하지 않는다. 그리스도인은 돈으로 사람을 섬기는 청지기이다. 일터에서도 마찬가지다.

그리스도인은 일터에서 다루는 돈이 궁극적으로 사람의 생명을 존중하고 보호하는 수단으로 사용되도록 통제하고 감시해야 한다. 돈이 사람의 생명을 위해 사용될 때 생명에 대한 민감성이 높아지고 수많은 생명을 품고 있는 자연을 보호하게 된다. 엘룰은 돈과 사람의 관계에 대해 날카롭게 성찰하고 사람 편에 설 것을 촉구했다.

> 먼저 우리가 보는 대로 사람과 돈 사이에는 늘 경쟁 관계가 성립되는데, 이때는 돈의 권세에 맞서 사람을 먼저 선택해야 한다. 돈의 권세는 사람을 파괴하려 한다…돈은 우리로 하여금 우리 앞에 있는 사람의 이득보다 돈의 이득(우리는 그것을 우리의 이득과 동일시한다)을 먼저 택하도록 우리를 압박한다. 성서는 여기서 우리로 하여금 필연적인 선택을 하도록 한다. 이때 돈에 등을 돌리고 사람을 위하는 방향으로 가야 한다.[35]

그리스도인은 아무리 많은 이윤을 보장받을 수 있는 일이라 하더라도 생명에 해를 끼칠 가능성이 있다면 단호히 거부해야 돈보다 사람을 우선하는 직장 문화가 자란다. 노사 관계에서도 임금 인상을 놓고 첨예하게 대립하기 전에 상대방을 인격적 존재로 바라보고 존중하는 자세가 필요하다. 사람에 대한 우선적 관심을 놓치면 맘몬은 곧바로 사람을 지배하고 조종한다.

영혼의 회심과 구원은 돈의 회심과 구원을 가져온다. 예컨대 삭개오 이야기(눅 19:1~10)는 돈의 회심에 대한 대표적 사례다. 여리고의 세리장 삭개오는 예수님을 만나기 전에 맘몬을 섬기는 부자였다. 당시 세리는 과도한 세금을 갈취하는 로마의 앞잡이로 비난받았다. 세리들의 우두머리였던 삭개오는 사람들의 따가운 눈총을 피하느라 외로웠을 것이다.

예수님이 그곳을 지나가신다는 소문을 듣고 삭개오는 예수님 일행을 보기 위해 나무 위에 올라갔다. 예수님은 그를 발견하고 그와 함께 하룻밤을 지냈다. 죄인 취급을 받는 삭개오에게는 황송한 일이었지만 예수님은 그에게 먼저 손을 내밀어 주셨다. 삭개오는 스스로 자기 소유의 절반을 가난한 자들에게 주고 속여 빼앗은 것에는 네 배로 갚겠다고 선언했다. 당시 율법이 정한 20%의 보상을 크게 뛰어넘는 액수다. 예수님은 돈의 회심을 증명한 삭개오를 바라보며 말씀하셨다. "오늘 구원이 이 집에 이르렀으니 이 사람도 아브라함의 자손임이로다"(눅 19:9). 예수님께 구원받은 그는 그동안 갈취했던 가난한 사람들을 비로소 자신의 이웃으로 받아들였다.

일터에서 만나는 사람들을 돈벌이의 도구로 바라보면 사람의 존엄성이 무시되기 마련이다. 그러나 삭개오처럼 주님을 만나 구원을 받은 사람은 일터 동료를 사랑스러운 이웃으로 대하게 된다. 예수 그리스도를 만날 때 사람이 회심하고, 사람이 회심할 때 돈이 회심한다. 그리고 돈이 회심하면 돈보다 사람을 우선하게 된다.

아낌없이 주는 영성 훈련

일터에서 돈과 씨름하며 일하는 사람들은 맘몬의 좋은 먹잇감 대상일 수 있다. 맘몬은 그들의 마음에 더 많은 돈을 갖고 싶은 탐욕의 씨앗을 뿌린다. 이 씨앗이 마음에 뿌리 내리지 못하게 하려면 아낌없이 돈을 주는 영성 훈련이 반드시 필요하다. 교회에 헌금하고 자선단체나 시민단체에 기부하고 주변의 필요한 사람들에게 도움을 주는 나눔의 습관은 맘몬에 대항하는 거룩한 훈련 방법이다. 이와 같이 나눔은 이기적 개인주의를 극복하고 공동체적 선을 추구하는 실천이다.

나눔을 통해 우리는 돈의 궁극적 소유권이 하나님에게 있음을 고백한다. 말라기 선지자는 우리가 소유하고 있는 모든 돈이 하나님의 소유이므로 하나님께 당연히 십일조를 바쳐야 한다고 선포했다. 그는 헌금하지 않는 돈은 하나님에게 도둑질한 것이라고 질타했다.

> 사람이 어찌 하나님의 것을 도둑질 하겠느냐. 그러나 너희는 나의 것을 도둑질하고도 말하기를 우리가 어떻게 주의 것을 도둑질 하였나이까 하는도다. 이는 곧 십일조와 봉헌물이라. 너희 곧 온 나라가 나의 것을 도둑질하였으므로 너희가 저주를 받았느니라. 만군의 여호와가 이르노라 너희의 온전한 십일조를 창고에 들여 나의 집에 양식이 있게 하고 그것으로 나를 시험하여 내가 하늘 문을 열고 너희에게 복을 쌓을 곳이 없도록 붓지 아니하나 보라(말 3:8~10).

수입의 몇 퍼센트를 십일조로 내야 하는가를 묻기 전에 내 돈의 소유권이 누구에게 있는지 질문하고 답변하는 것이 중요하다. 포스터는 우리의 질문을 “내 돈을 얼마만큼 하나님께 바치리이까”에서 “내가 하나님의 돈을 얼마만큼 나를 위하여 보관하리이까”로 고칠 것을 제안했다. 전자는 내 소유인 내 돈의 일부를 타인을 위해 사용한다는 전제를 가지고 있지만, 후자는 내 모든 돈의 소유주이신 하나님이 나를 위해 일부를 주셨고 나머지는 타인의 것으로 나에게 맡기셨다는 믿음을 가지고 있다. 이 두 질문 사이에는 실로 엄청난 차이가 있다.[36]

구약 율법이 이스라엘 공동체 안에서 이자를 받지 못하도록 금지한 것은(레 25:35~37) 돈의 궁극적 소유주가 하나님이시기 때문이었다. 청지기는 주인이 명령하는 대로 따라야 한다. 하나님은 이 명령의 근거를 제시하셨다. "나는 너희의 하나님이 되며 또 가나안 땅을 너희에게 주려고 애굽 땅에서 너희를 인도하여 낸 너희의 하나님 여호와이니라"(레 25:38). 이스라엘이 젖과 꿀이 흐르는 땅에서 얻은 것들은 모두 하나님이 주신 것이니 하나님의 뜻대로 가난한 이웃과 나눠 쓰라는 것이다. 이에 앞서 하나님은 "토지는 다 내 것임이니라"고 선언하셨다(레 25:23). 우리 돈도 하나님의 것이니 하나님의 뜻대로 사용해야 한다.

아낌없는 나눔은 이기적 개인주의를 극복하고 공동체적 인격성을 회복하는 영성 훈련이다. 그리스도인이 자본주의 시대에 무한대로 자기를 증식하는 맘몬에 끌려 다니지 않으려면 하나님이 기뻐하시는 대로 돈을 이웃과 나누며 축적에 일정한 한계를 그어야 한다.

컨설팅 회사를 운영하는 한 사업가는 주주 배당금을 제외한 이윤을 직원 배당에 40%, R&D 투자에 40%, 아프리카 학생 장학금 지원에 10%를 배분하고 나머지 10%를 사내 보유금으로 남겨 놓는 원칙을 지키고 있다. 사내 보유금은 비상시에 사용할 수 있는 6개월분의 운영자금만 남겨놓고 나머지는 자선단체 기부 등 기업 활동과 관련 없는 사회적 필요에 사용한다고 했다. 그는 "돈을 의지하지 않고 돈을 주시는 하나님을 의지하는 경영 원칙을 20년 넘게 지켜오는 동안 회사가 꾸준히 성장했다"고 말했다.

단순한 삶

맘몬은 불필요하게 많은 것을 욕망하도록 만든다. 현대 사회는 사람들의 필요를 채워주기 위해 재화를 생산하는 것이 아니라 돈을 벌기 위해 생산한다. 소비가 늘어나야 경제가 성장하는 자본주의 세상에서 우리는 살고 있다. 지금 세상은 삶을 풍요롭게 하는 소비를 넘어 돈을 더 벌기 위해 소비시장을 확대하는 소비사회다. 우리 주변에는 없어도 사는데 지장 없는 물건들로 넘쳐난다.

여기서 과도한 소비는 경제적 문제일 뿐 아니라 영적 문제다. 소비로 인한 일시적 쾌락에 의존하면 진정한 만족을 주시는 하나님과 인격적 관계가 단절된다. 소비 자체가 문제가 아니라 하나님을 향한 갈망을 차단하는 과도한 소비가 진짜 문제다. 이렇듯 과도한 소비는 우상숭배의 위험이 있다. 존 F. 캐버너(John F. Kavanaugh)는 더 많은 소비의 확대에 의존하는 현대의 소비주의 사회를 우상숭배 사회라고 질타했다. "소비주의는 쇼핑을 예배 행위로, 백화점을 예배당으로 보는 입장이다."[37]

그리스도인이 맘몬에 맞서기 위해서는 불필요한 것들을 줄이고 절제하는 단순한 삶(simple life)이 필요하다. 생존에 필요한 가장 최소의 것만 소유하는 미니멀리스트의 삶(minimalist life)을 살라는 것이 아니다. 하나님께서 허락하시는 풍요로운 삶을 누리는 기쁨은 축복이지 사치가 아니다. 그러나 이러한 차원을 넘어 멈추지 않는 소비에서 만족과 쾌락을 구한다면 이러한 소비는 명백하게 우상숭배이고 맘몬의 지배 아래 놓인 것이다.

예수님께서 복음을 전하러 가는 제자들에게 "지팡이 외에는 양식이나 배낭이나 전대의 돈이나 아무것도 가지지 말며 신만 신고 두 벌 옷도 입지 말라"고 말씀하셨다(막 6:8, 9). 단순하게 살면서 하나님을 절대적으로 의지할 때 하나님의 복을 누리게 된다는 예수님의 메시지다. 우리는 삶의 단순성을 추구할 때, 하나님이 채워주실 때 진정한 만족을 누린다. 포스터가 제시한 것처럼, 단순한 삶에는 하나님을 향해 분열되지 않는 마음, 하나님의 선하신 피조물로서 누리는 환희, 신뢰와 만족, 탐욕으로부터의 자유로움, 단정함과 절제, 일용할 양식을 감사함으로 받음, 돈을 남용하지 않고 선용함, 물건의 최대한 활용, 관대함 등의 미덕이 있다.[38]

단순한 삶을 살아가는 그리스도인은 일터에서 삶을 무겁게 하고 기쁨을 주지 못하는 것들을 생산하는 일에 뛰어들지 않는다. 자신의 생산 활동이 타인들에게 우상 숭배적 소비를 조장하는 것이 되지 않도록 조심한다. 이윤에 대한 조바심과 불안에서 벗어나 하나님의 영광을 드러내는 일을 통해 돈을 벌 때 일하는 기쁨과 보람을 느끼며 만족하고 감사하게 된다.

저축과 투자에 대하여

그리스도인은 미래를 위해 수입의 일부를 저축하거나 투자하면 안 되는가? 여유 있는 돈은 모두 다른 사람들에게 주어야 하는가? 저축이나 투자는 맘몬에 지배당했다는 표시일까? 만약 저축하거나 투자해도 된다면 어느 정도가 적당할까? 저축과 투자가 장려되는 현실은 잘못된 것일까? 세상에서는 상식인 저축과 투자도 그리스도인들은 신앙적으로 생각해볼 필요가 있다.

예수님의 산상수훈 말씀은 저축과 투자에 부정적으로 들린다. "너희를 위하여 보물을 땅에 쌓아 두지 말라. 거기는 좀과 동록이 해하며 도둑이 구멍을 뚫고 도둑질 하느니라. 오직 너희를 위하여 보물을 하늘에 쌓아 두라. 거기는 좀이나 동록이 해하지 못하며 도둑이 구멍을 뚫지도 못하고 도둑질도 못하느니라. 네 보물 있는 그곳에는 네 마음도 있느니라"(마 6:19~21). 엘룰은, 저축은 미래를 책임져 주시는 하나님을 믿지 못하고 스스로 미래를 보호하려고 하는 불신이라고 비판한다.[39]

그러나 저축과 투자에 대해 긍정적인 성경말씀도 있다. "지혜 있는 자의 집에는 귀한 보배와 기름이 (쌓여) 있으나 미련한 자는 이것을 다 삼켜버리느니라"(잠 21:20). "중한 변리로 자기 재산을 늘이는 것은 가난한 사람을 불쌍히 여기는 자를 위해 그 재산을 저축하는 것이니라"(잠 28:8). 미래의 불확실성이 날로 커지는 시대에 미래의 불확실성을 대비하는 것을 하나님에 대한 불신앙으로 폄하하는 것은 과도할 뿐 아니라 비현실적이다. 내가 어려움에 닥쳐 누군가의 도움을 받아야 한다면 나에게 도움을 주는 사람은 모아놓은 여윳돈이 있어야 한다. 내가 여윳돈을 모아놓으면 불신앙이고, 남이 여윳돈을 모으는 것은 신앙인가? 그럴 수 없다.

존 웨슬리는 〈돈의 사용 Use of Money〉이라는 제목의 설교에서 성도들에게 "할 수 있는 한 최선을 다해 벌어라(Gain all you can), 할 수 있는 한 최선을 다해 저축하라(save all you can), 할 수 있는 대로 모든 것을 내어주라(Give all you can)"고 가르쳤다. 모든 재물은 하나님의 선물이기에 성실하게 돈을 벌어 할 수 있는 한 많이 저축하고 이 돈을 필요를 제외한 전부를 이웃을 위해 사용하라는 메시지였다.[40]

반면 21세기 미국의 설교자 존 파이퍼(John Piper)는 웨슬리의 설교를 살짝 바꿔 "가능한 많이 벌고, 가능한 많이 주고, 필요한 만큼 저축하라"고 성도들에게 조언했다. 현대 사회에서 빚지지 않고 노후를 책임지며 살려면 저축이 필요하다는 것이다. 파이퍼는 수입이 없어지는 미래를 위해 수입이 있을 때 최소한의 저축을 하는 것은 하늘을 위해 보물을 쌓아두라는 말씀에 어긋나지 않는 현실적 대안이라고 주장했다.[41]

실제적으로 중요한 것은 저축이 신앙에 부합한지 여부가 아니라 저축하는 동기와 방법이다. 불확실한 미래에 타인에게 피해를 주지 않기 위해 최소한의 준비를 하는 것은 간접적 혹은 소극적인 이웃사랑이라고 말할 수 있다. 그러나 자신과 가족의 미래를 위해 지금 교회와 이웃과 세상과 나눠야 하는 돈까지 모두 저축하고 투자하는 것은 오직 돈에 의지하는 맘몬주의라고 말할 수 있다.

부동산이나 주식, 코인 등에 투자하는 것도 마찬가지로 동기와 방법이 중요하다. 자본주의 사회에서 투자를 금지하는 것은 비현실적이다. 나의 투자를 받는 사람 혹은 기업 혹은 기관이 사업을 발전시켜 더 많은 일자리를 만들어낼 수 있다면 선한 투자라고 말할 수 있다. 그러나 단기 수익을 노리고 투기적으로 투자하는 것은 탐욕이다.

복잡하고 어려운 돈의 세계에서 이뤄지는 투자 행위를 일일이 신앙으로 감찰할 수는 없다. 그렇다고 돈을 신앙과 상관없는 것으로 취급해서도 안 된다. 그리스도인에게는 그리스도께서 보여주신 사랑이 돈을 다루는 기준이다. 나의 만족을 넘어 이웃과 세상을 번영하게 하는 결과를 가져올 수 있는 곳에 내 돈을 투자한다는 확고한 신념이 없다면 투자는 언제든지 투기가 될 수 있다. 내가 투자하는 모든 돈에는 내 이름표가 붙어 있다는 의식이 필요하다.

돈을 대하는 그리스도인을 위한 실천적 함의

지금까지 우리는 그리스도인으로서 매일 필요로 하고 또 사용하고 있는 돈을 어떻게 다루고 대하여야 하는지 논의했다. 이를 바탕으로 네 가지 실천적 함의를 숙고하고 적용해보자.

첫째, 돈을 겸손한 마음으로 다루어라. 이 말은 돈을 마치 상전 모시듯 떠받들라는 뜻이 아니다. 돈은 노동의 대가로 하나님이 주시는 은혜의 선물이지만, 우리가 마음대로 사용할 수 있는 것으로 생각하는 순간 돈은 곧바로 맘몬이 된다. 맘몬은 끝없는 탐욕을 추구하는 유사 신으로서 언제든지 우상이 될 수 있다. 맘몬은 세상을 비인격적으로 퇴락시킨다. 사람을 고유한 가치와 이야기를 가진 존재가 아닌 돈벌이의 수단으로 대하게 한다. 그러나 믿음으로 돈을 사용하면 돈거래에서 만나는 사람들과 인격적 관계를 맺게 된다. 내 능력과 지혜를 과신하지 말고 하나님의 은혜 앞에서 겸손한 마음으로 돈을 다뤄야 한다. 필요에 따라 주시는 하나님의 능하신 손을 믿고 돈에 겸손하면 하나님의 때에 우리는 높임을 받는다(벧전 5:7).

둘째, 믿음으로 돈을 다루어라. 우리가 돈과 어떤 관계를 맺느냐에 따라 돈은 우리에게 복이 될 수도 있고, 저주가 될 수도 있다. 돈은 중립적이지 않다. 정치 경제 사회 종교 문화 등 모든 영역에서 돈은 영적 힘을 유감없이 발휘한다. 맘몬의 힘에서 벗어나는 영적 싸움은 우리 힘만으로는 불가능하다. 악의 영을 상대로 하는 싸움에서 이기기 위해 우리는 하나님을 절대적으로 의지해야 한다. 믿음으로 돈을 다루지 않으면 돈은 우리 영혼을 지배하고 타락시키는 맘몬으로 변한다. 눈에 보이는 돈을 따라가지 말고 오직 돈을 다스리시는 하나님을 믿는 믿음으로 행하라(고후 5:7).

셋째, 아무것도 염려하지 말고 단순한 삶을 추구하라. 맘몬은 우리 마음에 염려의 씨앗을 뿌리고 아무리 가져도 부족하다는 갈증을 준다. 그러나 우리는 사도 바울처럼 모든 것을 주시는 하나님을 신뢰하고 어떤 상황에서도 자족하는 마음으로 돈을 다루어야 한다(빌 4:11, 12). 우리는 돈으로 사는 것이 아니라 하나님의 은혜로 산다는 믿음을 가질 때 주어진 것에 감사하고 만족할 수 있다. 모든 것을 때에 따라 넉넉히 주시는 하나님을 믿고 감사하며 단순한 삶에 만족할 때, 우리는 돈에 대한 염려에서 벗어나 돈을 선하게 벌고 아름답게 사용하게 된다.

넷째, 돈에 책임을 져라. 하나님은 우리에게 돈을 주시면서 하나님의 나라와 의를 위해 사용하라는 책임을 함께 주셨다. 우리는 하나님의 선물인 돈을 하나님의 뜻에 따라 선하게 사용해야 하는 청지기다. 우리가 일해서 번 돈을 최선을 다 해 이웃과 세상을 위해 선하게 사용할 때, 우리는 세상의 불의한 재물이 변하여 영생의 소망이 되는 경험을 하게 될 것이다. 하나님께서 맡겨주신 돈을 한 푼이라도 책임 있게 사용하는, 곧 적은 일에 충성하는 청지기(마 25:21, 23)에게 하나님은 더 큰 일을 맡겨주실 것이다.

제10장
일터에서 실천하는 아가페 윤리

구조적으로 악하고 경쟁적인 상황에서
진실하고 창조적으로 사랑하라

윤리적 삶의 어려움

윤리냐? 선교냐?

30대 중반의 L선교사는 10년 전부터 기독교에 적대적인 한 국가에 복음을 전하는 소망을 품고 기도로 준비해왔다. 그는 평신도 전문인 선교단체에서 교육을 받고 드디어 파송을 받게 되었다. 그는 감동과 흥분 속에 짐을 챙기면서 현지어로 번역된 성경을 세관에 걸리지 않도록 옷에 둘둘 말아 옷인 것처럼 위장했다.

드디어 현지에 도착했다. 통관을 위해 세관 심사를 기다리는데 마음이 콩닥콩닥 뛰었다. 혹시 짐을 풀어서 샅샅이 뒤지면 어쩌지 하는 두려운 마음이 들었다. 드디어 그의 순서가 되었다. 세관원이 물었다. "짐에 무엇이 들어있습니까?" 그는 성경만 빼고 가지고 온 짐의 리스트를 모두 진술했다. 대답하면서 매우 긴장한 표정을 본 세관원은 그를 세관 사무실로 보냈다.

뒤따라 들어온 그 세관원은 짐 가방을 샅샅이 뒤졌다. 수십 권의 성경이 발각되었다. 세관원은 "외국인이 허락 없이 성경을 반입하는 것은 불법이며 당신은 영구 추방을 당할 수 있다"고 고지하고 거칠게 따져 물었다. "당신은 선교 목적으로 들어온 위장 선교사 아닙니까?" L선교사는 얼굴이 창백해졌다. 시인할 수도 거짓말 할 수도 없어 한동안 대답을 못하고 쭈뼛거렸다. 세관원이 갑자기 그의 옷소매를 끌고 건물 밖으로 나가 주변을 두리번거리더니 조용히 귀에 속삭였다. 돈을 주면 짐을 모두 통관시켜주겠다고 했다. 뇌물을 요구한 것이다. 그렇지 않으면 추방과 동시에 입국 불허 리스트에 올리겠다고 위협했다.

선교사의 마음이 혼란하고 복잡해졌다. 뇌물은 단지 형사 범죄일 뿐 아니라 성경말씀에도 어긋난다. 뇌물은 모든 문화와 종교가 공통적으로 인정하는 몇 안 되는 보편적 죄 가운데 하나다. L선교사는 뇌물을 주지 않으면 선교할 기회를 잃어버릴 위기 상황에 처했다. 선교를 택할 것인가? 윤리를 택할 것인가? 머뭇거리는 선교사에게 세관원은 빨리 결정하라고 재촉했다.

혼란스러운 윤리적 판단

세상에서 윤리적으로 살아가기란 여간 힘든 일이 아니다. 교묘한 비윤리적 관행에 익숙한 일터에서는 더욱 힘들다. 요즘은 윤리경영을 넘어 생태환경과 사회적 책임을 강조하는 ESG(Environmental Social Governance) 경영이 확산되고 있지만, 경영인과 직장인들은 종종 생존을 위해 윤리적 판단을 유보하도록 강요받는 순간들을 맞닥뜨린다. 특히 생존에 결정적으로 중요한 순간에 윤리적 선택을 놓고 고심하는 경우가 적지 않다.

우리는 올바르고 선하게 살려면 윤리적으로 살아야 한다. 옳음과 선함은 개념적으로 다르지만 윤리적, 도덕적 삶에 필수적이다.[1] 옳음과 선함을 판단하는 기준은 무엇일까? 전통적으로 윤리학자들은 크게 의무론적(deontological) 방법론 혹은 목적론적(teleological) 방법론을 사용했다.

의무론적 방법론은 모든 사람에게는 내재적으로 선을 분별할 능력이 있으며 선한 삶을 규정하는 규범을 지키는 것을 윤리적 행동으로 인정한다. 임마누엘 칸트(Immanuel Kant)는 대표적인 의무론자였는데, 모든 사람이 선험적인 윤리 규범인 정언명령(定言命令, categorical imperative)을 지켜야 한다고 주장했다. 이에 반해 목적론자들은 윤리적 규범을 지키는 행위 자체보다 그 행위가 선한 결과를 가져오는지 여부에 따라 윤리적 가치를 결정한다. 최대 다수의 최대 행복을 윤리의 판단 기준으로 보는 존 스튜어트 밀(John Stuart Mill)과 제레미 벤담(Jeremy Bentham)의 공리주의가 대표적인 예다.[2]

앞의 L선교사가 엄격하게 의무론적 윤리관을 따른다면 선교를 포기하더라도 뇌물을 주지 않을 것이다. 그는 인간의 선한 본성과 정언명령을 따르지 않는 뇌물은 선교의 명분을 훼손한다고 생각할 것이다. 그러나 목적론적 윤리관을 가지고 있다면 부패한 한 영혼에게 뇌물을 주고 훨씬 더 많은 사람들을 구원하는 것이 더 윤리적이라고 판단할 것이다.

성경의 가르침을 따라야 하는 그리스도인으로서 L선교사는 어떤 윤리적 기준을 따라야 할까? 율법을 따라야 하는가, 사랑을 선택해야 하는가? 성경의 윤리관은 의무론적인가 목적론적인가? 아니면 제3의 길을 제시하는가? 기독교 윤리학자들도 L선교사의 윤리적 딜레마에 서로 다른 의견을 제시할 것이다. 기독교 윤리학자들 사이에도 윤리 방법론과 성경해석이 서로 달라 하나의 일치된 정답을 도출하는 것은 불가능에 가깝다.

규범 만능주의?

그러나 어떤 방법론을 택하든 사회 질서와 평화를 위해 최소한의 의무를 지켜야 한다는 데에는 이견이 없다. 무엇이 최소한의 의무인지를 결정하는 것이 윤리적 규범이다. 십계명은 대표적으로 기독교 윤리 규범이다. 하나님은 이스라엘이 십계명과 그 계명을 일상에 적용한 규례를 지키지 않을 때 그들을 심판했다. "여호와께서 이와 같이 말씀하시되 유다의 서너 가지 죄로 말미암아 내가 그 벌을 돌이키지 아니하리니 이는 그들이 여호와의 율법을 멸시하며 그 율례를 지키지 아니하고"(암 2:4). 이스라엘에게 율법은 확고한 윤리적 규범이었다.

신약 시대 그리스도인들에게도 율법은 폐기되지 않았다. "내가 율법이나 선지자를 폐하러… 온 것이 아니요 완전하게 하려 함이라"(마 5:17). "율법은 거룩하고 계명도 거룩하고 의로우며 선한" 것이다(롬 7:12). 믿음으로 구원을 받은 그리스도인들에게도 십계명과 같은 보편적 도덕법은 반드시 지켜야 할 윤리 규범이다. 그리스도인들은 율법을 통해 하나님의 선한 뜻을 이해하고 선하게 살아갈 수 있다. 칼뱅은 이것을 율법의 제3의 기능이라고 말했다. "그들이 앙모하는 주의 뜻의 성격을 매일 더욱 철저히 배우며 확고하게 이해하는 데 율법은 가장 훌륭한 도구가 된다."[3]

그렇다면 규범을 지키기만 하면 다 윤리적인가? 십계명의 아홉 번째 계명은 거짓말하지 말라는 규범이다. 칸트는 누구라도 어떤 상황에서라도 거짓말을 해서는 안 된다고 주장했다. 거짓말은 어떤 절박한 이유가 있다 해도 보편적 규범을 어기는 비윤리적 행위다. 칸트의 주장에 따르면, 일제 강점기에 일본 순사가 우리 집에 숨어있는 독립운동가를 잡으러 와서 "이 집에 독립운동가가 숨어있지?"라고 물을 때 "없다"라고 거짓말하는 것은 용납될 수 없는 죄다.[4] 독립운동가가 잡혀가 옥고를 치르는 것은 나의 윤리적 행위와 무관하다. 그렇다면 우리는 일본 순사에게 "독립운동가가 여기 우리 집에 있다"라고 대답해야 하는가? 그것은 너무 비인간적이지 않은가?

규범은 어떤 상황에서라도 무조건 지켜져야 하는가? 유대인들의 엄격한 안식일 율법을 지키지 않은 예수님은 비윤리적 행동을 했는가? 사도 바울은 하나님이 이스라엘에게 직접 명령하신 할례를 이방인들에게 강요하지 않았다. 그럼에도 불구하고 기독교는 바울이 비윤리적으로 행동했다고 비판하지 않는다. 왜 그럴까? 인간의 윤리적 행위는 규범만으로는 판단할 수 없는 당사자의 복잡 미묘한 상황을 고려하지 않을 수 없기 때문이다.

상황 절대주의?

예수님은 현장에서 간음하다 붙잡힌 여인을 돌로 쳐 죽이라는 계명(레 20:10; 신 22:22)을 지키는 대신 그녀를 살려서 돌려보냈다(요 8:1~11). 모든 일에 율법을 문자적으로 적용하는 것이 오히려 율법의 목적에 위배 될 수 있기 때문이었다. 이 사건은 예수님이 여인의 절박한 상황 속에서 율법의 목적을 이루기 위해 율법을 어떻게 다루었는지 잘 보여준다.

상황은 윤리적 규범의 해석과 적용에 반드시 고려되어야 할 요인이다. 존 로빈슨(John Robinson), 죠셉 플레처(Joseph Fletcher), 폴 레만(Paul L. Leman) 등 상황윤리를 제기하는 학자들은 윤리적 행동을 결정하는 과정에서 상황을 규범보다 우위에 둔다.[5] 이들은 각자 처한 상황의 고유한 속성을 무시하고 규범이 상황을 지배해서는 안 된다고 주장한다. "모든 윤리적 상황에는 아무리 극단적이라 할지라도 도덕적으로 올바르고 죄에서 자유로운 행동의 길이 있다."[6] 상황윤리는 각자 처한 고유한 상황에서 윤리적 해답을 찾는다.

상황윤리 학자들은 추상화된 윤리 규범이 윤리적 행동을 요구받는 개인의 고유한 상황을 충분히 담아내지 못한다고 주장한다. 개인이 판단하고 결정해야 하는 윤리적 행위에는 그럴 만한 각자의 이유가 있음을 고려해야 한다는 것이다. 그렇다고 규범 없이 상황에서만 윤리적 해답을 찾는다면 윤리적 판단은 보편성을 상실하고 주관적 편파성에 빠질 것이다. 규범 혹은 상황만으로는 윤리 문제를 깔끔하게 해결할 수 없다는 라인홀드 니버(Reinhold Niebur)의 윤리적 현실주의가 설득력을 얻는 것도 윤리 문제의 복잡성 때문이다.[7]

일반적 상황을 크게 벗어난 극한 상황에서는 정상적으로 규범을 적용하기 어려울 수 있다. 그런데 일반적 상황에서도 상황이 규범을 우선하는가? 윤리적 혼란에 빠지지 않으려면 윤리적 판단에 규범과 상황을 모두 고려하는 것이 지혜로울 것이다.

오직 사랑으로?

상황윤리 학자들은 유일한 윤리적 기준으로 아가페 사랑을 제시한다. 이들은 사랑이 모든 규범의 알파와 오메가이며 규범을 초월하는 우월성을 가지고 있다고 주장한다. 로빈슨은 규범의 도움 없이도 "사랑 자체가 가지고 있는 능력으로 모든 상황에 대처하는 철저한 책임성의 윤리를 포용할 수 있다"고 주장했다.[8]

그렇다고 상황윤리 학자들이 규범의 필요성을 부인하는 것은 아니다. 규범이 사랑을 실현하는 데 도움이 될 수 있는 경우도 있다. 그러나 그들은 모든 상황을 초월해 보편적으로 적용할 수 있는 규범의 존재는 부정한다. 플레처는 이 문제에 대해 단호하다.

> 기독교 상황윤리는 단 하나의 규범 또는 법칙을 가지고 있다. 이 규범은 환경에 상관없이 항상 선하고 바른 것으로 예외가 있을 수 없다. 이 규범은 곧 '사랑'이다. 즉 이 사랑은 하나님을 사랑하고 이웃을 사랑하는 계명의 요약으로서의 아가페다. 예외 없이 그 밖의 모든 다른 것들, 즉 모든 법률, 규칙, 원리, 이상, 규범은 모두 우발적인 것일 뿐이며 또한 어떤

상황에서나 사랑을 하는데 도움이 될 때에만 타당한 것이다.[9]

사랑 절대주의는 듣기에 아름다울지 몰라도 실제적으로는 혼란스러울 때가 적지 않다. 만약 어떤 사람의 집에 불이 났는데 집 안에 자기 아버지와 불치병 치료법을 발견한 명의가 있다면 누구를 먼저 구해야 하는가? 플레처는 당연히 명의를 먼저 구해야 한다고 답한다. 자기 아버지를 희생하더라도 더 많은 사람을 살릴 수 있는 명의를 구하는 것이 아가페 사랑이라는 것이다.[10] 이 결정은 부모를 공경하라는 십계명을 어기는 것이다. 이처럼 오직 사랑으로 하는 행동을 항상 윤리적이라고 말할 수 있는가? 다양한 윤리적 현실을 경험한 사람은 아마 그렇지 않다고 대답하거나 대답을 신중하게 유보할 것이다.

아가페 사랑의 윤리

아가페 사랑

성경에서 강조되는 사랑은 아가페(ἀγάπη) 사랑이다. 십자가에서 죄인을 위해 죽으신 그리스도의 사랑은 그리스도인들에게 동일한 사랑을 실천할 것을 요구한다. "새 계명을 너희에게 주노니 서로 사랑하라. 내가 너희를 사랑한 것 같이 너희도 서로 사랑하라"(요 13:34). "사랑(아가페)은 여기 있으니 우리가 하나님을 사랑한 것이 아니요 하나님이 우리를 사랑하사 우리 죄를 속하기 위하여 화목제물로 그 아들을 보내셨음이라. 사랑하는 자들아 하나님이 이같이 우리를 사랑하셨은즉 우리도 서로 사랑하는 것이 마땅하도다"(요일 4:10, 11).

사랑은 그리스도인에게 윤리적 의무다. 하나님이신 그리스도께서 인간으로 오셔서 자기를 낮추고 희생함으로 우리를 섬겨 주신 사랑은 그리스도인들이 본받아야 하는 최고의 미덕이다(빌 2:5~11). 아가페 사랑은 그리스도인의 윤리적 삶의 근거이자 형식이고 방향이다. 이 사랑을 실천함으로써 그리스도인은 이웃에게 자신을 내어주는 성례전적 존재로 살아간다.

그러므로 아가페 사랑은 기독교 윤리의 핵심이다. 바울은 아가페 사랑을 중심으로 윤리적 지침을 제시한다. 이 사랑은 율법을 무시하지 않고 오히려 율법을 구체화하고 완성한다. "사랑은 율법의 완성이니라"(롬 13:10). 바울은 사랑이 율법을 완성하는 수단이라고 말한다.[11] "온 율법은 네 이웃 사랑하기를 네 자신 같이 하라 하신 한 말씀에서 이루어졌나니"(갈 5:14).

그렇다고 상황윤리 학자들이 주장하는 것처럼, 아가페 사랑 자체가 윤리의 최종 목적인 것은 아니다. 사랑은 선한 삶을 위한 수단이다. 우리는 그리스도의 사랑의 은혜로 하나님의 자녀가 되어 하나님과 언약 관계를 맺었다. 이 언약 안에서 하나님은 우리에게 율법을 지키며 선한 삶을 살며 거룩해질 것을 요구하신다.

사랑은 거룩한 삶을 위한 동기이자 능력이다. 하나님의 언약 안에서 맺어지는 이러한 율법과 사랑의 관계에 기초해 틸리히는 신율적 윤리(theonomic ethics)를 제시한다.[12] 율법이라는 규범과 사랑이 대립하는 것이 아니라 윤리적 삶을 구성하는 양대 기둥이라는 것이다. 신율적 윤리의 관점에서 보면, 규범은 사랑을 가이드하고 사랑은 규범의 목적을 이루는 상관관계를 이룬다.

이웃 사랑은 어디까지?

아가페 사랑은 숭고하고 선하고 아름답다. 문제는 이 사랑을 일터에서 어떻게 실천할 수 있는가이다. 일터는 아가페 사랑에 관한 한 이방 땅과 마찬가지다. 자기 이익을 우선시하는 생존 경쟁의 현실에서 아가페 사랑은 거부당하거나 악용될 소지가 다분하다. 이러한 상황 속에서 아가페 사랑은 그리스도인들에게조차 매우 부담스러운 윤리적 요구로 느껴질 것이다.

그러나 그리스도인은 두려워하지 말고 동료들과 소비자를 사랑하라는 윤리적 명령을 믿음으로 순종해야 한다. "나는 너희에게 이르노니 너희 원수를 사랑하며 너희를 박해하는 자를 위하여 기도하라"(마 5:44). 이 명령은 내가 사랑할 수 있는 사람들만 사랑하는 것이 아니라 내가 사랑하기 싫은 사람을 포함해 모든 사람들을 사랑하라는 보편적 사랑을 실천하라는 것이다. 그러므로 일터에서 나와 경쟁적 관계에 있는 사람들 또한 내가 사랑해야 할 대상이다.

우리가 이렇게 사랑할 때 하나님의 사랑을 세상에 알릴 수 있다. 하나님은 우리의 이웃 사랑을 통해 세상을 하나님의 사랑 안으로 품길 원하신다. 우리가 원수를 사랑할 때, 그 원수는 하나님의 사랑을 경험하게 된다. 이처럼 이웃 사랑은 하나님의 사랑과 깊이 연관돼 있으며, 하나님은 이웃 사랑이 모든 사람들을 향해

확대되기를 기대하신다.[13]

이웃 사랑은 그 대상 범위에 있어 보편적이지만 모든 이웃을 차별 없이 균등한 양과 질로 사랑해야 한다는 뜻은 아니다. 모든 사람들을 똑같이 사랑하는 것은 현실적으로 가능하지 않다. 내 아내를 사랑하는 것처럼 직장 동료를 똑같은 관심과 열정과 시간을 바쳐 사랑한다면 아내로부터 오해를 받을 것이다. 스티븐 포스트(Stephen Post)는 아가페 사랑이 가족, 친구, 교회 등 자신과 특수한 관계 속에 있는 사람들을 중심으로 실현되고 더 넓은 관계에 있는 사람들을 향해 역동적으로 펼쳐지게 된다고 말한다.[14]

아가페 사랑이 외부로 확산되는 역동성을 가지는 것은 우리를 향한 하나님의 사랑의 일방향성 때문이다. 하나님이 먼저 죄인인 우리를 사랑하시고, 우리가 이웃을 사랑한다. 사랑은 하나님으로부터 나를 통해 이웃에게 흘러간다. 이 사랑의 방향은 바뀌지 않는 일방향성을 가지고 있다.[15] 그러나 하나님의 사랑은 온전하지만 우리의 사랑은 그렇지 못하다. 우리는 각자 제한된 능력으로 사랑을 표현할 수밖에 없는 피조물이기 때문이다.[16]

따라서 일터에서 우리는 이웃에게 백지수표를 맡기는 식으로 사랑할 수 없다. 원수를 사랑하라는 계명은 원수에게 나를 마음대로 사용하라고 무방비상태로 내어주는 것이 아니다. 내가 원수를 사랑함으로써 그 원수가 하나님을 사랑하고 하나님의 율법 안에서 진리로 살아가는 새사람이 되는 것이 원수 사랑의 목적이다.[17] 아가페 사랑은 항상 진리와 함께한다. 사랑과 진리는 멀리 떨어져 있는 것이 아니다. 우리의 사랑은 진리와의 거리에 비례

하고, 참된 사랑은 진리 안에 머문다.[18] 사랑은 불의를 기뻐하지 아니하고 진리와 함께 기뻐하는 속성을 가지고 있다(고전 13:6).

그리스도인의 이웃 사랑은 일터에서 불의한 일에 백지수표를 맡기는 식으로 모든 이웃의 불의까지도 받아주는 것이 아니다. '백지수표 사랑'은 불의에 동조하는 비윤리적 행위가 될 수 있다. 동료가 진리 안에서 일할 수 있도록 싸우는 것이 진실한 사랑이다. 불의 안에서는 이웃을 사랑할 수 없는 법이다.

자기를 사랑하면 안 되나?

아가페 사랑을 실천할 때 우리는 이웃 사랑과 자기 사랑의 관계에 대해 질문하게 된다. 이웃을 사랑하는 사람은 자기를 사랑하지 않아야 하는가? 그러나 예수님은 "네 이웃을 네 자신 같이 사랑하라"고 말씀하셨다(마 22:39; 막 12:31; 눅 10:27). 우리가 우리 자신을 자연스럽게 사랑하는 것처럼 이웃도 그렇게 사랑하라는 말씀이다. 그러나 안더스 니그렌처럼 아가페 사랑에서 자기 사랑을 배제해야 한다는 주장도 있다. 니그렌은 자기 사랑을 자기의 만족을 추구하는 에로스 사랑으로 비하한다. 자기 사랑은 자기희생적인 아가페 사랑에 반대되는 인간적 욕망에 불과하다는 것이다.[19]

니그렌처럼 아가페 사랑의 대상에서 자기를 제외해야 한다면 이것은 예수님의 뜻을 훨씬 벗어난 지나친 요구다. 이창호는 니그렌의 아가페는 "극단적으로 이타주의적이라고 할 수 있는데, 이러한 이해의 틀 안에서 긍정적인 자기 사랑의 가능성을 도무지 찾을 수가 없다"고 비판했다.[20] 이웃 사랑에 집중한 나머지 자기 사랑을 포기하거나 무시하는 것은 과도할 뿐 아니라 자칫 병리적인 문제를 일으킬 수도 있다.

니그렌의 주장에 대해 진 아웃카(Gene Outka)는 아가페 사랑을 모든 사람에 대한 '동등 배려'(equal regard)로 정의하고 이 '모든 사람' 안에 당연히 자기도 포함되어야 한다고 반박한다. 아웃카는 자기 사랑을 이웃 사랑의 반대가 아니라 이웃 사랑을 위한 기초로 보았다.[21] 자기 사랑 없는 이웃 사랑은 우리의 존재 가치와 존엄성을 인정하는 하나님의 사랑에 맞지 않는다. 물론 지나친 자기 사랑에 경도되는 것은 이웃 사랑을 방해하기에 경계해야 한다.[22]

하나님이 사랑한 나를 내가 사랑하지 않는 것은 더 큰 문제다. 17세기 경건주의 영성가 필립 야콥 슈페너(Philipp Jakob Spener)가 지적한 것처럼, 하나님의 사랑을 받고 하나님의 자녀가 된 우리는 하나님께서 주신 풍성한 삶을 누리며 하나님의 영광을 찬양할 때 가장 행복하다. 슈페너는 하나님 안에서 자기 자신을 사랑하고 이 사랑을 바탕으로 이웃을 사랑하는 것이 하나님이 정해주신 '사랑의 질서'라고 말했다.[23] 다만 자기 사랑은 "모든 것을 오직 하나님 때문에, 그리고 하나님을 모든 것 안에서 사랑하는 것"이 되어야 한다.[24]

하나님이 내 안에 심어주신 하나님의 선이 충만하도록 자기 자신을 돌보고 가꾸는 사랑을 소중히 여기는 사람이 이웃의 선을 증대시키는 사랑을 할 수 있다. 바울이 자기 유익을 구하지 않는 사랑을(고전 13:5) 말할 때, 이는 하나님의 사랑에 응답하는 자기 사랑을 부정하라는 뜻이 아니라 자기 유익만을 구하는 이기적인 사랑을 부정하는 것이다.[25]

일터에서 그리스도인은 일하면서 자신에게 필요한 것들을 얼마든지 요구할 수 있다. 자신의 능력에 걸맞은 지위를 요구할 수 있으며 강화된 권위를 요구할 수도 있다. 승진을 바라거나 연봉 인상을 기대하는 것은 그 자체로 이기적인 것이 아니다. 지위와 권위와 돈은 일터에서 하나님의 소명을 이루기 위해 필요한 자원들이다. 하나님께서 각자의 능력에 맞게 주시는 것들을 당당하게 요구하는 것은 이기적인 자기 사랑이 아니다. 이러한 혜택을 하나님을 사랑하고 이웃을 사랑하는 목적으로 활용하지 않는 것도 올바른 자기 사랑이 아니다. 하나님 사랑과 자기 사랑, 이웃 사랑이 따로 있는 것이 아니라 하나님으로부터 샘물 흐르듯 나를 통해 세상으로 흘러나가는 것이다. 하나님의 사랑은 먼저 나를 적시고 이웃과 세상을 적신다.

창의적이고 변혁적인 사랑

일터에서 아가페 사랑의 윤리를 실천하기 위해서는 성령의 도움이 절실하다. 사랑은 성령의 가장 첫 번째 열매다(갈 5:22). 성령은 그리스도인이 아가페 사랑을 창조적으로 실천할 수 있는 분별력과 능력을 주신다. 성령은 우리 마음의 눈을 열어 하나님의 비밀스런 지혜를 보게 하고 소명의 삶을 살아가게 해주시는 '지혜와 계시의 영'이다(엡 1:17, 18). 일터에서 부딪히는 윤리 문제들을 해결할 수 있는 모범답안은 없다. 모든 윤리 문제는 각각의 상황에 영향을 받기에 고유하다. 그러므로 윤리 문제는 항상 창조적으로 해결되어야 한다. 성령은 구체적인 윤리적 상황과 규범적 질서 안에서 사랑을 실천할 수 있는 새로운 길을 열어 주신다.

성령은 또한 현재의 윤리 문제를 종말론적 미래의 관점에서 바라보며 풀어가도록 이끄신다. 사랑은 종말론적이다. 종말론적인 것은 변혁적이다. 세상에 있는 모든 것들이 사라질지라도 사랑은 사라지지 않고 종말에 영원히 남는다(고전 13:8). 종말은 우리에게 영원한 선이 무엇인지를 미리 알려준다. 종말론적 선을 추구하는 아가페 사랑은 종말론적 미래를 오늘의 삶에서 선취(先取)하는 변혁적 결과를 낳는다.[26] 하나님이 미래에 완성하실 종말론적 선은 오늘 우리가 살아가는 삶의 목표가 되어 현실을 변화시키는 힘으로 작용한다.

그리스도인은 일터에서 창의적으로 사랑해야 한다. 창의적 사랑은 변혁적 힘으로 작용한다. 지금의 일터는 변화와 혁신을 매우 중요한 덕목으로 여긴다. 경쟁사회에서 창의적인 방식으로 새로운 일거리를 창출하는 것은 창의적인 사랑에서 시작된다. 사랑하는 사람은 다른 사람의 업적에 얹혀살지 않는다(롬 15:20). 다른 사람과 밥그릇 싸움을 벌이기 일쑤인 일터에서 새로운 먹거리를 만드는 것이 그리스도인이 줄 수 있는 사랑이다.

경쟁과 사랑

경쟁은 필요악인가?

제법 큰 기업체를 운영하는 M사장은 영업 사원들의 실적 향상을 위해 도입했던 인센티브 제도로 골머리를 앓고 있었다. 그는 매출을 올리기 위해 영업부서 직원들을 대상으로 인센티브제를 도입했다. 도입 첫해에는 매출이 상당히 올랐다. 인센티브제가 성공한 듯 보였다.

그러나 2~3년이 지나자 골치 아픈 문제들이 발생하기 시작했다. 거래처와 짜고 매출 보고를 과장하는 사례들이 적발되고, 영업 사원들끼리 '좋은 거래처'를 놓고 암투를 벌이고, 인센티브제가 적용되지 않는 내근 직원들이 영업직원들을 시기하는 등 회사 분위기가 삭막해졌다. M사장은 "직원들의 경쟁심을 자극해서 매출은 약간 올랐지만 회사 전체적으로 보면 부작용이 만만치 않다"고 걱정했다.

더 심각한 문제가 발생했다. 오래 근무한 베테랑 영업직원들이 더 많은 돈과 인센티브를 약속한 회사로 속속 떠났다. 인센티브 도입 전에는 영업직원들의 이직이 뜸했는데 도입 이후에는 이직률이 크게 올랐다. 회사는 사내 경쟁을 유도하기 위해 이 제도를 도입했지만 이제는 자기 직원을 놓고 다른 회사와 경쟁해야 하는 의도치 않은 상황에 처하게 되었다. M사장은 섣불리 인센티브 경쟁 제도를 도입한 자신의 경영전략에 대해 고민이 깊어졌다.

경쟁의 문제가 M씨 회사뿐이겠는가? 일터에서 사람들은 공기를 마시듯 경쟁한다. 연봉 인상과 승진을 놓고 경쟁하고, 같은 팀원들끼리 경쟁하고, 경영진과 노조가 경쟁하고, 정규직과 비정규직이 경쟁하고, 회사와 회사가 경쟁한다. 그것도 필사적으로...

경쟁은 비단 일터에만 있는 것이 아니다. 세상 곳곳이 경쟁으로 충만하다. 사람들은 태어날 때부터 죽을 때까지 경쟁에서 벗어나지 못한다. 경쟁을 숙명으로 여긴다. 경쟁은 태생적 환경이 되었다. 스포츠와 기업 경영, 대학 입시, 심지어 종교도 경쟁이다.

이처럼 경쟁은 익숙하고 평범한 일상이 되었지만 사람들은 정작 경쟁이 무엇인지 정확히 모른다. 왜 경쟁해야 하는지, 경쟁으로 얻는 이득이 무엇인지도 모르고 경쟁에 뛰어든다.[27] 내가 살려면 상대방을 죽여야 하는 전쟁 게임과 같은 것이라고 막연히 생각할 뿐이다.

경쟁은 정말 개인과 조직과 세상의 발전을 위한 필요악인가? 아가페 사랑과 경쟁은 병존할 수 있는가? 18세기 미국의 한 학교에서 일어난 일에 대한 저널리스트 로버트 코람(Robert Coram)의 기록을 보면 경쟁과 사랑은 '뜨거운 얼음'처럼 공존할 수 없는 모순이다.

> 시험은 일 년에 네 번 치러졌는데, 가장 뛰어난 학생에게는 금메달이 수여되었다. 첫 번째 메달이 주어졌을 때, 그것은 부러움, 질투, 그리고 학교 전체의 불화를 만들어냈으며, 학생들은 경쟁에 빠져들었다. 상이 주어지자 이전에 우정으로 맺어져 있던 소년들은 극심한 라이벌 관계가 되었으며, 서로를 적으로 바라보기 시작했다. 성적이 좋지 않은 학생들끼리도 상대방이 자신보다 못하기를 소망했고, 다른 아이의 성과를 깎아내리기 위해 갖은 애를 썼다.[28]

앞에서 언급한 기업체 대표 M씨도 인센티브 제도를 도입하기 전에는 조직이 안정적이었지만 경쟁 제도를 도입하자 조직 안정이 크게 흔들렸다고 토로했다. 그렇지만 경쟁심을 유발한 덕에 매출액이 올랐다. 도대체 경쟁은 얼마나 유익한 것일까?

구조적인 경쟁

무한 경쟁을 제도화하고 법으로 보장하는 신자유주의 사회에서 사람들은 경쟁에서 살아남기 위해 어릴 때부터 교육을 받는다. 정부는 경쟁을 방해하는 규제들을 철폐하고 공정한 경쟁체제 구축을 위해 법을 강화한다. 대한민국 정부에서 공정거래위원장을 지냈던 법학자 권오승은 "시장경제가 정상적으로 기능하려면, 시장에서 활동하는 사업자들이 자유롭고 공정하게 경쟁할 수 있어야 한다"고 말했다.[29] 이처럼 경쟁은 사회적 규범의 자리를 차지했다. 경쟁은 모든 사람들이 누릴 수 있는 권리이면서 동시에 의무다. 강한 자만 살아남는다는 생물 진화론적 경쟁 원리가 사회경제적 삶을 지배하는 원리가 되었다.

경쟁을 연구하는 학자들은 부정적 요인을 최소화하고 긍정적 요인을 최대화하면 경쟁은 유익하다고 주장한다. 스포츠 경쟁이 좋은 예다.[30] 선수들이 '오직 승리를 위해서' 경쟁적으로 운동하면 부정적 요인이 극대화된다. 오직 승리만이 목표인 선수들은 반칙, 폭력, 적개심 등 부정적 정서와 태도에 지배당할 위험이 크다. 상대 선수들에 대한 배타적 감정과 무시 등 비윤리적 성품이 내면화될 수도 있다. 그러나 자기 성장을 추구하는 선수들은 경기의 규칙을 준수하고 스포츠맨십을 존중하는 정정당당한 경쟁에서 긍정적 효과를 얻는다. 이들은 경쟁 상대를 '내가 살기 위해 죽여야 하는' 대상이 아니라 '함께 성장하는' 대상으로 인식하며 윤리적 성품을 기른다.

이처럼 경쟁의 양면성에도 불구하고 우리 사회에서는 자기 개발을 위해 경쟁이 필요하다는 공감대가 널리 형성돼 있다. "경쟁은 잠자고 있는 재능과 잠재력을 불러일으키고 새로운 모험심을 자극하며 또한 지적 호기심을 자극하며 결국에는 경쟁을 통해 깊은 내적 만족감을 이루게 된다."[31] 많은 그리스도인들도 경쟁의 필요성에 공감한다. 한 그리스도인 사업가는 "(그리스도인은) 경쟁을 통해 하나님이 주신 재능이 탁월한 능력을 발휘할 수 있게 해야 한다"라며 경쟁의 필요성을 역설했다.[32] 성경도 경쟁을 비유로 영적 성장을 설명하고 있다(고전 9:24~27; 딤후 2:5; 히 12:1). 그렇다고 경쟁의 긍정적 효과가 부정적 영향을 없앨 수는 없다.

파괴적 경쟁

상대를 이기는 것을 목적으로 하는 경쟁의 파괴적 힘은 생각보다 크다. 특히 이윤 극대화를 추구하는 경제 영역에서는 경쟁의 긍정적이고 생산적인 효과보다 부정적이고 파괴적인 효과가 더 큰 힘으로 작용할 때가 적지 않다. 이 때문에 경제 영역에서 윤리를 찾는 것에 회의적인 시각이 존재한다. 프랑크 나이트(Frank Knight)는 낮은 자를 섬기는 기독교 윤리와 사업(business)의 윤리는 완전하게 분리되어 있다고 지적한다.[33] 나이트에 따르면, 사업의 세계에는 오직 두 가지의 덕목이 있다. 첫 번째 덕목은 이겨야 한다는 것이고, 두 번째 덕목은 "지면 나가서 은혜롭게 죽는 것",[34] 즉 법적 절차에 따라 소멸되는 것이다. '이기는 자는 살고 지는 자는 죽는' 냉혹한 경쟁체제에서 아가페 사랑의 윤리는 불가능하다는 관점이다.

나이트는 경쟁의 작동 원리상 경쟁은 파괴적일 수밖에 없다고 말한다. 경쟁체제의 유일한 윤리적 원리는 효율성을 추구하는 것인데, 시장에서는 효율적인 사업에 더 많은 자원과 기회가 주어진다. 자본과 우수 인력이 효율적인 사업으로 몰려 빈부격차가 심해진다.[35] 이러한 현실 속에서 경쟁적 경제체제는 기독교 윤리와 멀어질 수밖에 없는 구조적 특성을 가지고 있다는 것이 나이트의 결론이다.

지금의 경쟁 환경은 나이트 교수가 활동하던 100여 년 전보다 나아졌을까? 자본주의 발전 과정을 보면 오히려 반대가 맞을 것이다. 경쟁을 기본 원리로 삼고 있는 기업은 윤리적이기 힘들다. 한 기업가의 고백은 이 사실을 확인해준다. "윤리적 덕은 경쟁의 세계에서 차지할 자리가 없다. 우리는 덕과 돈 사이에서 하나를 선택해야만 한다."[36] 이윤 극대화를 추구하는 기업에서 돈보다 덕을 먼저 선택할 수 없다는 그의 주장은 진실일까?

경쟁체제에서 사랑으로

타락한 세상에서 경쟁은 자연스러운 현상이다. 성경에는 파괴적인 경쟁 이야기가 넘친다. 하나님의 인정을 놓고 경쟁한 가인은 동생 아벨을 죽였다. 야곱은 장자권을 놓고 형 에서와 경쟁을 벌이다 죽을 뻔했다. 사울 왕은 다윗의 성공과 인기를 시기하고 그를 죽이려 했다. 예수님의 제자들은 예루살렘 성에서 얻게 될 권력을 놓고 경쟁했다.

그러나 예수님은 우리의 끈질긴 경쟁을 사랑과 섬김의 윤리로 전복시켰다. "너희 중에 누구든지 크고자 하는 자는 너희를 섬기는 자가 되고 너희 중에 누구든지 으뜸이 되고자 하는 자는 모든 사람의 종이 되어야 하리라. 인자가 온 것은 섬김을 받으려 함이 아니라 도리어 섬기려 하고 자기 목숨을 많은 사람의 대속물로 주려 함이니라"(막 10:43~45).

예수님은 경쟁체제 속의 그리스도인들에게 그 체제 원리로 살라고 하시지 않고 사랑하며 사는 윤리적 의무를 부여하셨다. 그리스도인은 어떻게 경쟁적인 일터에서 사랑을 실천할 수 있을까? 경쟁의 구조를 바꿀 수는 없지만 그 안에서도 경쟁의 장점을 최대화하고 단점을 최소화한다면 사랑의 윤리를 실천할 여지가 생길 것이다. 이 가능성을 위해 우리는 경쟁을 대하는 세 가지 방식을 생각해볼 수 있다.

① 타인보다 자기 자신과 경쟁하라

파괴적 경쟁의 희생자 혹은 가해자가 되지 않으려면 우리는 경쟁의 파괴적 본성의 근원지인 내 자신의 내면을 놓고 죄의 권세와 싸워야 한다. 영적 성장을 위한 내면의 싸움 없이 그리스도인은 일터에서 경쟁에 끌려 들어갈 수밖에 없다.

예수님의 달란트 비유(마 25:14~30)를 보자. 다섯 달란트 받은 종과 두 달란트 받은 종은 달란트를 최대한 활용해서 많은 이윤을 남겨 주인에게 칭찬을 받았다. 반면, 한 달란트를 받은 종은 받은 것을 활용하지 않아 아무런 이윤도 남기지 못하고 있는 것마저 빼앗겼다. 이 종에게는 심각한 문제가 있었다. 그는 주인을 오해하고 무서워했다. 자기 내면과의 싸움에서 지고 경쟁의 두려움에 휩싸여 아무것도 하지 않은 것이다. 주인은 이 종을 '게으르고 악한 종'이라고 비난했다. 이 비유는 다른 사람과의 경쟁보다 자신과의 경쟁이 얼마나 중요한지 잘 보여주고 있다.

최근의 연구들은 '사람들 사이의 대인적 경쟁심'(interpersonal competitiveness)보다 '자기 개발적 경쟁심'(personal development competitvenesss)이 더 좋은 업무 효과를 낸다는 사실을 발견했다. 다른 사람들과 경쟁하기보다는 현재의 자기와 경쟁할 때 업무 능력이 향상되고 업무에 임하는 동기가 높아져 업무 성과가 높아진다는 것이다.[37] 연구자들은 경쟁에 지친 현대인들에게는 사람들끼리 경쟁하는 전략보다 자기 내면을 가꾸며 잠재력을 키우는 전략이 더 성공적이라는 점을 강조한다.

그리스도인들에게는 더 말할 필요가 없다. 사도 바울은 옛사람을 벗어버리고 그리스도 안에서 새사람이 되기 위해 날마다 자기를 죽이며 자기의 파괴적 본성과 싸우는 경쟁(고전 15:31; 엡 4:22~24)에서 이겼다. 성령의 열매를 맺는 성품 개발과 업무 능력 향상에 집중하는 자기 경쟁을 통해, 우리는 일터에서 업무를 통해 이웃을 사랑하는 능력을 키울 수 있다. 성령은 항상 예전의 우리를 새롭게 하셔서 하나님의 소명을 실천할 수 있는 능력을 향상시켜 주신다.

② 종말론적 소망을 위해 경쟁하라

현실적으로 경쟁이 불가피하다면 목표를 멀리 두고 경쟁에 참여해야 한다. 당장 눈앞의 이윤을 쫓기보다는 장기적으로 하나님이 기뻐하시는 선하고 거룩한 결과를 생각하면 경쟁의 파괴적 효과를 줄일 수 있다. 경쟁의 파괴적 효과는 자기중심적인 단기적 목표에 집착할 때 증폭되기 마련이다. 그러나 나만의 유익이 아니라 조직 전체와 사회적 영향을 두루 고려한 장기적 안목으로 치밀하게 준비하고 추진하는 경쟁 전략은 더 많은 사람들에게 긍정적인 효과를 주게 될 것이다.

사도 바울은 자신의 사역을 운동 경기의 경쟁에 비유했다(고전 9:24~27). 그는 경쟁을 '행방 없는 달음질' 혹은 '허공을 치는 싸움'이 아니라 '내 몸을 쳐 복종하게' 하는 자신과의 싸움으로 여겼다. 그가 자신과의 경쟁에서 이길 수 있었던 것은 종말론적 소망으로 싸웠기 때문이다. "형제들아 나는 아직 내가 잡은 줄로 여기지 아니하고 오직 한 일, 즉 뒤에 있는 것은 잊어버리고 앞에 있는 것을 잡으려고 푯대를 향하여 그리스도 예수 안에서 하나님이 위에서 부르신 부름의 상을 위하여 달려가노라"(빌 3:13~14).

그리스도인들은 그리스도의 재림으로 이 땅에 새롭게 세워질 새 하늘과 새 땅에서 하나님의 심판 대상이 되지 않고 종말의 새 창조에 참여할 수 있는 결과를 상상하고 소망할 때 경쟁의 파괴성에서 벗어날 수 있다. 우리의 경쟁은 단거리 경주가 아니라 마라톤 경주와 같아야 한다. 메달을 딴 사람들만이 승리자가 되는 마라톤이 아니라 결승점에 통과하는 모든 사람들이 승리자가 되는 마라톤 경주가 좋은 경쟁 모델이다. "경쟁은 모든 사람이 이길 때에만 모든 사람들을 위한 좋은 소식이 될 수 있다."[38]

③ 경쟁보다 협력을

경쟁은 정말로 피할 수 없고 유익한가? 알피 콘(Alfie Kohn)은 사람들이 무비판적으로 수용하는 경쟁의 네 가지 거짓된 신화를 지적한다. '경쟁은 필연적이다.' '경쟁은 더욱 생산적으로 만든다.' '경쟁은 더욱 삶을 재미있게 한다.' '경쟁은 인격을 키워준다.' 그리고 콘은 정반대 의견을 내놓는다. '경쟁은 결코 필연적이지 않다.' '경쟁보다 협력이 더욱 생산적이다.' '경쟁은 삶을 피곤하게 한다.' '경쟁은 우리의 인격을 파괴한다.'[39]

콘은 자신의 이익만을 추구하는 경쟁보다 모든 사람들의 이익을 함께 추구하는 협력이 성공할 확률이 더 높다고 주장한다. 특히 협력이 경쟁을 대체할 수 있다고 강조한다. 경쟁하는 사람들은 불안감으로 작업수행력이 떨어지고, 결과만을 중시하기에 학습 능력이 떨어진다. 책임을 회피하고, 다른 사람의 승리가 예측되면 집중이 떨어진다. 반면, 협력하는 사람들은 자존심과 인간관계에 긍정적 영향을 받고, 공동의 목표를 위해 학습 과정에 적극적으로 참여하고, 함께하는 작업을 즐거워하고 열중하는 등의 장점을 보인다. 콘은 협력이 경쟁보다 더욱 생산적이고 재미있고 윤리적이라는 점을 설득력 있게 논증한다.[40]

콘이 주장하는 것처럼, 우리는 경쟁을 결코 대안 없는 숙명적 삶의 원리로 받아들일 필요가 없다. 예수님이 십자가 고난을 당하기 직전 마지막으로 제자들에게 "서로 사랑하라"고 부탁하신 이유가 무엇이겠는가? 누가 높은지 서로 경쟁하지 말고 서로 낮은 자리에서 섬기며 복음을 전하는 사역에 서로 협력하라는 뜻이 아니겠는가?

바울은 이방인 출신 그리스도인과 유대인 출신 그리스도인이 서로 갈등하던 로마 교회에 "그리스도께서 우리를 받아 하나님께 영광을 돌리심과 같이 너희도 서로 받으라"라고 권면했다(롬 15:7). 성도들이 "한 마음과 한 입으로 하나님 곧 우리 주 예수 그리스도의 아버지께 영광을 돌리게"(롬 15:6) 하려는 바울의 간절한 마음이다. 그는 갈라디아 교회 성도들에게 "서로 물고 먹으면 피차 멸망할까 조심하라"고 명령했다(갈 5:15).

경쟁은 그리스도인에게 적절한 단어가 아니다. 그리스도인에게 경쟁은 신앙의 언어가 아니다. 어쩔 수 없이 경쟁해야 하는 상황에 처할 수 있지만, 협력의 가능성을 최대한 찾는 노력이 우선되어야 한다. 완전한 비경쟁적(non-competitive) 협력이 어렵다면 가까운 경쟁자들이 협력하여 경쟁의 파괴적 결과를 최소화하는 '협력적 경쟁'(코오피티션 coopetition)[41]을 도모할 수도 있다. 온전한 아가페 사랑에는 모자라지만 그리스도인은 협력적 경쟁을 통해 협력하는 사람들과 사랑으로 연대하면서 경쟁의 부정적 영향을 완화할 수 있다.

타협과 사랑

악한 구조 안에서

사법기관에서 일하는 공무원 K집사는 어느 날 퇴근 후 담임목사님과 상담했다. 그는 어느 대기업의 불법 행위를 조사했다. 공장에서 배출되는 오염수를 정화하지 않고 비 오는 날 무단 투기해오던 오래된 불법 관행을 확인했다. 사법 조치를 해야 하는 중범죄였다. 그는 증거자료를 첨부한 보고서를 상부에 올렸다. 그런데 상부로부터 "덮어라"는 지시를 받았다.

K집사는 조사 과정에서 기업 관계자들로부터 집요한 로비 공세를 받았지만 모두 거부했다. 그는 기업 관계자들이 상부에 로비한 것을 어렵지 않게 알 수 있었다. 그는 목사님에게 대기업의 범죄 행위를 처벌하지 못하게 하는 권력자들의 불의한 행위에 그리스도인으로서 어떻게 대응해야 하는지 물었다.

이어 그는 세 가지의 선택지 가운데 하나를 택해야 한다고 말했다. 첫 번째 선택은 상부의 권위에 순종하고 대기업의 불법에 눈을 감는 것이고, 두 번째 선택은 상부의 결정에 불복하고 자신의 의견이 관철될 때까지 공무원 노조와 함께 투쟁하는 것, 그리고 세 번째 선택은 언론에 제보하는 것이었다. 첫 번째는 일자리를 유지할 수 있지만 불의에 동조하는 비윤리적 행위이고, 두 번째는 정의를 지키지만 직장생활 내내 불이익을 감수해야 하고, 세 번째는 공무상 비밀을 유출하는 불법이기에 처벌을 받아야 하는 문제가 있었다.

평소 설교에서 그리스도인의 윤리적 삶을 강조하던 담임목사님은 고민에 빠졌다. 사랑하는 성도에게 비윤리적 행위를 권유할 수 없었다. 그렇다고 직장생활의 불이익을 감내하라고 하기도 어렵고, 감옥에 가는 처벌을 받으라고 말할 수는 없었다. 목사나 성도나 악의 구조적 딜레마를 명쾌하게 풀어내기가 정말 어려웠다.

이처럼 일터에서 악은 구조적이다. '일등 아니면 생존할 수 없다'는 경쟁 신화에 사로잡힌 기업체. 권위주의적인 권력자들의 지시와 감시를 받는 사법기관이나 정보기관. 원청업체에 생존이 걸려 있는 '절대적 을'의 입장에 있는 하청업체. 그리스도인은 이런 일터에서 거대한 벽처럼 높은 '구조 악'에 부딪힐 때가 한두 번이 아니다. 이런 곳에서 어떻게 아가페 사랑을 실천할 수 있을까? 일터에서 살아남기 위해 사랑하라는 그리스도의 명령을 버려야 하는가?

한계상황과 비상 질서

일터에서 그리스도인은 아가페 사랑이 허용되지 않는 구조적 한계에 부딪혀 좌절할 수밖에 없는 상황이 있다. 이처럼 개인의 힘으로는 아무것도 할 수 없는 상황을 칼 야스퍼스(Karl Jaspers)는 '한계상황'이라고 규정한다. 야스퍼스는 죽음, 고통, 투쟁, 죄책 등을 한계상황의 예로 들고 있다. 이런 상황에서는 사람이 당하는 것 외에 어찌할 도리가 없다. 능력의 한계를 절감한다. 사람은 한계상황을 바꿀 수 없다.[42] 일터에서 그리스도인은 사랑하며 선하게 살고 싶지만, 생존이라는 실존적 위협과 두려움을 극복할 윤리적 능력이 부족한 한계상황에 도달할 때가 있다. 당황스럽고 절망스러운 상황이다.

그러나 한계상황이 꼭 나쁜 것은 아니다. 야스퍼스는 한계상황에 갇힌 사람은 자신의 한계를 깨달음으로써 초월자 앞에 서는 경험을 할 수 있다고 말한다. 이런 측면에서 한계상황은 한 단계 도약할 수 있는 기회가 될 수 있다. 그러므로 우리는 한계상황을 피하거나 두려워할 필요가 없다. 한계상황을 마주하는 사람은 초월자 앞에서 진정한 자기를 발견하고 삶의 현실에서 자신의 실존에 눈을 뜨고 주체적으로 살아갈 기회를 얻을 수 있다.[43]

윤리적 한계상황에서 일터 그리스도인은 좌절하게 되지만 그동안 흐릿하게 생각하던 윤리적 존재로 부름 받은 자신의 정체성을 하나님 앞에서 깨닫고 하나님과 함께 상황을 극복하기 위해 노력하는 계기로 삼을 수 있다. K집사가 담임목사님을 찾아온 것도 자신의 윤리적 한계상황에서 하나님과 함께하고 싶었던 마음 때문이었을 것이다.

윤리적 한계상황에서 우리가 할 수 있는 일은 없다. 이제 하나님이 일하실 차례다. 하나님은 창조 세계를 보존하기 위해 처방을 내려주신다. 하나님은 완벽하게 윤리적인 세상에만 계신 분이 아니라 윤리적으로 파산된 현실 안으로 들어와 고치고 변화시키고 구원하신다. 헬무트 틸리케는 이러한 현실을 당위(sollen)와 실존(sein) 사이에서 균열 되어 있는 비상 질서(Notverordung)라는 개념으로 이해한다. 그는 하나님이 비상 질서 속의 세상에 대해 자신의 창조 의지를 수정하시고 처방전을 내려주신다고 말한다.

틸리케는 비상 질서 속에서 하나님이 우리에게 주신 처방의 한 예로 율법을 들었다. 그는 율법을 타락한 세계를 보존하기 위한 하나님의 자기 적응 혹은 "(인간의) 타락으로 인해 변경된 하나님의 의지"로 이해했다.[44] 하나님은 한 남자와 한 여자가 평생 부부로 살아가라고 명령하셨지만 우리의 완악함 때문에 이혼을 허락하셨다(막 10:1~12). 남편이 아내를 미워하고 구박하고 돌보지 않고 심지어 폭행을 하면 아내의 생명이 위태로워질 수 있기에 하나님은 어쩔 수 없이 아내에게 이혼장을 써주고 헤어질 수 있도록 완악한 인간들과 타협하신 것이다.

그리스도인이 구조적 악에 직면하면 당혹스럽고 신앙이 흔들리게 된다. 아가페 사랑을 도저히 실현할 수 없을 것 같은 윤리적 절망감에 빠진다. 그러나 우리가 한계상황에서 하나님의 사랑에 대한 확신을 버리지 않을 때, 하나님은 우리에게 피할 길을 열어주실 것이다. 우리에게 길을 열어주기 위해 하나님은 자기 자신과 타협하신다.

타협(혹은 조정)의 가능성과 그 한계

윤리적 한계상황과 비상 질서 개념은 타협(혹은 조정)의 가능성을 내포하고 있다. 비록 아가페 사랑을 온전하게 실천하지 못한다 해도 삶을 보존할 수 있도록 하나님이 자신의 의지를 수정하신다면, 구조적 악과 타협할 수 있는 길을 허용하실 것이라는 생각도 가능할 것이다. 타협은 윤리적 한계상황에서 고통스러운 일터에서 그리스도인의 숨통을 틔어 줄 수 있다.

타협(혹은 조정)은 그리스도인들에게 부담스러운 표현이다. 그러나 사전적 용어의 타협은 "어떤 일을 서로 양보하여 협의함"이란 뜻을 가지고 있다.[45] 교회에서 타협은 불신앙과 동일시되기도 한다. 하나님의 아가페 사랑을 상황에 따라 악에게 양보해도 되는가? 진리의 말씀을 중간 지점에서 절충하는 것은 불의에 동참하는 것 아닌가? 절대적 권위를 가진 하나님의 말씀과 사랑이 훼손되는 것 아닌가? 타협이란 용어는 악을 수용하는 뉘앙스 때문에 꺼림칙한 것은 사실이다.

그러나 틸리케가 제시한 비상 질서 속의 타협(Kompromiss)이란 개념은 우리가 일상에서 사용하는 타협과는 다른 함의를 가진 신학 전문용어다. 거래 당사자들이 중간 타협점을 찾는 협상(negotiation)과 달리, 타협은 "선과 악, 혹은 진리와 거짓, 혹은 세계와 교회 등의 중간 지점에서 윤리적으로 인정받을 수 있는 어떤 항구적인 원리를 의미하는 것이 아니다."[46]

타협은 하나님과 사탄 사이에서 양쪽을 만족할 만한 지점을 찾는 것이 아니라 생존을 위해 최악과 차악 사이에서 차악을 선택하는 것이다. 홍순원은 틸리케에게 타협은 성령 하나님이 한계상황에 처한 인간을 곤경에서 벗어나게 하시는 길이라고 해석한다. "타협의 영이신 성령께서" 세상과 타협하시는 하나님의 뜻을 계시하여주신다.[47] 성령은 그리스도의 초림과 재림 사이를 살아가는 그리스도인들이 윤리적 한계상황에서 하나님의 백성으로서 하나님의 나라를 위해 구조적 악과 씨름하며 생명을 보호하도록 도와주신다.

성경에도 타협의 사례들이 나온다. 선지자 엘리사의 도움으로 나병을 고침 받은 아람의 군대장관 나아만을 예로 들 수 있다(왕하 5:1~19). 나아만은 고국으로 돌아가기 전에 엘리사에게 한 가지를 부탁했다. "오직 한 가지 일이 있사오니 여호와께서 당신의 종을 용서하시기를 원하나이다. 곧 내 주인께서 림몬의 신당에 들어가 거기서 경배하며 그가 내 손을 의지하시매 내가 림몬의 신당에서 몸을 굽히오니 내가 림몬의 신당에서 몸을 굽힐 때에 여호와께서 이 일에 대하여 당신의 종을 용서하시기를 원하나이다"(왕하 5:18). 여호와 하나님의 선지자에게 불치병을 고침 받았으니 마땅히 하나님의 율법에 따라 우상 숭배를 하지 않아야 하지만 이방왕을 모시고 이방 신에게 절해야 하는 직업적 현실을 이해해달라고 부탁한 것이다. 이에 엘리사는 "평안히 가라"(왕하 5:19)고 대답했다. 엘리사가 나아만의 타협안을 승인한 것이다.[48]

사실 우리의 타협은 하나님의 타협 때문에 가능해진다. 하나님은 간음죄와 살인 교사죄를 지은 다윗을 용서하고 왕권을 유지시켜 주셨다. 율법대로라면 그는 사형에 처해져야 마땅했다. 이스라엘의 통치와 보존을 위해 하나님이 자신과 타협하신 것이다. 무엇보다 십자가 사건은 하나님의 타협의 결과다. 정의의 하나님은 죄인들을 영원한 죽음으로 심판해야 하지만 그들을 사랑하시기 때문에 그리스도가 우리 대신 죽게 하심으로써 자비의 하나님

과 타협하셨다.[49]

그러나 우리의 타협은 결코 선이 아니라 본질적으로 죄를 짓는 윤리적 실패임에 분명하다. 하나님은 우리가 생존을 위해 타협하는 선택을 허용하시지만 우리의 죄를 용납하시는 것은 아니다. 어쩔 수 없는 타협이라 해도 우리는 하나님의 심판대 앞에 서야 한다. 하나님이 타협을 허용하시는 것은 죄에 면죄부를 주는 것이 아니다.

그럼에도 불구하고 하나님께서 타협의 길을 막지 않고 용인하시는 것은 타협할 수밖에 없는 윤리적 한계상황 앞에서 우리가 하나님과의 언약 관계 안에 머물기를 원하시기 때문이다. 하나님의 언약 안에 있는 그리스도인은 타협하는 자신의 죄를 회개하고 하나님의 용서를 구하게 된다. 하나님이 모든 것을 합력하여 선을 이루실 것을 소망하면서 타협하고 회개하고 개선해야 한다. 아이러니하게도 우리의 윤리적 역량은 많은 타협의 과정을 겪으면서 성장한다.

타협의 방식

타협은 윤리적 한계상황에서 자기 생명의 보호를 위해 이웃 사랑을 잠시 유보하는 것이다. 그러나 모든 타협이 정당한 것은 아니다. 타협이 그나마 정당성을 얻으려면 엄격한 조건을 지켜야 한다. 전쟁이 윤리적으로 정당한 전쟁(just war)으로 인정받기 위해 제네바협정을 지켜야 하는 것처럼, 구조적 악에 직면한 일터의 윤리적 한계상황에서 하나님의 용인을 받으려면 타협을 위한 조건들을 지켜야 한다. 송인규는 직장생활에서 용인될 수 있는 '잠정적 타협'을 위해 다섯 가지 전제 조건을 제시한다.[50]

① 하나님 나라를 실현하기 위해 타협을 시도해야 한다.

② 모든 노력을 기울이고 최후의 수단으로 타협을 선택해야 한다.

③ 타협이 불가피한 선택이라 해도 윤리적 책임을 지고 하나님의 용서를 구해야 한다.

④ 타협으로 인해 초래될 수 있는 모든 책임을 회피하지 않고 불이익을 기꺼이 감수한다.

⑤ 타협은 구조적 악에 대한 점진적 개선을 위한 임시적이고 일시적인 것이어야 한다.

송인규의 '잠정적 타협론'이 내세우는 다섯 가지 전제 조건은 타협이 죄에 머물지 않고 장기적으로 이웃 사랑의 결과를 가져올 수 있도록 진지하게 고려해야 할 사항들이다. 타협은 자신의 유익을 위한 것이 아니라 자신과 타인의 생명을 보호하기 위해서 달리 선택할 방법이 없을 때에만 제한적으로 용인될 수 있다. 타협의 대전제는 생명을 보호하는 것이다.

앞에서 소개한 공무원 K집사는 세 번째 방법을 선택했다. 그는 대기업의 불법 행위 자료와 "덮어라"는 상부의 부당한 지시를 언론에 제보했다. 그는 비록 공무상 비밀을 누설했지만 정의 실현을 위해 폭로하는 방식을 선택하고 정부에 공익제보자 신분의 보장을 요청했다. K집사는 함께 일했던 직원들이 감사를 받는 고통을 막기 위해 사직서를 제출하고 공무상 비밀 누설죄를 면제받는다는 타협안에 합의했다. 그는 이것을 동료들을 사랑하는 실천으로 생각했다.

아가페 사랑 윤리의 실천적 함의

그리스도인은 일터에서 아가페 사랑으로 존재하라는 소명을 받았다. 그러나 자기중심적 욕망과 구조적인 악으로 충만한 일터에서 아가페 사랑은 낯설고 버거운 일이다. 그럼에도 불구하고 이러한 환경에서 그리스도인은 사랑을 실천할 수 있는 윤리적 방법과 기회를 찾아야 한다. 앞의 논의에서 우리는 그리스도인이 아가페 사랑을 실천할 때 적용할 수 있는 세 가지 윤리적 함의를 도출할 수 있다.

첫째, 아가페 사랑은 일터에서 서로 사랑하라는 그리스도의 명령을 실천하는 윤리 규범이라는 사실을 기억해야 한다. 일터 그리스도인은 자신의 능력이 아니라 사랑의 영이신 성령의 지혜와 능력으로 복잡하고 어려운 일터 상황에서 하나님의 영광을 드러내기 위한 사랑의 길을 찾아야 한다. 성령의 지혜와 능력은 창조적이고 변혁적이다. 그리스도인은 성령 안에서 하나님의 사랑과 자기 사랑, 이웃 사랑으로 서로 연계를 이룬다. 하나님의 사랑을 받은 자기 자신을 아끼고 돌보며 그 사랑을 이웃과 나눌 때 하나님을 향한 사랑이 깊어진다.

둘째, 일터 그리스도인은 내가 성공하기 위해 남을 짓밟는 파괴적 경쟁에 휘말리지 않아야 한다. 경쟁에는 자기 능력을 개발하는 긍정적 요소가 있는 것도 사실이지만 파괴적 힘이 도사리고 있다. 그리스도인은 타인과 경쟁하기보다 자기 자신과 경쟁하고 날로 새로워지는 성장을 하도록 노력한다. 단기적 이익보다 종말론적 소망을 가지고 궁극적으로 하나님 나라에 합당한 결과를 얻을 수 있는 방향으로 경쟁 상황을 이용하는 지혜도 필요하다. 그러나 경쟁보다 더 생산적이고 안정적이고 행복한 효과를 내는 협력의 길을 먼저 찾는 것이 바람직하다.

셋째, 아가페 사랑으로 선을 행하고 싶지만 구조적 악의 힘에 눌려 최악과 차악 사이에 선택을 해야 하는 한계상황에서는 생존을 위해 차악을 선택하는 타협을 고려할 수 있다. 일터에서 타협 없이 살아가는 것은 거의 불가능하다. 그러나 타협은 지극히 신중해야 한다. 다른 선택의 여지가 없었다 해도 타협은 하나님 앞에 죄를 짓는 것이다. 그러므로 타협할 경우에 그리스도인은 자신의 한계와 죄를 인정하고 하나님께 용서를 구하며 겸손해야 한다. 타협에도 지켜야 할 조건들이 있다. 또한 타협으로 인한 결과를 책임지는 자세가 필요하다.

제11장
일과 안식의 조화와 축복

믿음의 순종으로 하나님의 안식에 동참하며 일하는 기쁨을 누려라

쉼이 부족한 사회

“나도 쉬고 싶어요.”

50대 중반의 대학교수 C씨는 아내와 말다툼이 많아졌다. 그는 학생들에게 좋은 평가를 받고 있을 뿐만 아니라 외부에서도 인기 많은 강사로 소문나 주말에도 여기저기 다니면서 강의했다. 전공과목의 학회 임원으로도 활동했다. 더군다나 학교 행정업무와 학생 지도활동 등 교내 업무가 부쩍 늘어나 눈코 뜰 새 없이 바빴다.

C씨는 전문직의 특성상 노동 시간의 제한이 없어 최대한 스케줄을 많이 잡고 열정적으로 활동했다. 학기 중에는 가족들과 함께 식사할 수 있는 기회가 한 주에 한 번도 쉽지 않았다. 옆에서 남편을 바라보는 아내의 시선이 곱지 않고 말이 날카로워졌다.

남편이 파김치가 되어 들어온 어느 주말 저녁에 아내가 참다못해 남편에게 싫은 소리를 했다. “당신 그렇게 살다 진짜 병나겠어요. 젊었을 때도 지금처럼 바쁘게 일하다 큰일 날 뻔했던 기억 안 나요? 지금도 매일 먹는 약이 늘고 있잖아요. 제발 일 좀 줄이고 쉬는 시간을 가지세요. 그리고 가정에 좀 더 많은 시간과 관심을 줘요. 아이들이 한참 자랄 기간인데 아빠 얼굴 보기도 힘들잖아요. 당신은 지금 무엇을 위해 일하는 거예요?"

C씨는 즉각 반박했다. "나도 쉬고 싶어요. 난들 좋아서 이렇게 사는 것이 아니야. 지금 상황에서는 도저히 일을 줄일 수가 없어요. 다들 나를 부르는데 어떻게 거절해? 나를 희생하고 이웃을 사랑하는 것이라고 생각하면 안 될까? 그리고 강의 요청을 한 번 거절하고 두 번 거절하면 나중에는 아예 요청이 안 들어올 수 있어서 불안하기도 하고요."

아내는 최소한 주일 예배라도 같이 드리고 싶지만 일 때문에 자주 예배를 건너뛰는 남편을 불안한 마음으로 지켜보고 있었다. "그렇게 일하다 신앙도 잃어버리겠어요." 그녀는 남편에게 경고투로 쏘아붙였다. 남편은 중얼거렸다. "내 몸이 두 개라면, 하루 시간이 48시간이라면 얼마나 좋을까" 이 말을 듣고 아내는 체념한 듯 말했다. "두 배로 바쁘게 살겠지."

줄어들지 않는 일과 스트레스

C교수처럼 전문직 종사자나 기업체 임원, 프리랜서는 본인 하기 나름이지만 대체로 일에 대한 열정과 책임감이 커서 일하는 시간이 다른 사람들에 비해 상대적으로 많다. 반면 근로기준법의 제약을 받는 직장인들은 일할 수 있는 시간에 한계가 있다. 그럼

에도 불구하고 한국 직장인들은 전 세계적으로 일 많이 하는 것으로 유명하다. 근로기준법과 상관없이 한국인들은 일을 많이 하고 있다. 그렇다고 일을 사랑하는 것 같지는 않다.

디지털 시대에는 현대인들이 일을 줄이고 더 많은 여가를 즐길 수 있을 것이라는 핑크빛 전망도 빗나갔다. 디지털 기기의 발전으로 업무처리 속도가 빨라지고 생산성이 높아져 일을 빨리 끝내고 더 많은 시간을 직장 밖에서 자유롭게 즐길 수 있을 것이라 기대했다면 착각이다. 퇴근 시간에도 온라인으로 일을 하는 새로운 문화가 생겨났기 때문이다. 한국노동연구원 조사에 따르면, 직장인 열에 아홉은 퇴근 후에도 디지털 기기로 회사 일을 하는 것으로 나타났다. 사무실은 떠나도 일은 떠나지 못하고 있는 현실이다.[1]

더군다나 퇴근 후에 하는 일은 공식 업무 시간으로 집계되지 않는 경우가 태반이다. 디지털 시대에 실제적으로 일하는 시간이 줄기는커녕 오히려 늘고 있다. 이와 더불어 일하는 시간과 쉬는 시간의 경계가 모호해지고 있는 상황이다. 몸은 퇴근했지만 정신은 여전히 근무 중이다. 일하는 시간은 늘고, 수면 시간과 여가 시간이 감소하는 아이러니한 상황이 발생하고 있다.[2] 이로 인해 번 아웃되거나 우울증에 시달리는 등 스트레스가 늘고 있다.[3]

C교수의 일이 크게 늘어난 데에는 코로나19가 결정적이었다. 코로나19 이전에 대면(오프라인)으로 이뤄지던 강의와 상담과 회의가 온라인으로 옮겨왔다. 그는 코로나19 기간에 집에 스튜디오를 만들어 모든 강의와 상담과 회의를 소화했다. 그러나 코로

나19가 끝난 뒤에는 오프라인과 온라인으로 동시에 일을 하게 돼 더 바빠졌다. 예전에는 거리 때문에 참석할 수 없던 학회 모임과 공공기관 자문 회의 등을 온라인으로 참석할 수 있게 되어 스케줄이 가득 찼다.

C교수와 달리 비자발적으로 온라인에 접속을 당하고 일에 끌려다니는 사람들도 많이 생겨났다. 한병철은 "더 많은 자유를 약속하는 스마트폰에서 하나의 치명적인 강제가 생겨난다"고 간파했다. 원하지 않는 소통에 억지로 참여하게 된다는 것이다. "사람들은 최근 들어 디지털 기기와 거의 강박적 관계에 빠져들었다. 여기에서 자유는 강제로 전도된다."[4] 한밤중에 SNS를 통해 전달되는 업무지시는 쉬는 시간을 침범하지만 거부하기 어려운 현실이다. 정보 소통 기술이 발전하는 시대에 일은 줄지 않고 스트레스는 늘고 있다.

우리는 왜 끊임없이 일을 할까? 우리는 왜 조용히 쉬면서 자기를 성찰하고 행복을 누리는 삶을 즐기지 못할까? 디지털 기술은 왜 일에서 해방하기는커녕 일에 속박시킬까? 월터 브루그만은 현대인을 "사람을 녹초로 만드는 무거운 짐을 진" 사람들이라고 진단했다. 우리는 왜 이런 짐을 짊어지게 된 것일까? 그는 더 많이 일하는 사람이 더 많이 가질 것이라는 환상과 도무지 만족을 모르는 요구들에 깔려있기 때문이라고 분석한다.[5]

만족하지 못하는 내적 외적 욕구를 채우려고 우리는 쉼 없이 일을 하지만 삶은 불안하고 두렵기만 하다. 능력주의 사회에서 생존하려면 힘을 키워야 하고, 힘을 키우려면 돈이 더 필요하고, 더 많은 돈을 벌려면 더 많이 일해야 한다. 그러나 막상 충분히 쓰고도 남을 만큼 돈을 가져도 더 늘리기 위해 또 다른 일을 도모한다. 편리한 디지털 기기를 사용하는 우리는 적당히 벌고 여유를 즐기기보다는 돈 벌 수 있는 정보를 찾아 온라인 세상을 헤매며 밤잠을 줄인다. 현대인들은 쉼 없는 세상에서 불안에 떨고, 불안하기에 더욱 쉬지 못한다.

'워라밸'이 해결책일까?

이렇게 불안한 시대에 일하는 시간을 줄이고 개인 시간을 늘리는 워라밸(work and life balance, 일과 삶의 균형) 운동이 각광을 받고 있다. 젊은 세대일수록 워라밸을 중요하게 여긴다. 이들은 일 중심으로 살아왔던 부모 세대와 달리 자기 자신에게 더 많은 시간을 투자하기를 원한다.[6] 1970년대 가정생활과 경제생활을 동시에 책임져야 하는 영국 여성들의 인권운동으로 시작된 워라밸은 이제 세계적 추세가 되었다. 과도한 일과 스트레스에서 해방돼 삶의 질을 높이고자 하는 열망은 보편적 현상이다. 덕분에 한국 노동자들의 연간 노동 시간은 2010년 2,163시간에서 2022년 1,901시간으로 12% 줄었다. 그렇지만 우리는 여전히 독일 사람들보다 두 달 넘게 일하는 세계 제4위의 '노동 강국'이다.[7]

그러나 이는 정부가 집계하는 공식 통계일 뿐 모든 노동자들이 노동 시간 감소로 일과 삶의 균형을 이루는 혜택을 누리는 것은 아니다. '워라밸' 연구자들은 노동 시간 단축이 반드시 여가 시간 증가로 이어지지는 않는다고 지적한다.[8] 충분한 생활비를 버는 사람들에게는 워라밸이 삶의 질 개선으로 이어질 수 있지만, 소득이 낮은 저소득층 사람들은 오히려 노동 시간을 연장하거나 다른 일자리를 구해야 한다. 공식적으로 줄어드는 노동 시간에 비공식적인 노동을 더 한다. 쉴 시간이 없다.[9] 워라밸도 부익부 빈익빈이다.

워라밸에는 노동 시간 단축과 개인의 능력 개발, 휴식 시간 확충 등의 긍정적 요소들이 있지만 치명적인 단점이 있다. 일과 삶을 마치 제로섬(zero-sum) 관계에서 서로 대립하는 것으로 여긴다. 일은 삶에 필요악이 되어버린다. 이런 관점에서는 일을 소명으로 인식하기 어렵다.

워라밸 문제를 보완하기 위해 '워라인(work and life integration)' 개념을 활용하자는 움직임도 있다.[10] '워라밸'이 일과 삶의 균형을 추구한다면, '워라인'은 일과 삶의 통합을 추구한다. '워라인'을 주장하는 사람들은 일과 삶이 서로의 영역에 스며들어 일의 효율성과 삶의 만족도를 동시에 높이는 대안적 시도라고 주장한다. 스튜어트 프리드만(Stewart D. Friedman)은 "요즘 시대에 워라밸은 더 이상 어울리지 않다"고 주장했다. 그는 대신 일과 가정과 공동체와 자아의 통합적 방식을 도입할 것을 제안했다.[11]

'워라인'은 디지털 기술의 발전으로 재택근무와 원거리 근무, 탄력출퇴근 등이 가능해진 새로운 환경을 배경으로 하고 있다. 개인의 생활환경을 배려해 멀리 있는 사무실에 출퇴근하지 않고도 가정이나 가까운 사무실 등에서 일하면서 개인적인 시간을 더 많이 확보하려는 노력이다. 그러나 이 개념도 문제가 있다. '워라인'이 일과 삶을 분리하지 않고 서로 보완적 관계로 본다고 하지만 일이 삶의 고유 영역을 침범하기 일쑤다. 일의 긴장감과 스트레스가 가족들에게 노출돼 부정적 영향을 주기도 한다. '워라인'으로 노동 시간이 줄었는지도 의문이다.

일과 쉼, 여가

우리는 어떻게 일의 긴장과 스트레스에서 벗어나 충분한 쉼을 누리며 즐겁게 일할 수 있을까? 현대 사회는 일에 지친 사람들이 쉴 수 있는 제도적 장치로 여가문화를 발전시켜왔다. 덕분에 직장인들은 일의 스트레스에서 벗어나 놀이를 즐기고 맛있는 음식을 먹으며 여가를 누릴 수 있게 되었다. 전국을 가득 채우고 있는 카페와 맛집, 호텔과 리조트, 다양한 국내외 여행 프로그램과 예능 방송, 지방 명소, 다양한 레저용품 등 여가를 위한 기반 시설이 날로 확충되고 있다. 우리나라 뿐 아니라 세계적으로 여가 인구가 계속 증가하고 있다.

하지만 과연 여가를 즐기면 일과 삶이 균형을 이룰 수 있을까? 회의적인 시각도 있다. 데오도르 아도르노(Theodor W. Adorno)와 막스 호르크하이머(Max Horkheimer)는 현대 사회의 여가를 노동의 연장이라고 비판한다. 여가가 온전히 개인의 자유와 발전을 위한 기회가 아니라 단지 노동을 위한 수단으로 관리되고 있다는 것이다. 여가는 "저녁때 공장을 떠난 후 다음날 아침 정확히 일터로 복귀할 때까지의 시간 동안 사람들의 감각을 낮 동안 행하는 노동과정의 연장선상 위에" 묶어둔다.[12] 여가는 이윤을 목적으로 하는 문화산업에 포획되어 있다. 일의 스트레스를 잠시 잊을지 모르지만 "유흥을 찾는 사람들은 기계화된 노동과정을 다시금 감당할 수 있기 위해 그로부터 벗어나려는 사람들"일 뿐이다.[13]

이들의 날카로운 문명 비판은 나름 설득력이 있지만 현실을 그대로 다 담아내지는 못한다. 현대 사회에서 여가를 바라보는 관점과 유형은 다양하다. 예를 들어 스탠리 파커(Stanley Parker)는 여가를 크게 세 가지 유형으로 정의한다. 첫째, 하루 24시간 가운데 생존에 필수적인 노동과 수면, 식사 등에 필요한 시간을 제외한 나머지 시간에 하는 활동. 둘째, 개인의 마음과 영혼을 돌보며 진리와 정의, 평화를 추구하는 철학적 종교적 활동. 셋째, 노동 혹은 의무에서 벗어나 자유로운 시간을 이용해 휴식과 기분전환, 사회적 성취, 개인적 발전 등을 꾀하는 활동.[14] 아도르노와 호르크하이머 같은 비판사회학자들은 여가를 주로 첫 번째 개념, 즉 일과 대립된 것으로 이해한다. 여가는 노동에 종속되어 있어 결코 노동의 소외 문제에서 인간을 해방시킬 수 없다고 주장한다.

여가를 두 번째 개념으로 이해한 철학자들의 생각은 정반대다. 가령 아리스토텔레스는 여가를 일상생활과 노동의 번거로움과 염려에서 해방돼 마음의 평안을 추구하면서 덕을 쌓고 정의를 논의하는 형이상학적 활동으로 여겼다. 그리스와 로마의 귀족들과 정치인, 군인 등 상류층은 충분한 여가를 누리기 위해 필요한 경제적 기반을 노예들의 노동에 떠넘겼다. 노예들의 노동은 귀족들의 여가를 위해 봉사하는 가치만 가진다.[15]

파커와 같은 현대 학자들은 주로 여가를 첫 번째와 두 번째를 통합한 세 번째 개념으로 이해한다. 고대 철학자들처럼 관조적 활동을 여가에 포함시키면서도 노동으로 지친 몸과 마음을 달래고 회복하기 위한 적절한 활동 또한 여가의 주요한 기능으로 인정한다. 노동과 여가는 서로 독립적이지 않고 서로 영향을 끼친다. 현대 여가 학자들은 좋은 노동이 좋은 여가를 보장하고, 좋은 여가가 좋은 노동을 낳는다고 생각한다.[16]

이처럼 여가에 대한 이해는 시대에 따라 다양했다. 21세기를 사는 우리는 여가를 어떻게 이해해야 적절한 일과 쉼의 균형에 도움이 될까? 첫 번째 개념은 모든 것이 일 중심이고, 두 번째 개념은 여가가 일을 지배한다. 세 번째 개념은 일과 쉼을 통합적으로 다루려고 노력하지만 일과 쉼이 분리되어 있는 현실을 극복하기에는 역부족이다.

여가는 일과 쉼의 관계에 도전적 질문을 던진다. 우리는 일하기 위해 쉬는가? 쉬기 위해 일하는가? 일과 쉼의 올바른 관계를 추구하는 제3의 길은 없는가? 성경은 쉼과 비슷하지만 본질적으로 다른 속성을 가지고 있는 '안식'이라는 개념을 통해 일과 쉼을 새롭게 정의한다. 성경의 '안식'은 일과 쉼을 하나님의 소명의 관점에서 통합적으로 이해할 수 있는 훌륭한 관점이다. 이제부터 성경의 안식 개념을 살펴보자.

하나님의 안식으로 초대받은 인간

"하나님이 안식하셨다"

성경에는 안식에 대한 이야기가 많이 나오는데 첫 번째 이야기가 창조의 일곱째 날에 하나님이 안식하신 사건이다. "하나님이 그가 하시던 일을 일곱째 날에 마치시니 그가 하시던 모든 일을 일곱째 날에 안식하시니라"(창 2:2). 이스라엘 백성에게 하나님이 일곱째 날에 일을 멈추고 쉬라는 명령을 주신 것도 하나님의 안식 사건에 근거한다(출 20:11). 이날은 '여호와의 안식일'이다(출 20:10; 31:13).

피곤하거나 지치지 아니하시는 하나님이 왜 일곱째 날에 쉬셨을까? 하나님의 안식은 하나님의 창조를 이해하는 결정적인 단서다. 창조는 하나님이 혼돈과 공허와 깊은 어둠에 잠겨 있던 죽음의 땅(창 1:2)에 생명체들이 번성하는 세상을 만들어낸 사건이다. 창조주 하나님은 죽음의 악한 세력과 싸워 이기시고 하나님의 세계에 대한 절대 주권을 가지고 있음을 선포하셨다. 그러므로 모든 피조물들은 하나님의 통치와 지배를 받을 때 죽음의 혼란을 극복하고 생명을 유지할 수 있다는 메시지가 창조 이야기의 핵심이다.[17]

하나님의 안식은 생명을 창조하신 하나님의 일이 완성되었음을 의미한다. 하나님의 안식은, 창조 이전에 땅을 덮고 있던 죽음의 질서를 물리치고 생명이 왕성하게 질서를 유지하며 평화를 누리는 상황을 암시한다. 악의 세력에 승리를 거둔 창조주 하나님이 세상의 유일한 통치자임을 선포하는 왕의 대관식 같은 분위기다.

모든 피조물들은 창조의 마지막 날에 하나님의 안식에 초대를 받았다. 사람은 창조주 하나님과 함께 안식을 누리는 복을 누리기 위해 일을 중단하라는 명령을 받았다. 일곱째 날인 안식일을 지키는 것은 이 세상과 인생에 대한 하나님의 절대 주권을 인정하는 믿음의 고백이다. 그리스도인은 이날에 하나님의 안식에 동참으로써 창조주 하나님께서 주신 인생의 가치와 목적, 소명을 발견하고 하나님을 예배한다.

쉼 이상의 안식

현대인들의 쉼은 주로 직장에서 하던 일을 떠나 지친 몸을 회복하고 자기와 가족을 위해 시간을 사용하는 개인적 쉼에 집중한다. 쉬는 날에는 체력을 보충하기 위해 집에서 편안하게 머무르거나 운동을 하고 여행을 떠나기도 한다.

그러나 성경의 안식 개념에는 개인적 쉼을 뛰어넘는 의미와 기능이 있다. 하나님의 안식 사건(창 2:1~3)에서 사용된 히브리어 동사 샤바트(שָׁבַת)는 '중단하다' '그치다' '떠나다' '끝내다' '쉬다' 등의 뜻을 지니고 있다.[18] 하던 행위를 멈추는 것을 전제로 하는 행위들이다. 물론 하나님이 사람처럼 피곤해서 휴식을 취하기 위해 일을 중단한 것은 아니다. 하나님은 일손을 멈추고 창조된 모든 것을 바라보며 기뻐하셨는데 이것이 하나님의 안식이다.[19] 하나님이 창조 세계를 바라보며 흐뭇한 마음으로 즐거워하신다. 하늘과 땅을 생명으로 가득 채우고, 죽음으로 땅을 지배하던 악의 세력을 이기신 창조 세계를 바라보며 경탄하신다.

이날 창조주 하나님은 홀로 안식하지 않고 모든 피조물들과 함께 안식하셨다. 마치 멋진 작품을 만들고 가까운 사람들과 함께 그 작품을 바라보며 기뻐하는 예술가처럼 하나님은 자신이 창조한 피조물들과 함께 창조 세계의 아름다움을 즐기고 축복하셨다. 하나님은 자신과 함께 안식을 누리는 피조물들을 바라보며 그들의 존재를 긍정하신다. 피조물들은 하나님 안에서 최고의 평안함과 행복과 축복을 받으며 하나님을 경배한다.[20] 이것이 하나님의 안식이다.

그러므로 안식은 예배다. 그리스도인들이 안식일 혹은 주일에 교회에 모여 하나님을 예배하는 것은 첫 피조물들이 하나님의 안식에 동참하며 드렸던 예배를 모방하는 행위다. 안식일의 예배는 모든 피조물들이 창조되고 난 뒤에 했던 첫 번째 일이었다.

이런 관점에서 하나님의 안식을 이해하면, 안식은 정적인 상태에서 가만히 쉬는 것이 아니라 이 세상을 생명으로 창조하고 악을 이기신 하나님을 경외하고 예배하는 적극적 활동이다. 하나님의 안식은 우리를 독수리 날개처럼 넓은 사랑으로 감싸주시면서 "아무 걱정하지 말고 내 안에 들어와 쉼을 얻으라"는 예수님(마 11:28~30)을 떠올리게 한다.

안식은 개인의 쉼을 전제로 하지만, 쉼을 뛰어넘는 의미를 가지고 있다. 하나님이 세상을 창조하신 목적은 모든 피조물이 하나님 안에서 안식의 기쁨을 누리며 하나님을 예배하는 것이다. 이를 위해 하나님은 우리를 자신의 안식으로 초대하신다. 안식일 혹은 주일을 지키는 것은 우리를 안식하게 하시는 창조주 하나님이 주시는 최고의 축복이다.

안식일의 주인이신 예수님은 안식일에도 많은 병자들을 고치고 귀신을 쫓아내는 '일'을 하셨다. 그분은 왜 유대인들의 극렬한 항의에도 불구하고 안식일에 일을 했을까? 유대인들은 일곱째 날이라는 시간을 지키는 것을 안식일을 지키는 것으로 보았다. 그러나 예수님에게 진정한 안식일 준수는 육체적, 정신적, 영적 고통에 시달리고 있는 사람들을 구원하고 잃었던 기쁨을 회복시켜주어 참된 쉼을 누리게 하는 것이었다. 예수님은 이것을 '안식일에 선을 행하는 것"이라고 표현했다(마 12:12). 인생의 안식을 잃은 사람이 안식의 기쁨을 찾아 하나님을 경배하는 것이 안식의 진정한 목적임을 예수님은 안식일 치유 행위로 보여주셨다.

일과 안식, 그리고 예배

창조 이야기에서는 일보다 안식이 우선이다. 하나님은 사람을 창조하시고 세상을 다스리라는 일의 소명을 주셨다(창 1:28). 그러나 아담은 일을 시작하기 전에 먼저 하나님의 안식을 누렸다. 아담은 하나님으로부터 하나님을 대리해 피조물들의 번영을 위해 일하라는 소명을 받았는데, 이 소명은 안식을 누리며 하나님을 예배하는 것과 깊은 관련이 있다.

비판사회학자들은 후기 자본주의 시대를 살아가는 현대인들에게 여가는 노동의 연장이라고 지적했다. 일하기 위해 쉰다는 것, 즉 쉼은 노동으로 돌아가는 수단이라는 것이다. 그러나 창조 이야기는 안식을 노동에 앞세움으로써 노동하기 위해 안식하는 것이 아니라 안식하기 노동하는 것이라고 가르친다. 하나님이 사람을 창조하신 궁극적 목적은 일이 아니라 안식이라는 말이다.

하나님이 아담을 에덴동산에서 일하게 하시는 모습을 자세히 살펴보면 이 점이 분명해진다. "여호와 하나님이 그 사람을 이끌어 에덴동산에 두어 그것을 경작하며 지키게 하시고"(창 2:15). 이 구절에서 '두어'라고 번역된 히브리어 얀니헤후(וַיַּנִּחֵהוּ)의 의미가 중요하다. 이 어구는 '그리고 그를 두었다'는 뜻이다. 일반적으로 장소 이동을 의미하는 '두다' 혹은 '가져다 놓다'는 동사는 히브리어로 쉼(שים)을 사용한다. 그러나 이 어구에서는 쉬다(rest)라는 의미를 가진 누아흐(נוח)가 사용되고 있다. 이 단어는 십계명의 안식일 계명에서 "여호와가 일곱째 날에 쉬었음이라"는 말씀에서 '쉬었다'를 표현하는 데 사용된 단어다(출 20:11).[21]

하나님이 아담을 에덴동산에 두었다는 의미는 아담이 에덴동산에서 안식을 누리게 하셨다는 뉘앙스를 가지고 있다. 아담이 창조의 일곱째 날 창조주 하나님과 함께 안식하고 있는 모습을 떠올리게 하는 표현이다. 하나님이 임재하시는 성전이자 아담의 일터였던 에덴동산에서 일과 안식은 대립하지 않았다. 아담은 일을 시작하기 전에 하나님 안에서 안식을 누리고 있었으며 일을 마치고 안식을 누렸다. 아담은 하나님 안에서 안식하는 상태에서 일했다. 아담에게 일과 안식은 "긴장과 투쟁의 관계 안에" 있기보다는 함께 있었다. 이는 우리의 일과 안식이 대립하지 않고 조화를 이루기를 바라는 하나님의 마음을 담고 있다.[22]

아담에게 주어진 두 가지 노동 소명, 즉 경작하고 지키라는 하나님의 명령은 안식을 지향하는 노동을 하라는 명령이다. 아담은 에덴동산에서 먹을 양식을 얻기 위해 땅을 경작하고 에덴동산에 악이 침입하지 못하도록 수호하는 일에 부름 받았다. 경작하고 지키는 노동은 에덴동산을 안식의 상태로 유지하는 데 필수적인 것이었다. "에덴동산에서 안식은 아담이 하나님 안에서 존재하고 있는 상태 혹은 방식에 대한 서술이며, 노동은 안식 안에서 창조세계를 위한 하나님의 소명을 수행하는 순종행위였다."[23]

우리는 아담의 타락 이후 에덴동산의 안식을 잃어버렸다. 우리의 일터는 힘겹게 수고하고 땀 흘려야만 먹고 살 수 있는 에덴의 동쪽에 있다. 경쟁과 긴장과 스트레스에서 벗어나지 못하는 일터 그리스도인들에게 하나님의 안식은 돌아가야 할 고향임을 깨우쳐준다. 그러므로 우리의 일과 일터는 안식의 회복을 향해 끊임없이 전진해야 한다.

일과 일터에서 안식의 회복은 주일에 하나님을 예배하며 하나님의 안식에 동참하는 것에서 시작된다. 우리는 예배에서 불완전하지만 잠시라도 하나님의 안식을 맛보는 메시야적 경험을 할 수 있다. 이러한 주일 예배의 경험이 주중 일터 생활에 깊은 영향을 끼친다. 주일 예배에서 안식을 맛보고 즐기는 사람은 안식을 방해하는 세상에 저항하고 안식을 되찾기 위해 노력한다. 자신의 노동이 창조 세계와 인간 역사의 최종 목적지인 하나님의 안식을 향하기를 소망한다.

안식과 믿음

잃어버린 안식을 돌려주시는 하나님

하나님은 안식하지 못하는 사람들의 삶에 들어와 안식을 누리도록 도와주신다. 출애굽은 하나님이 애굽 왕 바로 아래에서 쉼 없는 노동으로 극심한 고통을 겪고 있는 이스라엘을 구원하고 안식을 회복하여주신 노동의 구원 사건이었다. 하나님은 창조주 하나님으로서 이스라엘에게 하나님의 안식에 동참하라고 명령했다(출 20:11). 출애굽기에는 안식일 계명이 여섯 번 반복된다(16:29; 20:8~11; 23:12; 31:12~17; 34:21; 35:2). 이는 '하나님은 우리가 잃어버린 안식을 돌려주신다'는 신학적 주제를 강조하는 목적을 가지고 있다.

만나 사건(출애굽기 16장)은 우리에게 안식을 주시는 하나님의 은혜를 극적으로 묘사한다. 만나 이야기에는 안식일에 만나를 수거하지 말라는 하나님의 명령이 포함되어 있다. 하나님은 매일 아침 만나를 수거할 때 딱 하루 분량만 수거하라고 하셨다. 하루가 지나면 부패해서 먹을 수 없었다. 그러나 여섯째 날에는 동일한 만나를 이틀 분량 수거했고 안식일까지 보관했지만 신선도와 맛이 유지됐다. 동일한 만나가 여섯째 날에는 유효기간이 이틀로 늘어난 것이다. 만나가 엿새 동안 하늘에서 내려온 것보다 안식일에 만나를 수거하지 않아도 먹을 양식이 끊이지 않았다는 사실이 "진정한 만나의 기적"이다.[24]

출애굽과 만나 사건을 통해 쉼 없이 노예 노동에 시달리던 이스라엘은 안식일에 일하지 않아도 하나님이 그들의 생명을 보존하신다는 진리를 직접 체험했다. 우리를 쉼 없는 노동에서 해방하고 안식을 누리게 하시는 하나님을 이스라엘은 일용할 양식을 먹고 알게 되었다.

하나님은 쉼 없는 노동의 세상에서 우리를 해방시켜주시고 우리의 생계를 해결해주신다. 안식일 계명은 이 하나님을 믿고 순종하면 복을 누리며 살 것이라는 약속이다. 믿음이 없이는 안식을 누릴 수 없다. 우리에게 생명의 양식을 주시는 하나님의 은혜를 믿고 쉬라는 명령에 순종할 때, 우리는 비로소 흔들리지 않는 안식을 누릴 수 있다.

안식은 하나님을 향한 믿음으로 쉼 없는 노동을 강요하는 우상숭배적 삶에서 벗어나야 비로소 우리의 현실이 된다. 우상은 생존의 두려움에 떨며 쉼 없이 일하게 만든다. 생존의 기반을 이룰 때까지 일해야 안식할 수 있다는 생각은 우상이 심어준 허위의식이다. 우리는 창조주 하나님을 믿고 순종할 때, 안식을 누리며 하나님의 소명에 따라 일할 수 있다.

일을 중단함: 확고한 믿음의 고백

그리스도인은 하나님이 쉼과 안식을 주시는 분이라는 믿음으로 하던 일을 잠시 중단해야 한다. 안식일 계명에서 하나님은 엿새 동안 일하고 일곱째 날인 안식일에는 일하지 말고 쉴 것을 명령하셨다. “엿새 동안은 힘써 네 모든 일을 행할 것이나 일곱째 날은…아무 일도 하지 말라"(출 20:9, 10). "너는 엿새 동안 일하고 일곱째 날에는 쉴지니 밭 갈 때에나 거둘 때에도 쉴지며"(출 34:21). 하나님은 이스라엘에게 아무리 바쁜 농번기에도 밭에 나가서 일하지 말라고 말씀하셨다. 성막을 건설할 때에도 안식일에는 쉬어야 한다(출 35:12~17).

당시 가나안 주변 고대 근동 지역의 문헌에는 신이 자신을 숭배하는 백성에게 주기적으로 일을 쉬라고 명령한 사례가 없다. 일주일에 하루를 온전히 쉬라는 안식일 계명은 그 당시 종교적 배경에서는 매우 "기이한 요구"였다.[25] 우상 숭배 전통에서 인간은 우상에게 봉사하기 위해 동원되는 존재이지만, 여호와 하나님은 인간의 안식을 위해 봉사하신다.

이스라엘이 안식일에 노동을 중단하고 쉬는 행위는 여호와 하나님만이 유일한 하나님이라는 믿음을 생명 걸고 고백하는 것이었다. 하루 일하지 않아도 하나님이 먹여 살려주신다는 믿음의 표현이었다.

우리에게 일하라는 소명을 주신 하나님은 일을 쉬고 안식하라는 명령을 동시에 주셨다. 한 가지 명령만 지켜서는 다른 명령을 지킬 수 없다. 일하는 소명과 일하지 말고 쉬라는 명령은 하나다. 우리는 일을 중단하고 쉴 때 일하라는 소명의 참된 의미와 목적을 알게 된다. 일을 중단하고 하나님의 말씀에 집중할 때, 하나님은 우리가 왜 일해야 하는지 친절하게 알려주신다. 우리는 일을 멈추고 안식하며 일을 성찰할 때 일의 소명을 깨닫는다.

그러므로 일의 의미를 찾으려면 일을 잠시 중단해야 한다. 쉼 없이 일만 하면 일 가운데 방황한다. 무의미하게 반복되는 일은 우리 영혼을 일상의 수레바퀴 아래 깔리게 한다. 주기적으로 일을 중단하고 일을 명령하는 분에게 돌아가야 자기 자신과 타인에 대한 탐욕적 본성을 억제할 수 있다. 또한 자기 욕심을 채우기 위해 함께 일하는 이웃을 억압하지 않는다.

일을 중단하고 안식하는 것은 자본주의 시장 이데올로기가 지배하는 세상에 저항하는 강력한 수단이다. 브루그만이 통탄하는 것처럼, 시장 이데올로기에서 끊임없이 생성되는 "필요와 욕구는 우리를 끝없이 쉬지 못하게 하고 충족을 느끼지 못하게 하며 만족을 모르게 하여, 욕구를 채워 줄 만한 것을 끝없이 추구하게 만든다."[26] 우상에 대항하기 위해 우리는 주기적으로 안식하며, 필요와 욕구를 절제하고 안식의 기쁨과 만족을 주시는 하나님을 의지해야 한다. 안식일에 누리는 안식은 우상 숭배적 체제에 대한 저항이면서 실제적 대안이다.[27]

안식하며 일하려면

우리 일터는 분주하고 이기적이고 경쟁적이다. 열심히 일하는 것도 좋지만 지나치면 일하는 목적과 의미를 상실하고 탈진할 수 있다. 안식하지 않으면 그렇게 된다. 우리는 어떻게 안식하며 일할 수 있을까? 네 가지 유념해야 할 점들을 생각해보자. 안식의 출발이자 모형인 예배에서 하나님의 안식을 맛보는 것, 쉼의 편안함과 즐거움을 누리는 것, 일중독에 빠지지 않도록 자신을 경계하는 것, 쾌락적 여가 활동을 절제하는 것 등이다.

① 예배에서 안식을 맛보라

무엇보다 교회 공예배에서 하나님의 안식에 동참해야 한다. 예배에서 우리는 삶의 무의미와 방황을 잠재울 수 있는 은혜를 받는다. 이스라엘에게 처음으로 안식을 맛보게 하신 여호와 하나님은 안식일 계명을 주시면서 동시에 이동식 성전인 성막을 건설하라고 명령하셨다. 출애굽기의 성막 건설 이야기(25~40장)는 출애굽기 전체의 40%를 차지할 정도로 전달하는 비중이 크다. 성막과 안식일은 하나님을 예배하며 하나님의 안식에 참여하는 수단이다. 하나님이 임재하시는 거룩한 공간(성막)과 거룩한 시간(안식일)에서 이스라엘은 하나님을 예배하고 안식을 맛볼 수 있도록 하나님께서 은혜를 주셨다.[28]

그리스도인은 교회에서 성도들과 함께 드리는 예배와 교제에서 하나님이 주시는 안식의 기쁨을 처음으로 맛볼 수 있다. 그리스도인이 정신없이 바쁘게 살아가는 일상과 일터에서 안식을 누리려면 예배를 소중하게 여겨야 한다. 예배는 형식적인 종교적 의무가 아니라 하나님의 안식에 동참하는 기회가 되어야 한다. 예배에서 구원의 은혜로 삶에 안식을 주시는 하나님을 인격적으로 만날 때 마음의 평화와 위로를 받고 안식을 맛볼 수 있다.

주일에도 일해야 하는 그리스도인이 늘어나고 있는 것은 불행한 현실이다. 주일 예배 참석이 믿음의 증거는 아니지만 믿음과 안식에 많은 영향을 끼치는 것은 사실이다. 주일에 쉴 수 없는 상황이라면 주중에라도 반드시 쉬는 시간을 이용해 온라인 혹은 오프라인으로 예배를 드리며 하나님의 안식을 맛보는 기회를 가져야 한다. 일하다 몸이 지쳐 주일 예배에 참석하기 어려우면 우선 충분히 쉰 뒤에 맑은 정신으로 예배를 드릴 수 있는 대체 방법을 찾아야 안식을 맛볼 수 있다.

② 쉼의 편안함과 즐거움을 누리라

하나님은 우리가 안식을 누릴 수 있도록 많은 선물을 주신다. 일터에서 벗어나 몸과 마음의 편안함과 행복을 누리는 것은 사치가 아니라 하나님이 주시는 안식의 선물이다. 안식의 분위기는 기쁨과 즐거움과 편안함과 행복이다. 이런 것들을 직접 느껴보지 않으면 하나님의 안식이 얼마나 좋은 것인지 알지 못한다.

지나친 금욕주의는 안식을 방해한다. 칼뱅은 하나님께서 우리의 유익을 위해 주시는 여러 가지 선물을 하나님의 뜻에 따라 사용하라고 권고했다. 안식하는 삶을 위해 주신 선물을 즐겨 사용하는 것은 믿음의 순종이다. "주께서 우리가 보기에 아름다운 옷을 꽃에 입히시고 우리 코에 달콤한 향기를 풍겨 보내게 하셨는데, 우리의 눈이 그 미를 느끼며 코가 그 향기를 느끼는 것이 합당하지 않은가?"[29]

일터의 긴장과 스트레스에서 벗어나려면 일터에서 벗어나는 것만으로는 충분하지 않다. 삶에 활기를 돋게 하고 하나님이 창조하신 세상과 사람들의 아름다움과 충만함을 느끼고 즐겨야 한다. 하나님이 주시는 안식의 선물을 온몸으로 누릴 때 일터에서 받았던 부정적 경험과 감정에서 벗어나고 일터에서 왜곡된 자아를 교정할 수 있다.

혼자 혹은 여럿이 함께 여행을 떠나 자연의 풍성함과 아름다움과 위대함을 느껴보라. 맛있는 음식을 먹으며 즐거워하고 친구들과 수다를 떨며 사랑을 주고받으라. 낯선 곳에서 낯선 사람들에게서 뜻하지 않은 친절함에 놀라고 감사하라. 카페에서 느긋한 마음으로 커피를 음미하며 느리게 흘러가는 시간을 바라보아라. 이러한 비효율적이고 비생산적인 시간과 경험들은 우리의 안식을 위해 하나님이 주시는 축복의 선물이다. 하나님이 주셨으니 마음껏 누려야 안식의 기쁨을 알고 그것을 지키고 싶은 마음이 생겨난다.

③ 일중독을 예방하라

안식을 누리지 못하는 사람은 일중독에 빠질 위험이 크다. 일중독은 단기적으로는 직무 수행과 혁신 행동의 향상 등과 같은 긍정적 효과를 얻을 수 있지만 장기적으로는 본인과 타인에게 좋지 않은 영향을 끼친다.[30] '중독'이란 표현은 특정한 것에 쏠려 균형을 잃은 상태를 의미하기에 그것이 무엇이든 부정적일 수밖에 없다.

일중독자는 의지적으로 쉼을 거부하고 일에 몰입한다. 일중독에는 여러 문제들이 있지만 그 가운데 영적인 문제가 가장 심각하다. 일중독자는 일에서 하나님의 절대 주권을 인정하지 않는다. 하나님보다 일을 숭배하고 섬긴다. 일중독자는 하나님과 다른 사람들에게 무관심하고 자기만족을 위해 일하지만 만족함이 없고 우울함과 허무함, 탈진 등의 정신적 육체적 문제에 부딪힌

다. 일중독자는 자기 자신을 학대하는 상태에 이른다.[31]

안식을 누리려면 일중독을 경계하고 예방해야 한다. 일중독은 일을 중단하지 않는 현상이므로 일을 주기적으로 떠나야 한다. 하루 일을 시작하기 전에 혹은 퇴근하고 나서, 잠시 시간을 내어 하루 일과를 성찰하고 말씀을 묵상하며 기도하는 시간을 갖는 것도 일중독 예방에 좋다. 묵상하지 않으면 세상의 유혹과 자기 만족적 삶에 쉽게 빠지게 된다. 헨리 나우엔(Henry J. M. Nowen)의 말처럼, 묵상하는 사람은 "즉각적인 요구와 만족의 악순환을 극복할 수 있고 인간적 접촉에 굶주리거나 욕심을 내지 않는다." 일중독자가 보이는 강한 소유욕에서 벗어나 초월적 비전을 따라 살아가는 능력을 묵상으로부터 얻을 수 있다.[32]

일상의 습관들도 중요하다. 잠을 늘리고, 건강한 몸을 위해 운동하는 시간을 확보하고, 혼자 있는 시간을 가지고, 주기적으로 고요한 장소에서 자신의 일과를 성찰하고, 놀이의 즐거움을 만끽하고, 여행을 떠나고, 디지털 안식을 실천하며 쉼을 가져보라.[33] 일중독은 결코 미덕이 아니다. 자신과 가족과 동료와 공동체에 피해를 준다. 안식을 누림으로 일중독을 예방해야 한다.

④ 쾌락적 여가 활동을 절제하라

지나친 쾌락을 즐기는 여가 활동은 안식을 방해한다. 일하지 않고 쉬는 시간을 함부로 사용해서는 안 된다. 하나님은 안식일을 거룩하게 지키라고 명령하셨다(출 20:8). 이사야 선지자는 안식일에 금식과 '오락과 사사로운 말'을 금지했다(사 58:1~14). 주일에 세속적인 놀이로 쾌락을 즐기지 말고 거룩하게 지켜야 참된 안식을 누릴 수 있다. 그렇다고 청교도적 엄숙함으로 돌아가야 한다는 말이 아니다.

안식일에 '오락과 사사로운 말'로 쉬는 시간을 보낼 때 우리는 이날의 주인이신 하나님에 대한 사랑과 관심에서 멀어지고 자기 자신의 욕망을 만족시키는 데 집중할 것이다. 안식일에 하나님의 안식을 누리는 사람은 하나님과 함께 있기를 갈망하는 반면, 하나님과 상관없이 쾌락적 여가를 즐기는 사람은 오로지 자기만족만 추구한다. 폴 스티븐스는 안식과 여가를 이렇게 구분했다.

> 안식일 안식이 하나님을 관조하는 목적을 가지고 있다면, 여가는 직접적으로 인간의 쾌락을 목적으로 한다. 안식이 신적인 요구(divine requirement)라면, 여가는 신적인 허락(divine permission)이다. 안식은 하나님과 인간, 창조 세계의 삼중 조화를 목표로 함으로써 사회와 문화, 그리고 땅에 혜택을 준다. 그러나 여가는 근본적으로 개인적인 자유와 즐거움을 추구한다. 달리 말하면, 여가에 비해 안식일에 누리는 안식은 하나님의 형상을 닮은 남자와 여자가 되라는 우리의 소명을 더욱 중점적으로 생각하는 것이다.[34]

안식일 계명이 여가 활동을 정죄하는 것은 아니다. 그러나 여가 활동은 하나님의 안식을 방해하지 않을 정도로 절제되어야 한다. 교회가 성도들에게 주일을 경건하게 보내라고 요구하는 것도 자기 쾌락에 취해 안식의 주인이신 하나님을 잊어버리는 어리석음에 빠지지 말라는 것이다. 영적, 육체적, 정신적으로 균형 잡힌 쉼을 통해 하나님의 안식을 누릴 때, 일과 안식의 소명을 주시는 하나님께 감사하며 예배할 수 있다.

안식과 사랑

안식을 선물하는 '안식일 원리'

현대인들의 쉼은 개인에 집중한다. 그러나 성경은 함께 쉬는 안식을 강조한다. 안식은 생계를 위해 분주히 일하는 수고에서 잠시 해방된 사람들이 함께 하나님을 예배하고 이웃을 돌보고 배려하는 사랑에서 완성된다. 이웃을 사랑하는 안식은 특히 신명기 신학의 중심 사상을 이루고 있는데 패트릭 밀러(Patrick D. Miller)는 이것을 '안식일 원리(the Sabbatical principle)'라고 불렀다.[35] 안식일 원리는 하나님이 이스라엘에게 안식을 선물한 것처럼, 이스라엘도 서로 안식을 선물하는 것이다. 사랑하며 함께 누리는 안식은 특별히 공동체의 연약한 이웃들에게 쉴 수 있는 환경을 마련해준다.

신명기의 안식일 계명인 5장 14절에서 '안식일 원리'가 천명되고 있다. "일곱째 날은 네 하나님 여호와의 안식일인즉 너나 네 아들이나 네 딸이나 네 남종이나 네 여종이나 네 소나 네 나귀나 네 모든 가축이나 네 문 안에 유하는 객이라도 아무 일도 하지 못하게 하고 네 남종이나 네 여종에게 너같이 안식하게 할지니라."

이 계명의 직접 수신자는 2인칭 남성 단수로서 가나안 땅에서 경작지를 불하받은 이스라엘 자영농민이다. 하나님이 그에게 안식일에 쉬라고 명령하신 것은 그의 집에서 함께 일하는 남종과 여종이 쉬게 하려는 목적이었다. 주인이 쉬어야 종이 쉬고 종이 쉬어야 나그네(외국인 노동자)와 동물이 쉴 수 있는 사회에서 주인이 쉬지 않으면 그 가족 공동체의 모든 사람들과 동물들이 쉴 수 없었다. 내 영향을 받는 사람들이 눈치 보지 않고 편안히 쉬려면 내가 쉬어야 한다. 그러므로 나의 쉼은 다른 사람들에게 쉼을 선물로 주는 것과 같다.

신명기 율법은 이스라엘 공동체에서 고아와 과부, 나그네, 레위인으로 대표되는 사회적 약자들이 안식일에 쉬는 것을 사회정의로 여긴다.[36] 고대 그리스와 로마 시대처럼 권세를 가진 자들은 쉼의 여유를 누리지만 권세 없는 자들은 권세 가진 자들을 위해 쉼 없이 일해야 하는 사회는 정의롭지 않다. 가난한 사람들도 안식할 수 있을 때 하나님의 정의가 회복된다. 정의 실천 없이 안식은 불가능하다. 이처럼 성경의 안식은 개인적 쉼에 머물지 않고 공동체 전체로 확산된다. 세상은 불안한데 나 홀로 태평하게 쉴 수는 없다는 것이 안식의 가르침이다.

안식하는 공동체

'안식일 원리'는 이스라엘의 사회 제도 안에 깊이 스며들었다. 특별히 안식일 계명의 확대 적용 부분인 신명기 14장 22절~16장 17절 본문은 집중적으로 '안식일 원리'가 제도화된 사례들을 보여준다.[37] 이 본문은 십일조, 면제년, 초태생 바침, 3대 절기(유월절, 칠칠절, 초막절)와 같은 사회 제도에 대한 규례 모음이다. 이 모든 제도들은 사회적 약자들을 돌보는 사회정의를 추구한다.

십일조(14:22~29)는 공동체 안의 가난한 자들을 포함한 모든 사람들에게 안식과 정의를 선물하는 축제적 삶을 위해 사용된다. 면제년(15:1~18)은 불행한 일로 빚을 지거나 종이 된 백성들을 빚과 노역에서 해방함으로써 안식하는 삶을 되돌려준다. '안식일 원리'는 이스라엘 3대 절기(유월절/무교절, 칠칠절, 초막절)(16:1~17)에서 더욱 뚜렷하게 발견되는데, 이 절기에는 가난한 이웃들도 하나님이 주신 해방과 추수의 즐거움을 함께 누린다. 자영농민들은 가난한 이웃들을 축제에 초청해 배불리 먹고 즐거워하도록 자신의 재물을 아낌없이 공유한다. 이로써 이스라엘 공동체 안에 안식의 기쁨이 가득 찬다.

이처럼 안식은 능력 있는 개인이 누릴 수 있는 특권이 아니라 공동체의 모든 존재들이 함께 누려야 하는 하나님의 선물이다. 누군가 안식을 누리지 못한다면 이는 공동체의 책임이다. 특히 가진 자들의 책임이 크다. 느헤미야는 이스라엘이 안식일을 지키지 않게 된 죄는 재산을 더 많이 모으려는 부자와 권력자들의 탐욕이 가난한 백성들이 마땅히 누려야 할 안식의 권리를 빼앗았기 때문이라고 비난했다(느 5:1~9; 10:31; 13:15~22). 빈부격차가 벌어지고 있는 우리 사회에서는 어느 누구도 마음 편하게 쉼을 누릴 수 없다. 능력주의를 신봉하는 세상은 점점 더 공동체적 안식에 무디어진다. 그리고 평화가 사라지고 전쟁 같은 경쟁만 남는다.

이웃에게 안식을 선물하는 노동

'안식일 원리'는 이스라엘의 사회 제도를 구성하는 주축이었다. 포도원과 곡식밭 주인은 가난한 이웃들이 추수 밭에 들어와 배불리 먹을 수 있도록 보장해야 한다(신 23:24, 25). 곡식과 감람과 포도를 추수할 때에는 나그네와 고아와 과부들이 먹을 수 있도록 일부러 일부를 남겨놓아야 한다(신 24:19~21). 돈이나 식량을 빌려주면서 가난한 자들의 생존 도구인 맷돌을 전당잡아서는 안 된다(신 24:6). 가난한 자들의 일용할 양식인 품삯은 해 떨어지기 전에 반드시 지불되어야 한다(신 24:14, 15).

이러한 제도들은 "이스라엘의 노동이 하나님으로부터 복을 받는 행위가 될 수도 있고 하나님에 대한 죄가 될 수도 있다는 종교적 함의를 가지고" 있다.[38] 예를 들면, 채권자가 전당물로 잡은 가난한 이웃의 옷 - 당시 가난한 이들의 겉옷은 밤에 덮고 자는 이불로도 사용됐다 - 을 돌려주면 이웃의 축복 기도를 받게 되고 하나님으로부터 공의로운 행위로 인정받는다(신 24:13). 반면, 가난한 이웃을 고용하고 임금을 지불하지 않으면 하나님께 죄가 된다(신 24:15).

공동체가 하나님을 사랑하고 그의 율법을 신실하게 지킬 때 가난한 이웃들은 배고픔을 면할 수 있었다. 그러나 공동체가 율법을 제대로 지키지 않으면 가난한 이웃들의 원망 소리가 하늘을 찌르고 갈등이 커지고 평화가 깨진다. 이스라엘의 평화는 사회적 약자들이 공동체 안에서 안식을 누릴 수 있도록 얼마나 적극적으로 보장하느냐에 달려 있었다.

탐욕과 경쟁이 제도화되고 권장되는 현대 사회에서 '안식일 원리'를 일터에서 실천하는 것은 결코 쉬운 일이 아니다. 하지만 우리는 안식일 계명에서 우리의 일과 소유에 대한 믿음과 생각을 재검토하고 기존의 관습에 도전해야 한다. 노동의 결과물을 내 마음대로 사용할 수 있다는 생각은 잘못된 것이다. 노동의 열매를 하나님의 은혜로 인정하고 감사하며 하나님이 돌보시는 어려운 이웃들과 함께 나누는 만큼 우리는 안식할 수 있다.

그리스도인은 일터에서 만나는 이웃들에게 안식을 선물하도록 명령받았음을 기억하고 일해야 한다. 그들의 안식을 보장하기 위해 해야 할 일이 무엇인지 찾아서 실천해야 한다. 최소한 이웃의 안식을 방해하거나 빼앗지 않아야 한다. 이를 위해 세 가지 실천적 지침을 살펴본다.

① 동료들에게 충분한 쉼을 보장하라.

그리스도인은 함께 일하는 동료들이 합법적으로 보장받을 수 있는 쉼을 최대한 존중해야 한다. 앞에서 살펴본 것처럼, 디지털 시대에 직장인들은 퇴근 후에도 일해야 하는 경우가 적지 않다. 쉬는 중에 업무지시를 받는 직원은 직장에서 일하는 시간에 받는 것보다 더 많은 스트레스를 받고 직장에 불만을 갖게 된다. 복무규정에 허용된 범위 밖의 업무지시는 직원들에게는 권한 남용으로 받아들여진다. 최대한 퇴근 후 업무지시를 자제해야 한다. 불가피할 경우에는 양해를 구하고 대체 휴일이나 쉼의 시간을 반드시 제공해야 한다.

동료 직원들에게 쉼을 보장하기 위해서는 상급자가 먼저 쉼의 모범을 보여야 한다. 윗사람이 퇴근하지 않으면 아랫사람이 눈치를 보게 된다. 하나님은 아담이 일하기 전에 먼저 그와 함께 안식을 누리면서 아담에게 쉼의 모범을 보여주셨다. 이스라엘 자영농민이 쉬어야 그의 집에 있는 자녀와 종과 나그네와 동물이 쉴 수 있었던 것처럼, 쉼이 위에서부터 아래로 보장되는 직장 문화가 정착되어야 한다. 하나님으로부터 받은 안식의 선물을 일터에서도 동료들에게 선물하는 분위기에서 직원들은 배려와 사랑을 느끼며 더욱 충성하게 된다. 쉼을 수시로 침범당하는 직장인들에게 충성심과 생산성을 기대할 수는 없다.

그리스도인은 쉼 없이 일하는 동료들에게 쉼을 권장해야 한다. 충분히 쉬는 직원들은 창의적이고 생산적으로 일한다. 구글이나 3M 등 글로벌 기업들이 직원들에게 근무 시간 중에 일정한(15~20%) 시간을 마음대로 사용할 수 있도록 보장해줌으로써 창의성을 높이고 있다. 이러한 경영 전략은 안식의 중요성을 인지하고 있는 것이다.[39] 모든 구성원들이 쉼을 충분히 보장받을 때 행복하게 일할 수 있다. 이런 일터에서는 이직률이 낮다.

② 즐겁게 일하는 분위기를 조성하라

공동체적 안식을 위해서는 모두가 즐겁게 일하는 분위기가 필수적이다. 일과 안식은 대립하는 것이 아니라 조화를 이루어야 한다. 일터에서 어느 누구도 능력이 부족하다는 이유로 외면당해서는 안 된다. 직원들에게 성과 수당을 지급할 때 누구도 소외받지 않도록 세심하게 배려해야 한다. 모든 사람들이 각자 기여한

만큼 성과를 분배받아야 하지만 차별적 분배는 조직의 평안을 해친다. 일터 공동체의 모든 구성원은 하나님의 소명을 받은 존엄한 존재다.

일터에서 낸 성과는 하나님의 선물이다. 동료들이 함께 선물을 나누는 '안식일 원리'를 지킬 때, 실적이 모자라는 사람도 감사한 마음과 더불어 동료들을 사랑하는 안식의 기쁨을 누리게 된다. 함께 안식을 누리는 사람들은 서로의 안식을 위해 서로의 부족함을 채워주고 격려함으로써 공동체 의식을 가지고 일을 더 잘하고 싶은 마음을 갖게 된다.

하나님이 이스라엘 공동체의 약자들에게 특별한 관심을 가지고 배려하는 것은 이들이 안식을 누릴 때 공동체가 하나님의 복을 받기 때문이다. "이스라엘이 젖과 꿀이 흐르는 땅에서 영원히 풍요로운 노동의 열매를 누리며 살기 위해서는, 공동체 안의 사회적 약자들과 노동의 열매를 함께 나누고 그들의 어려운 사정을 배려하고 도움을 채워주는 방식으로 노동함으로써, 그들과 함께 안식의 기쁨을 나눠야 했다".[40]

일터도 이와 마찬가지다. 개인의 능력으로 경쟁해서 이겨야 생존한다는 우상 숭배적 신화가 지배하는 일터에서 나 혼자 생존에 성공한다 해도 불안에서 벗어날 수 없다. 동료들과 성과를 함께 나누며 더불어 살아가는 공동체 의식을 중시하는 일터에서는 긴장감과 스트레스가 줄어들고 안식의 평화가 찾아온다.

③ 빈부격차를 줄여야 한다

교회는 안식을 누리기 힘든 경제적 환경에 처한 사람들을 위한 사회적 차원의 노력을 적극 기울여야 한다. 특별히 빈부격차의 경제 구조에서 가난의 틀을 벗어나기 어려운 사람들을 배려하는 제도적 개선에 관심을 기울이고 꾸준히 목소리를 높여야 한다. 고용이 불안정하고 소득이 적은 사람들은 스스로 노동 시간을 연장하거나 두 개 이상의 일자리를 찾아야 한다. 이들은 쉬고 싶어도 쉴 여유가 없다. 고용 불안을 발생시키고 여가 시간을 감소시키는 사회 구조에서 삶은 두려움과 불안에서 벗어나기 어렵다.[41]

사회 정책을 다루는 정부나 지자체, 공공기관에서 일하는 그리스도인들과 정치 영역에 종사하는 그리스도인들은 공동체적 안식이 훼손되지 않도록 민감하게 정책을 다루어야 한다. '송파 세 모녀 사건'처럼 극심한 생활고에 절망하는 사람들을 돌보고 사회적 약자들이 공동체에서 충분한 배려와 관심과 사랑을 받고 즐겁게 살아갈 수 있도록 촘촘한 영적 관계망, 안전망으로 보살펴야 한다.

교회 또한 공동체적 안식의 관점으로 이웃과 세상을 바라보면서 사회적 메시지를 교회 안팎에 선포하고 교회 주변의 가난한 이웃들에게 안식을 선물하기 위한 사역들을 발굴해야 한다. 안식을 잃어버린 이웃들이 눈물 흘리고 탄식할 때 우리는 하나님의 안식에 온전히 참여할 수 없다. 이웃들이 안식의 기쁨을 누릴 때 교회 또한 안식의 기쁨을 함께 맛볼 수 있다.

일과 안식의 실천적 함의

자발적 혹은 강제적으로 쉼 없이 일해야 하는 현실에서 길을 잃지 않기 위해 우리는 하나님의 명령에 따라 쉬면서 일해야 한다. 일과 쉼을 대립적으로 보는 워라밸 대신 우리는 안식을 지향하는 노동으로 조화로운 삶을 살아야 한다. 안식하는 사람은 일하는 목적과 의미를 깨닫고 소명으로 일하게 된다. 위에서 논의한 일과 안식의 조화와 축복을 얻기 위해 세 가지 실천적 함의를 기억하고 실천해보자.

첫째, 안식은 개인적인 쉼을 넘어 창조주 하나님을 예배하는 것이다. 주중에 하던 일을 중단하고 주일에 성도들과 함께 예배를 드리는 것은 창조의 일곱째 날 하나님이 창조의 일을 마치고 안식하신 '하나님의 안식'에 동참하는 것이다. 하나님의 형상으로 창조된 사람은 일하기 전에 먼저 하나님의 안식에 참여한다. 안식은 우리 일의 출발점이자 목표지점이다. 안식하는 삶을 살려면 무엇보다 먼저 예배에 집중해야 한다. 예배는 하나님의 안식에 동참하는 행위다.

둘째, 주기적으로 일을 중단하고 안식을 누리는 믿음의 순종을 실천하는 것이다. 안식은 우리가 선택할 수 있는 것이 아니라 순종으로 누려야 할 하나님의 약속이다. 일중독자처럼 쉼 없이 일하는 사람은 하나님을 경배하지 않고 일을 숭배하게 된다. 믿음의 순종으로 일을 중단하고 안식함으로써 우리는 하나님에 대한 믿음을 실천적으로 고백한다. 안식하는 기쁨을 경험할 때 우리는 안식의 명령이 우리의 행복을 위한 하나님의 축복임을 알게 된다.

셋째, 공동체 모든 구성원들이 함께 안식을 누리도록 세심하게 배려하는 것이다. 안식은 성도들과 함께 누려야 하는 하나님의 선물이다. 하나님은 안식의 기쁨을 누리도록 다양한 선물을 주신다. 우리는 이 선물을 충분히 누리면서도 주변 사람들, 특히 사회적 약자들에게 안식을 선물해야 한다. 이것이 공동체의 평화를 가져오는 '안식일 원리'이다. 우리는 일터에서 모든 구성원들이 함께 즐겁게 일하며 안식의 기쁨을 누리기 위해 연약한 자들에게 특별한 관심을 주어야 한다. 안식은 공동체 구성원 모두의 책임이다.

제12장
하나님의 선교와 일터

일터에서 세상을 구원하시는 하나님의 선교에 동참하라

직장 선교의 명암

"회사에서 신앙을 잃었어요."

경력사원으로 입사한 그리스도인 K씨는 회사에서 신앙을 잃었다. 그는 입사 면접에서 매주 직원 예배가 있다는 설명을 듣고 더 좋은 조건을 제시한 회사들을 포기하고 이 회사를 택했다. 예배에서 은혜받기를 좋아하던 그는 입사 후 예배에 꼬박꼬박 참석했다. 실적 부진으로 힘들었던 마음을 예배에서 위로받고 용기를 얻었다.

그러나 그는 일 년 뒤 신앙에 회의를 느끼고 오래 다니던 교회마저 떠났다. 회사 예배도 영업을 핑계로 참석하지 않았다. 그의 변화를 눈치챈 담당 부서 임원이 예배 참여를 권유하자 그는 "회사에 와서 신앙을 잃어버렸다"고 고백했다. 임원이 왜 그런지 물어보자 그는 솔직한 마음을 털어놓았다. "회장님의 이중적 태도에 질려서 신앙에 회의가 왔습니다."

이 회사 회장은 창립할 때부터 매주 직원 예배를 거르지 않았다. 회사의 주인이 하나님이라는 믿음으로 직원들과 함께 매일 아침 경건의 시간을 가졌다. 교회 목사님을 모시고 매주 예배를 드렸다. 회사를 하나님께 바친다는 마음으로 매년 수익의 일정 부분을 해외 선교와 국내 구제 활동에도 지출했다.

회사가 성장하고 직원들이 늘어나자 회장은 직원들에 대한 감시를 강화했다. 직원 예배 후 이어지는 훈시 때마다 정직성을 강조한 회장은 직원들의 사소한 실수도 그냥 넘어가는 법이 없었다. 또한 업무 능력이 모자란다고 판단되는 직원은 스스로 퇴사할 때까지 끈질기게 괴롭혔다. 직원들은 가능한 회장을 만나지 않으려고 회피했다. 회장실에 결재를 받으러 들어간 직원들은 심한 호통과 지적에 겁먹기 일쑤였다.

K씨도 예외가 아니었다. 그는 아무리 설명해도 듣지 않고 억울하게 책임을 떠넘기는 회장과 한자리에 앉아 예배를 드리는 것이 괴로웠다. 리베이트 영업을 하지 않는 것을 자랑하던 회장은 뒤로는 자기 고객들에게 은밀하게 비자금을 만들어 리베이트를 제공했다. 회장은 교회에서 봉사를 열심히 하고 교인들에게 거의 천사라는 칭찬을 받았다. 이런 칭찬은 회사에도 퍼져 직원들이 다 알고 있었다. 하지만 K씨는 회장이 신앙을 언급할 때마다 가증스럽고 다른 동료들 보기에 부끄러워 교회가 싫어졌다고 말했다. 회장의 '선교적 열심'이 오히려 한 직원을 혼란스럽게 한 결과를 가져온 것이다. 누가 잘못한 것일까? 무엇이 문제일까?

직장 선교, 무엇이 문제인가?

K씨 회사의 회장처럼 직장 선교에 사명감을 가진 기독 경영인들은 사업체 - 기업, 병원, 사립학교 등 - 를 선교지로 여긴다. 사내에 사목(business chaplain)을 두고 목회하는 '선교적 경영'을 하기도 한다. 신앙에 적극적인 경영주는 사업체 안에 교회를 설립해 직원들과 함께 주중 혹은 주일에 예배를 드리는 '일터교회'를 직접 운영하기도 한다.[1] '일터교회'는 일반 교회처럼 조직과 예산을 가지고 활동하기도 하는데 해외 선교를 후원하고 직원들에게 복음을 전하고 개인 상담을 하는 등 독자적인 사역을 한다.

직장 선교는 직장 예배로 시작됐는데 1955년 벽산그룹 창업자 고(故) 김인득 장로가 서울 단성사 극장에서 드린 직장 예배가 처음이었다.[2] 지금은 전국의 크고 작은 기업체들이 정기적으로 직장 예배를 드리고 있다. 중소기업 식품회사를 운영하는 C씨는 직장을 선교의 현장으로 삼기 위해 일부러 비그리스도인을 고용하고 그들에게 복음을 전하며 예배를 드린다. 그녀는 대부분의 직원들이 예수님을 영접하고 적극적으로 예배에 참여하게 된다고 설명했다. 외국인 노동자들을 고용하고 좋은 대우를 해주면서 본국으로 돌아가 가족과 이웃들에게 복음을 전하는 선교 자원으로 양육하는 회사들도 있다.

경영주에 의존하는 '일터교회'와 달리 직장 신우회는 평신도 직장인들이 직장 단위로 자발적으로 모여 신앙 활동을 한다. 직장 신우회는 현재 전국의 회사, 지자체, 정부 조직, 공기업, 학교 등 다양한 직종의 일터에 광범위하게 조직되어 있다.[3] 사실상 한국에서 직장 선교는 직장 신우회가 이끌어왔다고 해도 과언이 아니다.

직장 신우회 활동은 1975년 한국은행을 시발로 전국으로 확산되었다.[4] 초기의 직장 신우회는 주로 주중 점심시간이나 퇴근 후에 함께 모여 예배를 드렸다. 1990년대부터 선교단체 출신들이 직장을 복음 전도의 '황금어장'으로 여기고 개인 전도와 기도회, 성경공부 등 활발하게 직장 선교 활동을 하고 있다.

신우회와 '일터교회'는 일터라는 어려운 환경에서 그리스도인들이 신앙을 지키고 선교를 꾸준하게 해오고 있다는 점에서 교회의 위로와 지지를 받아야 한다. 자기의 신앙을 감추려고 하는 일터 성도들이 적지 않은 가운데 자신의 신앙을 개방하고 영혼을 구원하기 위해 자신의 시간과 열정을 바치는 이들의 수고에 교회는 감사해야 마땅하다.

그러나 시대의 변화와 필요에 부응하기 위해서는 직장 선교가 전향적으로 변화될 필요가 있다. 현재 직장 선교는 대부분 영혼 구원을 위한 복음 전도와 예배에 초점이 맞춰져 있다. 이제는 선교를 좀 더 넓게 이해하고 직장인들에게 새롭고 다양하게 다가가는 선교 전략을 세워야 한다는 지적이 나오고 있다. 방선기는 전도 중심의 직장 선교는 성경적 직업관이나 기독교 세계관을 제대로 담아내지 못하고 있으며 "교회와 세상을 분리하고, 하나님의 일과 세속적인 직업, 전도와 일을 분리하는 이원론에서 벗어나지" 못하고 있다고 지적한다.[5]

회사가 종교가 없거나 다른 직원들을 대상으로 예배 참석을 강요한다는 비판이 직장인들의 온라인 커뮤니티에 심심찮게 올라온다. 그리스도인들조차 직장이 또 다른 교회가 되는 것을 불편하게 여기기도 한다. 그리스도인들의 신우회 참여도 미미한 편이다. 직장 사역자 박호근은 그리스도인 직장인들이 신우회 모임에 참여를 꺼리는 것은 대략 일곱 가지 이유 때문이라고 분석했다. 첫째, 일터에서 신앙을 드러내고 싶지 않아서. 둘째, 신우회가 교회와 다르지 않아서. 셋째, 일터를 복음 전도 현장으로만 생각하는 믿음 좋은 사람들(?) 때문에. 넷째, 윗사람 눈치 때문에. 다섯째, 신우회가 없어서. 여섯째, 신우회에서 별 변화도 유익도 얻지 못해서. 일곱째, 신앙의 색깔이 달라서.[6]

'일터교회'의 경우 선교적 관점에서 좀 더 신중하게 접근해야 한다. 직장 때문에 본인의 종교나 의지와 상관없이 의무적으로 예배에 참여하는 사람들에게, 하나님은 생계를 무기로 믿음을 강요하는 강압적인 분으로 비칠 수 있다. 선교에서 종교의 자유를 강조하는 테오 순더마이어(Theo Sundermeier)는 "타인의 존엄을 존중하지 않으면 선교가 있을 수 없고, 이런 선교는 있어서도 안 된다"고 지적한다.[7] 다원주의 문화에서 선교는 다른 사람들과 자유롭게 대화하며 서로의 마음을 열고 서로에게 영향받고 변화를 주고받을 때 가능하다.[8] 현대 사회에서 성령이 이끄시는 선교에 대해 순더마이어는 이렇게 권고한다.

성령은 피조물적, 사회적, 개인적 다양성을 강화하는 데 차이들이 더 이

> 상 분열적이고 혐오감을 주지 않는 방식으로 하신다. 대신 서로 다른 점들은 서로 의존적인 관계를 맺고 서로의 이야기를 듣고 이해하고 도와주고 함께 하나님을 찬양하게 한다. 낯섦은 극복될 수 있고 서로 이해할 수 있게 되고, 가족적 연대감이 자라고, 공동체성이 뿌리를 내린다. 낯선 사람들이 친구가 된다.[9]

순더마이어가 주장한 현대 다원주의 사회에서의 선교 방법론에 비춰 보면 현재 한국의 일터 선교에는 재검토해야 할 점들이 적지 않다.

일터는 어떤 의미에서 선교지인가?

그리스도인들에게 일터는 분명히 선교적 책임을 져야 하는 선교지다. 어떤 의미에서 일터가 선교지일까? 드와이트 베이커(Dwight Baker)는 비즈니스(일터)와 선교의 관계를 11가지로 구분하고 상황에 따라 필요한 관계를 선택해야 한다고 주장한다.[10] 베이커의 분류는 크게 네 가지 관계 유형으로 나눌 수 있다. 비즈니스와 선교(business and mission), 선교를 위한 비즈니스(business for mission), 비즈니스를 통한 선교(mission through business), 선교로서 비즈니스(business as mission).

'비즈니스와 선교'는 일터와 선교를 서로 관련 없는 병립적 관계로 본다. '선교를 위한 비즈니스'는 일터를 선교 후원의 수단으로 여긴다. '비즈니스를 통한 선교'는 선교가 금지된 나라에서 비즈니스를 선교의 수단으로 활용한다. '선교로서의 비즈니스'는 일터 자체를 선교 현장으로 여긴다. 이러한 분류 방법은 선교를 해외 또는 국내에서 복음을 전하는 것으로 한정하기 때문에 서로의 관계가 복잡해질 수밖에 없다.

일터 선교를 어떻게 이해하고 실천하는가의 문제는 선교를 어떻게 정의하느냐에 달려 있다. 하지만 선교는 역사적 시기마다 내용과 방법이 달라 모든 시대를 관통하는 하나의 정의를 내리기는 어렵다.[11] 데이비드 보쉬(David J. Bosch)는 이 때문에 "선교를 너무 예리하게 기술하려는 시도를 경계해야 한다"고 주장한다.[12]

선교학에서 사용되는 '선교'라는 단어는 라틴어로 '보내다' '파견하다'의 뜻을 가진 동사 미테레(mittere)의 명사형 미시오(missio)에서 나왔다. 성부 하나님이 성자 예수 그리스도를 세상에 보내시고, 성자 예수 그리스도가 제자들을 세상에 보내는 것이 선교의 출발점이다. "아버지께서 나를 보내신 것 같이 나도 너희를 보내노라"(요 20:21). 선교의 핵심은 그리스도의 보냄을 받아 세상에 나가는 것이다. 박보경은 "성부께서 성자를, 성부와 성자께서 성령을, 성부 성자 성령께서 교회를 파송하는 일이 선교"라고 정의했다.[13]

파송을 뜻하는 '선교' 개념은 보냄 받은 사람들이 무엇을 하느냐에 따라 다르게 이해된다. 교회는 16세기에 예수회가 해외에 선교사를 파송하기 시작한 이래 세상 끝까지 복음을 전하라는 그리스도의 대사명(마 28:18~20)에 따라 미전도 종족들에게 복음을 전하고 교회를 개척하는 활동을 '선교'라고 불렀다.[14] 개신교회에서는 18세기에 진젠도르프(Nicholas Ludwig von Zinzendorf)의 모라비안 헤른후트(Moravian Herrnhut) 공동체가 처음으로 해외 선교의 문을 열었다. 모라비안들은 남미, 북미, 남아프리카, 북극, 그린랜드 등에 자비량 선교사를 파송해 복음을 전하고 교회를 개척했다.[15] 한국교회는 북미와 유럽에서 파송된 선교사들의 복음 전도로 맺어진 귀한 열매다.

그러나 20세기 들어 선교학의 발전과 더불어 전통적인 선교 개념이 변화되기 시작했다. 특히 영혼을 구원하는 선교에서 하나님이 창조하신 모든 세상 - 개인의 영혼을 포함해 - 을 구원하는 선교로 개념이 확장되었다. '하나님의 선교'로 불리는 이 새로운 선교 개념은 에큐메니컬 진영과 복음주의 진영, 그리고 가톨릭교회에서 폭넓게 받아들여지고 있다. '하나님의 선교'의 관점에서 보면 일터 선교 또한 기존의 직장 선교보다 활동 범위와 대상이 넓어지게 된다.

하나님의 선교

하나님의 선교(Mission)와 우리의 선교(missions)

하나님의 선교(missio Dei)는 1952년 열린 국제선교협의회(International Missionary Council)의 빌링겐(Willingen) 대회에서 처음 소개됐다. 칼 하르텐스타인(Karl Hartenstein)은 선교의 근원과 목적을 설명하면서 그동안 교회를 선교의 주체로 여겨왔던 개념이 잘못되었음을 지적하고 삼위일체 하나님이 선교의 주체임을 천명했다. 빌링겐 대회 이후 교회는 하나님의 선교 개념을 정교

하게 다듬고 발전시켜왔다.[16]

'하나님의 선교' 개념에 따르면, 선교는 교회가 나서기 전에 하나님이 먼저 시작했다. 창조주 하나님은 이 세상에 성자 하나님을 보내 복음으로 백성들을 부르시고 그들을 세상에 보내 성령 하나님과 함께 세상을 구원하고 유지하는 일을 맡기신다. 교회는 하나님이 시작하신 선교에 동참한다. 그러므로 "선교는 하나님으로부터 세상으로의 움직임이다."[17] 사랑의 하나님은 사랑의 대상을 향해 끊임없이 자신을 개방하고 다가오시는 선교적 속성을 가지고 계신다.

하나님의 사랑은 식지 않는 선교의 에너지다. 하나님의 사랑을 받고 그리스도인이 된 우리는 하나님이 먼저 시작하신 선교에 참여한다. 스티븐 닐(Stephen Neill)은 단수로서의 선교(Mission)는 오직 하나님에게 속하고 우선적이며, 우리가 행하는 복수형의 선교(missions)는 하나님의 선교의 파생물이라고 규정했다. 그는 빌링겐 대회 이후 복수형인 우리들의 선교(missions) 시대는 끝나고 단수인 하나님의 선교(Mission) 시대가 시작되었다고 선포했다.[18]

하나님의 선교 개념은 교회의 선교 사역에 많은 변화를 가져왔다. 특별한 사람이 하나님의 부르심을 받고 멀리 떨어진 곳에서 처음 보는 사람들에게 복음을 전하는 전도(evangelism)를 선교로 여기던 전통적 선교관이 모든 지역에서 모든 교회와 모든 그리스도인이 하나님의 보내심을 받은 자리에서 - 그곳이 해외 오지이든 일상의 세계이든 그리스도인이 살고 있는 그 자리에서 - 하나님의 선교에 참여하는 총체적 선교관으로 바뀌었다.

우리의 선교는 하나님의 선교에 참여하도록 부르심을 받고 복음에 합당하게 살아가며 자신의 모든 삶에서 그리스도의 증인으로 존재하는 것이다. 그러므로 교회와 그리스도인은 본질적으로 선교적(missional) 존재다. 그리스도인은 선교적 존재로서 그리스도가 제자들에게 보여주고 명령하셨듯이 세상과 타인에게서 분리되지 않고 오히려 그 속으로 들어가 섬기며 사랑하는 성례전적 삶으로 선교 사명을 수행한다.[19]

하나님의 선교는 복음을 전하고 회심시키는 일방적 소통보다 서로 대화하고 영향을 주고받는 상호 관계적 소통을 요구한다. 복음을 전하는 사람도 복음을 전달받는 사람들로부터 변화를 받을 수 있음을 인정하는 개방적 태도 없이는 하나님의 선교에 참여하기 어렵다. 크레이그 밴 겔더(Craig Van Gelder)와 드와이트 샤일리(Dwight J. Zscheile)는 하나님의 선교가 일어나는 공간은 특정한 지리적 공간이 아니라 관계 사이(between)에 있기 때문에 선교는 서로를 위한 것이라고 설명한다.

> 교회의 존재성(ecclesial being)은 근본적으로 '~사이에'(between), 구체적으로 말하자면 우리와 삼위일체 하나님 사이에, 믿음의 교제 안에서 우리와 타인들 사이에, 세상 안에서 우리와 이웃 사이에 일어나는 사건이다. 이 관계와 사이야말로 선교가 일어나는 공간이다. 선교는 특정한 소유물, 사상, 상품, 개념을 사람들에게 전달하는 것이 아니라 오히려 우리가 타인들을 형성하는 데 참여하듯이 우리를 변화시키는 관계망 안으로 들어가는 것이다.[20]

창조 세계의 구원으로 확대된 선교

하나님의 선교는 우리가 행하는 선교 사역의 대상과 내용에 커다란 변화를 가져왔다. 개인의 영혼을 대상으로 하던 선교가 하나님의 창조 세계 전체를 대상으로 삼는 총체적 선교로 확대되었다. "하나님의 선교는 그분의 창조 세계 전체에서 악한 모든 것을 완전히 멸하는 것이다. 그러므로 우리의 선교 역시 성경 전체가 우리에게 주는 복음만큼 그 범위가 포괄적이어야 한다."[21]

사영리 소책자를 읽어주고 그리스도를 영접하도록 초청하는 것만이 선교가 아니라, 세상에서 이루어지는 모든 일들이 선교의 영역 안으로 들어왔다. 하나님은 '세상'을 사랑하고 구원하기 위해 독생자를 보내셨다(요 3:16). 창조 세계의 모든 피조물이 그리스도의 십자가 복음으로 구원을 받은 하나님의 아들들, 곧 그리스도인들이 나타나는 것을 고대하고 있다(롬 8:19). 죄 아래 고통받고 있는 이 세계의 모든 피조물이 하나님의 선교를 기다리고 있다. 복음은 인간의 영혼에만 구원의 소식이 아니라 하나님의 눈이 머물고 있는 창조 세계 전체에게 좋은 소식이 되어야 한다.

그러므로 하나님의 선교는 모든 피조물이 생명의 번영을 누리며 하나님을 예배하고 안식을 누리는 '세상의 구원'을 지향한다. 세계선교와 전도위원회(Council of World Mission and Evangelism:CWME)는 방콕 회의(1973년)에서 세상의 구원을 네 가지 차원으로 규정했다. 착취에 대한 경제적 정의, 억압에 대한 인간의 존엄성, 소외에 대항하는 결속, 개인 삶의 절망에 대한 희망을 위해 싸우는 것.[22] 선교 활동이 전도에서 정치, 경제, 사회 모든 문제를 해결하는 것으로 확대되었다.

하나님은 세계의 모든 생명들을 죄와 악의 고통으로부터 구원하실 때까지 선교를 멈추지 않으신다. 그리스도인은 "내가 온 것은 양으로 생명을 얻게 하고 더 풍성히 얻게 하려는 것이라"(요 10:10)라고 선포하신 그리스도의 생명 운동에 동참하도록 부르심을 받았다. 생명이라 함은 영혼의 생명과 육신의 생명, 정신의 생명, 자연의 생명, 사회의 생명 등을 포괄하는 총체적 생명을 말한다. 선교적 그리스도인은 "그리스도 안에서 새 하늘과 새 땅의 희망을 품고 이 땅에서 정의, 창조, 평화를 통해 하나님의 생명 살리기에 참여한다."[23]

하나님의 선교에서 핵심적인 일터

20세기 후반에 들어와 하나님의 선교에서 일터는 중요한 선교지로 다뤄지고 있다. 복음주의권의 로잔운동은 일터사역을 새로운 선교 전략으로 삼았다. 제2차 로잔대회(1989년)는 마닐라 선언문에서 일터를 평신도 전도의 영역으로 포함시켰다. 전도는 말로 복음을 전하는 것을 뛰어넘는다. "그리스도인들은 입술의 언어, 일관성 있는 근면, 정직, 신중성, 일터에서의 정의에 대한 관심 및 특히 다른 사람들이 그들이 하는 일의 내용을 보고 그것이 하나님의 영광을 위해 행해지고 있다는 사실을 볼 때 그리스도를 증거할 수 있게 된다."[24]

2004년에 열린 파타야 포럼은 로잔운동 안에 '일터사역

(marketplace ministry)'을 탄생시켰다. 일터가 어떻게 선교 현장이 되며 어떤 사역을 해야 하는지 신학적 근거를 제시한 특별보고서(Lausanne Occasional Paper, No. 40)는 일터사역을 신학적 기반 위에서 전략적으로 구체화했다. 포럼은 일터사역을 삼위일체 하나님의 선교로 이해했다. "성부 하나님의 창조적 사역은 기독교인들의 세상과의 관계에서 문화적 위임의 근거를 제시하며, 성자 하나님의 화해적 사역은 그리스도인들의 복음 전파 사역의 근거가 되고, 성령 하나님의 변혁적이며 치유하시는 사역은 직업 현장에서 그리스도인들의 다양한 은사, 즉, 행정의 은사, 리더십의 은사, 자비의 은사 등의 개발의 근거가 된다."[25]

제3차 로잔대회(2010)는 케이프타운 서약에서 지역 교회들에게 "복음 전도와 변혁을 위한 거대한 기회를 제공하는" 일터에 그리스도인들을 구비시켜 파송하는 비전을 가질 것을 촉구했다.[26] 이후 로잔운동은 다양한 문서와 회의 등을 통해 일터와 일터신학을 주요한 선교 사역의 대상으로 삼고 있다. 케이프타운 서약은 그동안 복음주의 진영에서 간과되어 왔던 창조신학의 중요성을 재발견하고 일터의 중요성을 역설했다.[27]

케이프타운 서약의 신학 기초 작업을 이끌었던 크리스토퍼 라이트는, 삼위일체 하나님으로부터 공적 광장인 일터로 보냄 받은 그리스도인은 좋은 시민이자 좋은 일꾼으로서 좋은 증인이 되어 하나님의 백성으로서 선교에 참여해야 한다고 말했다. "일은 여전히 창조적으로 선하다. 일을 하는 것은 선하다. 그리고 일을 함으로써 선을 행하는 것도 좋은 일이다. 이 모든 것 또한 하나님 백성의 선교의 일부분이다."[28] 하나님의 선교에 참여하는 그리스도인은 복음과 다른 가치를 가지고 있는 세상과 충돌할 때 외면하거나 두려워하지 말고 대결해야 한다. "하나님 백성의 선교는 눈을 부릅뜨고, 고개를 들고, 영적 갑옷을 착용하고 그 대결에 개입하는 것을 포함한다."[29] 이처럼 에큐메니칼 교회와 복음주의 교회 공히 일터를 하나님의 선교 현장으로 인정했다.

일터 선교의 대상

일터에서 만나는 사람들

그렇다면 일터에서는 구체적으로 무엇이 선교의 대상인가? 선교의 가장 중요한 대상은 일터에서 만나는 사람들이다. 일터에서 힘들게 일하면서 살아가는 사람들에게 하나님의 사랑을 전하는 것이 선교의 핵심이다. 사람들에게 복음을 전하고 그들의 영혼이 그리스도에게 돌아와 하나님이 기뻐하시는 거룩한 삶을 살아가게 하는 것이 우선적인 선교 사역이다. 사람이 바뀌지 않으면 아무것도 바뀌지 않는다.

일터에는 돈을 우상처럼 섬기는 사람들이 많다. 더 많이 더 빨리 돈을 벌려는 경쟁심으로 살아가는 사람들은 내면의 두려움과 불안에 시달리고 다른 사람들을 힘들게 한다. 선교적 그리스도인은 이러한 사람들에게 복음을 전하도록 부르심을 받았다. 일터와 같은 공공의 장소에서는 복음 전도에 제약이 따르지만 동료들에게 복음을 전할 수 있는 기회가 분명히 열릴 것이다. 좋은 일터에는 좋은 사람들이 필요하고, 좋은 사람이 되려면 복음이 필요하다.

그러나 일터에서 복음 전도는 신중해야 한다. 복음은 말로 전하는 것이지만, 복음이 설득력을 가지려면 복음을 전하는 사람의 삶이 뒷받침되어야 한다. 그리스도인들의 삶이 매력적으로 보일 때 복음이 매력적으로 들린다. 자기를 우선하는 일터에서 그리스도처럼 자기희생을 감수하며 상대를 섬기는 사랑을 보여줄 때 전도의 열매를 맺을 수 있다.

윤리적 삶은 선교에 필수적이다. "내가 그로 그 자식과 권속에게 명하여 여호와의 도를 지켜 공의와 정의를 행하게 하려고 그를 택하였나니 이는 나 여호와가 아브라함에게 대하여 말한 일을 이루려 함이니라"(창 18:19). 라이트는 이 구절에서 아브라함의 선택과 선교 사이에 도덕적 요구가 있음을 발견한다. 하나님의 선교를 위해 우리를 선택하신 하나님은 우리가 정의롭고 공의롭고 자비롭게 살기를 요구하신다. 윤리적인 삶은 하나님의 선택의 목적이자 선교의 기초다.[30]

자기를 희생하고 섬기는 사랑은 그리스도의 십자가 안에서 드러나는 하나님의 지혜이자 능력이다(고전 1:18~31). 이번 장의 도입 사례에서 보았듯이 이러한 지혜와 능력이 발휘되지 않는 그리스도인의 말과 행동은 오히려 하나님의 선교를 가로막는 장애물로 작용한다. 말과 행동이 일치하지 않는 복음 전도는 복음에 대한 불신감을 갖게 한다. "선교는 우리 주위에 있는 자들이 우리가 예배하는 하나님과 우리가 사는 삶에 대해 호기심을 갖도록 만드는 것이다." 크리스토퍼 라이트가 정곡을 찌른 것처럼, 사람들을 하나님에 대한 호기심으로 이끄는 것은 우리의 삶이라는 점을 명심해야 한다.[31] 복음 전도의 성패는 전도자가 일터에서 보여주는 삶에 달려 있다고 해도 과언이 아니다.

코로나19 이후 사람들이 기독교 신앙에 냉담해지고 있는 현실에서 신우회와 일터교회는 예배 혹은 기도회 같은 회원 중심의 종교적 활동 외에도 설득력 있는 새로운 선교 방법들이 필요하다. 코로나19 이후 직장 신우회도 활동이 위축되고 있다는 이야기들이 자주 들리고 있다. 지금은 일터의 현실적 필요에 부응하는 창의적 활동으로 동료들과 만날 수 있는 다양한 기회를 만들고 복음의 진정성을 실천적으로 보여주어야 할 때다.

예배가 낯설고 부담스러운 동료들과 접촉하기 위해 동료들의 개인적 고민 혹은 일터 문제들을 기독교적 관점에서 다루는 강연회는 하나의 방법이 될 수 있다. 성탄절이나 부활절 등 기독교 절기에 동료들에게 선물을 전달하는 이벤트나 회사와 함께 불우이웃 돕기운동과 환경보호활동을 주도하거나 동참하는 것도 좋다. 기존의 예배나 기도회, 성경공부 등의 활동을 유지하면서도 비그리스도인 동료들을 접촉할 수 있는 기회를 만들어 말과 행동으로 복음을 전할 수 있다면 더 효과적일 것이다.

일터에서 하는 일

사람뿐 아니라 일터에서 하는 일 자체도 선교의 대상이다. 일터에서 만나는 사람들에게 복음을 전하는 목적 또한 죄의 지배 아래 있는 일을 구원하기 위함이다. "그가 우리를 대신하여 자신을 주심은 모든 불법에서 우리를 속량하시고 우리를 깨끗하게 하사 선한 일을 열심히 하는 자기 백성이 되게 하려 하심이라"(딛 2:14). 하나님의 선교는 사람을 넘어 일 자체의 구원을 추구한다. 로잔 운동이 발간한 일터사역 특별보고서(2004)는 이 점을 분명하게 밝힌다.

> 일터에서 복음 전도는 전통적으로 사람들을 그리스도에게 회심하게 하는 것으로 여겨졌다. 일 자체는 복음 전도보다 덜 중요한 것처럼 보였다. 이러한 분열, 즉 우리가 하는 일 그 자체는 복음 전파보다 덜 중요하다는 이분법적 생각은 일터에서 복음 전도를 무력화한다. 이러한 방식의 복음 전도는 진정성을 결여하고 하나님의 문화명령(창 1:28)을 축소하기 때문이다.[32]

영혼의 구원은 일의 구원으로 이어져야 한다. 집이나 사무실, 공장, 학교, 시장 등에서 전에는 세상의 가치관에 따라 일했다면 회심 이후에는 복음의 가치관에 따르는 것이 일의 구원이다. 그리스도인은 손해 볼 우려가 있을지라도 죄의 유혹을 뿌리치고 "무슨 일을 하든지 마음을 다하여 주께 하듯 하고 사람에게 하듯 하지 말라"(골 3:23)는 말씀에 순종할 때 주변 사람들에게 복음의 능력을 보여주게 되고 궁금증을 갖게 한다. 영혼의 회심은 일의 회심으로 증명된다.

구원받은 일은 사람들의 생명과 다른 피조물들의 생명이 번영하게 하는 선한 목적과 선한 방법을 지향한다. 하나님의 선교는 우리가 먹고 살기 위해서 하는 일상적인 일들을 통해서 세상을 생명의 공동체로 회복시키는 목표를 가지고 있다. 일터 그리스도인은 타인의 생명을 희생하고 자신의 이익을 추구하는 일을 중단시키고, 타인의 생명을 존중하는 일로 변화시키는 사명을 가지고 있다.

복음을 알기 전에는 자기중심적으로 일했다면 회심 이후에는 하나님의 영광을 위해 일한다(고전 10:31). 예전에 도둑질하듯 일해서 먹고 살아온 사람은 가난한 사람들을 구제하기 위해 손수 자기 손발을 움직여 수고하며 선한 일을 한다(엡 4:28). 직원들은 대충 눈가림만 하고 불성실하게 일하던 예전의 습관을 버리고 하나님을 경외하는 마음으로 성실하게 일하고, 경영주는 직원들을 위협하지 않고 오직 공평하고 친절하게 대하며 주님을 대하듯 그들을 대우한다(엡 6:5~9).

그리스도인은 일터에서 하는 일이 선교의 대상임을 매 순간 의식해야 한다. 로잔운동은 "다원주의 문화 속에 있는 일터에서 우리는 일하는 방식을 통해 (우리의 믿음을) 보여주는 기회를 반드시 가져야 한다"라고 강조한다.[33] 그리스도인은 일터에서 복음적 가치로 일하는 모습을 당당하게 보여주어야 한다. 이럴 때 복음은 설득력을 갖게 된다.

21세기 일터에서는 무엇보다 일이 달라져야 한다. 하나님이 기뻐할 수 없는 일은 단호하게 거부하고 오직 세상의 평화와 생명에 선한 영향을 끼칠 수 있는 일을 해야 한다. 다른 사람들이 하고 싶지 않은 일이라도 세상에 반드시 필요한 일이라면 보수와 상관없이 성실하게 하는 것이 선교적 그리스도인의 일터 소명이다.

일터 문화

하나님의 선교는 궁극적으로 일터를 지배하고 있는 문화가 기독교적 가치에 부합하도록 변화될 때까지 지속되어야 한다. 일터의 타락한 세속 문화는 그리스도인들의 선교적 의지와 열정을 꺾을 뿐 아니라 모든 일터 사람들의 영혼을 타락시키고 복음에 합당한 삶을 살지 못하게 방해한다. 수단 방법 가리지 않는 성공지상주의 문화를 가진 일터에서는 그리스도인이 자신의 일에 믿음을 반영하기 어렵고 복음 전도의 기회를 얻기도 어렵다. 이런 일터에서는 그리스도인들이 세속적 문화에 동화되거나 하나님의 소명에 무관심해진다. 일터의 세속적 문화를 바꾸지 않으면 그 문화에 빠지게 된다.

문화란 사람들이 같은 공동체에서 살아가는 시스템이다. 모든 사람들은 문화를 공기처럼 마신다. 문화는 우리의 행동과 사고의 습관을 형성하고 표현하고 통제하는 내면의 구조적 힘이다. 문화인류학자이자 선교사인 폴 히버트(Paul G. Hiebert)에 따르면, 문화는 "생각하고 느끼고 행동하는 것을 조직하고 규칙화하는 사람들의 집단에 의해 공유된 산물"이다.[34] 문화는 우리의 이성적, 감정적, 의지적 행동과 사고를 결정한다.

문화는 본질적으로 하나님이 인간 세상에 주신 창조의 축복이다(창 1:26~28).[35] 하나님의 선물로서의 문화의 본질적 속성은 비록 아담의 타락으로 인해 퇴색하기는 했지만 사라지지 않았다. 오히려 하나님은 타락한 문화를 변혁하고 회복하여 하나님의 창조 세계를 보전하고 발전시키라는 문화적 소명을 우리에게 맡겨 주셨다.

선교는 세상을 지배하는 인간 중심적이고 우상 숭배적인 문화를 하나님 나라의 문화로 바꾼다. 비서구권 사람들이 유럽이나 북미에 가면 독특한 기독교 문화를 느낄 수 있다. 지금은 많이 세속화되었다고 하지만 일상의 삶에서 상대를 배려하고 친절을 베푸는 언행에 놀라기도 한다. 오랜 세월 동안 기독교 신앙이 서구의 사회에 깊숙이 스며들어 형성된 문화는 하루아침에 바뀌지 않는 법이다. 하나님의 선교는 궁극적으로 우리가 살아가는 일상의 문화를 복음의 가치로 변화시킨다.

한국의 기업체나 학교, 정부 조직, 공기업 등에는 독특한 일터 문화가 있다. 특히 산업화 시절 부패한 권위주의적 정부 아래 진행된 고도성장 과정에서 부정적인 세속적 가치와 관행이 일터 문화 형성에 기여했다. 한국일은 다섯 가지 성향을 한국 일터 문화의 문제로 지적했다. 첫째, 개인보다 조직과 집단의 이익을 우선하는 획일적 집단주의. 둘째, 하위계층 사람들에게 맹목적 순응을 요구하는 수직적 권위주의. 셋째, 수단 방법 가리지 않고 목표 달성을 강요하는 성과주의. 넷째, 이익 지상주의와 물질만능주의를 조장하는 경제 제일주의. 다섯째, 사람을 기업의 목표 달성 수단으로 취급하고 생존 투쟁을 조장하는 무한경쟁주의.[36]

이러한 일터 문화가 개인에게 미치는 영향력은 막강하다. 그리스도인 개개인이 이러한 문화를 단기간에 바꾸는 일은 불가능하겠지만 선교적 책임감을 가지고 꾸준하게 바꿔나가야 한다. 그리스도인은 일터에서 자신의 성공을 위해서라도 일터의 부정적인 문화를 개혁하는 선교적 역할에 깊은 관심을 가져야 한다. 각자 자신이 처한 자리에서 성령과 함께 자신의 권한과 책임을 행사할 때 일터 문화는 조금씩 변화되어갈 것이다.

그리스도인은 더 많은 연봉과 자리에 연연하지 않고 소명의식으로 일하며 때를 기다리면 반드시 일터 문화를 개혁할 수 있는 기회를 얻을 것이다. 문화를 개혁하려면 먼저 조직으로부터 신뢰를 받는 사람이 되어야 한다. 조직의 선을 위해 자기를 희생하며 힘든 과정을 묵묵히 견디는 사람이 조직의 신뢰를 얻는다. 다니엘과 세 친구들은 가장 낮은 자리에서부터 최고위직에 오를 때까지 인내하며 자신의 능력과 권한을 키우고 왕의 신뢰를 받았다.

일터 선교를 위한 실천적 토대

확고한 십자가 믿음

모든 선교의 중심은 그리스도의 십자가다. 일터 선교는 십자가에서 우리를 위해 죽으시고 사흘만에 다시 살아나신 그리스도(고전 15:3, 4)가 세상의 왕이심을 선포하고 우리의 영혼과 일과 문화를 구원하는 것이다. 일터 선교의 토대는 십자가에 있다. 파괴적 경쟁 문화에 오염된 일터에서 그리스도인은 십자가 믿음 위에 확고히 서 있을 때에만 압도적인 악의 권세에 맞서 싸울 수 있다.

십자가는 일터 그리스도인들에게 선교적 믿음과 소망과 능력을 준다. 십자가에서 죽으시고 부활하신 그리스도는 모든 악한 세력들을 진리와 생명으로 이기셨음을 세상에 선포하셨다. 그리스도는 또한 지금 일터를 장악하고 있는 것처럼 보이는 악한 권세와 정사를 무력하게 하셨다(골 2:14, 15). 그리스도인은 십자가 믿음으로 일터에 횡행하는 악의 세력들을 이길 수 있는 소망과 능력을 받는다.

십자가는 그리스도께서 사랑의 희생과 섬김으로 죽음의 세력을 이기신 승리의 사건이자, 그리스도인들이 본받아야 하는 삶의 방식이다. 일터 그리스도인은 십자가의 능력을 통해 일터에 변화를 가져올 수 있다. 그리스도인이 일터에서 무기력해지는 것은 악을 이기신 그리스도를 묵상하지 않기 때문이다. 악한 세상에서 펼쳐지는 하나님의 선교를 십자가의 능력으로 감당하라는 크리스토퍼 라이트의 길지만 감동적인 호소를 들어보자.

> 우리가 그리스도 안에 있는 하나님 통치의 실재를 선포하고 나타내려 한다면, 곧 "가이사 외에는 왕이 없다"는 외침이 도처에서 들려오고 맘몬을 포함해서 그의 많은 후계자들이 즐비한 세상에서 예수님이 왕이시라는 사실을 선포하려 한다면, 우리는 수많은 모습을 하고 있는 악한 자의 통치와 직접적으로 충돌하게 될 것이다. 악의 권세에 대항하여 싸우는 이 전투의 치명적 실재는 정의를 위해 싸우는 자들, 가난하고 억압당하는 자들, 병든 자들과 무지한 자들의 필요를 위해 싸우는 자들, 그리고 심지어는 약탈자들과 오염시키는 자들에 대항하여 하나님의 피조물을 돌보고 보호하려는 자들이 공통적으로 증언하는 바다…그와 같은 모든

> 일 가운데서 우리는 죄와 사탄의 실재와 대면한다. 이와 같은 모든 일 가운데서 우리는 예수 그리스도의 빛과 좋은 소식, 그리고 그분을 통한 하나님의 통치를 갖고 세상의 어두움에 도전한다. 우리는 어떤 권위로 그렇게 할 수 있는가? 우리는 어떤 능력을 갖고 악의 권세와 대결할 수 있는가? 우리는 어떤 근거에서 감히 말과 행위로, 사람들의 영적, 도덕적, 육체적, 사회적 삶에 역사하는 사탄의 속박에 도전할 수 있는가? 오직 십자가를 통해서만 그렇게 할 수 있다.[37]

십자가가 일터 선교의 명분이며, 능력이고 소망이다. 확고한 십자가 믿음으로 우리는 세속적 일터 문화에 도전할 용기를 얻는다. 십자가를 가슴에 품을 때 우리는 일터에서 하나님 나라와 의를 먼저 구하는 '선교적 그리스도인'으로 살아간다.

변혁적 제자도 (transforming discipleship)

일터 선교에는 적극적이고 활동적인 제자도가 필수적이다. 한국교회의 '제자 훈련'은 대체로 평신도들이 목회자들의 목회에 협력하고, 국내외 선교지를 장기 혹은 단기로 방문해 복음 전도 사역에 협력하는 일에 초점이 맞춰져 있다. 평신도들은 성경공부와 전도 실습, 교회 봉사 등 교회 목회에 참여하는 교육을 받는데 주로 교회 성장과 관련돼 있다. 한국일은 평신도들이 "자신의 진정한 소명에 근거한 사역을 알지 못하기 때문에 그의 열심과 노력의 대부분이 종교적 범주에 머물고 있으며 세속적 관점에 무의식적으로 길들여져 있다"고 비판한다.[38] 이런 훈련으로는 악한 세력에 오염돼 있는 일터 문화를 선교하기에 부족하다.

일터를 새롭게 변화시키는 변혁적 제자도가 필요하다. 변혁적 제자는 일터에서 하나님 나라의 가치에 어긋나는 관행과 도덕적 부패와 반생명적 사업 등에 맞서고 의와 진리에 합당한 문화를 만들어내는 선교 사역에 참여한다. 홍승만은 변혁적 제자도를 이렇게 정의한다. "개인과 교회가 성령과 연합하여 세상을 변혁시키는 삼위일체 하나님 선교의 협력자로서, 우리 시대의 죽음의 세력에 저항하고 생명의 풍성함을 발견하는 희망을 창조하며, 사랑과 정의의 복음을 증언하고 공공 영역에서 시민직을 실천함으로 정치적 삶을 살아가는 제자도다."[39] 그리스도인은 교회의 성도이자 동시에 한 명의 시민으로서 공적 영역에서 더 나은 세상을 만들기 위한 정치적 책임을 다해야 한다.

세계선교와 전도위원회(CWME)는 2018년 채택한 아류샤 선언문에서 변혁적 제자도가 실천해야 할 열두 가지 과제를 선정해 발표했다. (1) 세례를 통한 변혁적 제자도로의 부르심, (2) 삼위일체 하나님을 예배하도록 부르심, (3) 예수 그리스도의 복음을 말과 행동으로 선포하도록 부르심, (4) 주변부에 있는 사람들을 북돋아 세우는 일에 부르심, (5) 하나님의 말씀을 분별하도록 부르심, (6) 창조 세계를 돌보며 기후변화로 인해 고통받는 사람들과 연대하도록 부르심, (7) 정의와 포용의 공동체를 만들도록 부르심, (8) 다른 신앙을 가진 자들과 대화하면서 하나님의 신실한 증인이 되도록 부르심, (9) 그리스도의 방식을 드러내는 섬김의 지도자가 되도록 부르심, (10) 난민들, 이주민 등 자신의 땅에서 쫓겨난 자들을 위한 정의를 위해 싸우고, 분리하는 장벽들을 무너뜨리도록 부르심, (11) 십자가의 길을 따라가며, 잘못된 개인적 혹은 집단적 권력에 도전하도록 부르심, (12) 부활의 빛 아래서 희망 넘치는 변혁의 가능성을 제공하는 자들이 되도록 부르심.[40] 하나님의 선교는 세상 사람들이 아픔을 겪고 있는 실제적 문제들을 고치고 치유하는 실천이라는 점을 천명한 것이다.

변혁적 제자는 무한 생존경쟁을 부추기는 악의 세력들에 저항하고, 모든 이들의 생명과 존엄성을 존중하고, 평화롭게 공존하는 대안 문화를 건설하는 거룩한 전쟁에 참여한다. 빈익빈 부익부를 부추기고 효율성과 이익 극대화를 위해 창조 세계의 생명을 위협하는 맘몬주의 경제체제에 저항하고 모든 생명이 함께 번영하는 경제체제를 구축하는 '생명 살림'에 헌신한다.[41] 일터 그리스도인들은 하나님 나라 경제를 성경에서 배우고, 이것을 방해하는 현실적 문제들을 분별하고, 일터에 하나님 나라 경제의 씨앗을 심기 위해 일한다.

일터의 공적 활동 참여

그리스도인이 일터를 변혁하는 선교적 과업을 실천하기 위해서는 신앙 모임뿐 아니라 일터의 공적 기구에 참여하여 일터 문화를 바꿔 가는 조직적인 활동이 필요하다. 개인이 일터의 구조적 문화를 바꾸기는 어렵다. 일터 문화를 개선하기 위해서는 경영진과 종업원이 함께 만나 논의하는 자리가 필요하다. 노사협의회나 노동조합, 태스크포스(TF) 팀 등 공적으로 인정된 기구에서 활동하는 기회를 최대한 활용하는 것이 좋다.

사실상 일터 문화에 가장 많은 영향력을 가지고 있는 노동조합을 부담스러워하거나 거부해서는 안 된다. 노동조합도 하나님이 일터 선교를 위해 허락하신 기구로 받아들이고 선하게 활용하는 탄력적인 자세가 필요하다. 교회는 복음의 가치를 일터에 실현하는 토대로서 노조를 활용하고 지원해온 오랜 역사를 가지고 있다. 교회는 산업혁명 시대부터 중노동에 착취당하고 생명의 위협에 시달리던 노동자들을 보호하기 위해 노조를 결성하고 적극 지원해왔다. 영국 감리교의 수많은 리더들이 노조를 이끄는 리더로서 노동자들에게 복음을 설교하고 그들의 복지와 인권을 위해 헌신했다.[42] 한국장로교 통합교단은 영등포산업선교회를 통해 가난하고 힘이 없는 노동자들의 권익 보호에 앞장서 왔다.

노사협의회나 노동조합 등은 일터에서 불가피하게 발생하는 이해당사자들의 충돌과 갈등을 중재하고 해결하며 공공의 가치를 추구하기 위해 설립된 합법적 기구들이다. 이 기구들은 일터의 부정부패를 감시하고, 임금을 공정하게 결정하고, 일하기 좋은 환경을 만들고, 사회적 책임을 다하고, 생태환경을 보호하기 위한 정책을 입안하고 시행하는 역할을 한다. 그리스도인들은 이러한 역할들을 선교적 관점에서 바라보고 적극적으로 참여해야 한다. 또한 이런 공적 기구들의 리더들이 이기적인 목적을 위해 권한을 남용하거나 불법적인 활동을 하지 않도록 감시하고 시정하는 것도 하나님의 선교에 필요한 임무다.

그리스도인은 일터에서 십자가 믿음의 실천 원리인 섬김과 사랑의 원리로 일터의 갈등을 해결하고 평화와 질서를 정착시키는 일을 선교적 책임감으로 감당해야 한다. 그리스도인의 노조 활동에 대해 김승욱은 "자신의 이해를 달성하기 위한 압력단체가 아니라 소비자들에게 훌륭한 제품을 제공하는 것, 즉 봉사와 섬김이 목표가 되어야 한다"라고 말했다.[43] 쉬운 일은 아니다. 창의적 접근과 지치지 않는 인내심, 자기를 희생하는 태도, 신뢰할 수 있는 진정성 등이 필요하다. 누가 이런 자질을 가지고 있겠는가? 선교적 그리스도인이 가장 적합할 것이다.

교육 프로그램 개발

평신도들이 선교적 그리스도인의 자기 정체성을 가지고 일터에서 하나님의 선교에 참여하기 위해서는 교회의 지지와 지원이 절대적으로 필요하다. 교회가 이들에게 선교적 삶을 가르치지 않으면 이들은 세속적 일터 문화에 속수무책으로 굴복할 가능성이 크다. 일터와 교회의 관계에 대해서는 앞에서 다루었기 때문에 여기에서는 시급한 교회의 과제들을 간단하게 언급하고 넘어갈 것이다.

무엇보다 목회자들이 일터신학을 배우고 성도들을 일터 선교사로 양육 파송하는 시스템 마련이 시급하다. 신학교의 교육은 '이해하는 신학'에 집중하고 있는 것이 사실이다. '올바른 이해(orthodoxy)'가 '올바른 실천(orthopraxy)'을 가져오는 것이 사실이지만 성도들이 일상과 일터에서 믿음을 구체적으로 실천할 수 있는 원리와 방법을 가르치는 커리큘럼이 태부족이다.

목회자들이 성도들에게 일터 선교를 가르치려면 먼저 알아야 한다. 이를 위해 신학교육은 더 쉽고 실천적이고 선교적이어야 한다. 안건상은 신학이 세상을 위한 선교적 관점으로 새롭게 세워져야 한다고 주장한다. "선교를 신학의 목적이자 중심 주제로 삼아야 한다…선교라는 관점에서 교회의 정체성과 역할을 이해하고, 지역 교회가 처한 상황에서 선교적 실천의 방향을 찾아야 한다. 교회인 성도가 삶의 자리(일상과 일터)에서 선교적 삶을 실천해 나갈 수 있는 길을 제시하고 훈련해야 한다."[44]

선교적 신학교육에 필요한 일터신학 커리큘럼이 개설되어야 한다. 교실에서만 배우는 것이 아니라 직접 일터 현장을 방문해 현실 속에서 신학적 고민을 하고 목회적 아이디어를 발굴하는 선교적 교육이 필요하다. 최형근은 신대원생들에게 교회 개척을 위한 다양한 적정기술 과목들, 예를 들어 카페, 도서관, 마을 만들기, 생활협동조합 같은 현장을 방문하고 경험하는 창의적이고 실제적인 교육을 제안했다.[45]

목회자와 평신도를 대상으로 하는 일터신학 교육도 필수적이다. 신학교 혹은 일터선교단체 등을 중심으로 일터에서 부딪히는 문제들을 함께 논의하고 하나님의 선교 관점에서 돌파구를 마련할 수 있는 능력을 키워주어야 한다. 교회는 일터사역자나 일터신학자들의 도움을 받아 성도들이 일터신학을 배우고 실천할 수 있는 프로그램들을 개발해야 한다. 성도들이 교회 안에서 이 주제를 함께 공부하고 기도하고 위로하는 공동체를 만들어준다면 일터 선교에 큰 도움이 된다. 목회자와 성도들이 일과 신앙의 통합을 위해 함께 노력하는 서울 신반포중앙교회의 '일하라 공동

체' 사역은 좋은 사례다.[46]

일하는 목회자들을 위한 교육 프로그램 개발도 시급하다. 가족의 생계를 목회자 스스로 해결해야 하는 상황에서는 목회자가 교회 밖에서 일할 수밖에 없다. 한국교회는 대체로 목회자가 교회 목회 외에 다른 일을 하는 현실에 긍정적으로 반응하지 않는다.[47] 그러나 목회와 일을 병행하는 목회자들이 증가하고 있는 현실을 교회가 언제까지나 외면할 수는 없을 것이다.

일하는 목회자들은 대체로 시간제 아르바이트나 카페, 식당, 청소업 등 노동집약적 소상공업에 종사한다. 그런데 이들 가운데 상당수가 목회자의 정체성 갈등과 일터에서 낮은 자존감, 목회에 전적으로 헌신하지 못하고 있다는 죄책감에 시달리고 있다. 수입은 적고 육체적으로 피곤하고 정신적으로 소진되는 노동에 시달리면서 목회에 집중하기는 어렵다. 교회 밖의 일을 목회의 보조 수단 혹은 생계 수단으로만 여기는 이원론적 인식도 이들을 힘들게 한다.

이들에게 우선적으로 필요한 것은 일에 대한 선교적 소명의식이다. 평신도들이 주중에 일터에서 일하며 자신과 가족의 생계를 해결하는 것이 하나님이 주신 일차적 소명인 것처럼,[48] 교회에서 해결되지 않는 생계를 위해 교회 밖에서 일해야 하는 목회자가 자신의 노동을 하나님의 소명으로 인식한다면, 자신의 경험을 바탕으로 더욱 현실적이고 설득력 있게 일터 선교에 대해 설교하고 양육하게 될 것이다.

생계를 위해 일하는 목회자들이 자신의 노동을 선교적 관점에서 이해할 수 있도록 교육하고 격려하며 지원하는 교단 차원의 프로그램이 도입되어야 한다. 생계와 선교가 분리되어서는 안 된다. 생계는 선교의 현실이다. 일하는 목회자들에게 일터신학을 가르치고, 일터 선교훈련을 하고, 일터 목회 모델을 개발하는 등 실질적 도움을 주어야 한다. 이렇게 배우고 실천하는 목회자들은 일하는 평신도들과 함께 하나님의 선교에 적극 동참하게 될 것이다.

일터 선교의 실천적 함의

지금까지 우리는 '하나님의 선교'의 관점에서 일터를 어떻게 선교할지에 대해 논의했다. 이 논의를 통해 우리는 세 가지 실천적 함의를 도출할 수 있다. 세상을 구원하시는 하나님의 선교에 대한 선교적 정체성을 갖는 것, 믿음의 실천으로 일터 선교에 동참하는 것, 일터의 세속적 문화를 복음에 부합하도록 변혁하는 것이다.

첫째, 하나님의 선교에 참여하도록 보냄 받은 자라는 선교적 정체성을 가져라. 하나님은 내가 일터를 선택하기 전에 나를 택하고 일터로 보내셨다. 하나님은 내가 가기 전에 먼저 일터에서 선교하고 계신다. 나는 하나님의 보냄을 받고 일터에서 하나님의 선교에 참여한다. 그리스도인은 '보냄 받은 자'로서 보내신 분과 영적 소통을 하며 일하는 사람이라는 선교적 정체성을 간직해야 한다. 선교사는 독립적으로 사역하지 않는다. 선교사는 자신을 파송한 교회와 기관, 그리고 하나님께 질문하고 대답을 듣고 움직여야 열매를 맺는다. 일터 선교사인 그리스도인은 일터 현장에서 자신을 그곳에 보내신 분과 교회로부터 무엇을 어떻게 해야 하는지 들을 때 제대로 선교적 책임을 감당할 수 있다.

둘째, 십자가 믿음으로 실천하며 일터 선교에 동참하라. 그리스도인은 십자가 능력에 의지해 복음의 가치에 따라 일을 할 때 일터 동료들에게 복음을 설득할 수 있다. 그리스도인은 그리스도께서 보여주신 섬김의 사랑으로 선교적 사명을 감당한다. 선교는 세속적 가치와 다르게 살아가는 모습을 보여주는 삶의 과정이다. 선교적 실천은 보여주기 위한 의도적 행위가 아니다. 일터에서 믿음에 우직한 자세로 복음에 합당하게 행동할 때, 그 실천이 자연스럽게 다른 사람들에게 귀감이 된다. 다원주의적 세상의 한복판에 있는 일터에서 선교는 서로 소통하고 서로의 자유를 보장하고 겸손하게 접근하는 방식으로 이뤄져야 한다.

셋째, 복음의 가치로 세속적 일터 문화를 변혁하라. 하나님의 선교는 현실 속에서 문제를 고치고 치유하는 변혁적 활동을 중시한다. 일터에서 그리스도인은 세속적 문화에서 형성된 비윤리적 업무 방식, 반생명적 경영 방침, 파괴적 경쟁 문화에 순응하지 않는다. 나와 다른 사람들과 자연의 생명을 저해하는 모든 관행과 행위들에 저항한다. 또한 복음적 가치를 담아내는 하나님 나라의 경제를 대안 문화로 구체화하는 일에 힘쓴다. 이를 위해 개인적 공적 수단과 기회를 적극적으로 활용한다. 세상 문화의 압도적 영향력을 인식하고 일터 문화 변혁을 위해 꾸준히 노력할 때 크고 작은 풍성한 선교 열매를 기대할 수 있다.

제13장
일의 미래와 희망

하나님께서 새롭게 창조하실 종말의 그날을 희망하며 일하라

희망 없는 일

"매일 반복되는 일에 파묻혀 희망 없이 살아요."

회사를 조기 퇴직하고 프랜차이즈 국밥집을 시작한 J씨는 일 년 만에 얼굴에서 생기가 사라졌다. 그는 열심히 하면 먹고 살 만하다는 지인의 권유로 처음 해보는 국밥집 식당을 열었다. 좋은 입지 탓인지 예상보다 손님이 많아 첫 달부터 흑자를 냈다. 그러나 얼마 안 가 주방과 홀과 카운터에서 매일 반복되는 지루하고 고달픈 일에 몸과 마음이 지쳐갔다.

그는 인건비를 줄이기 위해 이른 아침부터 가게에 나와 영업 준비를 시작했다. 하루 종일 종업원들과 함께 일하다 저녁 장사를 마치고 당일 매출을 정리한 뒤 퇴근했다. 깨어 있는 시간 대부분을 가게에 매어 있어 동창 모임이나 교회 모임에 갈 여유가 없었다. 가족 일로 어쩔 수 없이 외출할 때에는 불안한 마음에 빨리 돌아오기 일쑤였다. 그가 자리를 비우는 날에는 매출이 떨어졌다. 하루 종일 가게에서 살아야 하는 생활이 답답해 여행이라도 가고 싶지만 매출을 유지하려면 엄두가 나지 않았다.

그는 자영업을 시작한 이후로 매일 반복되는 단순 노동에 지친다고 호소했다. “매일 똑같은 일상에 갇혀 있으니 인생에 희망이 보이지 않는다”고 토로했다. 아무나 해도 되는 일을 고학력자가 끝없이 반복하는 현실에서 무슨 희망을 발견할 수 있느냐고 불만을 터뜨렸다. 주방과 홀에서 시급으로 일하는 종업원들은 더 희망이 없어 보였다. 매일 반복되는 고된 노동에 지쳐 보이는 얼굴이 역력했다. 종업원들이 자주 바뀌었다. 주인인 J씨는 종업원 구하는 일이 제일 힘들다고 하소연했다. 일에서 이루고 싶은 특별한 희망이 없고 부양해야 할 가족이 없는 종업원들은 며칠 만에 훌쩍 떠나버리기 일쑤였다.

J씨는 빨리 가게를 키워서 매니저를 두고 자유롭게 다니며 ‘내 인생’을 즐기는 것이 꿈이다. 그는 하루속히 반복의 연속인 노동의 굴레에서 벗어나고 싶다고 하소연했다. 그나마 참고 일하면서 돈을 벌어 가족들이 안정된 생활을 누리고 교회와 선교사, 구제단체에 헌금하는 것이 유일한 위로이자 일하는 목적이 되었다.

그는 종업원들과 마찬가지로 일에 별 의미와 희망을 두지 않는다고 말했다. “가게에 어려운 일이 발생하면 그만두고 싶은 마음이 굴뚝같아요.” 그는 식당 일은 회사 일과 다를 줄 알았는데 일에 희망이 없다는 점은 비슷하다고 말했다. “천국에 가면 일 안 해도 되겠지요?” 그의 소망은 일에서 해방된 세상에서 사는 것이다.

왜 일에 희망이 없는가?

매일 일터에 나가 일해야 먹고 살 수 있는 사람은 J씨와 같은 고민을 한 번쯤은 해보았을 것이다. "이 지긋지긋한 일을 그만하고 싶다"는 생각에서 벗어날 수 있는 사람이 얼마나 될까? 매일 똑같은 시간에 출퇴근하고 매일 똑같은 국밥을 만들어 팔아서 하루하루 살아가는 것이 일하는 이유의 전부라면 인생은 정말 지루하고 허무할 것이다.

혹시 인공지능(AI)의 시대에 일하지 않거나 일을 덜 해도 먹고 살아갈 수 있게 된다면 인생은 더 신나고 자유로워질까? 인간의 노동이 필요 없는 세상이 오면 정말로 좋을까? 한 경제학자가 지적한 것처럼, 4차 산업혁명으로 불리는 인공지능 시대에 들어선 지금, 노동의 시대가 끝나가고 있는지도 모른다.[1] 현대 사회는 일자리가 줄어드는 정도가 아니라 인간의 노동 자체가 끝나가는 시대로 접어들고 있는 것일까? 대니얼 서스킨드(Daniel Susskind)는 장차 노동이 사라지는 미래가 올 것으로 전망했다. 산업혁명의 시대에는 기계가 노동을 보완하는 기능이 기계가 인간을 대체하는 기능보다 많았지만, 인공지능 시대에는 기계의 대체 기능이 보완 기능을 능가하는 현상이 일어나고 있다는 것이다. 산업화 시대의 기계화 자동화는 전통적 일자리를 많이 없앴지만 더 많은 새로운 일자리를 만들어냈다. 그러나 인공지능 시대에는 일자리가 아니라 인간의 노동 자체가 필요 없는 상황이 벌어지고 있다는 것이다.[2]

노동에서 사람들이 해방되면 세상은 천국이 될까? 노동 해방은 노동의 문제를 해결해줄까? 근대 경제학자들은 노동의 문제를 노동 안에서 해결하기 어렵다고 보았다. 노동을 자발적인 것이 아닌 강제적인 것, 먹고 살기 위해 어쩔 수 없이 해야 하는 것으로 보았기 때문이다. 예를 들어 칼 마르크스(Karl Marx)는 자본주의 사회에서 노동은 삶에서 본질적인 것이 아니라 삶을 지속하기 위한 비본질적이고 강제적인 수단이라고 주장했다. 노동은 노동자 자신에게서 소외되어 있는 불행한 현실에 처해 있다는 것이다.[3] 마르크스 이후 사회주의 진영이나 자유주의 진영을 막론하고 경제학자들과 정치인들은 노동의 소외 문제를 해결하고 인간주의적인 노동을 실현하기 위해 많은 노력을 기울여왔지만 안타깝게도 노동의 소외는 심화되고 있다.

이 때문에 J씨처럼 노동에서 해방되기를 바라는 사람들은 노동 자체보다 노동 밖에서 해결책을 찾으려 한다. 노동 소외의 문제는 노동을 떠나야 해결될 것이라고 믿는다. 그나마 이들이 발견한 하나의 방법은 노동 시간을 줄이고 개인이 자유롭게 사용할 수 있는 시간을 늘리는 것이다. 지루하고 피곤한 노동에서는 삶의 의미와 희망을 발견할 수 없기에 노동을 벗어나 개인의 자유로운 삶을 누리고 싶은 것이다. J씨가 식당을 벗어나 여행하면서 삶의 자유와 행복을 맛보고 싶은 꿈도 마찬가지다. 그런데 우리는 정말로 일하지 않으면 행복할까?

노동의 희망은 어디에서 오는가?

지금까지 우리가 논의해온 일터신학의 관점에서 일은 단순히 먹고사는 생계 수단에 그치지 않는다. 노동은 삶의 목적과 의미와 깊은 관계가 있다. 헬무트 자이거(Helmut Saiger)가 지적한 것처럼, 근대 사회에서 직업으로서의 노동(Arbeit)은 삶에 생계를 해결해주는 경제적 공급원인 동시에 노동자의 삶을 인정하고 의미를 부여하는 역할을 해왔다.[4] 노동은 삶에 의미를 부여함과 동시에 그 의미를 실천하는 현실이라는 뜻이다.

이러한 노동관을 따른다면 진정한 노동의 해방은 노동 밖이 아니라 노동 안에서 이루어져야 한다. 노동이 우리 삶의 질곡이 아니라 희망이 되려면 우리는 노동의 목적과 가치에 대해 끊임없이 질문해야 한다. "우리는 무엇을 위해 일하는가?" "기계와 프로그램으로 대체되지 않을 노동은 무엇인가?" "(J씨처럼) 매일 반복되는 일에서 우리는 어떻게 의미를 찾고 희망을 찾을 수 있는가?" 이렇게 질문하는 것은 일의 소멸이 아니라 일의 희망을 찾는 시도다.

일의 희망을 찾기 위해서 우리는 상상력이 필요하다. 일을 벗어나는 것이 아니라 새로운 일을 상상하는 것에서 일의 희망을 찾을 수 있다. 소병철은 기술 시대에 닥쳐온 노동 위기 앞에서 과감하게 상상하고 실천한다면 새로운 현실이 펼쳐질 수 있을 것으로 기대했다. "기술에 결박된 상상력을 해방하면, 기계가 인간의 노동을 대체하고 여가마저 점령한, 핏기없고 불확실한 미래의 그림이 아니라 만인이 적정한 기술의 도움으로 적정한 양과 질의 노동을 수행하고 충분한 길이의 여가를 누리는, 또 다른 미래의 그림이 그려질 수 있다.”[5]

이러한 상상력은 어디에서 올까? 상상력은 과거의 산물이 아니라 미래의 선물이다. 과거 경험은 우리에게 문제 해결을 위한 데이터를 제공해 주지만 목적과 방향까지 친절하게 안내하지는 않는다. 현재의 당면 문제는 과거가 아니라 미래가 해결해준다. 과거가 밀어주는 힘보다 미래가 끌어주는 힘이 훨씬 더 크고 강하다. 노동의 문제도 미래에 대한 상상에서 돌파구를 찾아야 한다. 상상은 미래에 살고 싶은 세상을 꿈꾸는 자유로운 생각이다. 삶의 희망, 일의 희망은 전적으로 미래에 있다. 희망은 미래의 세계에 관한 것이기 때문이다.

사람들은 과거의 경험과 지식과 업적을 바탕으로 현재를 열심히 살아가면 행복한 미래가 열릴 것이라 생각한다. 그러나 이렇게 꿈꾸는 미래는 과거와 현재에 발목 잡힌 미래일 뿐이다. 과거의 산물인 오늘의 관습과 제도에 얽혀 있는 일은 미래의 새로운 세상을 열어주지 못한다. 오히려 미래의 희망이 오늘을 도전하고 그 미래를 실현하는 새로운 기술을 개발하고 새로운 역사를 열어준다. 미래에서 희망을 발견하는 사람이 고착된 현실을 바꾸고 뚫고 나가는 일을 과감하게 해낼 수 있다.

우리에게 남은 과제는 어떤 미래를 살기 원하는가이다. 미래의 꿈은 공상이 아닌 우리를 향한 축복의 약속에 근거할 때 힘 있게 현실의 장벽을 뚫고 나갈 수 있다. 우리는 일터신학의 마지막 주제로 기독교 종말론에서 일의 미래를 논의하려 한다. 종말론은 하나님이 약속하신 우리의 미래에 관한 이야기이면서 동시에 현실에 관한 이야기다. 우리의 일터에서 이뤄지고 있는 모든 일이 하나님이 약속하신 종말을 지향할 때 놀라운 결과를 만들어낸다. 노동의 해방은 하나님이 보여주신 종말의 약속 안에서 이뤄질 것이다.

기독교 종말론과 희망의 원리

종말론과 세상

기독교 종말론은 일반적으로 역사의 마지막 순간에 일어날 일들(last things)에 관한 교리로 알려져 있다. 사도신경은 인간의 죽음 이후의 삶에서 시작해 그리스도의 재림, 새 하늘과 새 땅의 영원한 삶과 같은 종말론적 믿음을 고백한다. 그러나 기독교 종말론은 미래에 일어날 마지막 일들과 함께 그 일들이 오늘 우리의 신앙을 형성하는 신학적 사유에 관한 이론이기도 하다. 종말론은 역사의 미래에 관한 조직신학의 마지막 장에 부록처럼 조용히 다뤄져야 할 신비로운 추론에 머물지 않고 모든 신학적 주제에 개입한다. 바르트가 말한 것처럼 모든 기독교 신학은 종말론적이다.

종말론에서는 다양한 이론들이 각축을 벌이고 있는데,[6] 종말의 순간에 이 세상이 처할 운명을 기준으로 본다면 크게 '파국적 종말론'과 '새 창조 종말론'으로 나눌 수 있다. '파국적 종말론'은 베드로후서 3장 7~13절을 근거로 그리스도께서 이 세상을 심판하러 오시면 세상은 심판의 불로 태워져 폐기될 것이라고 믿는다(그러나 곧이어 살펴보겠지만 이러한 성경 해석은 반대로 해석될 수 있다). 종말에 하나님이 이 세상을 파멸 혹은 폐기하고(annihilatio mundi) 완전히 다른 세상을 재창조하실 것이라는 믿음이다. 이 종말론은 물질의 세계를 영혼 구원에 방해되는 것으로 여기는 영지주의의 논리적 연장선에 있다. 영지주의는 종말에 완전한 파국에 이를 이 세상의 일에 관심을 두지 않는다.

개신교의 '파국적 종말론'은 17세기 루터교 신학자들로 거슬러 올라가는데, 이들은 하나님이 창조하신 '처음 하늘과 처음 땅이 없어졌고'라는 말씀(계 21:1)을 이 세계의 소멸에 대한 예언으로 해석했다. 종말에 하나님의 창조가 취소되고 완전히 새로운 세상이 창조된다는 것이다.[7] 극심한 타락으로 하늘에서 유황과 불이 내리는 심판으로 영원히 사라져버린 소돔과 고모라는 종말에 겪을 세상의 운명을 예견한 것이다. 파국적 종말론을 주장하는 사람들은 지금 세상이 종말에 사라지고 전혀 다른 세상으로 교체될 것이라고 믿는다.

이들과 달리 '새 창조 종말론'은 종말에 지금 세상이 폐기되지 않고 완성된 상태로 새로워질 것이라고 주장한다. 리처드 미들턴(J. Richard Middleton)은 하나님이 만물을 새롭게 하신다는 약속을(계 21:5) 기존 창조 세계를 새롭게 변화하신다(transformatio mundi)는 뜻으로 해석한다. 종말에 "하늘이 불에 타서 풀어지고 물질이 뜨거운 불에 녹아지"는(벧후 3:12) 현상은 세상의 모든 것이 흔적도 없이 사라지는 것이 아니라 하늘과 물질세계를 지배하고 있는 사탄의 세력들이 제거된다는 것이다. 즉, 하나님은 종말에 자신의 첫 창조를 취소하는 것이 아니라 첫 창조를 지배하던 악의 세력과 흔적을 말끔하게 제거하는 과정을 거쳐 이 세상을 거룩하고 흠이 없는 영광의 나라로 새롭게 창조하신다.[8]

'파국적 종말론'은 강력하고 단순한 메시지를 전달하지만 논리적으로 현실적으로 많은 문제를 가지고 있다. 이에 '새 창조 종말론'이 설득력이 더 많은 대안적인 종말론으로 제기되고 있다. 벨직신앙고백서 제37조는 그리스도께서 "이 낡은 세상을 정결하게 하려고 불과 불꽃으로 태우실 것이다"고 가르친다. '태운다'는 말은 세상에서 정결하지 않은 것들을 태워 없애고 정결한 것들만 남게 한다는 뜻이다. 종말의 새 창조는 첫 창조를 새롭게 변화시켜 첫 창조에 남아 있는 악한 것들을 소멸한다. 이필찬은 성경이 가르치는 종말을 "창조의 목적이 이루어지는 에덴 회복의 과정이고 성취와 완성의 순간을 가리키는 것"이라고 정의한다.[9] 에덴의 회복은 첫 창조 세계로 되돌아가는 것이 아니라 창조주 하나님이 에덴의 창조에서 의도하신 목적이 온전히 성취된 에덴으로 돌아가는 것을 뜻한다.

개혁교회는 첫 창조가 새 창조에서 보존되지만 초월적 변화를 겪을 것으로 믿는다. 첫 창조가 사라지는 것은 아니지만 오직 하나님만이 할 수 있는 놀라운 변모가 첫 창조에 일어날 것이라는 뜻이다. "미래의 사건들은 단순한 정비나 혁신으로 이해되어서는 안 된다. 왜냐하면 미래에 일어날 변화들은 완전하고 근본적일 것이기 때문이다. 새 하늘과 새 땅의 영광은 이전의 것을 훨씬 초월할 것이다."[10] 종말에는 지금의 세상과 종말에 새롭게 창조될 세상 사이에는 연속성도 있지만 초월적 불연속성이 존재할 것이다.

이처럼 다양한 기독교 종말론들이 공통적으로 강조하는 것은, 이 세상을 창조하신 하나님이 궁극적으로 모든 악을 심판하시고 온전한 하나님의 나라를 세우심으로써 역사를 완성하신다는 미래의 약속이다. 종말의 하나님은 성도들을 종말의 승리로 초대하신다. 종말론을 통해 우리는 하나님이 종말에 이 세상을 새롭게 창조하신다는 약속을 믿고 이 세상을 새 창조의 관점으로 살아간다. 그러므로 기독교 종말론은 우리에게 "무엇이 진정 궁극적인 질문들인지를 묻도록 가르친다."[11] 우리는 우리가 마지막에 도달해야 할 궁극적인 것을 알 때 지루하고 피곤한 일을 해야 하는 이유를 깨닫고 견딜 수 있는 소망을 발견한다.

일터신학은 우리가 일을 통해 성취하고자 하는 궁극적인 것이 무엇인지를 질문한다. 이러한 종말론적 질문을 통해 우리는 일하는 목적과 의미를 미래에 완성될 종말의 역사에서 발견하고 그 미래를 향해 걸어간다. 일터신학은 '파국적 종말론'에서 얻을 것이 없다. 종말에 지금의 세상이 파멸되어 소멸될 운명이라면 일터신학은 굳이 필요 없을 것이다. 그러나 종말에 첫 창조 세계가 새롭게 변화되어 완성된다면, 일터신학은 역사의 종말에서 우리가 지금 여기에서 일해야 하는 근거와 소망을 찾고 종말론적 일의 원리를 도출할 수 있다.

지금 우리에게 오시는 종말의 하나님: 희망의 원천

종말은 근본적으로 우리가 관여할 수 없는 오직 하나님께 속하는 일이다. 우리가 종말을 향해 가는 것이 아니라, 종말이 우리를 향해 불가항력적으로 다가온다. 종말의 영원한 세상은 저 멀리 떨어져 있는 곳이 아니라 우리를 향해 오고 계신 하나님이 만드시는 세상이다. 하나님은 "이제도 계시고 전에도 계셨고 장차 오실 이"이시다(계 1:4). 하나님은 우리와 멀리 떨어져 있는 미래 세계에 머물면서, 우리에게 거기로 오라고 손짓하지 않고 자신이 직접 우리의 시간 안으로 들어오셔서 우리에게 부활과 새로운 세상을 살게 하신다.[12]

종말에 새롭게 창조될 세상은 죽음이 없고 애통하고 통곡할 일이 없고 아픔이 없는 곳이다. 하나님께서 세상에서 흘렸던 눈물을 닦아주시고 오직 사랑과 평화와 정의가 충만한 곳이다(계 21:4). 이 세상을 창조하시고 구원하신 하나님이 영원히 통치하시게 될 완성된 하나님의 나라다. 우리가 해야 할 일은 새 세상을 만들어가는 것이 아니라 하나님이 만들어주실 새 세상을 맞이하는 것이다. "너희는 지나간 일을 기억하지 말며 옛날 일을 생각하지 말라. 보라 내가 새 일을 행하리니 이제 나타낼 것이라"(사 43:18, 19).

이 종말의 미래가 타락한 첫 창조 세계에서 살아가는 우리에게 희망의 원천이다. 위르겐 몰트만은 미래를 뜻하는 두 단어 푸투룸(Futurum)과 아드벤투스(Adventus)로 종말이 어떻게 희망이 되는지 설명한다. 푸투룸(Futurum)은 과거와 현재로부터 발전해가는 미래(영어의 future)를 의미한다. 이 단어는 우리가 분투하며 개척해나가는 미래로서 그 자체로 희망의 씨앗 혹은 근거를 가지고 있지 않다. 이 미래는 과거와 현재의 한계 안에 묶여 있다.

반면, 아드벤투스(Adventus)는 그리스도의 강림을 의미하는 그리스어 '파루시아(παρουσία)'에 해당하는 말로서 그리스도가 우리를 구원하러 다가오는 미래를 뜻한다. 아드벤투스로서의 미래는 그리스도의 강림에 대한 '희망의 메시야적 의미'를 갖는다. 우리의 의지가 아니라 전적으로 하나님의 의지로 우리에게 다가오는 미래다. 몰트만은 종말에 우리의 구원을 성취하시는 하나님의 다가오는 미래(Adventus)가 희망의 원천이라고 말했다.[13] 종말에 하나님은 첫 창조의 옛것들을 우리의 기대와 상상을 초월하는 궁극적으로 새로운 것(novum ultimum)으로 변화시키실 것이다.[14] 이 새로움이 놀랍고 경탄스러운 것은 우리가 전혀 처음 보는 것이기 때문이 아니라 우리가 익숙하게 보고 누렸던 세계가 하나님의 손에서 완전히 새롭게 거듭 태어나기 때문이다.

> 종말론적으로 새로운 것은 옛것을 폐기하지 않고 오히려 그것을 받아들이고 새롭게 창조함으로써, 자기의 연속성을 자기 자신에게 형성한다. 우리가 보는 이 창조 대신에 전혀 다른 창조가 등장하는 것이 아니라, "이 썩을 것이 반드시 썩지 아니할 것을 입겠고, 이 죽을 것이 죽지 아니함을 입으리로다"(고전 15:53) 한다.…새 창조와 구원과 완성의 상들은 이 땅에 있는 파손된 삶으로부터 유래하며, 그러므로 비교가 될 수 없는 것이다. 그러나 이 상들은 여기 이 손상된 삶을 희망으로 가득 차게 하

며, 변용된 영원한 삶의 경험될 수 있는 약속으로 만든다.[15]

종말의 새 창조는 먼 미래의 일이 아니라 이미 우리에게 가까이 다가온 현실이다. 종말은 십자가에서 죽으신 그리스도의 부활에서 이미 시작되었다. 그리스도의 부활은 죽은 자의 몸에서 스스로 발생한 사건이 아니라 하나님께서 그의 능력으로 죽은 자의 몸을 일으켜 세우신 생명의 사건이다. 부패할 육체의 몸(fleshly body)으로 죽으신 그리스도는 영원히 부패하지 않는 영적인 몸(spiritual body)으로 부활하셨다. 부활하신 그리스도는 몸의 물리적 형체를 가지셨지만 물리적 제약 없이 제자들을 만나고 함께 음식을 먹고 대화를 나누며 사랑하고 하늘 보좌 우편으로 승천하고 우리를 위해 중보하고 계신다.

부활하신 그리스도에게서 우리는 종말의 새 창조를 엿볼 수 있다. 판넨베르크(Panneberg)가 강조하는 것처럼, 그리스도의 부활은 인류의 보편적 역사 안에서 실제 일어난 역사적(historisch) 사건으로서 종말의 미래를 향한 하나님의 계시다.[16] 그리스도의 부활에서 '이미' 시작된 종말이 '아직' 온전하게 성취되지 않았지만, 역사는 분명하게 종말을 향하고 있음을 우리는 부활 사건으로 알 수 있다. 그리스도의 부활을 통해 종말이 역사적 시간 안으로 침투하기 시작한 것이다.

미래가 오늘을 결정한다: 종말의 윤리

종말이 우리의 희망이 될 때 종말은 우리에게 윤리적 소명을 준다. 우리는 지금의 세상이 아니라 새 하늘과 새 땅에 세워질 새 예루살렘 성을 최종적이고 영원한 거주지로 삼는 하늘 시민권자로(빌 3:20) 오늘을 살아가고자 한다. 우리가 첫 창조 세계에서 새 창조 세계 백성으로 살아갈 수 있는 것은 성령이 우리를 종말의 삶으로 이끄시기 때문이다.

부활하신 그리스도처럼 우리도 그리스도와 함께 부활하고 영적인(신령한) 몸(σῶμα πνευματικός)을 입게 된다(고전 15:44). 영적인 몸은 온전히 성령의 지배를 받고 성령의 능력으로 살아가는 존재다.[17] 성령은 우리가 그리스도 안에서 새롭게 창조된 피조물로(고후 5:17) 살게 하시는 새 창조의 '저당물' '계약금' '보증'이시다(고후 1:22; 5:5; 엡 1:14). "성령을 받는 것은 미래에 그리스도와 함께 부활한다는 보증을 받는 것"이며, 또한 "미래에 풍성하게 있을 것을 현재에 조금 미리 맛보"는 것이다.[18]

교회는 성령 안에서 그리스도의 강림을 기다리고 새 하늘과 새 땅을 기다린다(살전 1:10; 벧후 3:13). 그러나 이 기다림은 데살로니가 교회 성도들이 오해한 것처럼 아무것도 하지 않고 수동적으로 하늘만 바라보는 게으름이 아니라 새 창조의 소망으로 옛 세상의 우상과 죄악과 싸우며 승리하는 적극적 기다림이다. 초대 일곱 교회는 그리스도로부터 '이기는 자'가 되라는 당부와 함께 하나님 나라의 유업을 약속받았다(계 2:7, 11, 17, 26; 3:5, 12, 21). 종말의 믿음으로 우리는 세상의 악한 세력들에게 굴복하지 않고 종말의 승리에 참여하기 위해 적극적으로 싸우며 현실의 불안과 염려를 극복한다.

누군가를 간절히 기다리는 사람은 방에 앉아 있을 수만은 없다.

집 밖으로 나가 정중하게 맞이할 채비를 하며 준비한다. 종말을 기다리며 희망하는 사람은 새 창조의 가치를 따라 살아간다. 기독교 종말론은 종말 이전의 세상을 살아가는 사람들에게 강력한 희망의 원리로서 윤리적 삶을 향한 동기를 부여한다. 종말을 기다리며 살아가는 교회는 약속된 미래에서 오늘을 바라본다. 오늘의 내 행동을 결정하는 원리와 기준은 우리에게 다가오시는 하나님이 약속하신 종말의 미래에 있다. 오늘을 종말의 그날처럼 살아간다.[19]

종말론과 일

세상에 무관심한 종말론의 문제

종말론은 우리 일에 구체적으로 어떤 의미를 가지고 있으며 영향을 줄까? 먼저 부정적 영향을 주는 두 가지 관점의 문제점을 살펴본다. 종말에 세상이 폐기될 것이라는 종말론을 믿는 사람들에게 이 세상은 보존될 가치가 없는 곳이다. 폐기될 세상에 미련을 둘 필요가 없다. 이러한 종말을 기다리는 사람들에게 이 세상을 더 좋은 곳으로 만드는 노력은 별 의미가 없다. 어차피 하나님이 버릴 세상을 위해 자신의 육체적, 정신적 자원과 시간을 투자하는 것은 어리석은 일이다. '폐기 종말론'은 인간과 세상의 선을 위한 노력에 관심이 없다는 비판을 받는다.

만일 세계의 종말이 대파멸로 폐기로 결정되어 있다면, 보다 나은 세계를 위한 모든 사람들의 노력은 헛것이 되어버린다. 지금도 인간의 생명을 구하기 위해 연구에 연구를 거듭하는 의학자들의 노력, 자연의 생명과 자연생태계를 살리고자 하는 자연 보호자들의 노력, 보다 더 정의로운 세계를 이루기 위해 애쓰는 수많은 사람들의 눈에 보이지 않는 노력들이 쓸데없는 것이 되어버린다.[20]

특별한 시점에 그리스도가 심판주로 재림하실 때 구원받은 사람들은 공중으로 들림 받을 것이라는 휴거 사상을 믿는 시한부 종말론 신봉자들에게 세상은 도피해야 할 곳이다. 1992년 10월 28일 세상의 종말이 온다고 선포한 다미선교회 사건이 대표적이다. '휴거일'을 앞두고 다미선교회 신도들은 다니던 직장과 학교와 군대를 떠나 교회에 모여 휴거를 기다렸지만 아무 일도 일어나지 않았다.

시한부 종말론 운동은 오랜 역사를 가지고 있다. 2세기 중반의 몬타누스주의자들도 세계의 종말이 2년밖에 남지 않았다고 주장하면서 모든 직업적 일을 중단하고 모든 소유물을 처분하고 세상을 떠나 경건한 장소에 모여 그리스도의 강림을 준비했다.[21] 이 종말론은 우리가 일하고 살아가는 역사적 현실에 가치를 부여하지 않는다. 또한 자신의 삶과 세상을 더 좋은 곳으로 변화시키고 하나님이 기뻐하시는 창조 세계를 만들려는 동기가 없어 현실을 도피하거나 타협하는 삶을 방관한다. 이 종말론을 믿는 그리스도인에게 일은 당장의 생계를 위한 수단 이상의 의미가 없다. 일터 신학은 이러한 종말론에 반대한다.

반면 종말의 미래보다 현재에서 종말론적 삶을 강조하는 실존적 (혹은 현재적) 종말론도 세상과 일에 관심을 크게 두지 않는다. 루돌프 불트만(Rudolf Bultmann)의 실존적 종말론은 종말을 미래의 역사적 사건이 아니라 현재적 삶에서 일어나고 있는 의미로 국한한다. 종말은 개인의 믿음 안에서 실존적으로 경험될 뿐이다. 불트만은 미래의 역사적 시간으로서의 종말 사건을 현대인들에게 받아들여질 수 없는 신화로 폄하하고 종말을 개인의 실존적 종말로 비신화화했다. 그는 역사적이고 세계적인 종말은 고대 유대교의 묵시사상이지 현대인들에게는 상관없는 것이라고 생각했다.[22] 불트만의 종말론에서 의미 있는 것은 현재의 삶에서 종말의 완성에 이르도록 힘써 살아가는 것이지 미래의 역사에서 자신의 운명을 발견하는 것이 아니다.

이 같은 불트만의 실존론적 종말론에서 삶은 오로지 개인의 실존일 뿐, 세계와 역사와 상관이 없다. 역사가 종말론에 먹혀버렸기 때문이다.[23] 그러나 불트만은 개인 자체가 역사적 산물이고 세상의 영향 아래 놓여 있는 존재라는 사실을 충분히 고려하지 않는다는 문제를 가지고 있다. 모든 개인은 세계와 역사 안에서 규정되고 역사에 참여하며 세계의 문제와 씨름하고 살아가는 존재임에도 불구하고 말이다.

김균진은 실존적 종말론처럼 종말의 세계를 역사와 무관한 것으로 "피안화, 내면화, 영성화, 개인화"하면 결국 현존하는 세계와 타협하게 된다고 경고한다. "이 세계를 변화시키는 누룩의 기능을 행사하는 것이 아니라 이 세계에 대하여 무감각하고 무관심하게 만들어 버리는 아편과 같은 기능을 행사한다."[24]

변혁적 새 창조 종말론은 오늘의 현실을 종말에 완성될 새 창조의 세계에 비춰볼 수 있는 비판적 관점을 제공한다. 이 때문에 종말론은 현실 비판적이고 변혁적일 수밖에 없다. 그러나 실존적 종말론은 개인 안에서 종말의 완성을 보기에 세상을 변혁할 동기를 갖지 못한다. 또한 변혁적 종말론은 우리의 불완전한 일이 미래에 완성될 것이라는 희망을 주지만, 실존적 종말론에서는 종말의 완성을 희망하기는 어렵다. 이는 미완성일 수밖에 없는 우리의 일에 대한 불만족과 아쉬움과 허무를 심화시킨다.

종말에 참여하는 오늘의 일들

그렇다면 우리가 지금 하고 있는 일은 종말의 새 하늘과 새 땅과 어떤 상관이 있을까? 변혁적 종말론에 따르면, 새 창조의 세계는 첫 창조의 세계를 모태로 한다. 톰 라이트는 이것을 “옛 창조의 자궁으로부터 새 창조가 격렬하고도 극적으로 탄생하는 것”이라고 말한다.[25] 지금 우리가 하는 일도 어떤 형식으로든지 새 창조 세계 안으로 통합될 것이다.

물론 현재 우리가 하는 일에는 윤리적 영적 결함이 있다. 나에게는 선한 일이 다른 사람에게는 고통이 될 수 있다. 한 일터에 좋은 결과가 다른 일터에는 고통이 될 수도 있다. 우리가 하는 대부분의 일은 궁극적 선(bonum ultimum)에 미치지 못한다. 그럼에도 불구하고 종말론에서 우리는 일을 통해 “소박하고 깨어진 방식으로나마 하나님의 새 창조에 기여한다.”[26] 우리가 미래에 궁극적으로 거주할 세상은 지금 우리가 일하고 살아가는 이 땅을 밑

거름 삼을 것이다.

요한계시록 21장에는 새 하늘과 새 땅에 세워질 새 예루살렘 성문을 통과하는 사람들이 언급되고 있다. "만국이 그 빛 가운데로 다니고 땅의 왕들이 자기 영광을 가지고 그리로 들어가리라"(계 21:24). "사람들이 만국의 영광과 존귀를 가지고 그리로 들어가겠고"(계 21:26). 이는 이사야 60장의 예언을 반영하는데, 하나님은 이방 나라의 재물들(낙타, 양, 소, 금, 유향, 배, 잣나무, 소나무, 황양목)을 새 예루살렘에서 하나님의 영광을 찬송하는 수단으로 사용하신다. 이방 왕들과 사람들이 새 예루살렘으로 가지고 들어가는 '영광'과 '존귀'는 "역사 전체에 걸쳐 발전해온 인간의 최고 솜씨"를 말한다.[27] 물론 하나님의 새 창조 기준에는 미치지 못하겠지만, 하나님은 그것들을 받아주시고 새 예루살렘에 어울리도록 새롭게 하시고 그곳을 아름답게 장식하실 것이다.

그리스도인이 아닌 사람들의 일도 새 예루살렘에 들어갈 수 있을까? 그들이 하는 일도 새 하늘과 새 땅을 장식하는 것들로 변화될 수 있을까? 볼프는 만국(이방)의 왕들과 사람들이 새 예루살렘에 영광과 존귀를 들고 들어간다는 말씀을 근거로 '그렇다'라고 대답한다. 그는 "세계가 변화될 것이라면, 비그리스도인의 일은 원칙적으로 그리스도인의 일과 동일하게 궁극적인 중요성을 갖는다"고 주장한다.[28] 볼프는 또한 비그리스도인이 종말의 심판대를 통과할지 못할지라도 그들이 한 일은 새 창조에 보존될 수 있다고 말한다.[29] 이는 논란의 여지가 있는 주장이만, 현재 우리가 하는 일이 종말의 새 창조에 결코 무관하지 않음을 강조하는 주장으로 이해할 수 있다.

첫 창조 세계를 살아가는 우리는 창조 세계를 다스리라는 하나님의 문화 명령(창 1:26~28)에 따라 창조 세계를 보존하고 발전시키지만, 하나님은 종말에 우리가 노력한 창조 세계를 궁극적으로 선하고 새롭게 변화시켜 우리의 영광을 받으신다. 우리는 일을 통해 새로운 문화를 만들고, 하나님은 그 과정에 성령을 통해 참여하신다. 그렇게 만들어가는 세계는 종말의 새 창조를 위한 초석이 될 것이다. 이처럼 우리의 일상적 일은 종말에 하늘과 땅을 새롭게 하실 하나님의 동역자로서 종말론적 변혁(transformatio mundi)에 선행하는 일이 된다.[30] 우리의 선한 일은 영원한 하나님 나라에 흔적을 남긴다.

새 창조의 가치를 추구하는 일

우리가 하는 일은 어떻게 새 창조를 선행하는 일이 될까? 일에 새 창조의 가치를 반영할 때, 우리 일은 종말의 새 창조를 구성하는 역할을 하게 될 것이다. 예수님의 지상 사역에서 우리는 그 증거를 발견한다. 예수님의 지상 사역은 종말론적 하나님 나라를 선취한 것이었다. 예수님은 병든 자를 고치고, 외로운 자를 사랑하고, 귀신에 사로잡힌 자를 풀어주고, 배고픈 자를 먹여주고, 슬픔에 잠긴 자를 위로하고, 죽은 자를 살려내셨다. 이 기적들은 오직 하나님만이 하실 수 있는 일들로서 종말에 완성될 새 창조의 세계를 보여주고 있다.

그리스도의 성령은 우리가 새 창조의 가치를 일에 반영하도록 도우신다. 종말의 미래(Adventus)로부터 우리에게 오시는 성령은 창조 세계가 종말의 새 창조를 향해 보존되도록 우리 안에서 활동하신다. 첫 창조 세계에서 일하며 살아가는 데 필요한 능력과 동기와 창의력 등 모든 것들은 성령으로부터 온다. 성령은 하나님의 창조 세계를 보존하고 새 창조에 완성될 때까지 우리에게 일하는 능력을 주시고 우리 일의 결과물들이 궁극적으로 종말의 순간에 하나님의 심판대를 통과하여 새롭게 변화되도록 이끄신다.[31]

천국에 가면 일하지 않고 하루 종일 예배하고 찬양하고 놀 것으로 기대한다면 종말을 오해하는 것이다. 이사야 65장에서 계시된 새 하늘과 새 땅에서 사람들은 가옥을 건축하고 포도나무를 심고 열매를 먹는다. 그곳 백성들은 자기 손으로 일한 것을 어느 누구에게도 빼앗기지 않고 길이 누린다. 그들의 수고가 헛되지 않고 재난을 당하지 않는다(사 65:17~25). 우리는 천국에서도 영원히 일할 것이다. 톰 라이트는 우리가 하는 많은 선한 일들이 새 창조의 하나님 나라에서도 지속될 것으로 확신한다.

> 그림이든, 설교든, 노래든, 바느질이든, 기도든, 가르치는 일이든, 병원을 짓는 일이든, 우물을 파는 일이든, 정의를 위해 캠페인을 벌이는 일이든, 시를 쓰는 일이든, 도움이 필요한 자를 돌보는 일이든, 자기 자신처럼 이웃을 사랑하는 일이든, 현재에 우리가 하는 모든 일이 하나님의 미래에서도 지속될 것이다. 그것은 단순히 우리가 그 모든 것을 두고 떠날 때까지 현재의 삶을 조금 덜 야만스럽고 조금 더 견딜 만하게 만드는 방법이 아니다.…우리가 하는 그러한 일들은 하나님 나라를 세우기 위

해서 하는 일이라고 우리가 부를 만한 일들이다.[32]

그러나 새 창조에 들어갈 수 없는 일들은 영원히 사라질 것이다. 진실하지 않고, 거짓 우상을 섬기고, 생명을 해치고, 사술(邪術)로 현혹하고, 거짓말하고, 속되고, 가증한 일들은 결코 새 하늘과 새 땅 안으로 들어갈 수 없다(계 21:8, 27). 반면 종말을 믿고 희망하는 그리스도인은 자기 일이 영원히 지속되기를 바라는 기대 속에서 새 창조의 가치를 추구할 때 새 하늘과 새 땅으로 들어가기에 합당한 영광스럽고 존귀한 열매를 맺을 것이다.

물론 우리가 이 세상에서 최선을 다해도 여전히 부족하고 미완성으로 끝날 것이다. 성령의 능력을 방해하는 세력들이 우리 일에 흠을 낸다. 우리는 감당할 수 없는 한계를 인정하고 하나님께서 변화시켜주실 것이란 희망으로 미완성에 만족하고 감사해야 한다. 하나님은 우리에게 일하라는 소명을 주셨지만 소명을 완전하게 성취하라는 의무까지 주시지는 않았다. 우리의 부족한 부분은 하나님이 완성하신다. 미완성으로 끝난 일은 하나님께 맡기면 된다. 우리는 할 수 있는 최선을 다한 뒤에 "내가 진실로 속히 오리라"고 약속하신 주님께 간절히 기도하며 마무리할 뿐이다. "(마라나타, *Μαρανα θα*) 아멘 주 예수여 오시옵소서"(계 22:20).

새 창조의 가치로 일하기

하나님께서 완성하실 새 창조는 진(眞)·선(善)·미(美)로 충만한 세계다. 종말의 희망을 가진 그리스도인들은 경쟁과 탐욕으로 일그러진 현실에서 이 세 가지 새 창조의 가치를 추구한다. 그렇게 일한 결과가 새 예루살렘 성을 꾸미는 영광과 존귀가 되기를 희망하면서 일한다. 오늘의 일터에서 진실하고, 선하고, 아름다운 세상을 위해 묵묵히 인내하는 일은 새 예루살렘 성안으로 들어가기에 합당할 영광과 존귀로 인정받을 것이다.

진실한 일: 충성과 신뢰

새 예루살렘 성안에는 "무엇이든지 속된 것이나 가증한 일 또는 거짓말하는 자는 결코 그리로 들어가지" 못하고 "오직 어린 양의 생명책에 기록된 자들만" 들어간다(계 21:27). 그곳은 전능하신 하나님과 어린양이 계신 성전이기에(계 21:22) 죄악 된 것과 이것을 행하는 사람들은 들어갈 수 없다. 오직 '흠 없고 거룩한' 것들과 이러한 것들을 행한 사람들만 들어갈 수 있다. 하나님은 우리가 믿음으로 최선을 다했음에도 불구하고 '흠이 있고 거룩하지 못한 것이 남아 있는' 일의 결과들을 온전하고 거룩하게 변화시켜 어린양 예수 그리스도의 혼인 잔치에 참여한 성도들과 함께 입장시켜주실 것이다.

윤리적 한계를 지니고 있는 우리에게 하나님께서 바라시는 것은 순종하는 마음으로 정직하게 행하는 우리의 진실함(integrity)이다.

여호와여 주의 장막에 머무를 자 누구오며 주의 성산에 사는 자 누구오니이까? 정직하게 행하며 공의를 실천하며 그의 마음에 진실을 말하며 그의 혀로 남을 허물하지 아니하고 그의 이웃에게 악을 행하지 아니하며 그의 이웃을 비방하지 아니하며 그의 눈은 망령된 자를 멸시하며 여호와를 두려워하는 자들을 존대하며 그의 마음에 서원한 것은 해로울지라도 변하지 아니하며 이자를 받으려고 돈을 꾸어주지 아니하며 뇌물을 받고 무죄한 자를 해하지 아니하는 자이니 이런 일을 행하는 자는 영원히 흔들리지 아니하리이다(시 15:1~5).

진실함은 정직(honest)을 뛰어넘는 미덕(virtue)이다. 자신의 정체성에 합당하고 일관성 있게 도덕적 가치를 추구하는 온전함(wholeness)의 윤리다.[33] 말과 행동이 같을 뿐 아니라 자신이 믿고 헌신하는 것을 언행에 충실하게 반영한다. 이런 사람은 자신의 인격을 삶으로 정직하게 표현하기에 주변 사람들의 신뢰를 받는다.[34]

다니엘과 세 친구들은 진실한 사람의 전형이다. 그들은 유배당한 유대인으로서 바벨론 왕 느부갓네살 앞에서 죽음의 위협에도 불구하고 여호와 하나님의 말씀을 배신하지 않았고 교묘한 말로 왕과 관료들을 속이지 않았다. 금 신상에 절하기를 거부한 세 친구들은 풀무 불에 던져지기 전에 이렇게 말했다. "왕이여 우리가 섬기는 하나님이 계시다면 우리를 맹렬히 타는 풀무불 가운데에서 능히 건져내시겠고 왕의 손에서도 건져내시리이다. 그렇게 하지 아니하실지라도 왕이여 우리가 왕의 신들을 섬기지도 아니하고 왕이 세우신 금 신상에게 절하지도 아니할 줄을 아옵소서"(단 3:17, 18). 풀무 불에서 살아나온 이들은 느부갓네살의 신뢰를 얻고 높임을 받았다.

종말의 희망으로 일하는 그리스도인은 충성스럽고 믿을 만하다. 자신을 일터로 부르신 하나님께 충성하고, 사람들과 맺은 계약에 충성스럽다. 다니엘과 그의 세 친구들처럼 일터에서 모함받고 억울하게 당할 수 있지만, 하나님에 대한 충성스러운 믿음을 지키고, 내 일에 대한 권한과 책임을 가지고 있는 리더에게 충성을 다 한다. 소비자와의 약속을 신실하게 지킨다. 눈앞의 이익에 앞서 믿음에 부합한 일을 일관적으로 추구한다. 상황에 따라 말을 바꾸거나 교언영색(巧言令色)으로 진실을 호도하지 않는다.

충성스러운 사람은 다른 사람들의 신뢰를 받는다. 일터에서 가장 위험한 사람은 신뢰할 수 없는 사람이다. 진실하게 일하는 사람은 거짓말을 하지 않기에 투명하고 분명하다. 다른 사람들이 예측 가능한 방식으로 일한다. 신뢰를 주는 사람은 주변 사람들을 편하게 한다. 의심할 필요가 없기 때문이다. 소비자를 위한 가격 정찰제를 처음으로 도입한 사람들은 정직하고 신실한 그리스도인들이었다.

선한 일: 따뜻함

새 하늘과 새 땅에는 "사망이 없고 애통하는 것이나 곡하는 것이나 아픈 것이" 없다. 하나님께서 백성들과 함께 계시고 그들의 눈에서 모든 눈물을 닦아주신다(계 21:3, 4). 종말에는 하나님이 주신 생명이 온전하게 보존되고 왕성해진다. 생명이 시들지 않고 아프지 않고 부패하지 않는다. 하나님은 처음 하늘과 땅에서 죽음과 고통과 슬픔의 눈물을 주는 사탄을 이기시고 바다와 사망과 음부를 불못에 던지셨다(계 20:14; 21:1). 이 세상을 괴롭게 하던 정사와 권세들이 더 이상 존재하지 않는다.

하나님이 종말에 모든 것을 새롭게 하실 때 그 중심은 생명이다. 유대 문학에서 죽음의 상징인 바다가 없어진다는(계 21:1) 것은 영원한 생명의 세계가 펼쳐진다는 것을 암시한다. 새 하늘과 새 땅에서는 눈물 흘리게 하는 악이 없는 완전히 선한 세상, 하나님이 창조의 여섯째 날 "보시기에 심히 좋았더라"(창 1:31)고 하신 세계가 '완벽하게 좋은 세계'로 완성된다. 새 예루살렘에서 백성들이 하는 일은 생명에 온전하게 봉사하는 선한 일이다. 선함(goodness)이라는 도덕 가치가 생명을 이롭게 하는 실제적 미덕이다.

경건하고 정직한 사람들이 피를 흘리고 권력과 뇌물로 가난한 백성들이 눈물을 흘리는 시대에 여호와 하나님께서 미가 선지자에게 주신 말씀은 선을 행하라는 명령이었다. "사람아 주께서 선한 것이 무엇임을 네게 보이셨나니 여호와께서 네게 구하시는 것은 오직 정의를 행하며 인자(헤세드 mercy)를 사랑하며 겸손하게 네 하나님과 함께 행하는 것이 아니냐"(미 6:8). 하나님은 특히 사회적 약자들이 부패와 불의에 희생당하지 않고 생명의 번영을 누릴 수 있도록 정의를 지키고 하나님 앞에서 겸손하게 행할 것을 요구하셨다.[35]

종말의 희망으로 일하는 그리스도인은 자기 일이 다른 사람들의 눈물을 흘리지 않도록 극도로 주의한다. 특히 자신의 지위와 영향력을 이용해 나보다 낮은 지위에 있는 사람들에게 불이익이나 억울함이 없도록 배려해야 한다. 성령은 내 일이 이웃과 세상의 생명에 선한 영향력을 행사할 수 있도록 돕는다. 누군가 눈물을 흘리고 생명의 고통을 당하게 하는 일은 결코 새 하늘과 새 땅에서는 흔적도 찾을 수 없는 허무한 일이 될 것이다. 우리가 일하면서 허무함을 느낀다면 그것은 나와 타인의 생명에 선한 영향력을 끼치지 않거나 일을 생명의 관점에서 생각하지 않고 감사하지도 않기 때문이다.

선하게 일하는 사람은 일에는 엄격하지만 함께 일하는 사람과 일하면서 만나는 사람을 따뜻하게 대한다. 따뜻함이란 잘못과 죄를 무조건 인정하고 받아주는 온정주의가 아니다. 예수님도 하나님의 말씀을 잘못 이해하고 실천한 유대 지도자들을 혹독할 정도로 비판하셨다. 그러나 삶의 고통 속에서 도움을 요청하는 모든 사람들은 의와 사랑으로 한없이 따뜻하게 영접하고 구원해주셨다. 따뜻함은 진리 안에서 사랑을 실천하는 것이다.

종말의 희망으로 선하게 일하는 그리스도인은 일터에서 만나는 사람들의 생명을 소중하게 생각하고 보호하기 위해 노력한다. 특히 연약하거나 가난하거나 부족한 사람들을 향한 긍휼한 마음으로 그들이 부당하게 대우받지 않도록 그들 편에 서서 일한다. 찰스 디킨스(Charles Dickens)의 소설 『크리스마스 캐럴』의 주인공인 스크루지는 종업원에게 인색하기 짝이 없는 고리대금업자였다. 그러나 크리스마스 전날 밤 꿈에서 유령들로부터 그가 죽어서 가게 될 끔찍한 지옥의 환상을 보고 가난한 직원 밥의 가정에 찾아가 크리스마스 선물을 전달하고 가난한 그 가족들을 돌보는 따뜻한 사람으로 변화되었다. 우리가 종말에 살게 될 세상은 부족한 것이 아무것도 없는 충만한 세상이다. 종말의 세상을 희망하며 일하는 사람은 경쟁적인 일터에서도 다른 사람들에게 넉넉하고 따뜻하게 대함으로써 그들의 생명을 돌본다.

아름다운 일: 친절함

종말의 새 예루살렘 성은 인간의 언어로 표현할 수 없이 아름다운 곳이다. 성곽은 벽옥으로 쌓았고 성은 정금으로 지었다. 성곽의 기초석은 각색 보석으로 꾸며지고 열두 문은 진주로 만들어졌다. 성의 길은 맑은 유리 같은 정금이고 수정같이 맑은 생명수가 보좌로부터 흘러나온다(계 21:18~21; 22:1). 하나님이 처음 창조하신 아름다운 세상이 최고의 아름다움으로 완성된 모습이다.

하나님이 창조하신 세계는 아름답다. 하나님은 '모든 아름다움의 아름다움(pulchritudo pulchrorum omnium)'[36]이기에 하나님이 창조하신 이 세계는 신적 아름다움으로 충만하다. 칼뱅은 이 세상이 "극도로 풍부하고 극도로 다양하고 극도로 아름답게" 창조된 "가장 아름다운 극장"이라고 표현했다.[37] 창조의 아름다움은 하나님의 영광을 찬양한다. "하늘이 하나님의 영광을 선포하고 궁창이 그의 손으로 하신 일을 나타내는도다"(시 19:1). 하나님은 자신의 아름다움을 창조 세계에 심어놓으셨다. 하나님의 형상으로 창조된 피조물들은 창조의 신적 아름다움에 심취해 기뻐하며 하나님의 영광을 찬양한다. "하나님의 영광이 가득 찬 전 우주는 하나님에 의하여 연주되는, 하나님의 아름다우심을 찬양하는 전 우주적 음악이다."[38]

이렇게 아름다운 세계가 그동안 인간의 이기심과 착취로 상처받고 기후 재앙을 일으키며 인간에게 죽음과 불안과 두려움을 준다. 그러나 종말에는 창조의 아름다움이 더 이상 추한 악에 시달리지 않고 하나님의 아름다움을 영원히 찬양할 것이다. "광야와 메마른 땅이 기뻐하며 사막이 백합화같이 피어 즐거워하며 무성하게 피어 기쁜 노래로 즐거워하며 레바논의 영광과 갈멜과 사론의 아름다움을 얻을 것이라. 그것들이 여호와의 영광 곧 우리 하나님의 아름다움을 보리로다"(사 35:1, 2).

종말의 희망으로 일하는 그리스도인은 오직 자본주의적 효율성과 생산성을 추구하며 사람과 자연의 아름다움을 파괴하는 일에 저항해야 한다. 아름답지 않은 일은 모든 나라와 세상의 주인이신 하나님(시 24:1; 82:8)에게 대항하는 일이다. 아름다움은 보기에 좋은 미적 아름다움과 존재 목적에 부합하는 기능적 아름다움 - 조화와 질서, 안정, 평화, 생명 - 을 포함한다. 새 예루살렘 성에 합당한 일은 미적·기능적 모든 것으로 아름답다. 톰 라이트의 조언처럼 우리는 내가 하는 작은 일에서 아름다움을 발견하고 회복할 때 종말의 희망을 사람들에게 증언할 수 있다.

> 과거에 교회가 했던 역할 중 하나는, 그리고 다시 한 번 교회가 해야만 하는 역할은, 마을 술집에서 음악을 연주하는 일에서부터 지역 초등학교에서 연극을 하는 일까지, 화가와 사진가의 워크숍에서부터 정물화 수업까지, 교향악단의 연주회에서부터 버려진 나무에 조각하는 것에 이르기

> 까지, 모든 차원에서 아름다움의 삶과 아름다움의 의미를 양성하고 지키는 것이다. 교회는 새 창조에 대한 희망을 믿는 가족이기 때문에 새로운 창조성이 모든 도시와 마을에서 온 지역 사회로 뻗어나가기 위한 거점이 되어야 한다. 그래서 모든 아름다움처럼 언제나 놀라움으로 다가오는 희망을 가리켜 보여 줄 수 있어야 한다.[39]

아름답게 일하는 사람들에게서는 다른 사람들에게 친절한 자세가 공통적으로 발견된다. 친절함이란 다른 사람에 대한 배려다. 친절함의 배려는 상대를 자기 자신처럼 아름다운 사람으로 바라보고 대할 때 나온다. 아름다운 새 예루살렘 성에 들어가기에 합당한 사람은 아름다운 사람이다. 내가 아름다운 사람인지 알고 싶다면 다른 사람들을 친절하게 대하는지 보면 된다. 아름다운 사람은 타인의 실망스러운 언행을 정죄하고 비난하기보다는 자신의 아름다움을 회복할 수 있도록 친절하게 대하고 스스로 교정하게 한다.

일터에서 간혹 만나게 되는 까다로운 사람들 - 소위 '진상 고객' 혹은 갑질 상사나 거래처 등 - 을 대하는 가장 좋은 방법은 그들을 친절하게 대하는 것이다. 이런 사람들은 자신의 원래 존재 목적에 부합하지 않게 행동하기에 추하게 보인다. 이런 사람들에게 필요한 것은 무시하거나 싸우거나 훈계하는 것이 아니라 사람의 본래 아름다움을 보여주는 것이다. 그리스도는 십자가에서 죄인들을 위해 대신 죽음으로써 우리가 회복해야 할 원래 모습은 하나님의 아름다운 사랑임을 보여주셨다. 그리스도의 친절함이 우리를 친절한 사람으로 만들어준다. 까다롭거나 실망스러운 사람들에게 화를 내기보다는 친절하게 대하는 것이 서로에게 유익하다.

인내하는 일: 용기

새 하늘과 새 땅은 아무나 들어가지 못한다. '이기는 자'만이 그곳 시민의 자격을 얻을 수 있다. "또 내게 말씀하시되 이루었도다. 나는 알파와 오메가요 처음과 마지막이라. 내가 생명수 샘물을 목마른 자에게 값없이 주리니 이기는 자는 이것들을 상속으로 받으리라. 나는 그의 하나님이 되고 그는 내 아들이 되리라"(계 21:6, 7). 종말의 희망으로 일하는 그리스도인은 마지막에 '이기는 자'가 되기 위해 인내하는 제자로 살아간다.

'이기다'는 헬라어 동사 니카오(νικάω)는 신약성경 전체에 27번 나오는데 요한계시록에 17번(2:7,11,17,26; 3:5,12,21; 5:5; 6:2; 11:7; 12:11; 13:7; 15:2; 17:14; 21:7) 나온다. 종말의 역사에서 '이기는 자'가 강조되고 있는 것이다.[40] '이기는 자'는 "거대한 힘으로 무장된 지배구조와 기성 문화 속에서 순교를 각오하며 인내와 믿음을 갖고 충성된 증인으로 살아가는 신실한 그리스도인을 지칭한다."[41]

'이기는 자'에게는 끝까지 참고 인내하는 영적 노력이 요구된다(계 1:9; 2:2f., 19; 3:10; 13:10; 14:12). 초대 교회는 로마 제국의 박해를 앞세워 배교를 강요하는 위협 상황을 이기고 믿음을 지키기 위해 모든 도전과 고통을 인내했다(계 13:10). 인내는 유대교의 순교자 전통과 관련되어 있다. 순교자는 죽음의 위협 앞에서도 끝까지 인내하며 하나님께 자신의 충성스러운 믿음을 증명한다.

일터에는 '직장과 교회는 다른 곳'이라는 감언이설과 함께 자신의 내면에서, 그리고 조직으로부터 믿음대로 살지 않는 '실제적 배교(practical apostasy)'를 강요하는 유혹이 많다. 그리스도인들은 일단 생존해야 한다는 명목으로, 진실하지도 선하지도 아름답지도 않은 일을 요구받을 경우 어떻게 대응해야 할까? 계시록은 종말의 희망을 가진 그리스도인에게 순교적 인내와 믿음으로 싸우며 이겨낼 것을 명령한다.

일터에서 '실제적 배교'를 행하는 그리스도인들, 즉 진실하고 선하고 아름답게 일하지 않는 신앙인들은 주변 동료들이 교회에 실망하고 복음에 귀를 닫게 만든다. 그리스도인은 어떤 상황에서도 종말의 새 창조에 참여하기 위해 에스더의 "죽으면 죽으리라"라는 순교적 믿음으로 인내하며 진실하고 선하고 아름답게 일해야 한다. 해외 오지 선교지만이 아니라 일터에서도 순교적 인내와 믿음이 필요하다. 일터에서 최고 수준의 순교는 일자리를 잃는 것이다. 믿음을 지키기 위해 자신의 생계를 하나님께 맡길 때 하나님께서 주시는 놀라운 은혜를 경험하는 사람은 '배교적' 상황에 흔들리지 않는다.

인내하며 싸워 이기는 순교적 자세로 일하는 그리스도인은 눈앞의 손해와 위협에 굴복하지 않는 용기로 충만하다. 상사의 악한 업무지시에 거부할 수 있는 용기는 궁극적으로 모든 사람들이 하나님의 심판대 앞에 서야 한다는 확신에서 나온다. 새로운 프로젝트를 종말의 미래의 관점으로 결정하기 위해서도 결과에 책임을 지는 용기가 필요하다. 아직 경험해보지 않은 새로운 세계를 향해 도전하려면 믿음의 용기가 있어야 한다. 미래에 도전하려면 객관적 데이터도 필요하겠지만 결국은 용기 있게 결단해야 한다. 무분별한 만용이 아니라 하나님께서 약속하신 미래에 근거한 용기는 불의에 저항하고 못 가본 세상을 개척하는 힘이다.

새로운 일: 창의성

종말론적 가치를 추구하는 일은 새로움을 추구한다. 새 하늘과 새 땅에서는 첫 창조 세계의 일들이 모두 새로워진다. 없던 것이 새로 생기기도 하겠지만 첫 창조 세계의 것들이 완전한 하나님 나라에 합당하게 변화되어 마치 새로 만들어진 것처럼 새롭게 보일 것이다. 하나님은 종말에 "만물을 새롭게" 하신다(계 21:5). 이 구절에서 '새롭다'는 형용사는 헬라어 카이노스(καινός)인데 이 단어는 옛것과 다른 새로움을 의미하는 형용사 네오스(νέος)와 달리 종말론적 의미를 내포하고 있다.[42] 카이노스는 단순한 상태의 변화를 뜻하는 정태적 새로움이 아니라 완전하게 진실하고 선하고 아름다운 종말의 세상을 닮아가는 동태적 새로움을 가리킨다.

종말의 희망으로 하는 일은 오늘의 상태에 만족하지 않고, 종말에 하나님께서 완성하실 상태를 상상하며 지속적으로 개선하고 변화시킴으로써 사람들 삶과 세계에 유익함을 제공한다. 이런 종말론적 새로움은 과거의 흐름과 무관하지 않지만 근본적으로 종말의 영이신 성령의 지혜와 계시에 의존한다. 성령은 우리로 하여금 종말의 세상을 바라보며 그 세상에 합당한 일들을 향해 현실을 새롭게 변화시킨다.

종말의 희망은 우리의 일터에서 절실하게 필요한 창의성의 원천이다. 창의적으로 일하려면 현실을 비판적으로 볼 수 있는 능력이 필요하다. 현실을 비판적으로 보려면 기존에 없던 대안을 상상할 수 있는 미래의 통찰력이 필요하다.[43] 이 통찰력은 모든 것을 새롭게 하시는 하나님이 완성하실 종말의 세상으로부터 나온다.

한편, 종말의 삶은 안식으로 표현된다. 안식은 모든 사람들의 종말론적 소망의 상징이다(히 4:11). 이사야, 예레미야, 에스겔 선지자는 하나님의 구원의 상징의 하나로 안식일을 지키며 하나님을 예배하고 안식을 누리는 기쁨을 제시했다(사 56:1~8; 58:13, 14; 렘 17:19~27; 겔 46:1~5). 느헤미야는 바벨론에서 귀향한 유대인들이 하나님의 백성으로 거듭나기 위해 안식일 준수를 핵심으로 하는 사회개혁을 강력하게 추진했다(느 13:15~20). 안식일은 고대 이스라엘 주변 문화에서 발견할 수 없는 이스라엘만의 독특한 제도다. 이는 하나님께서 이스라엘을 통해 모든 세상에 주신 종말론적 약속이다. 세상의 모든 사람들이 안식을 갈망하지만 현실은 그렇지 못하다.

안식의 종말론적 희망을 먼 미래의 일로 미루지 않고 오늘의 일과 제도를 변화시킬 수 있는 동기와 동력으로 삼는다면, 우리는 지금까지 없었던 새로운 제도와 문화를 만들어낼 수 있다. 안식하는 일, 안식하는 일터, 안식하는 세상, 안식하는 관계를 목표로 기존의 많은 관행과 제도들을 과감하게 바꿀 수 있다. 이러한 변화는 과거의 데이터만으로는 이룰 수 없다. 근본적으로 새로운 목표를 설정해야 한다. 성경의 종말론적 근거를 바탕으로 종말에 완성될 세상을 상상할 때 창조의 영이신 성령은 우리에게 새로운 아이디어를 주신다. 종말에 우리가 누리게 될 안식을 왜 미래로 미뤄두어야 하는가? 그 미래가 오늘의 현실이 되도록 창의적으로 도전할 때 우리는 부분적이지만 미리 하나님 나라를 경험하는 놀라운 변화를 맛볼 것이다.

일과 종말론적 희망의 실천적 함의

우리는 지금까지의 논의를 바탕으로 종말론적 희망으로 일하는 네 가지 실천적 함의를 도출할 수 있다. 어떤 상황에서도 희망을 잃지 말라는 것, 과거뿐만 아니라 미래가 오늘 할 일을 결정하는 기준이라는 것, 인내하며 싸워 이기는 현실 변혁을 추구하는 것, 놀랍도록 새로운 일을 꿈꾸고 기대하라는 것이다.

첫째, 어떤 상황에서도 희망을 잃지 말라. 종말론은 오늘 우리가 처한 상황이 결코 끝이 아니라는 사실을 깨우쳐준다. 요한계시록 21, 22장을 통해 하나님께서 보여주신 우리의 끝은 죽음과 고통과 눈물이 없는 새 하늘과 새 땅이다. 하나님께서 지금 살고 있는 세상을 폐기하지 않고 옛것을 변화시키고 완전히 새롭게 하신다. 첫 창조가 완성된다. 종말은 그리스도의 부활에서 이미 시작되었다. 그리스도인은 일터에서 불이익과 손해를 보더라도 미래의 종말에 완성될 세상에서 살아갈 희망으로 악에 굴복하지 않는다. 종말은 우리의 의지나 노력과 상관없이 하나님께서 우리에게 약속하신 희망의 선물이다.

둘째, 과거나 오늘뿐만 아니라 미래가 오늘을 결정하게 하라. 종말은 우리를 향해 다가오고 있는 하나님의 미래(Adventus)다. 하나님은 어제도 계시고 오늘도 계시고 '장차 오실' 종말의 하나님이시다. 지금도 오고 계신다. 성령은 종말의 미래를 미리 맛보고 알게 하시는 약속의 보증이시다. 우리는 성령의 능력으로 새 창조의 위대함과 아름다움을 상상하고 기대할 수 있다. 종말의 희망을 가진 그리스도인은 미래를 향해 오늘의 삶을 결정한다. 일터에서 그리스도인은 미래의 프로젝트를 구상하고 입안할 때 과거의 자료와 흐름을 참조하되 결정적으로 종말에 완성될 새 창조의 가치 - 진· 선· 미 - 를 오늘의 현실에서 부분적으로 실천한다.

셋째, 인내하고 싸우며 변혁하라. 종말론의 윤리는 첫 창조 세계를 사망의 그늘 아래에서 신음하게 하는 악의 세력과 싸우며 인내함으로 선한 변화를 이끌어내는 것이다. 종말을 기다리는 사람은 아무것도 하지 않고 게으름과 나태함에 있지 않고, 종말의 희망으로 현실에 도전하고 개혁하며 능동적으로 준비한다. 첫 창조 세계가 사라지지 않고 종말의 새 창조로 완성되도록 끝까지 싸워서 이길 책임이 우리에게 있다. 성령이 우리를 도우신다. '이기는 자'는 종말에 완성될 하나님 나라의 만복을 상속으로 받을 것이다. 일터에서 악과 싸우지 않는 그리스도인은 '실제적 배교자'로 전락할 위험이 크다.

넷째, 놀랍도록 새로운 일을 꿈꾸고 기대하라. 종말의 키워드는 '마지막'이 아니라 '새로움'이다. 우리의 죽을 육체가 죽지 않을 영적인 몸으로 새로워진다. 흠이 많고 거룩하지 않은 세계가 영광스럽고 아름다운 하나님의 성전으로 새로워진다. 종말의 새 창조는 지금 우리가 살고 있는 세계를 기반으로 하지만 지금 우리의 상상을 초월할 새로움으로 가득 찬 세상을 탄생시킬 것이다. 종말의 새로움은 먼 미래의 일만이 아니라 성령 안에서 지금도 일어나고 있다. 일터에서 종말의 희망을 간직한 사람은 매일 반복되는 일의 세계에서 놀랍도록 새로운 일을 경이롭게 목격할 것이다. 그러므로 오시는 하나님께서 과거에 발목 잡힌 일터에 창조와 완성으로 새로운 일을 행하시도록 기도하고 기대하자.

미　　주

[저자서문]

1. 아스머 교수의 실천신학적 방법론에 대해서는 이 책을 참조하라. Richard R. Osmer, *Practical Theology: An Introduction,* 김현애·김정형 공역, 『실천신학의 네 가지 중심 과제』 (서울: WPA, 2012).

[제1장]

1. 김세윤·김회권·정현구, 『하나님 나라 복음』 (서울: 새물결플러스, 2013), 228.
2. Miroslav Volf, *A Public Faith,* 김명윤 역, 『공적 신앙이란 무엇인가?: 광장에 선 기독교』 (서울: IVP, 2014), 15.
3. 深井智朗, 『神學の起源』, 홍이표 역, 『신학을 다시 묻다: 사회사를 통해 본 신학의 기능과 의미』 (서울: 비아, 2018), 35.
4. William E. Diehl, *Thank God, It's Monday,* 이종태 역, 『월요일을 기다리는 사람들』 (서울: IVP, 1998).
5. 폴 스티븐스 교수의 책은 2001년 『21세기를 위한 평신도 신학』을 필두로 최근까지 주로 일터신학을 주제로 12권 번역돼 있다. 스티븐스 교수는 현재도 계속 일터신학을 주제로 책을 집필하고 있으며, 한국 출판사들이 번역을 준비하고 있다.
6. Paul Stevens, "Covid-19 and Work in the Kingdom of God," 『기독교 세계관에 기초한 통합연구』 vol. 22/2 (2020): 13.
7. Thomas Aquinas, *Summa Theologica,* II.II.182.1-4. https://www.ccel.org/ccel/aquinas/summa.toc.html[2024. 5. 21. 접속].
8. 루터의 직업 소명론에 대해서는 다음의 자료를 참조하라. Gustaf

Wingren, *Luther on Vocation* (Eugene, Oregon: Wipf and Stock, 2004)

9. 기독교 직업 소명론에 대해서는 '제5장 일터 소명에 필요한 지혜'에서 좀 더 자세하게 다룬다.

10. Os Guiness, *The Call*, 홍병룡 역, 『소명』 (서울: IVP, 2000), 66.

11. 피트 해먼드(Pete Hammond)에 따르면, 20세기에 산발적으로 발간되던 일터신학 관련 책이 2000년에는 약 350권 정도 출판되었고 2005년 초에는 2000권 이상이 출판되는 등 영미권 출판시장에서 하나의 붐을 이루고 있을 정도다. 오만종, 『일터사역을 위한 목회사회학적 고찰』 (서울: 실천신학대학원 박사학위 논문, 2022), 98. 재인용.

12. 한국 IVP는 폴 스티븐스의 책 Doing God's Business를 번역하면서 marketplace theology를 '장터 신학'으로 번역했다. R. Paul Stevens, Doing God's Business, 홍병룡 역, 『하나님의 사업을 꿈꾸는 CEO: 비즈니스도 하나님의 사역이다』 (서울: IVP, 2009). 그러나 IVP는 2014년 동일한 책을 재출판하면서 책 제목을 『일터신학』으로 고치고 marketplace theology를 '일터신학'으로 번역했다.

13. 폴 스티븐스 교수의 미발표 강의 자료에서 발췌. "Marketplace theology is the understanding and practice of human enterprise (work) in the world from the perspective of the purpose, will and being of God himself as revealed in Scripture and experienced through the history of the people of God." 이효재, "일터신학이란 무엇인가?," 『목회와 신학』 no. 399 (2022. 9), 133에서 재인용.

14. R. Paul Stevens, "Introduction to Marketplace Theology - Toward a Wholistic Science of Work, Worker and Workplace," https://imtglobal.org/marketplace-theology/introduction [2023. 3. 30. 접속].

15. 삼성경제연구소는 직장인들의 행복을 막는 세 가지 가장 중요한 요소로 인간관계, 업무 무의미성, 부정적 감성을 들었다. 삼성경제연구소, 『직장인의 행복에 관한 연구』 (2013. 8) https://samsungsgr.com/sgr/search/orgSearch.html[2023. 3. 30. 접속].

16. 송동호, 『일터, 하나님의 디자인』 (서울: 나우책장, 2023), 77.

17. R. Paul Stevens, *Marketplace Theology*, vol.1 (Michigan: Eerdmans, 2023), 5.

18. 위의 책은 이 세 가지 축복으로 구성돼 있다.

19. 위의 책, 1장과 2장 참고.

20. 이효재, “갈등하는 그리스도인 직장인들을 위한 목회 상담 방법론으로서의 헬무트 틸리케의 ‘타협 윤리’,” 『복음과 윤리』 제13권 (2017년), 117~152. 일터에서 타협 윤리에 관해서는 제10장 ‘일터 윤리’에서 자세하게 다룬다.

21. 김용규, 『그리스도인은 왜 인문학을 공부해야 하는가?: 신학과 인문학의 대화』 (서울: IVP, 2019), 61.

22. Miroslav Volf, *Zufunkt der Arbeit-Arbeit der Zufunkt,* 이정배 역, 『노동의 미래, 미래의 노동』 (서울: 한국신학연구소, 1993). 이 책은 볼프의 박사학위 논문을 책으로 펴낸 것이다.

23. Miroslav Volf, *Work and the Spirit,* 백지윤 역, 『일과 성령』 (서울: IVP, 2014). 볼프는 이 책에서 먼저 쓴 자신의 노동신학 저서 『노동의 미래, 미래의 노동』을 성령론으로 발전시켰다.

24. 김선일은 일의 신학을 전개함에 있어 실천신학의 네 가지 과제를 제시한 리처드 아스머의 방법론을 활용할 것을 제안했다. 김선일, “실천신학적 과제로서 일의 신학에 대한 접근-Richard R. Osmer의 네 가지 과제를 토대로,” 『복음과 실천신학』 제55권 (2020. 5), 85~115.

25. Richard R. Osmer, *Practical Theology: An Introduction,* 김현애·김정형 역, 『실천신학의 네 가지 중심 과제』 (서울: WPA, 2012), 27.

26. 위의 책, 27, 28.

27. 위의 책, 61~130.

28. 위의 책, 199~260.

29. 위의 책, 261~322.

30. 위의 책, 287.

31. Timothy Keller, *Every Good Endeavor: Connecting Your Work to God's Work,* 최종훈 역, 『일과 영성』 (서울: 두란노, 2013). 저자는 이 책에서 ‘일, 하나님의 황홀한 설계’, ‘일, 끝없이 추락하다’, ‘일과 영성, 복음의 날개를 달다’는 세 파트로 나눠 일터신학을 전개하고 있는데 이는 창조, 타락, 구원이라는 전통적 기독교 세계관의 틀을 따른 것이다.

32. Christopher Wright, *Old Testament Ethics for the People of God,* 김재영 역, 『현대인을 위한 구약윤리』 (서울: IVP, 2006), 158.

33. 자세한 내용은 다음의 책을 참조하라. David Miller, *God at Work: The History and Promise of the Faith and Work Movement* (Oxford University Press, 2006).

34. 일의 신학 프로그램은 10여 년 전 미국 시애틀의 박키대학원대학교(Bakke Graduate University)가 개발하고 보급한 덕분에 전 세계로 퍼져나가 각 나라의 상황에 맞게 다양하게 편집돼 활용되고 있다.

35. 한국일, 『세계를 품는 교회: 통전적 선교신학』 (서울: 장로회신학대학교 출판부, 2010), 127.

36. 위의 책, 129.

[제2장]

1. John W. Budd, *The Thought of Work,* 강세희 역 『나에게 일이란 무엇인가?: 일을 이해하는 열 가지 열쇳말』 (서울: 이후, 2016), 39에서 재인용.

2. https://www.oxfordlearnersdictionaries.com/definition/english/travail; https://dictionary.cambridge.org/dictionary/english/travail[2023. 4. 13. 접속].

3. Budd, 위의 책, 44에서 재인용.

4. Budd, 위의 책, 45.

5. 파이어 운동(FIRE movement)은 경제적 자립(Financial Independence)과 조기 은퇴(Retire Early)를 추구하는 삶의 방식으로, 주로 밀레니엄 세대에서 유행하기 시작하였다.

   https://namu.wiki/w/파이어%20운동 [2023. 4. 13. 접속].

6. 지성근, 『새로운 일상신학이 온다』 (서울: 비전북, 2022), 93.

7. 이효재, 『안식과 노동에 관한 연구: 오경의 안식일 계명을 중심으로』 (서울: 숭실대학교 박사학위 논문, 2016. 12), 57.

8. Michael Welker, *Creation and Reality* (Minneapolis, MN: Fortress Press, 1999), 13.

9. 예를 들어, 히포의 아우구스티누스는 혼돈과 공허를 '보이지 않고 모양이 없는 땅'의 상태로 해석했다. St. Augustinus of Hippo, *Confessions,* 김평옥 역, 『고백록』 (서울: 범우사, 1987), 305~306.

10. J. Daryl Charles ed. *Reading Genesis 1-2: An Evangelical Conversation,* 최정호 역, 『창조 기사 논쟁』 (서울: 새물결플러스, 2016), 329.

11. Gordon J. Wenham, *Genesis 1-15* (Waco, Texas: Word Books,

1987), 62.

12. Bruce K. Waltke, Cathi J. Fredricks, *Genesis: A Commentary*, 김경열 역, 『창세기 주석』 (서울: 새물결플러스, 2018), 145.

13. 이 주제에 대해서는 특히 유대교 신학적 관점으로 쓴 레벤슨의 책을 참조하라. 하나님의 창조와 악의 문제에 대해서는 II부에 자세히 설명돼 있다. Jon D. Levenson, *Creation and the Presence of Evil,* 홍국평·오윤탁 역, 『하나님의 창조와 악의 잔존』 (서울: 새물결플러스, 2019).

14. 김회권, 『하나님 나라 신학으로 읽는 모세 오경』 (서울: 복있는사람, 2017), 61.

15. 여기에서는 "악이 무엇인가"에 대한 신정론적 논의를 하지 않겠다. 악의 존재와 실체에 관한 논의는 오랜 신학적 논쟁거리다. 다만 여기에서는 악을 하나님께 대항하는 세력으로 이해한다.

16. Claus Westermann, *Genesis 1-11,* trans. John J. Scullion (Minneapolis, MN: Fortress Press, 1994), 264.

17. Nahum M. Sarna, *Genesis* (Philadelphia: JPS, 1989), 28.

18. 이효재, 위의 논문, 60.

19. 초대 교부들부터 중세 신학자들까지 하나님의 형상과 하나님의 모양에 서로 다른 의미를 부여했다. 이레니우스는 하나님의 형상이 하나님의 신체성과 이성적 도덕적 성품을, 하나님의 모양은 성령이 주시는 거룩함을 각각 뜻한다고 해석했다. J. N. D. Kelly, *Early Christian Doctrines* (San Francisco: Harper and Row, 1978), 171. 토마스 아퀴나스가 형상을 '인간의 지성과 이성'으로, 모양을 '거룩함과 의로움'으로 풀이한 해석은 오랫동안 교회의 전통이 되었다. Thomas Aquinas, *Summa Theologica,* I-I.3.1. 그러나 점차 형상과 모양이 마치 다른 의미를 가진 것처럼 구별하는 것이 무의미함을 알게 되었다. 성경은 인간을 하나님의 형상으로만 지칭하기도 하고(창 1:27; 9:6; 골 3:10) 하나님의 모양으로만 지칭하기도 하는데(창 5:1; 약 3:9), 문맥상 특별히 다른 뜻이나 의도를 가지고 구분하기보다는 교차적으로 사용한 것으로 보인다. 종교개혁자들은 이러한 해석상의 문제로 '하나님의 형상'과 '하나님의 모양'을 차별하지 않는다. 다른 표현이지만 같은 의미를 가지고 있는 것으로 이해한다. Robert L. Raymond, *A New Systematic Theology of the Christian Faith,* 나용화 등 역, 『최신 조직신학』 (서울: CLC, 2010), 546~548

20. Jürgen Moltmann, *Gott in der Schöpfung,* 김균진 역, 『창조 안에 계신 하느님』 (서울: 한국신학연구소, 2002), 319~320.

21. J. S. Croato, *Exodus: A Hermeneutics of Freedom* (New York: Orbis, 1981), 32.

22. 차준희, 『창세기 다시 보기』 (서울: 대한기독교서회, 2006), 12.

23. 린 화이트(Lynn White Jr.)는 1967년 기독교 창조론이 지구 생태계 파괴에 중요한 역할을 했다고 주장했다. 그는 중세 후반부터 기독교 세계는 다스리라는 하나님의 명령을 잘못 이해해 과학 기술로 자연을 인간의 유익을 위해 착취해왔고 교회는 이를 정당화했다고 비판했다. Lynn White Jr., "The Historical Roots of Our Ecological Crisis," *Science* vol. 155 (1967), 1203~1207.

24. Welker, 위의 책, 70~73.

25. Robert Banks, *God the Worker: Journeys into the Mind, Heart and Imagination of God* (Sutherland, Australia: Albatross Books, 1994).

26. R. Paul Stevens, *The Abolition of the Laity*, 홍병룡 역, 『21세기를 위한 평신도 신학: 성경적 관점에서 본 소명, 일, 사역』 (서울: IVP, 2001), 139.

27. Guiness, 위의 책, 54~60.

28. Vita contemplativa simpliciter melior est quam vita activa. Aquinas, *Summa Theologica,* II-II,182.1,2.

29. Martin Luther, To the Christian Nobility of the German Nation, *Luther's Works, vol. 44,* 이형기 역, 『기독교인의 직업과 영성』 (서울: 장신대학교출판사, 2001), 171에서 재인용.

30. Martin Luther, Selected Psalms III, *Luther's Wroks vol. 14,* eds. J. J. Pelican, H. C. Oswald & H. T. Lehman (Saint Louis: Concordia, 1999), 114~115.

31. William Perkins, *A Treatise of the Vocations,* 박승민 역, 『윌리엄 퍼킨스의 직업 소명론』 (서울: 부흥과 개혁사, 222).

32. 우리는 이 책의 제11장 '일과 안식'에서 이 주제를 더욱 깊이 다루게 될 것이다.

33. 이효재, 위의 논문, 73.

34. 이효재, 위의 논문, 73.

35. 고대 설화 속 인간의 노동관에 대해서는 다음의 책을 참조하라. 조철수, 『수메르신화』 (서울: 서해문집, 2003).

36. 이효재, 위의 논문, 84.

[제3장]

1. Alain de Botton, *Status Anxiety,* 정영목 역, 『불안』 (서울: 은행나무, 2012), 109.
2. Michael J. Sandel, *The Tyranny of Merit,* 함규진 역, 『공정하다는 착각』 (서울: 와이즈베리, 2020), 52.
3. 시험능력주의 문제에 대해서는 다음의 책을 참고하라. 김동춘, 『시험능력주의』 (파주: 창비, 2022).
4. 양혁승, 『대전환 시대의 사람 경영』 (서울: 클라우드나인, 2022), 77, 78.
5. 양혁승, 위의 책, 79.
6. Johannes Calvin, *Institutes of the Christian Religion,* 김종흡·신복윤·이종성·한철하 역, 『기독교강요』 (서울: 생명의말씀사, 2002), II.13.4; II.14.5.
7. Dietrich Bonhoeffer, *Christologie,* 유성식 역, 『그리스도론』 (서울: 대한기독교서회, 2011), 44.
8. Calvin, 위의 책, II.15.1~6.
9. Dietrich Bonhoeffer, *Nachfolge,* 손규태·이신건 역, 『나를 따르라』 (서울: 대한기독교서회, 2015), 54, 61.
10. Bonhoeffer, 위의 책, 81.
11. Bonhoeffer, 위의 책, 94.
12. Bonhoeffer, 위의 책, 93.
13. Bonhoeffer, 위의 책, 97.
14. Bonhoeffer, 위의 책, 106.
15. Dietrich Bonhoeffer, *Ethik,* 손규태·이신건·오성현 역, 『윤리학』 (서울: 대한기독교서회, 2014), 52.
16. 日野 瑛太郎, 『あ,『やりがい』とかいらないんで,とりあ』, 이소담 역, 『아, 바람 따위 됐으니 야근수당이나 주세요』 (서울: 오우아, 2016), 53~55.
17. Lawrence E. Toombs, "Love and Justice in Deuteronomy: A Third Approach to the Law," *Interpretation 19* (1965), 408. 이효재, 『안식과 노동에 대한 연구』, 208에서 재인용.

18. Paul Tillich, *Love, Power and Justice,* 성신형 역, 『사랑 힘 그리고 정의』 (서울: 한들출판사, 2017), 106.

19. Tillich, 위의 책, 106.

20. 니그렌은 그의 책 전반부 〈그리스도인의 사랑에 대한 연구〉에서 그리스도가 우리에게 보여주신 아가페 사랑은 사회적 정의와는 다른 종교적 차원의 사랑이어서 혼돈되어서는 안 된다고 주장했다. Andres Nygren, *Agape and Eros: The Christian Idea of Love,* 고구경 역, 『아가페와 에로스』 (고양: 크리스찬 다이제스트, 2013).

21. 사랑과 정의에 대한 니버의 논의는 다음의 책을 참조하라. Nicholas Paul Wolterstorff, *Love and Justice,* 홍종락 역, 『사랑과 정의』 (서울: IVP, 2017), 119-136.

22. Wolterstorff, 위의 책, 155.

23. John Rawls, *A Theory of Justice,* 황경식 역, 『정의론』 (서울: 이학사, 2017), 36~97.

24. Michael Sandel, *Justice,* 이창신 역, 『정의란 무엇인가』 (서울: 김영사, 2010), 362.

25. Paul Ricoeur, "Love and Justice," *Philosophy and Social Criticism, vol. 21* no. 5/6 (1995), 23~39.

26. 이효재, 『일터신앙』 (서울: TOBIA, 2018), 104.

27. 이효재, 위의 책, 104.

28. 이효재, 위의 책, 105.

29. Delphine Luginbuhl & Aurélie Pennel, *Trop bon, trop con?,* 조연희 역 『너무 착해, 너무 바보 같아』 (서울: 일므디, 2022), 91~115.

30. 이효재, 위의 책, 109.

31. 이효재, 위의 책, 111.

[제4장]

1. 잡코리아(JOB KOREA)가 남녀 직장인 547명을 상대로 설문조사를 벌인 결과, 전체 응답자의 83.5%가 '출근만 하면 무기력해지고 우울해지는 회사 우울증에 시달린 적이 있다'고 답했다. 한겨레신문 2018년 6월 7일자 보도. https://www.hani.co.kr/arti/economy/working/848030.html[2023. 5. 15. 접속].

2. ‘내 미래에 대한 불확실한 비전’(48.6%)과 ‘회사에 대한 불확실한 비전’(37.6%)이 회사 우울증 원인의 첫 번째와 두 번째를 차지했다.
3. 정승철, “일의 의미가 번영에 미치는 영향 연구: 직무열의와 직무수행의 이중매개 효과,” 『디지털융복합연구』, 제19권 1호(2021), 99~105.
4. Adam Smith, *An Inquiry into the Nature and Causes of the Wealth of Nations,* 김수행 역, 『국부론』 (서울: 비봉출판사, 2007), 19.
5. 김근배, 『애덤 스미스의 따뜻한 손』 (서울: 중앙북스, 2016), 245.
6. Byung-Chul Han, *Psycho Politik,* 김태환 역, 『심리 정치』 (서울: 문학과지성사, 2016), 45.
7. Victor E. Frankl, *The Will to Meaning: Foundations and Applications of Logotheraphy,* 이시형 역, 『삶의 의미를 찾아서: 실패를 승리로 바꾸는 절대적 의미에 대한 절대적 믿음』 (파주: 청아출판사, 2012), 99.
8. Keyes, C. L. M., “The Mental Health Continuum: From Languishing to Flourishing in Life,” *Journal of Health and Social Behavior,* vol. 43 no. 2 (2002), 207.
9. Martin Seligman, *Flourish. A visionary new understanding of happiness and well-being* (New York: Free Press, 2011), 12. 주현정·강구섭, “행복한 삶을 위한 역량으로서 플러리싱(Flourishing) 내용 비교 연구,” 『교양 교육 연구』 제16권 5호 (2022.10), 353, 358에서 재인용.
10. Jonathan T. Pennington, “Human Flourishing and the Bible,” in *Counting the Cost: Christian Perspectives on Capitalism,* ed. Art Lindsay & Anne R. Bradley (Abilene, TX: Abilene Christian University Press, 2017), 45.
11. Pennington, 위의 책, 46.
12. Pennington, 위의 책, 46.
13. Pennington, 위의 책, 50~56.
14. Volf, 『광장에 선 기독교』, 90.
15. Christopher Wright, *Old Testament Ethics for the People of God,* 김재영 역, 『현대를 위한 구약윤리』 (서울: IVP, 2006), 240.
16. 주현정·강구섭, 위의 논문, 349~367.
17. Wright, 위의 책, 158.

18. Sallie McFague, *Life Abundant*, 장윤재·장양미 역, 『풍성한 생명』 (서울: 이화여자대학교출판부, 2008), 228.

19. McFague, 위의 책, 229.

20. Gregory K. Beale, *We Become What We Worship: A Biblical Theology of Idolatry*, 김재영·성기문 역, 『예배자인가, 우상숭배자인가?』 (서울: 새물결플러스, 2014), 201, 202.

21. Martin Luther, *Commentary on the Sermon on the Mount*. trans. Charles Augustus. (Albany: AGES software, 1997) version 1.0, 219.

22. Aquinas, 위의 책, II-II, 32.2.1.

23. Paul Stevens, *Marketplace Theology vol.1* (unpublished book), 84.

24. 이진구, "신자유주의 시대의 자기계발과 복지: 한국 개신교 공간의 번영복음을 중심으로," 『종교 문화 비평』 제37권 (2020), 149.

25. 칼뱅의 출애굽기 20장 15절 주석에서 인용. John Calvin, *Harmony of the Law, vol.1*. Christian Classics Etheral Library, https://ccel.org/ccel[2024. 5. 30. 접속].

26. Donna Hicks, *Dignity: Its Essential Role in Resolving Conflict*, 박현주 역, 『존엄: 관계를 치유하는 힘』 (서울: 검둥소, 2021), 29.

27. Hicks, 위의 책, 29.

28. Hicks, 위의 책, 39.

29. Miroslav Volf, *Flourishing*, 양혜원 역, 『인간의 번영: 지구화 시대, 진정한 번영을 위한 종교의 역할을 묻다』 (서울: IVP, 2017), 105, 109.

30. Ernst Friedrich Schumacher, *Small Is Beautiful*, 이상호 역, 『작은 것이 아름답다: 인간 중심의 경제를 위하여』 (서울: 문예출판사, 2022), 74.

[제5장]

1. 국립국어원 표준국어대사전. '소명', https://stdict.korean.go.kr/search/searchView.do[2023. 5. 30. 접속].

2. 권선영·김명소, "직업 소명이 삶의 만족에 미치는 영향: 삶의 의미의 매개교과와 성차," 『한국심리학회지: 여성』 vol.21, no.1 (2016),

150~171.

3. 영어 사전은 대체적으로 vocation을 특정한 직업으로 설명한다. 예를 들어, Collins 사전은 "a specified occupation, profession, or trade"으로 풀이한다. https://www.collinsdictionary.com/vocation[2024. 5. 31. 접속]. Cambridge 사전은 "a type of work that you feel you are suited to doing and to which you should give all your time and energy"로 풀이한다. https://dictionary.cambridge.org/vocation[2024. 5. 31. 접속]. 다른 영어 사전들도 vocation을 비슷하게 특정한 직업을 의미하는 단어로 해석한다.

4. 정양모 역주, 『열 두 사도들의 가르침: 디다케』(경북 왜관: 분도출판사, 2003), 87.

5. Vita contemplativa simpliciter melior est quam vita activa. Aquinas, 위의 책, II-II.182.1,2.

6. Gustaf Wingren, *Luther on Vocation,* trans. Carl C. Rasmussen (Philadelphia: Muhlengerg, 1957), 123.

7. Calvin, 위의 책, III.10.6.

8. Perkins, 위의 책, 62~167.

9. Max Weber, *Die Protestantische Ethik und der Geist des Kapitalismus,* 박성수 역, 『프로테스탄티즘의 윤리와 자본주의 정신』(서울: 문예출판사, 2000), 142~143.

10. 엠브레인이 2016년 1월 28일부터 2월 2일까지 직장인 2,000명을 대상으로 직업 소명의식을 설문 조사한 결과 참조. 엠브레인 공식 블로그, "일의 의미보다 연봉이 더 중요한 시대, '직업 소명의식'이 있을까'," 2016년 5월 13일 자료.

11. 엠브레인 공식 블로그, 위의 자료. 교사/공무원 집단은 78.1%, 전문가 집단은 76.2%가 자신의 직업에 대한 소명의식을 가지고 있었다. 반면 사무직 직장인 가운데 자신의 일을 소명으로 인식하는 사람은 54%, 서비스직과 영업직은 45.6%, 생산노무직은 44.2%로 떨어졌다.

12. 엠브레인 공식 블로그, 위의 자료. 월 평균 소득 5백만 원 이상인 사람들의 76.5%가 자기 직업을 소명으로 인식했지만 4백만 원 대, 3백만 원 대, 2백만 원 대, 그 이하이면 소명의식도 68.4%, 61.2%, 54.3%, 47.7%로 약해졌다.

13. 엠브레인 공식 블로그, 위의 자료, 대학원 졸업 이상 직장인의 74%는 직업 소명의식을 가졌지만, 대학교 졸업 직장인은 57.2%, 고졸 이하는 51.4%였다.

14. 김선권, "칼뱅의 소명론," 『한국조식신학논총』 제52집 (2018.9), 85~132.

15. Martin Luther, "An Open Letter to the Christian Nobility of the German Nation concerning the Reform of the Christian Estate," in *Three Treatises* (Philadelphia: The Muhlenberg Press, 1943), 14.

16. Martin Luther, *Luther's Work,* ed. Jaroslav Pelikan & Helmut T. Lehmann & Hilton C. Oswald (MO, Saint Louis: Concordia Publishing House, 1999), 28:92.

17. 우병훈, "루터의 소명론 및 직업윤리와 그 현대적 의의," 『한국개혁신학』 제57권 (2018), 96~97.

18. Perkins, 위의 책, 44, 45.

19. Martin Luther King Jr., "All Labor Has Dignity," March 18, 1968. https://blackagendareport.com/speech[2023. 6. 5. 접속].

20. Guiness, 위의 책, 13.

21. Calvin, 위의 책, III.21.7.

22. Gordon Smith, *Listening to God in Times of Choice,* 박세혁 역, 『분별의 기술』 (서울: 사랑플러스, 2004), 30.

23. John Wesley, "The Witness of Our Own Spirit," *John Wesley Sermon 12* (text of the 1872 edition), https://www.biblesnet.com[2023. 6. 5. 접속].

24. Ignacio de Loyola, *Spiritual Exercises,* 정제천 역, 『영신수련』 (서울: 도서출판 이냐시오영성연구소, 2019), 66.

25. Ignacio de Loyola, 위의 책, 70~74.

26. Ignacio de Loyola, 위의 책, 26.

27. Calvin, 위의 책, IV.13.16.

28. G. Friesen and J. R. Maxson, *Decision Making and the Will of God: A Biblical Alternative to the Traditional View* (Portland, OR: Multnomah, 1980), 126. 임헌만, "일차적 소명의 관점으로 보는 이차적 소명으로서의 직업과 기독교상담," 『복음과 상담』 제13권 (2009년), 52에서 재인용.

29. C. Carney & C. Wells, *Discover and Career within You* (CA, Pacific Grove: Brooks/Cole, 1991); 임헌만, 위의 논문, 53~54에서

재인용.

30. Miroslav Volf, *Work in the Spirit,* 백지윤 역, 『일과 성령』, (서울: IVP, 2019), 174.
31. 우병훈, 위의 논문, 115-117.
32. John Calvin, *Commentary on the First Corinthians* 7:20. Christian Classics Ethereal Library. https://ccel.org/ccel/calvin/calcom39/calcom39.xiv.v.html[2023. 6. 5. 접속].
33. Gordon Smith, *Courage and Calling: Embracing Your God-Given Potential,* 조계광 역, 『소명과 용기』 (서울: 생명의말씀사, 2008), 187.
34. Smith, 위의 책, 193.
35. Smith, 위의 책, 183.
36. Smith, 위의 책, 184.
37. Guiness, 위의 책, 331~348.
38. Smith, 위의 책, 193.
39. Guiness, 위의 책, 306.
40. Guiness, 위의 책, 307에서 재인용.
41. Perkins, 위의 책, 90.
42. Guiness, 위의 책, 304.

[제6장]

1. 김근배, 『애덤 스미스의 따뜻한 손』(서울: 중앙books, 2016), 158~161.
2. Smith, 위의 책, 420.
3. Volf,위의 책, 101.
4. Zygmunt Bauman, *Liquid Modernity,* 이일수 역, 『액체현대』 (서울: 필로소픽, 2022), 299.
5. Bauman, 위의 책, 314.
6. Svenja Flasspöhler, *Wir Genussarbeiter: Über Freiheit und*

Zwang in der Leistungsgesellschaft, 장혜경 역, 『우리의 노동은 왜 우울한가』 (서울: 로도스, 2013), 18.

7. Byung-Chul Han, *Müdigkeitsgesellschaft,* 김태환 역, 『피로사회』 (서울: 문학과지성사, 2014), 23~29.

8. Lee Beach, *The Church in Exile: Living in Hope After Christendom,* 김광남 역, 『유배된 교회』 (서울: 새물결플러스, 2017), 30~31.

9. 바울 시대의 명예 경쟁 문화에 대해서는 다음을 참고하라. John M. G. Barclay, *Paul & the Gift,* 송일 역, 『바울과 선물: 사도 바울의 은혜 개념 연구』 (서울: 새물결플러스, 2019), 726~727.

10. Calvin, 위의 책, III.3.1.

11. Karl Barth, *Der Römerbrief,* 조남홍 역, 『로마서 강해』 (서울: 한들 출판사, 2000), 406.

12. 위의 책, 420.

13. 구약에서 성령이란 칭호는 두 곳에만(시 51:11; 사 63:10, 11) 나오지만 하나님의 영과 특별히 구별되어 사용되지는 않는다. 구약에서 하나님의 영의 사역과 의미 등에 대해서는 다름의 자료를 참조하라. Lloyd R. Neve, *The Spirit of God in the Old Testament,* 차준희·한사무엘 역, 『구약의 성령론』 (서울: 새물결플러스, 2017).

14. Daniel L. Migliore, *Faith Seeking Understanding: An Introduction to Christian Theology,* 신옥수·백충헌 역, 『기독교 조직신학 개론』 (서울: 새물결플러스, 2016), 403.

15. 위의 책, 430.

16. John Wesley, *The Way,* ed. Ad Fontes Wesley, 『그 길: 웨슬리 표준설교 읽기』 (서울:대한기독교서회, 2019), 96.

17. 차준희, 『구약의 성령론』, 323~324.

18. Wesley, 『그 길』, 174.

19. 성령의 아홉 가지 열매는 성령이 우리 안에서 맺는 열매의 일부분을 예시할 뿐, 성령이 맺는 열매의 전부는 아니다. 긍휼, 자비, 겸손, 용서(골 3:12, 13)와 악을 미워하고 선에 속함, 형제 우애와 존경, 열심히 주를 섬김(롬 12:9~12) 등도 성령의 열매라 할 수 있다.

20. Gordon D. Fee, *Paul, the Spirit, and the People of God,* 길성남 역, 『바울, 성령, 그리고 하나님의 백성』 (서울: 좋은씨앗, 2001), 112.

21. R. Paul Stevens·Alvin Ung, *Taking Your Soul to Work:*

Overcoming the Nine Deadly Sins of the Workplace, 김은홍 역, 『일삶구원』 (서울: IVP, 2011), 95~164.

22. 위의 책, 167~172

23. 위의 책, 105.

24. 위의 책, 106, 107.

25. Volf, 위의 책, 209.

26. Volf, 위의 책, 181.

27. Volf, 위의 책, 209.

28. Gondon D. Fee, *God's Empowering Presence* (PeKbody: MK, Hendrickson Publisher, 1994), 879.

29. 열정적인 사람들의 특성과 리더십에 대해 다음의 글을 참조하라. 이대희, "열정(熱情)의 리더십 특성에 관한 사례 연구: 정주영과 박태준," 『지방정부연구』 제19권 제1호 (2015년 봄), 381~404.

30. Jürgen Moltmann, *Gott in der Schöpfung,* 김균진 역, 『창조 안에 계신 하느님』 (서울: 한국신학연구소, 2002), 27.

31. 폴 스티븐스, "Why You Can Be Creative," Doing God's Business Series Video #5, www.imtglobal.org[2023. 6. 20. 접속].

32. 김영정, "창의성과 비판적 사고," 『인지과학』 제13권 제4호 (2012년 12월), 83.

33. 김영정, 위의 논문, 84.

34. Craig S. Keener, *Gift & Giver: The Holy Spirit for Today,* 이용중 역 『현대인을 위한 성령론』 (서울: 새물결플러스, 2018), 28-29.

35. 김영봉, 『사귐의 기도』 (서울: IVP, 2012), 24.

36. Calvin, 위의 책, III.20.38.

37. Helmut Thielicke, *Das Vaterunser,* 박규태 역, 『세계를 부둥켜 안은 기도』 (서울: 홍성사, 2008), 34.

38. 김영봉, 위의 책, 184.

39. 묵상기도에 대한 자세한 소개와 안내는 다음의 책을 참고하라. 권오면, 『어떻게 기도할 것인가?: 영신수련의 묵상기도와 관상기도』 (서울: 성서와 함께, 2021).

40. 짧은 기도에 대해서는 다음의 자료를 참고하라. 김영봉, 위의 책, 226~233; 이효재, 『일터신앙』, 141~151.

41. 일터 중보기도에 대해서는 다음의 자료를 참고하라. 이효재, 위의 책, 146~148.

[제7장]

1. 한국 정치사에 얽힌 교회의 역사에 대해서는 다음의 자료들을 참조하라. 정병준, "박정희 정권과 기독교: 교회-국가 관계에 대한 연구사를 중심으로," 『한국기독교와 역사』 no. 56 (2017), 5~39; 강인철, "민주화 과정과 종교-1980년대 이후의 한국 종교와 정치," 『종교연구』 no. 27 (2002), 25~57.
2. 이에 대해서는 다음의 논문을 참조하라. 고지수, "1960년대 개신교 지식인의 '세속화' 수용과 교회의 사회화 문제," 『인문과학』 제72권 (2019), 241~278; 정재영, "근대화와 한국 개신교: 세속화론을 중심으로," 『동양사회사상』 제17집 (2008), 27~58 .
3. Philip Yancey, *Church: Why Bother?,* 윤종석 역, 『교회, 나의 고민 나의 사랑』 (서울: IVP, 2014), 41에서 재인용.
4. 세속화에 대한 다양한 이론에 대해서는 다음의 논문을 참조하라. 송재룡, "종교 세속화론의 한계: 탈세속화 테제의 등장과 관련하여," 『사회와 이론』 제7집 (2005년 2호), 121~150.
5. 한국갤럽, "갤럽리포트: 한국인의 종교 1984-2021 (1) 종교 현황, (2) 종교에 대한 인식," http://www.gallup.co.kr/gallupdb/reportContent 2021년 5월 18일 발표[2023. 7. 3. 접속].
6. 정재영, 위의 논문, 17.
7. 하라리는 인간이 모든 데이터(정보)를 시스템으로 생산 관리 통제함으로써 효율적인 네트워크 사회를 구축하지만, 데이터 시스템이 구축되면 인간은 시스템을 구성하는 하나의 정보 칩 수준으로 전락하게 될 것으로 전망했다. 모든 정보를 장악한 데이터 시스템은 정치 경제 사회 종교 등 모든 인간 행동들에 의미를 부여하는 세계관을 인간에게 부여하고 절대적 영향력을 행사하는 종교적 기능을 하게 된다. 하라리는 이런 현상을 데이터교라고 부른다. 인간은 자신이 개발한 데이터 시스템에 절대적으로 의지하며 살아가는 데이터교의 신도로 살아가게 된다. 데이터 시스템은 인간에게 신적 존재로 추앙받게 된다. Yuval Noah Harari, *Homo Deus: A Brief History of Tomorrow,* 김명주 역, 『호모 데우스: 미래의 역사』 (서울: 김영사, 2023), 503~544.
8. Danièle Hervieu-Léger, *Religion As a Chain of Memory, trans.*

Simon Lee (Rutgers, NY: Rutgers University Press, 2000), 163~176.

9. 정재영, 위의 논문, 26.

10. Avery Dulles, *Models of the Church,* 김기철 역, 『교회의 모델』 (서울: 한국기독교연구소, 2003).

11. 루터의 '성도의 교재'로서의 교회론에 대해서는 다음의 책을 참조하라. Paul Althaus, *The Theology of Martin Luther,* 이형기 역, 『루터의 신학』 (고양: 크리스천 다이제스트, 2008), 325~355.

12. Karl Barth, *Church Dogmatics* IV/2. 642~643.

13. Jürgen Moltmann, *Kirche in der Kraft des Geistes,* 박봉랑 등 역, 『성령의 능력 안에 있는 교회』 (서울: 한국신학연구소, 1982), 16.

14. Jürgen Moltmann, *Wege und Formen Christlicher Theologie,* 김균진 역, 『신학의 방법과 형식』 (서울: 대한기독교서회, 2001), 330; .

15. 칼뱅은 교회론에 대해 논의한 기독교강요에서 성경이 말하는 교회가 무엇인지를 설명하는 제4권 제1장의 제목을 '모든 경건한 자의 어머니인 진정한 교회'라고 정했다. Calvin, 위의 책, 4.1.1.

16. 본회퍼는 21살에 쓴 박사논문인 『성도의 교제 *Communio Sanctorum*』에서 공동체적 그리스도론에 근거해 교회를 사회학적으로 이해했다. 그의 공동체적 교회 이해는 이후 나치에 저항하는 고백교회 운동을 펼치며 교회의 공동체 운동의 신학적 기반을 제공했다. 그의 그리스도론적 교회론은 핀켄발데 신학교에서 목회자 후보생들과 함께 살며 공부하면서 쓴 『성도의 공동생활』에서 더욱 발전됐다. 공동체적 삶을 강조한 본회퍼의 그리스도론적 교회론은 감옥에서 쓴 편지를 통해 타자를 위해 자기를 희생하는 성례전적 교회론으로 발전된다. 본회퍼의 교회론에 대해서는 다음의 자료를 참조하라. 강성영, "본회퍼의 교회론: 십자가 아래 있는 타자를 위한 교회," 『기독교사상』 제677호 (2015. 5), 10~17.

17. Dietrich Bonhoeffer, *Communio Sanctorum,* 유석서·이신건 역, 『성도의 교제』 (서울:대한기독교서회, 2010), 171.

18. Jürgen Moltmann, *Wo Christus ist, da ist Leben,* 채수일 역, 『그리스도가 계신 곳에 생명이 있습니다』 (서울: 대한기독교서회, 1997), 92.

19. Althaus, 위의 책, 335에서 재인용.

20. Moltmann, 『성령의 능력 안에 있는 교회』, 361.

21. Lesslie Newbigin, *The Household of God,* 홍병룡 역, 『교회란 무엇인가』 (서울: IVP, 2013), 170,

22. Newbigin, 위의 책, 92-93.

23. Karl Rahner, "Weltkirche," *Sacramentum Mundi IV* (Freiburg: Herder, 1969), 1338~1342. 양금희, "라너와 몰트만의 '성례전적 교회'에 나타나는 '세상을 향하는 교회'와 기독교교육 패러다임," 『장신논단』 vol.48 no.2 (2016. 6), 260에서 재인용.

24. 양금희, 위의 논문, 270.

25. 고백교회의 저항에 대해서는 다음의 논문을 참조하라. 고재길, "독일 고백교회의 저항에 대한 연구," 『신학과 사회』 vol. 30 no. 3 (2006), 47~77.

26. 독일 고백교회는 1934년 5월 나치의 국가종교 정책에 적극 협조한 독일제국교회에 맞서 전체 6개 조항으로 구성된 '바르멘 선언'을 선포했다. 고백교회는 이 선언을 통해 개신교의 근본적인 신조를 여섯 가지로 정리하고 이 신조에 어긋나는 모든 정치적 종교적 사회적 행위를 배격하고 싸우기로 다짐했다.

27. Bonhoeffer, 『윤리학』, 434~435.

28. Dietrich Bonhoeffer, *Widerstand und Ergebung,* 손규태·정지련 역, 『저항과 복종: 옥중서간』 (서울: 대한기독교서회, 2014), 713.

29. Bonhoeffer, 위의 책, 714.

30. 일터 선교에 대해서는 이 책 제12장에서 자세히 다루고 있다.

31. Matthew Kaemigk and Cory B. Willson, *Work and Worship: Reconnecting Our Labor and Liturgy* (Grand Rapids, MI: Baker Academic, 2020), 50.

32. Kaemigk and Willson, 위의 책, 55.

33. Kaemigk and Willson, 위의 책, 132.

34. 3세기 교회가 주교와 사제 등 교회 직분자들의 사역을 규정한 Didascalia Apostorum(줄여서 Didascalia) 제18조는 깨끗하지 않은 돈을 헌금으로 받지 못하도록 규정하고 있다. https://www.earlychristianwritings.com/text/didascalia.html[2023. 10. 24. 접속].

35. 일터와 예배의 관계는 제8장 '예배의 연속인 일'에서 자세히 논의한다.

36. Kaemigk and Willson, 위의 책, 17.

37. Walter Brueggemann, *Israel's Praise,* 10. Kaemigk and Willson,

Work and Worship, 65에서 재인용.

38. Walter Brueggemann, *The Practice of Prophetic Imagination,* 홍병룡 역, 『예언자적 설교』 (서울: 성서유니온, 2017), 74.

39. 이효재, "교회의 일터 목회: 맑은물가온교회와 신반포중앙교회 사례," in 김도일·한국일 등 공저, 『문명전환기에 선 교회의 변화』 (서울: 동연, 2023), 225.

40. 이효재, 위의 책, 231~234.

41. John Stott, *Issues Facing Christians Today,* 정옥배 역, 『현대사회 문제와 그리스도인의 책임』 (서울: IVP, 2011), 247.

42. 박종석, "건강한 교회성장을 위한 SMG 양육 체계: 기독교대한 성결교회를 중심으로," 『신학과 선교』 vol. 65 (2009), 6~7.

43. 이효재, 위의 책, 227.

44. 평신도 중심의 일터 성도 양육 프로그램은 서울 반포중앙교회가 좋은 사례를 몇 년째 만들어가고 있다. 이철규, "일터신앙 프로그램과 선교적 교회: 신반포중앙교회 사례를 중심으로," 『선교신학』 vol. 73 (2024), 188~215.

45. 김준수, "상담으로의 목회 심방, 그 필요성과 방안을 말한다," 『목회와 신학』 vol. 181 (2004), 94~100.

46. 박종성, 목회의 본질로서의 심방, 『활천』 제435권 (1989. 8), 68.

47. 이효재, 위의 책, 229.

[제8장]

1. 매슬로우는 인간의 기본적인 욕구를 단계별로 분류하는데, 초창기의 다섯 욕구에서 일곱 욕구로 확대했다. 첫 번째 욕구 단계는 생리적인 욕구로 생존에 필요한 가장 기초적인 욕구다. 두 번째는 안전한 상태에 이르고자 하는 안전 욕구다. 세 번째는 친밀한 관계를 추구하는 소속감 및 사랑 욕구다. 네 번째는 자기를 인정받고 싶은 자아존중감 욕구다. 다섯 번째는 지적 호기심을 충족하는 인지적 욕구다. 여섯 번째는 아름다움을 추구하는 심미적 욕구다. 마지막 일곱 번째 욕구는 자신의 잠재 능력을 꽃피우며 자기의 존재감을 스스로 확인하고 싶은 자아실현 욕구다. 매슬로우의 이론은 그의 저서를 참조하라. A. H. Maslow, *Motivation and Personality,* 2nd ed. (New York: Harper & Row, 1970).

2. 이현서·심희경, "청년층 이직과정에 나타난 일 경험과 일의 의미: '가족중심 개인화' 전략으로써의 이직," 『문화와 사회』 제22권 (2016), 313.
3. 이현서·심희경, 위의 논문, 336.
4. James F. White, *Introduction to Christian Worship,* 정장복·조기연 역, 『기독교예배학 입문』 (서울: WPA, 2011), 19.
5. 루터교 목사인 최주훈은 이 단어(Gottesdienst)가 루터 이전 13세기부터 사용되었지만, 루터가 중세 가톨릭 교회의 미사와 구분된 예배를 지칭하는 단어로 사용하기 시작하면서부터 개신교 예배신학을 상징하는 대표 용어가 되었다고 주장한다. 최주훈, 『예배란 무엇인가』 (서울: 비아토르, 2021), 94, 95.
6. Martin Luther, *captivitate babylonica ecclesiae* (1520), Lateinisch-Deutsche Studienusgabe, Band 3, (Leipzig: Evangelische Verlagsanstalt, 2009), 242. 조용석, "루터와 예배: 말씀의 예배로의 전환과 성찬 제정사의 종교개혁적 수용," 『신학논단』 제80집 (2015), 302.
7. 최주훈, 위의 책, 92.
8. Robert Webber, *Ancient-Future Worship: Proclaiming and Enacting God's Narrative,* 이승진 역, 『예배학: 하나님의 구원 내러티브의 구현』 (서울: CLC, 2011), 147~148.
9. James F. White, *Sacraments as God's Self-Giving,* 김운용 역, 『성례전: 하나님의 자기 주심의 선물』 (서울: WPA, 2018), 23.
10. Calvin, 위의 책, IV.14.1.
11. White, 위의 책, 69.
12. 최주훈, 위의 책, 87.
13. Martin Luther, *Der Große Katechismus,* 최주훈 역, 『대교리문답』 (서울: 복있는사람, 2017), 51~73.
14. Luther, 위의 책, 62~64.
15. White, 위의 책, 32~33.
16. 김운용, "우리는 예배하고 그렇게 믿으며 그래서 우리는 살아간다.; 예배와 신학의 관계성을 중심으로 한 예전 연구 방법론에 대한 고찰- 제프리 웨인 라이트와 알렉산더 쉬메만의 예전신학을 중심으로, 『장신논단』 vol. 44 no. 4 (2013), 235.
17. 김광석, 『성례전적 삶으로서 '레이투르기아'에 관한 연구: Dietrich

Bonhoeffer와 Jürgen Moltmann, 그리고 Don E. Saliers 중심으로』 (서울: 장로회신학대학원 미출간 박사학위 논문, 2016), 2.

18. Alexander Schmemann, *For the Life of the World,* 이종태 역, 『세상에 생명을 주는 예배』 (서울: 복있는사람, 2008).

19. Schmemann, 위의 책, 174.

20. 김광석, 위의 논문, 6.

21. Weber, 위의 책, 202.

22. 김광석, 위의 논문, 9.

23. 몰트만은 하나님의 사랑은 세상을 위해 고난을 당하시는 사랑으로서 '자기 제한과 자기 낮추심과 자기 자신의 것으로부터 물러남'의 방식으로 구현된다고 말한다. Jürgen Moltmann, *Trinität und Reich Gottes,* 김균진 역, 『삼위일체와 하나님의 나라』 (서울: 대한기독서회, 1982), 80.

24. Schmemann, 위의 책, 56.

25. Schmemann, 위의 책, 33.

26. Schmemann, 위의 책, 36.

27. Hippolytus, *Traditio Apostolica*, 이형우 역, 『사도전승』 (왜관: 분도출판사, 2019), 제16장(일들과 직업들에 관하여), 17장(일과 직업에 대한 (시험) 후에 말씀을 듣는 기간에 대하여), 115~119.

28. Federico Suarez, *Joseph of Nazareth* (Princeton, NJ: Scepter, 2004 [1982]), 19. Jeffrey Morrow, "Work as Worship in the Garden and the Workshop: Genesis 1-3, the Feast of St. Joseph the Worker, and Liturgical Hermeneutics," *Logos: A Journal of Catholic Thought and Culture,* Volume 15, Number 4, Fall 2012, 168에서 재인용.

29. Dale B. Martin, *Slavery as Salvation: the Metaphor as Slavery in Pauline Christianity* (New Haven and London: Yale University Press, 1990), 124. Michael J. Gorman, *Cruciformity: Paul's Narrative Spirituality of the Cross,* 박규태 역, 『삶으로 담아내는 십자가』 (서울: 새물결플러스, 2010), 303에서 재인용.

30. John Chrysostom, "Homilies on First Corinthians," in *Saint Chrysostom: Homilies on the Epistles of Paul to the Corinthians,* ed. Philip Schaff (New York: the Christian Literature Company, 1898), 57.

31. Dennis W. Bakke, *Joy At Work,* 송경근 역, 『일의 즐거움』 (서울: 상상북스, 2007), 150-178.

32. 위의 책, 177.

[제9장]

1. 엠브레인 트렌드모니터가 2022년 8월 실시한 좋은 직장 및 직장생활 만족도 조사 결과. 이 문항에 동의하는 직장인의 비율은 2021년 65.3%에서 2022년 78.5%로 크게 증가했다. https://www.trendmonitor.co.kr/tmweb/trend/allTrend[2023. 11. 3. 접속]. 다른 조사들에서도 직장인들은 연봉을 구직과 이직의 가장 중요한 이유로 삼고 있는 것으로 드러났다.

2. 위의 자료. 이 조사에서 실시한 '최선의 직장 유형 및 특성' 질문 조항에서 연봉이 높은 직장이 67.2%, 근무 시간 보장 및 근무 환경이 좋은 직장 58.8%, 워라밸을 존중하는 분위기의 직장 44.5%, 서로 배려하고 의사소통이 원활한 직장 43.5%, 고용안정성을 제공하는 직장 36.6% 등으로 나타났다. (중복 응답 허용)[2023. 11. 3. 접속].

3. Weber, 위의 책, 프로테스탄티즘의 윤리와 자본주의 정신』, 53.

4. Craig M. Gay, *Cash Values* (Vancouver, BC: Regent College Publishing, 2003), 37.

5. Gay, 위의 책, 35~45.

6. HR테크 기업 인크루트는 2023년 4월 12일 주식에 투자하고 있는 직장인 820명을 대상으로 설문 조사한 결과, 10명에 6명꼴로 업무 시간에 수시로 주식 현황을 확인하고, 10명에 2명꼴로 스스로 주식에 중독돼 있는 것으로 나타났다고 발표했다. https://biz.sbs.co.kr/article/20000112839[2023. 11. 3. 접속].

7. Gerog Simmel, *Philosophie des Geldes,* 김덕영 역, 『돈의 철학』 (서울: 도서출판 길, 2013), 381.

8. Karl Marx, *Grundrisse der Kritik der Politischen Ökonomie,* 김호균 역, 『정치경제학 비판 요강 I』 (서울: 백의, 2000), 212.

9. 고병권, 『화폐라는 짐승』 (서울: 청년의 상상, 2018), 167.

10. Michael J. Sandel, *What Money Can't Buy,* 안기순 역, 『돈으로 살 수 없는 것들: 무엇이 가치를 결정하는가』 (서울: 미래엔, 2012), 19.

11. Sandel, 위의 책, 19~22.

12. Sandel, 위의 책, 28.

13. Sandel, 위의 책, 26.

14. Sandel, 위의 책, 29.

15. Gerog Simmel, 김덕영 편역, 『돈이란 무엇인가?』 (서울:도서출판 길, 2016), 45.

16. Simmel, 위의 책, 38.

17. Simmel, 위의 책, 40.

18. Simmel, 위의 책, 46.

19. 화폐 자체가 콤뮨인 공동체는 지역화폐를 사용하는 폐쇄적 공동체를 의미한다. 이런 공동체에서 화폐는 공동체를 유지하고 결속하는 가장 강력한 힘으로 작용한다. Marx, 『정치경제학 비판 요강 I』, 215.

20. 퇴니스는 자본주의의 발달과 함께 사람들이 함께 모여 살며 서로에게 영향을 미치고 삶의 의미와 가치를 제공해주었던 전통적 공동사회가 해체되고, 개인이 각자의 삶을 책임지고 이익을 위한 계약을 통해 인간관계가 맺어지고, 책임의 한계를 짓는 이익사회로 전환되었다는 사회이론으로 개인주의적인 현대사회를 설명했다. 그의 유명한 공동사회와 이익사회 개념에 대해서는 이 책을 참조하라. Ferdinand Tönnies, *Gemeinschaft und Gesellschaft,* 곽노완·황기우 역, 『공동사회와 이익사회』 (서울: 라움, 2017).

21. Simmel, 『돈의 철학』, 828.

22. Georg Simmel, *Kultur Theorie,* 김덕영·배정희 역, 『게오르그 짐멜의 문화 이론』 (서울: 도서출판 길, 2007), 56.

23. Richard Foster, *Money, Sex, Power,* 리차드 포스터, 김영호 역, 『돈, 섹스, 권력』 (서울: 두란노, 1998), 27~62.

24. R. Paul Stevens & Clive Lim, *Money Matters,* 백지윤 역, 『돈은 중요하다』 (서울: IVP, 2022), 121.

25. 싱가포르 출신 클라이브 림(Clive Lim)은 지난 세기와 이번 세기에 가난했던 가정이 어떻게 물질적으로 부요하게 살게 되었는지 자신의 인생 역정을 자세하게 소개한다. Stevens & Lim, 위의 책, 25~43.

26. Jacque Ellul, *L'homme et l'argent,* 양명수 역, 『하나님이냐 돈이냐』 (대전: 대장간, 2010), 97.

27. Ellul, 위의 책, 89.

28. 차정식, "맘몬과 생존의 현상학: 누가복음 16:1~9의 비유세계," 『성경연구』 제5권 제12호 (1999), 24.

29. 이자를 받는 고리대금업이 왜 도둑질로 여겨졌는지에 대해서는 다음의 자료를 참조하라. Jacque le Goff, La Bourse et la vie, 김정희 역, 『돈과 구원』 (서울: 이학사, 1998), 20~45.

30. Le Goff, 위의 책, 41에서 재인용.

31. 스콜라 신학에 기반한 후기 중세 교회는 최소한 다섯 가지의 경우(damnum emergens, lucrun cessans, stipendium laboris, periculum sortis, ratio incertitudini)에는 고리대금을 정당화했다는 사실은 널리 알려져 있다. Le Goff, 위의 책, 100~102 참조.

32. Le Goff, 위의 책, 33.

33. Benjamin N. Nelson, "On the Taking of Interest," in ed. at all Max L. Stackhouse Dennis P. McCann, Shirley J. Roels, *On Moral Business* (Grand Rapids: Eerdmans, 1995), 265~271.

34. 박득훈, 『돈에서 해방된 교회: 교묘한 맘몬 숭배에서 벗어나는 길』 (서울: 포이에마, 2014), 217.

35. Ellul, 위의 책, 115.

36. Foster, 위의 책, 53.

37. John F. Kavanaugh, *Following Christ in a Consumer Society,* 박세혁 역, 『소비사회를 사는 그리스도인』 (서울: IVP, 2011), 24.

38. Foster, 위의 책, 85~87,

39. Ellul, 위의 책, 120~122.

40. Wesley, 『그 길』, 537~543.

41. 2008년 4월 23일 노후 대비를 위한 저축이 성경적 신앙에 합치하는지 여부를 묻는 성도의 질의에 대한 답변. https://www.desiringgod.org/interviews/should-i-invest-for-retirement[2023. 11. 3. 접속].

[제10장]

1. 옳음과 선함의 윤리학적/도덕적 차이에 대해서는 다음을 참조하라. Stanley Grenz, *The Moral Quest: Foundations of Christian Ethics,* 신원하 역, 『기독교 윤리학의 토대와 흐름』 (서울: IVP, 2001), 50. 이효재의 일터신앙 10강 유튜브 동영상, "일터 윤리 4.2 윤리적 행동의 조건들," https://www.youtube.com/

watch?v=iklwo3uXWSc 참조.

2. 의무론적 방법론과 목적론적 방법론에 대한 더 상세한 논의는 다음을 참조하라. Grenz, 위의 책, 31~42.

3. Calvin, 위의 책, II.7.12.

4. 백종현, 『인간이란 무엇인가: 칸트 3대 비판서 특강』 (파주: 아카넷, 2019), 162.

5. 이들의 대표작으로 John Robinson, *Honest to God,* 현영학 역, 『신에게 솔직히』 (서울: 대한기독교서회, 2016); Joseph Fletcher, *Situation Ethics,* 이희숙 역, 『상황윤리: 새로운 도덕』 (서울: 종로서적, 1996), Paul L. Leman, *Ethics in a Christian Context,* 심일섭 역, 『기독교사회윤리원론』 (서울: 대한기독교출판사, 1988) 등이 있다.

6. John Jefferson Davis, *Evangelical Ethics: Issues Facing the Church Today* (Phillipsburg, NJ: Presbyterian and Reformed, 1985), 13. 그렌츠, 위의 책, 313에서 재인용.

7. 라인홀드 니버의 현실주의적 윤리관을 보여주는 대표적인 저서로는 다음의 글들을 참고하라. Reinhold Niebuhr, *Christian Realism and Political Problems* (New York: Charles Scribner's Sons, 1953); Reinhold Niebuhr, *Moral Man and Immoral Society* (Louisville, KY: Westminster John Knox Press, 2013), 라인홀드 니버, 이한우 역, 『도덕적 인간과 비도덕적 사회』 (서울: 문예출판사, 1992).

8. Robinson, 위의 책, 115.

9. Fletcher, 위의 책, 16.

10. Fletcher, 위의 책, 99.

11. 김원, "바울의 율법과 사랑에 관한 소고: 갈라디아서 5:14 및 6:2를 중심으로," 『신약연구』 vol. 21 no. 4 (2022), 532~561.

12. Tillich, 『사랑 힘 그리고 정의』, 113~114.

13. Jürgen Moltmann, *Der Geist des Lebens*, 김균진 역, 『생명의 영』 (서울: 대한기독교서회, 1992), 330, 331.

14. Stephen Post, *A Theory of Agape* (London: Bucknell Univ. Press, 1990), 91~93. 이창호, "하나님의 사랑과 이웃 사랑의 관계성에 대한 신학적 윤리적 탐구," 『장신논단』 vol. 48 no. 1 (2016.3), 216에서 재인용.

15. 진 아웃카는 아가페 사랑의 일방향성을 가장 명확하게 지적한 기독교 윤리학자이다. 아웃카의 아가페 사랑 윤리는 다음의 자료를 참

조하라. Genen Outka, *Agape* (New Haven: Yale Univ. Press, 1972); "Agapeistic Ethics." In *A Companion to Philosophy of Religion,* ed. Philip Quinn and Charles Taliaferro (Oxford: Blackwell, 1997); "Universal Love and Impartiality," in *The Love Commandment: Essays in Christian Ethics and Philosophy.* ed. Edmund N. Santurri and William Werpehowski (Washington DC: Georgetown Univ. Press, 1992). 이창호 역, 『네 이웃을 네 자신과 같이 사랑하라』 (서울: 장로회신학대학교출판부, 2015).

16. Gene Outka, "Theocentric Agape and the Self: An Asymmetrical Affirmation in Response to Colin Grant's Either/Or," *Journal of Religious Ethics vol. 24* (1996), 37. 이창호, 위의 논문, 277에서 재인용.

17. Jürgen Moltmann, *On Human Dignity,* trans. M. Douglas Meeks (Philadelphia: Fortress, 1984), 126.

18. 이명곤, "'진리인식을 위한 원리'로서 시몬느 베이유의 '사랑의 개념'에 관한 고찰," 『철학연구』 제162집 (2022.5), 124에서 재인용.

19. Anders Nygren, *Agape and Eros,* 고구경 역, 『아가페와 에로스』 (서울: 크리스찬 다이제스트, 1998), 181.

20. 이창호, "니그렌의 자기사랑론에 대한 비평적 성찰: 월터스토프와 아웃카를 중심으로," 『영산신학저널』 vol. 64 (2023), 263.

21. Outka, Agape: *An Ethical Analysis,* 9~15

22. Outka, 이창호 역, 『네 이웃을 네 자신과 같이 사랑하라』 (서울: 장로회신학대학교출판부, 2015), 32.

23. 슈페너의 '사랑의 질서' 개념에 대해서는 다음의 논문을 참조하라. 이기성, "'사랑의 질서'(Ordnung der Liebe)에 대한 고찰: 필립 야콥 슈페너를 중심으로," 『조직신학논총』 제10집 (2004. 10), 209~235.

24. 이기성, 위의 논문, 228.

25. 고든 피(Gordon D. Fee)는 이 구절에서 요구하는 사랑은 '내 자신을 찾는 것'(finding-oneself)을 가장 최선으로 여기지 않는 것이며, 다른 사람들에게서 자기를 인정받고 정당화하며 자기 가치를 찾는 것을 하지 않는 것이라고 해석한다. 우리는 자기 사랑을 통해 자기를 발견하지 않고 그리스도 안에서 나를 재발견할 때 비로소 하나님의 사랑 받는 자로서 자기를 사랑하게 된다. Gordon D. Fee, *The First Epistle to the Corinthians* (Grand Rapids, MI: Eerdmans, 1987), 638.

26. Grenz, 위의 책, 265. 종말론적 관점으로 바라보는 일에 대해서는 이

책 제13장에서 자세하게 논한다.

27. 경쟁의 정의와 가치에 대한 연구의 다양성은 다음의 자료를 참조하라. 김용승, "스포츠의 '경쟁'과 심리학의 '경쟁' 연구," 『스포츠과학정보』 제74권 (2000.12), 43~50.

28. Robert Coram, Political Inquiries (Wilmington, DW: 1791). Alfie Kohn, No Contest: The Case Against Competition, 이영노 역, 『경쟁에 반대한다』 (고양: 산눈, 2009), 6에서 재인용.

29. 권오승, "우리는 왜 경쟁을 해야 하는가?," 『경쟁법연구』 제9권 (2003.4), 1.

30. 이정학, "스포츠에서 경쟁의 이중적 가치에 대한 이해," 『움직임의 철학: 한국체육철학회지』 제27권 제2호 (2019. 6), 7~17; 여인성·박인철, "스포츠에서의 승리와 경쟁의 윤리," 『움직임의 철학: 한국체육철학회지』 제6권 제1호 (1998. 8), 67~88.

31. Z. R. Prvulovich, "In defence of competition," *Journal of Philosophy of Education,* vol. 16(1) (1982), 77~88. 이정학, 위의 논문, 14에서 재인용.

32. Peter Quek, "Competition," *The Complete Book of Everyday Christianity,* ed. Robert Banks & R. Paul Stevens (Grand Rapids: Eerdmans, 1997), 194, 195.

33. Frank H. Knight, "The Ethics of Competition," *The Quarterly Journal of Economics,* vol. 37 no. 4 (1923. 8), 622.

34. Knight, 위의 논문, 613.

35. Knight, 위의 논문, 606.

36. James H. Michelman, "Some Ethical Consequences of Economic Competition," *Journal of Business Ethics,* vol. 2 no. 2 (1983), 162.

37. 대표적으로 다음의 논문을 참조하라. 양인·임도빈, "경쟁심이 내재적 동기에 미치는 영향: 공기업 종사자를 중심으로," 『행정논총』 제61권 2호 (2023. 6), 235~268.

38. Quek, 위의 논문, 194.

39. Kohn, 위의 책.

40. Kphn, 위의 책, 263, 264.

41. 협력(cooperation)과 경쟁(competition)을 합성한 신조어. 경영학자 Adam M. Brandenburger와 Barry J. Nalebuff이 공저한 *Co-*

opetition: A Revolution Mindset that Combines Competition and Cooperation (Danvers, MA: Crown Publishing, 1996)에서 처음 제안된 '협력적 경쟁'의 개념으로 기업 경영에서 널리 활용되고 있다.

42. Karl Jaspers, *Philosophie II,* 신옥희·홍경자·박은미 역, 『철학 II: 실존조명』 (파주: 아카넷, 2019), 333.
43. 강갑회, "야스퍼스에 있어서 한계상황을 통한 실존개명," 『철학논총』 제29집 제3권 (2002), 32~35.
44. Helmut Thielicke, *Theologische Ethik II/1* (Tübingen, Mohr, 1955), 83; 이효재, "갈등하는 그리스도인 직장인들을 위한 목회 상담 방법론으로서의 헬무트 틸리케의 '타협 윤리'," 『복음과 윤리』 vol. 13 (2017), 132.
45. https://stdict.korean.go.kr. (2023년 12월 24일 접속).
46. 이효재, 위의 논문, 132.
47. 홍순원, "복음과 상황: 틸리케의 한계상황의 윤리," 『신학과 실천』 제34호 (2013), 618~620.
48. 송인규, "그리스도인, 직장 내 구조악과 맞닥뜨리다," in 방선기·임성빈·송인규, 『급변하는 직업세계와 직장 속의 그리스도인』 (서울: IVP, 2013), 223.
49. Helmut Thielicke, *Theologische Ethik II/1* (Tübingen: Mohr, 1955), 642.; 홍순원, 위의 논문, 619.
50. 송인규, 위의 논문, 207~217.

[제11장]

1. 이경희·김기선, 『스마트 기기 사용이 근로자의 일과 삶에 미치는 영향』 (세종: 한국노동연구원, 2015), 92.
2. 이경희·김기선, 위의 책, 85~91. 스마트 기기 사용으로 가장 많이 감소한 활동을 묻는 설문에서 응답자 44%가 수면이라고 답했다. 이어 20.9%는 여가, 문화 및 교제 활동의 감소, 18.6%가 가사 관련 활동, 9.6%가 개인관리 및 기타 활동으로 응답했다. 업무 관련 활동이 줄었다는 응답은 6.9%에 불과했다. 그러나 감소한 활동 1순위와 2순위를 합하면 여가 문화 및 교제 활동과 수면이 54.6% 동률로 제일 많았다. 반면 스마트기기 사용으로 참여 시간이 가장 많이 늘어난 활동은 업무

관련 활동(48.7%), 여가 문화 및 교제 활동(21.8%), 개인관리 및 기타 활동(17.5%), 가사 활동(8.4%), 수면(3.5%) 순이었다. 이 조사는 스마트기기 사용으로 오히려 업무 시간이 늘고 여가 시간이 줄어들었음을 반증하고 있다.

3. 김기선, "'쉼 없는 노동': 디지털시대의 그림자," 『참여연대 월간복지동향』, 2017년 7월 1일. https://www.peoplepower21.org/welfarenow/1514724. [2024. 1. 10. 접속].

4. Byung-Chul Han, *Transparenzgesellschaft,* 김태환 역, 『투명사회』 (서울: 문학과 지성사, 2014), 164.

5. Walter Brueggemann, *Sabbath as Ressistance,* 박규태 역, 『안식일은 저항이다』 (서울: 복있는사람, 2015), 19.

6. 리쿠르틴 플랫폼 사람인이 20211년 2월 1일 발표한 조사 결과, 직장인과 구직인 71.8%가 직장 선택 기준으로 연봉과 워라밸 가운데 워라밸을 선호하는 것으로 나타났다. 이는 동일 기관의 2018년 조사에서 연봉(32.8%)을 워라밸(19.8%)보다 우선시했던 것과 반대였다. 워라밸 선호 경향이 커지고 있다. 파이낸셜투데이 2021년 2월 1일 기사(https://www.ftoday.co.kr/news/articleView.html?idxno=210898)와 브런치 스토리(https://brunch.co.kr/@sobioh/11)에서 재인용. [2024. 1. 10. 접속].

7. OECD 통계자료 "Average annual hours actually worked per worker" 참고. https://stats.oecd.org/index.aspx?DataSetCode=ANHRS[2024. 1. 10. 접속].

8. 조용기, "워라밸의 인문학적 성찰," 『한국엔터테인먼트 산업학회 논문지』 제13권 제1호 (2019), 132.

9. G. Bosch, "Working Time: Tendencies and Emerging Issues," *International Labour Review* 138/2 (1999), 131~149.

10. 워라인 운동은 미국의 프린스톤 대학, 펜실베니아 대학, UC버클리 대학을 중심으로 경영학자들이 1990년대부터 워라밸의 대안적 개념으로 제시하고 이끌어왔다. 권향원·차세영, "'일과 삶 균형'(WLB) 이후의 새 패러다임? '일과 삶 통합'(WLI) 개념의 시론적 이해 및 사례 유형화 연구," 『한국인사행정학회보』 제19권 제3호 (2020. 9), 53~84.

11. Stewart D. Friedman, "Work+Home+Community+Self," *Harvard Business Review*(2014. 9). https://hbr.org/2014/09/work-home-community-self[2024. 1. 10. 접속].

12. Theodor. W. Adorno & Max Horkheimer, *Dialektik der Aufklärung,* 김유동 역, 『계몽의 변증법』 (서울: 문학과 지성사,

2001), 199.

13. Adorno & Horkheimer, 위의 책, 208.
14. Stanley Parker, *The Sociology of Leisure,* 이연택·민창기 역, 『현대사회와 여가』 (서울: 일신사, 1995), 16~21.
15. Aristoteles, *Politics,* 천병희 역, 『정치학』 (고양: 숲, 2009), 8.3.
16. Parker, 위의 책, 87~109.
17. Levensen, 위의 책, 65~80. 레벤슨은 하나님의 창조를 악이 지배하고 있는 '혼돈과의 전쟁'으로 해석한다. 이 악의 세력은 창조 사건 이후에도 세상에 남아서 끊임없이 세상을 다시 창조 이전의 혼돈과 죽음과 어둠으로 돌이키려 왕성하게 활동하고 있다는 것이다. 레벤슨은 세상이 악의 의도에 끌려가지 않으려면 창조주이신 하나님의 말씀에 순종함으로써 하나님의 통치와 지배 아래 있어야 한다고 강조한다.
18. Ludwig Koehler, Walter Baumgartner, *The Hebrew and Aramic Lexicon of the Old Testament vol.2* trans. M. E. J. Richardson (Leiden, Boston, Kölen: Brill, 2001), 1407, 1408.
19. 박윤선, 『창세기』 (서울: 영음사, 1978), 92.
20. Moltmann, 『창조 안에 계신 하느님』, 327~330.
21. 이효재, 『안식과 노동에 대한 연구』, 98.
22. 정준희, "God's Design of Work-Rest Balance for the Work-Life Balancing World," 『대학과 선교』 제47권 (2021), 156.
23. 이효재, 위의 논문, 99.
24. 하경택, "하늘의 양식, 만나의 기적: 출애굽기 16:1~36에 대한 주석적 연구," 『서울장신논단』 제17권 (2009. 3), 31.
25. Brueggemann, 『안식일은 저항이다』, 67.
26. Brueggemann, 위의 책, 13.
27. Brueggemann, 위의 책, 17.
28. Nahum M. Sarna, *Exodus* (New York: JPS, 1991), 201.
29. Calvin, 위의 책, III.10.2.
30. 정행로·윤미영·양동우, "직장인의 일중독이 직무성과와 창업의도에 미치는 영향에 관한 실증연구: 혁신행동의 매개효과 중심으로'," 『대한경영학회지』 제35권 제2호 (2023. 2), 227~252.
31. 일중독에 대한 다양한 연구 조사를 간략하게 요약한 다음의 자료를 참

조하라. 장은실, "일중독 극복을 위한 기독교교육적 가능성 고찰," 『기독교교육정보』 제74권 (2022. 9), 121~158.

32. Henry J. M. Nowen, *The Wounded Healer,* 최원준 역, 『상처 입은 치유자』 (서울: 두란노, 2002), 65.

33. 매일 직장에 나가 일하는 사람들인 세 명의 저자들은 자신들의 경험과 동료들에 대한 상담 등을 통해 일중독을 예방하고 휴식을 즐기기 위해 주중에 실천해야 할 습관들을 재미있게 설명한다. 구체적인 정보를 알고 싶으면 이 책을 참조하라. John Fitch & Max Frenzel & Mariya Suzuki, *Time Off,* 손현선 역, 『이토록 멋진 휴식』 (서울: 현대지성, 2021).

34. R. Paul Stevens, "Leisure," *The Complete Book of Everyday Christianity,* ed. Robert Banks & R. Paul Stevens (Downers Grove, IL: IVP, 1997) 579. 이효재, 『안식과 노동』, 186에서 재인용.

35. Patrick D. Miller, "The Human Sabbath: A Study in Deuteronomic Theology," *Princeton Seminary Bulletin* 6/2 (1985), 93.

36. Samuel E. Balentine, *The Torah's Vision of Worship* (Minneapolis, MN: Fortress Press, 1999), 190, 193.

37. 신명기 율법을 구성하는 12장~26장은 신명기의 십계명(5:6~21)의 확대적용이다. 학자들마다 약간씩 차이가 있지만 신명기 안식일 계명(5:12~15)은 신명기 율법의 14:22(혹은 28)~16:17에서 사회제도로 구체화되었다. Stephen. A. Kaufman, "The Structure of the Deuteronomic Law," *Maarav* 1/2 (1978-9), 105~158; John H. Walton, "The Decalogue Structure of the Law," *Interpreting Deuteronomy*, ed. David G. Firth & Philip S. Johnston (Downers Grove: IVP, 2012), 94.

38. 이효재, 위의 논문, 255.

39. 양혁승, 위의 책, 196~199.

40. 이효재, 위의 논문, 256.

41. 조용기, "워라밸의 인문학적 성찰," 『한국엔터테인먼트산업학회논문지』 제13권 제1호 (2019), 132.

[제12장]

1. ‘일터교회’는 사업체의 최고 책임자의 신앙에 의존하는 속성상 민간 기업에서만 가능하다. 공공 기관에서는 모든 직원들이 참여하는 예배와 전도 성경공부 기도회 등의 종교 활동이 불가능하다. 국내 ‘일터교회’에 대한 정확한 통계는 아직 없다. ‘일터교회’를 운영하는 일부 기업의 사례들에 대해서는 다음 자료를 참조하라. 김동연, “일터교회 사역 유형별 영성 성숙도 연구: 일터신학의 관점에서,” 『신앙과 학문』 vol. 25 no. 4 (2020), 99~131.
2. 방선기, “한국교회 일터사역의 어제와 오늘, 그리고 내일,” 『통합연구』 제22권 2호 (2020. 11), 37.
3. 전국에 걸쳐 공식 비공식으로 조직된 직장 신우회가 구체적으로 어느 정도 규모인지는 정확한 통계가 없어 파악하기 어렵다. 다만 직장 신우회 선교단체인 한국기독교직장선교연합회는 전국 40개 지역연합회와 42개 직능연합회, 8000여개 단위 직장 선교회, 90만 회원을 두고 있다고 밝히고 있다. http://www.gbnnewss.com/news/articleView.html?idxno=11069 [2024. 4. 1. 접속].
4. 신우회 중심으로 펼쳐진 직장 선교의 현황에 대해서는 다음의 자료를 참조하라. 이대근, “職場宣教 活性化를 위한 教會의 役割에 대한 研究,” 『기독교문화연구』 vol. 15 (2010), 179~184.
5. 방선기, 위의 논문, 38.
6. 박호근, “직장도 사역지입니다: 기분 좋은 관심 신우회,” 『활천』 제625권 12호 (2005. 12), 18.
7. Theo Sundermeier, “Missio Dei Today: On the Identity of Christian Mission,” *International Review of Mission,* Vol. 92 (2003.10), 563.
8. Sundermeier, 위의 논문, 565.
9. Sundermeier, 위의 논문, 567.
10. Dwight Baker, “Mission Geometry: Plotting the Coordinates of Business as Mission,” *Business as Mission: From Impoverished to Empowered,* ed. Tom Steffen and Mike Barnett (Pasadena, CA: William Carey Library, 2006), 42, 43. 양승훈, “기독교 세계관과 선교적 기업,” 『통합연구』 제22권 2호 (2020. 11), 56, 57에서 재인용.
11. David J. Bosch, *Transforming Mission: Paradigm Shifts in*

Theology of Mission, 김만태 역, 『변화하는 선교』 (서울: CLC, 2017), 38. 보쉬는 한스 큉이 분류한 기독교의 여섯 시대(초기 기독교 시대, 교부 시대, 중세 로마가톨릭 시대, 종교개혁 시대, 근대 계몽주의 시대, 근대 에큐메니칼 시대)에 따라 선교의 패러다임이 달라졌다고 설명한다. 위의 책, 303~307.

12. Bosch, 위의 책, 791.

13. 박보경, "선교란 무엇인가?," 『장로회신학대학교 선교 입문 온라인 강의』, https://www.youtube.com/watch?v=-QP5fuzzlMI[2024. 4. 1. 접속].

14. Bosch, 위의 책, 26, 27.

15. 김현진, "독일 헤른후트 공동체의 선교 연구," 『선교신학』 제56집 (2019), 213~252.

16. Karl Hertenstein, "Theologische Besinnung," *Mission Zwischen Gestern und Morgen,* ed, Walter Frytag, trans. John G. Flett (Germany: Evang. Missionsverlag, 1952), 62. 정승헌, "하나님의 선교(The Mission Dei)와 선교적인 교회(The Missional Church: 벨링겐 IMC를 중심으로," 『선교와 신학』 제20집 (2007. 8), 192에서 재인용.

17. Bosch, 위의 책, 606.

18. Stephen Neill, *A History of Christian Missions* (New York: Harmondsworth, 1966), 572.

19. Darrell L. Guder, *Called to Witness,* 허성식 역, 『증인으로의 부르심』 (서울: 새물결플러스, 2016), 271~277.

20. Craig Van Gelder·Dwight J. Zscheile, *The Missional Church in Perspective: Mapping Trends and Shaping the Conversation,* 최동규 역, 『선교적 교회론의 동향과 발전』 (서울: 기독교문서선교회, 2015), 231.

21. Christopher Wright, *The Mission of God's People,* 한화룡 역, 『하나님 백성의 선교』 (서울: IVP, 2015), 42.

22. Bosch, 위의 책, 615.

23. 한국일, "루터의 소명론에 대한 선교적 해석과 적용: 선교적 그리스도인," 『장신논단』 vol. 49 no. 4 (2017. 12), 326.

24. 로잔운동, 최형근 역, 『케이프타운 서약: 하나님의 선교를 위한 복음주의 현장』 (서울: IVP, 2014), 246.

25. Lausanne Movement, "Marketplace Ministry," *Lausanne Occasional Paper, No. 40.* https://www.lausanne.org/content/lop/marketplace-ministry-lop-40, 20. 박보경, "한국적 일터사역의 형성 모색: 로잔운동을 중심으로," 『선교와 신학』 제50집 (2020), 233에서 재인용[2023. 4. 30. 접속].

26. 로잔운동, 위의 책, 71.

27. 최형근, "로잔운동에 나타난 일터신학의 선교학적 함의," 『ACTS 신학저널』, 제42집 (2019), 247.

28. Wright, 위의 책, 351.

29. Wright, 위의 책, 352.

30. Wright, 위의 책, 125.

31. Wright, 위의 책, 189.

32. Lausanne Movement, "Marketplace Ministry," 4.4.

33. Lausanne Movement. 위의 자료.

34. Paul G. Hiebert, *Anthropological Insights for Missionaries,* 김동화·이종도·이현모·정홍호 역, 『선교와 문화인류학』 (서울: 죠이선교회, 1996), 40~46.

35. 윌로우뱅크협의회, 조종남 편역, 『복음과 문화』 (서울: IVP, 1993), 11.

36. 한국일, "그리스도인의 직장생활과 문화," (미출간 논문, 2023), 6.

37. Wright, 위의 책, 153~4.

38. 한국일, 『세계를 품는 교회: 통전적 선교신학』 (서울: 장로회신학대학교출판부, 2010), 129.

39. 홍승만, "변혁적 제자도의 선교신학적 연구: TTL 문서와 아류샤 세계선교대회를 중심으로," 『선교신학』 제65집 (2022), 360.

40. 홍승만, 위의 논문, 359. 각주 47번에서 재인용.

41. 홍승만, 위의 논문, 375.

42. 김홍기·이후정·임승안·권희순, 『존 웨슬리의 역사신학적 조명』 (서울: 감리교신학대학교출판부, 1995), 326~332.; 김진두, "존 웨슬리와 박애운동," 『기독교언어문화논집』 제4집 (2001), 285~290.

43. 김승욱, "제 노사관계에 대한 기독교적 평가와 기독교 노동조합운동의 필요성," 『신앙과 학문』 제9권 제1호 (2004. 6), 153.

44. 안건상, 『세상과 교회를 위한 신학 다시 세우기』 (서울: 솔로몬, 2023), 171.

45. 최형근, "로잔운동에 나타난 일터신학의 선교학적 함의" 265.

46. 이철규, "일터 신앙 프로그램과 선교적 교회: 신반포중앙교회 사례를 중심으로," 『선교신학』 vol. 73 (2024), 188~215.

47. 한국교회는 이러한 목회 방식을 '이중직'이라는 표현으로 주로 사용한다. 이 표현은 목회와 노동이라는 두 가지의 이질적 직을 병행한다는 의미로 전적으로 성직에 헌신하지 못하는 목회자라는 부정적 뉘앙스를 주고 있어 논란이 적지 않다. 한 조사에 따르면, 2023년 현재 이중직에 대한 별도의 규제가 없이 허용하는 교단은 기독교한국침례회 한 교단뿐이고, 예장 통합, 감리교, 예장 고신은 조건부로 이중직을 허용하고 있다. 예장 합동, 성결교, 예장 합신은 이중직을 금지하고 있는 것으로 나타났다. 김신구, "선교적 이중직 목회의 건강한 정체성을 위한 기초 핵심 신학 연구," 『신학과 실천』 제86집 (2023), 1025~1026.

48. 이효재·이철규·한국일, 『일과 소명』 (서울: 예설, 2023), 31~40.

[제13장]

1. Daniel Susskind, *A World Without Work,* 김정아 역, 『노동의 시대는 끝났다』 (서울: 와이즈베리, 2020), 178.

2. 한국노동연구원 허재준 선임연구위원은 기술 시대에 들어와 경제 전체적으로 일자리가 줄어들고 있는 상황이 아직 발생하지는 않았지만, 인공지능 시대에는 고용안정성이 저하되고 일자리가 양극화되는 현상이 발견되고 있다고 분석했다. 또한 임시적으로 기술적 실업이 늘어나고 소득분배가 악화되는 등 사회 경제적으로 좋지 않은 지표들이 감지되어 면밀한 분석과 대책 마련이 시급하다고 주장했다. 허재준, "인공지능과 노동의 미래: 우려와 이론과 사실," 『한국경제포럼』 제12권 제3호 (2019), 59~92.

3. Karl Marx, *Ökonomisch-Philosophische Manuskripte,* 김문현 옮김, "경제학·철학 초고," in 『경제학·철학 초고/자본론/공산당선언/철학의 빈곤』 (서울: 동서문화사, 2017), 67~68.

4. Helmut Saiger, *Die Zukunft der Arbeit liegt nicht im Beruf: Neue Beschäftigungs- und Lebensmodelle* (München: Kösel, 1998), 12. 소병철, "노동으로부터의 해방과 노동 내에서의 해방: 현대 기술이 가져온 기회 혹은 위기에 관한 성찰," 『인간환경미래』 제26호 (2021), 105에서 재인용.

5. 소병철, 위의 논문, 122.

6. 기독교 종말론의 다양한 이론에 대해서는 다음의 자료를 참조하라. Gerhard Sauter, *Einführung in die Eschatologie,* 최종수 역, 『종말론 입문: 소망의 이유를 묻는 자들을 위하여』 (서울: 한들출판사, 1999); Jürgen Moltmann, *Das Kommen Gottes,* 김균진 역, 『오시는 하나님: 기독교적 종말론』 (서울: 대한기독교서회, 2010), 30~98.

7. Moltmann, 위의 책, 461.

8. 베드로후서 3장 12절의 해석에 대해서는 다음의 자료를 참조하라. J. Richard Middleton, *A New Heaven and A New Earth,* 이용중 역, 『새 하늘과 새 땅: 변혁적-총체적 종말론 되찾기』 (서울: 새물결플러스, 2015), 282~299.

9. 이필찬, 『에덴회복 관점에서 읽는 종말론: 구약편』 (용인: 에스카톤, 2024), 31.

10. J. van Genderen & W. H. Velema, *Beknopte Gereformeerde Dogmatiek,* 신지철 역, 『개혁교회 교의학』 (서울: 새물결플러스, 2018), 1423.

11. Sauter, 위의 책, 192.

12. Moltmann, 위의 책, 58~59.

13. Moltmann, 위의 책, 62~63.

14. Moltmann, 위의 책, 68.

15. Moltmann, 위의 책, 69.

16. Wolfgan Pannenberg, *Grundzüge der Christologie* (Gütersloh: Gütersloher Verlagshaus Gerd Mohn, 1964), 127; 이국헌, "판넨베르크의 희망의 종말론 이해," 『한국교회사학회지』 제35집(2013), 151.

17. Anthony C. Thiselton, *The Hermeneutics of Doctrine,* 김귀탁 역, 『기독교 교리와 해석학: 교리, 삶, 공동체의 지평 융합에 관한 해석학적 성찰』 (서울: 새물결플러스, 2016), 961.

18. Thiselton, 위의 책, 934~5.

19. 나는 이 표현을 요한계시록 종말론을 전공한 이철규 박사의 책에서 배웠다. 이철규, 『오늘을 그날처럼』 (서울: 새물결플러스, 2017).

20. 김균진, "기독교 종말론의 본질과 과제," 『신학과 교회』 제12호 (2019, 겨울), 216.

21. 김균진, "종말론과 윤리," 『신학사상』 제74집 (1991, 가을), 684~685.

22. Rudolf Bultmann, *Geschichte und Eschatologie im Neuen Testament* (Tübingen: Mohr, 1954), 102.

23. Bultmann, 위의 책, 106.

24. 김균진, "종말론과 윤리," 692.

25. N. T. Wright, Surprised by Hope, 양혜원 역, 『마침내 드러난 하나님 나라』(서울: IVP, 2009), 176.

26. Volf, 『일과 성령』, 149.

27. Middleton, 위의 책, 259..

28. Volf, 위의 책, 189.

29. 일은 구원받지만 일한 사람은 구원받지 못할 수 있다는 '일과 인격의 분리' 문제는 난해한 신학적 과제다. 볼프는 일의 구원과 인격의 구원을 분리하는 듯하다. 그러나 일의 구원은 행위의 문제이고 인격의 구원은 믿음의 문제로 구분하는 것이 타당할지 여부는 매우 복잡한 신학적 논의가 필요하기에 여기에서는 볼프의 의견을 제시하는 것으로 만족하기로 한다. Volf, 위의 책, 193.

30. Volf, 위의 책, 161.

31. Volf, 위의 책, 190.

32. Wright, 위의 책, 288~289.

33. 정연재, "도덕적 인테그러티 해명을 통한 전문직 윤리의 새로운 가능성 탐구," 『윤리연구』 제86집(2012), 169~190.

34. Walter Wright, "Integrity," in *The Complete Book of Everyday Christianity,* ed. Robert Banks & R. Paul Stevens (Grand Rapids: Eerdmans, 1997), 538~540.

35. 미가 선지자는 호세아 선지자와 아모스 선지자가 활동했던 주전 8세기의 우상숭배와 도덕적 부패로 이스라엘이 풍전등화의 위기를 겪던 시기를 배경으로 활동했다. 여호와 하나님은 이들 선지자들을 통해서 사회적 약자들이 핍박을 받는 현실을 고발하고 그들의 성전 예배를 거부했다. 하나님께서 선지자들을 통해 이스라엘에게 요구했던 예배는 미가 6장 8절 말씀-정의와 인자(자비)와 순종으로 선하게 살면서 가난한 이들을 돌보고 그들의 생명을 보호해주는 것-을 실천하는 것이었다. 이사야, "미가 6장 6-8절에 담긴 주전 8세기 예언자들의 예배 비판과 사회윤리," 『대학과 선교』 제35집 (2017), 103~130.

36. Augustus, 『고백록』, III.6.10.

37. Calvin, 앞의 책, I.14.20.

38. 김도훈, “창조와 하나님의 아름다움: 신학적 미학의 시도,” 『장신논단』 제15집 (1999), 319.

39. N. T. Wright, 위의 책, 351.

40. 신동욱, “요한계시록의 제자도,” 『신약논단』 제19권 제1호 (2012년, 봄), 261.

41. 신동욱, 위의 논문, 271.

42. 소기천, “하나님의 시간 속에 있는 새로움,” 『성서마당』 제34호 (1998. 12), 9.

43. 김영정, “창의성과 비판적 사고,” 『인지과학』 제13권 제4호 (2002. 12), 81~90.

참고문헌

강갑회. “야스퍼스에 있어서 한계상황을 통한 실존개명.” 『철학논총』. 제29집 제3권 (2002): 23~44.

강성영. “본회퍼의 교회론: 십자가 아래 있는 타자를 위한 교회.” 『기독교사상』. 제677호 (2015. 5): 10~17.

강인철. “민주화 과정과 종교-1980년대 이후의 한국 종교와 정치.” 『종교연구』. 제27권 (2002): 25~57.

고병권. 『화폐라는 짐승』. 서울: 청년의 상상, 2018.

고재길. “독일 고백교회의 저항에 대한 연구.” 『신학과 사회』. 제30집 제3권 (2006): 47-77.

고지수. “1960년대 개신교 지식인의 ‘세속화’ 수용과 교회의 사회화 문제.” 『인문과학』. 제72권 (2019): 241~278.

권선영·김명소. “직업 소명이 삶의 만족에 미치는 영향: 삶의 의미의 매개효과와 성과.” 『한국심리학회지: 여성』. 제21집 제1권 (2016): 150~171.

권오면. 『어떻게 기도할 것인가?: 영신수련의 묵상기도와 관상기도』. 서울: 성서와 함께, 2021.

권오승, “우리는 왜 경쟁을 해야 하는가?” 『경쟁법연구』. 제9권 (2003. 4): 1~8.

권향원·차세영. “‘일과 삶 균형’(WLB) 이후의 새 패러다임? ‘일과 삶

통합'(WLI) 개념의 시론적 이해 및 사례 유형화 연구." 『한국인사행정학회보』. 제19권 제3호 (2020. 9): 53~84.

김광석. 『성례전적 삶으로서 레이투르기아에 관한 연구: Dietrich Bonhoeffer와 Jürgen Moltmann, 그리고 Don E. Saliers 중심으로』. 장로회신학대학원 미출판 박사학위 논문, 2016.

김균진. "기독교 종말론의 본질과 과제." 『신학과 교회』. 제12호 (2019년 겨울): 203~239.

김균진. "종말론과 윤리." 『신학사상』. 제74집 (1991년 가을): 683~701.

김근배. 『애덤 스미스의 따뜻한 손』. 서울: 중앙북스, 2016.

김기선. "'쉼 없는 노동': 디지털시대의 그림자." 『참여연대 월간복지동향』. 2017년 7월 1일 발행. https://www.peoplepower21.org/welfarenow/1514724.

김도훈. "창조와 하나님의 아름다움: 신학적 미학의 시도." 『장신논단』. 제15집 (1999): 307~331.

김동연. "일터교회 사역 유형별 영성 성숙도 연구: 일터신학의 관점에서." 『신앙과 학문』. 제25집 제4권 (2020): 99~131.

김동춘. 『시험능력주의』. 파주: 창비, 2022.

김선권. "칼뱅의 소명론." 『한국조직신학논총』. 제52집 (2018. 9): 85~132.

김선일. "실천신학적 과제로서 일의 신학에 대한 접근 - Richard R. Osmer의 네 가지 과제를 토대로." 『복음과 실천신학』. 제55권 (2020. 5): 85~115.

김세윤·김회권·정현구. 『하나님 나라 복음』. 서울: 새물결플러스, 2013.

김승욱. "제 노사관계에 대한 기독교적 평가와 기독교 노동조합운동의 필요성." 『신앙과 학문』. 제9권 제1호 (2004. 6): 125~162.

김신구. "선교적 이중직 목회의 건강한 정체성을 위한 기초 핵심 신학 연구." 『신학과 실천』. 제86집 (2023): 1017~1042.

김영봉. 『사귐의 기도』. 서울: IVP, 2012.

김영정. "창의성과 비판적 사고." 『인지과학』. 제13권 제4호 (2012. 12): 81~90.

김용승. "스포츠의 '경쟁'과 심리학의 '경쟁' 연구." 『스포츠과학정보』. 제74권 (2000. 12): 43~50.

김운용. "우리는 예배하고 그렇게 믿으며 그래서 우리는 살아간다: 예배와 신학의 관계성을 중심으로 한 예전 연구 방법론에 대한 고찰-제프리 웨인 라이트와 알렉산더 쉬메만의 예전신학을 중심으로." 『장신논단』. vol. 44 no. 4 (2013): 215~241.

김원. "바울의 율법과 사랑에 관한 소고: 갈라디아서 5:14 및 6:2를 중심으로." 『신약연구』. vol. 21 no. 4 (2022): 532~561.

김용규. 『그리스도인은 왜 인문학을 공부해야 하는가?: 신학과 인문학의 대화』. 서울: IVP, 2019.

김준수. "상담으로의 목회 심방, 그 필요성과 방안을 말한다." 『목회와 신학』. vol. 181 (2004): 94~100.

김진두. "존 웨슬리와 박애운동." 『기독교언어문화논집』. 제4집 (2001): 285~290.

김현진. “독일 헤른후트 공동체의 선교 연구.” 『선교신학』. 제56집 (2019): 213~252.

김홍기·이후정·임승안·권희순. 『존 웨슬리의 역사신학적 조명』. 서울: 감리교신학대학교출판부, 1995.

김회권. 『하나님 나라 신학으로 읽는 모세 오경』. 서울: 복있는사람, 2017.

로잔운동. 최형근 역. 『케이프타운 서약: 하나님의 선교를 위한 복음주의 현장』. 서울: IVP, 2014.

박득훈. 『돈에서 해방된 교회: 교묘한 맘몬 숭배에서 벗어나는 길』. 서울: 포이에마, 2014.

박보경. “선교란 무엇인가?” 『장로회신학대학교 선교 입문 온라인 강의』. https://www.youtube.com/watch?v=-QP5fuzzlMI.

박보경. “한국적 일터사역의 형성 모색: 로잔운동을 중심으로.” 『선교와 신학』. 제50집 (2020): 225~257.

박윤선. 『창세기』. 서울: 영음사, 1978.

박종석. “건강한 교회성장을 위한 SMG 양육 체계: 기독교대한 성결교회를 중심으로.” 『신학과 선교』. vol. 65 (2009): 1~24.

박종성. “목회의 본질로서의 심방.” 『활천』. 제435권 (1989. 8): 66~70.

박호근. “직장도 사역지입니다: 기분 좋은 관심 신우회.” 『활천』. 제625권 12호 (2005. 12): 17~19.

방선기. “한국교회 일터사역의 어제와 오늘, 그리고 내일.” 『통합연구』. 제22권 2호 (2020. 11): 33~53.

백종현. 『인간이란 무엇인가: 칸트 3대 비판서 특강』. 파주: 아카넷, 2019.

삼성경제연구소. 『직장인의 행복에 관한 연구』. (2013. 8). https://samsungsgr.com/sgr/search/orgSearch.html.

소기천. "하나님의 시간 속에 있는 새로움." 『성서마당』. 제34호 (1998. 12): 8~11.

소병철. "노동으로부터의 해방과 노동 내에서의 해방: 현대 기술이 가져온 기회 혹은 위기에 관한 성찰." 『인간환경미래』. 제26호 (2021): 101~129.

송동호. 『일터, 하나님의 디자인』. 서울: 나우책장, 2023.

송인규. "그리스도인, 직장 내 구조악과 맞닥뜨리다." in 방선기·임성빈·송인규, 『급변하는 직업세계와 직장 속의 그리스도인』. 서울: IVP, 2013: 123~236.

송재룡. "종교 세속화론의 한계: 탈세속화 테제의 등장과 관련하여." 『사회와 이론』. 제7집(2005. 2): 121~150.

신동욱. "요한계시록의 제자도." 『신약논단』. 제19권 제1호 (2012년 봄): 241~279.

안건상. 『세상과 교회를 위한 신학 다시 세우기』. 서울: 솔로몬, 2023.

양금희. "라너와 몰트만의 '성례전적 교회'에 나타나는 '세상을 향하는 교회'와 기독교교육 패러다임." 『장신논단』. vol. 48 no. 2 (2016. 6): 253~280.

양승훈. "기독교 세계관과 선교적 기업." 『통합연구』. 제22권 2호 (2020. 11): 54~76.

양인·임도빈. "경쟁심이 내재적 동기에 미치는 영향: 공기업 종사자를 중심으로." 『행정논총』. 제61권 2호 (2023. 6): 235~268.

양혁승. 『대전환 시대의 사람 경영』. 서울: 클라우드나인, 2022.

여인성·박인철. "스포츠에서의 승리와 경쟁의 윤리." 『움직임의 철학: 한국체육철학회지』. 제6권 제1호 (1998. 8): 67~88.

오만종. 『일터사역을 위한 목회사회학적 고찰』. 서울: 실천신학대학원 박사학위 논문, 2022.

우병훈. "루터의 소명론 및 직업윤리와 그 현대적 의의." 『한국개혁신학』. 제57권 (2018): 72~132.

윌로우뱅크협의회. 조종남 편역. 『복음과 문화』. 서울: IVP, 1993.

이경희·김기선. 『스마트 기기 사용이 근로자의 일과 삶에 미치는 영향』. 세종: 한국노동연구원, 2015.

이기성. "'사랑의 질서'(Ordnung der Liebe)에 대한 고찰: 필립 야콥 슈페너를 중심으로." 『조직신학논총』. 제10집 (2004. 10): 209~235.

이국헌. "판넨베르크의 희망의 종말론 이해." 『한국교회사학회지』. 제35집 (2013. 9): 133~164.

이대근. "職場宣教 活性化를 위한 教會의 役割에 대한 研究." 『기독교문화연구』. vol. 15 (2010): 179~184.

이대희. "열정(熱情)의 리더십 특성에 관한 사례 연구: 정주영과 박태

준." 『지방정부연구』. 제19권 제1호 (2015년 봄): 381~404.

이명곤. "'진리인식을 위한 원리'로서 시몬느 베이유의 '사랑의 개념'에 관한 고찰." 『철학연구』. 제162집 (2022. 5): 107~138.

이사야. "미가 6장 6-8절에 담긴 주전 8세기 예언자들의 예배 비판과 사회윤리." 『대학과 선교』. 제35집 (2017): 103~130.

이정학. "스포츠에서 경쟁의 이중적 가치에 대한 이해." 『움직임의 철학: 한국체육철학회지』. 제27권 제2호 (2019. 6): 7~17.

이진구. "신자유주의 시대의 자기계발과 복지: 한국 개신교 공간의 번영복음을 중심으로." 『종교 문화 비평』. 제37권 (2020): 124~158.

이창호. "니그렌의 자기사랑론에 대한 비평적 성찰: 월터스토프와 아웃카를 중심으로." 『영산신학저널』. vol. 64 (2023): 255~288.

이창호. "하나님의 사랑과 이웃 사랑의 관계성에 대한 신학적 윤리적 탐구." 『장신논단』. vol. 48 no. 1 (2016. 3): 253~281.

이철규. 『오늘을 그날처럼』. 서울: 새물결플러스, 2017.

이철규. "일터신앙 프로그램과 선교적 교회: 신반포중앙교회 사례를 중심으로." 『선교신학』. vol. 73 (2024): 188~215.

이필찬. 『에덴회복 관점에서 읽는 종말론: 구약편』. 용인: 에스카톤, 2024.

이현서·심희경. "청년층 이직과정에 나타난 일 경험과 일의 의미: '가족중심 개인화' 전략으로서의 이직." 『문화와 사회』. 제22권 (2016): 283~348.

이효재, “교회의 일터 목회: 맑은물가온교회와 신반포중앙교회 사례” in 김도일·한국일 등 공저, 『문명전환기에 선 교회의 변화』. (서울: 동연, 2023).

이효재. 『안식과 노동에 관한 연구: 오경의 안식일 계명을 중심으로』. 서울: 숭실대학교 미출간 박사학위 논문, 2016. 12.

이효재. “갈등하는 그리스도인 직장인들을 위한 목회 상담 방법론으로서의 헬무트 틸리케의 ‘타협 윤리’.” 『복음과 윤리』. 제13권 (2017년): 117~152.

이효재. 『일터신앙』. 서울: TOBIA, 2018.

이효재. “일터신학이란 무엇인가?” 『목회와 신학』. no. 399 (2022. 9): 132~135.

이효재·이철규·한국일. 『일과 소명』. 서울: 예설, 2023.

임헌만. “일차적 소명의 관점으로 보는 이차적 소명으로서의 직업과 기독교상담.” 『복음과 상담』. 제13권 (2009년): 37~69.

장은실. “일중독 극복을 위한 기독교교육적 가능성 고찰.” 『기독교교육정보』. 제74권 (2022. 9): 121~158.

정병준. “박정희 정권과 기독교: 교회-국가 관계에 대한 연구사를 중심으로.” 『한국기독교와 역사』. no. 56 (2017): 5~39.

정승철. “일의 의미가 번영에 미치는 영향 연구: 직무열의와 직무수행의 이중매개 효과.” 『디지털융복합연구』. 제19권 1호 (2021): 99~105.

정승현. “하나님의 선교(The Mission Dei)와 선교적인 교회(The Missional Church: 벨링겐 IMC를 중심으로.” 『선교와 신학』. 제20집 (2007. 8): 185~235.

정양모 역주. 『열 두 사도들의 가르침: 디다케』. 경북 왜관: 분도출판사, 2003.

정연재. "도덕적 인테그러티 해명을 통한 전문직 윤리의 새로운 가능성 탐구." 『윤리연구』. 제86집 (2012): 169~190.

정재영. "근대화와 한국 개신교: 세속화론을 중심으로." 『동양사회사상』. 제17집 (2008): 27~58.

정준희. "God's Design of Work-Rest Balance for the Work-Life Balancing World." 『대학과 선교』. 제47권 (2021): 133~162.

정행로·윤미영·양동우. "직장인의 일중독이 직무성과와 창업의도에 미치는 영향에 관한 실증연구: 혁신행동의 매개효과 중심으로." 『대한경영학회지』. 제35권 제2호 (2023. 2): 227~252.

조용기. "워라밸의 인문학적 성찰." 『한국엔터테인먼트 산업학회 논문지』. 제13권 제1호 (2019): 121~138.

조용석. "루터와 예배: 말씀의 예배로의 전환과 성찬 제정사의 종교개혁적 수용." 『신학논단』. 제80집 (2015): 299~324.

조철수. 『수메르신화』. 서울: 서해문집, 2003.

주현정·강구섭. "행복한 삶을 위한 역량으로서 플러리싱(Flourishing) 내용 비교 연구." 『교양 교육 연구』. 제16권 5호 (2022. 10): 349~367.

지성근. 『새로운 일상신학이 온다』. 서울: 비전북, 2022.

차정식. “맘몬과 생존의 현상학: 누가복음 16:1~9의 비유세계.” 『성경연구』. 제5권 제12호 (1999): 1~23.

차준희. 『창세기 다시 보기』. 서울: 대한기독교서회, 2006.

최주훈. 『예배란 무엇인가』. 서울: 비아토르, 2021.

최형근. “로잔운동에 나타난 일터신학의 선교학적 함의.” 『ACTS 신학저널』. 제42집 (2019): 235~270.

하경택. “하늘의 양식, 만나의 기적: 출애굽기 16:1~36에 대한 주석적 연구.” 『서울장신논단』. 제17권 (2009. 3): 7~43.

한국갤럽. “갤럽리포트: 한국인의 종교 1984-2021 (1) 종교 현황, (2) 종교에 대한 인식.” (2021. 5. 18.). http://www.gallup.co.kr/gallupdb/reportContent.

한국일. “그리스도인의 직장생활과 문화.” 미출판 논문 (2023): 1~13.

한국일. 『세계를 품는 교회: 통전적 선교신학』. 서울: 장로회신학대학교 출판부, 2010.

한국일. “루터의 소명론에 대한 선교적 해석과 적용: 선교적 그리스도인.” 『장신논단』. vol. 49 no. 4 (2017. 12): 309~346.

허재준. “인공지능과 노동의 미래: 우려와 이론과 사실.” 『한국경제포럼』. 제12권 제3호 (2019): 59~92.

홍순원. “복음과 상황: 틸리케의 한계상황의 윤리.” 『신학과 실천』. 제34호 (2013): 611~634.

홍승만. “변혁적 제자도의 선교신학적 연구: TTL 문서와 아류샤 세계선교대회를 중심으로.” 『선교신학』. 제65집 (2022):

340~389.

국립국어원 표준국어대사전. https://stdict.korean.go.kr.

Adorno, Theodor. W. & Horkheimer, Max. *Dialektik der Aufklärung,* 김유동 역. 『계몽의 변증법』. 서울: 문학과 지성사, 2001.

Althaus, Paul. *The Theology of Martin Luther.* 이형기 역. 『루터의 신학』. 고양: 크리스천 다이제스트, 2008.

Aquinas, Thomas. *Summa Theologica.* https://www.ccel.org/ccel/aquinas/summa.toc.html.

Aristoteles. *Politics.* 천병희 역. 『정치학』. 고양: 숲, 2009.

Bakke, Dennis W. *Joy At Work*. 송경근 역. 『일의 즐거움』. 서울: 상상북스, 2007.

Balentine, Samuel E. *The Torah's Vision of Worship.* Minneapolis, MN: Fortress Press, 1999.

Banks, Robert. *God the Worker: Journeys into the Mind, Heart and Imagination of God.* Sutherland, Australia: Albatross Books, 1994.

Barclay, John M. G. *Paul & the Gift.* 송일 역. 『바울과 선물: 사도 바울의 은혜 개념 연구』. 서울: 새물결플러스, 2019.

Karl Barth, *Church Dogmatics IV/2, The Doctrine of Reconciliation,* Part 2. ed. Thomas F. Torrance and Geoffrey W. Bromiley, trans. Geoffrey W. Bromiley. Edinburgh: T&T Clark, 1958.

Barth, Karl. *Der Römerbrief.* 조남홍 역. 『로마서 강해』. 서울: 한들출판사, 2000.

Bauman, Zygmunt. *Liquid Modernity.* 이일수 역. 『액체현대』. 서울: 필로소픽, 2022.

Beach, Lee. *The Church in Exile: Living in Hope After Christendom.* 김광남 역. 『유배된 교회』. 서울: 새물결플러스, 2017.

Beale, Gregory K. *We Become What We Worship: A Biblical Theology of Idolatry.* 김재영·성기문 역. 『예배자인가, 우상숭배자인가?』. 서울: 새물결플러스, 2014.

Bonhoeffer, Dietrich. *Christologie.* 유성식 역. 『그리스도론』. 서울: 대한기독교서회, 2011.

Bonhoeffer, Dietrich. *Communio Sanctorum.* 유석서·이신건 역. 『성도의 교제』. 서울: 대한기독교서회, 2010.

Bonhoeffer, Dietrich. *Ethik.* 손규태·이신건·오성현·역. 『윤리학』. 서울: 대한기독교서회, 2014.

Bonhoeffer, Dietrich. *Nachfolge.* 손규태·이신건 역. 『나를 따르라』. 서울: 대한기독교서회, 2015.

Bonhoeffer, Dietrich. *Widerstand und Ergebung.* 손규태·정지련 역. 『저항과 복종: 옥중서간』. 서울: 대한기독교서회, 2014.

Bosch, David J. *Transforming Mission: Paradigm Shifts in Theology of Mission.* 김만태 역. 『변화하는 선교』. 서울: CLC, 2017.

Bosch, G. "Working Time: Tendencies and Emerging Issues." *International Labour Review* 138/2 (1999): 131-149.

Brueggemann, Walter. *Sabbath as Ressistance.* 박규태 역. 『안식일은 저항이다』. 서울: 복있는사람, 2015.

Brueggemann, Walter. *The Practice of Prophetic Imagination.* 홍병룡 역. 『예언자적 설교』. 서울: 성서유니온, 2017.

Budd, John W. *The Thought of Work.* 강세희 역. 『나에게 일이란 무엇인가?: 일을 이해하는 열 가지 열쇳말』. 서울: 이후, 2016.

Bultmann, Rudolf. *Geschichte und Eschatologie im Neuen Testament.* Tübingen: Mohr, 1954.

Calvin, Johannes. *Institutes of the Christian Religion.* 김종흡·신복윤·이종성·한철하 역. 『기독교강요』. 서울: 생명의말씀사, 2002.

Calvin, John. *Harmony of the Law,* vol.1. Christian Classics Etheral Library. https://ccel.org/ccel.

Calvin, John. *Commentary on the First Corinthians.* Christian Classics Ethereal Library. https://ccel.org/ccel/calvin/calcom39/calcom39.xiv.v.html.

Charles, J. Daryl. ed. *Reading Genesis 1-2: An Evangelical Conversation.* 최정호 역. 『창조 기사 논쟁』. 서울: 새물결플러스, 2016.

Chrysostom, John. *"Homilies on First Corinthians." in Saint*

Chrysostom: Homilies on the Epistles of Paul to the Corinthians. ed. Philip Schaff. New York: the Christian Literature Company, 1898.

Croato, J. S. *Exodus: A Hermeneutics of Freedom.* New York: Orbis, 1981.

De Botton, Alain. *Status Anxiety,* 정영목 역. 『불안』. 서울: 은행나무, 2012.

De Loyola, Ignacio, *Spiritual Exercises.* 정제천 역. 『영신수련』. 서울: 이냐시오영성연구소, 2019.

Diehl, William E. *Thank God, It's Monday.* 이종태 역. 『월요일을 기다리는 사람들』. 서울: IVP, 1998.

Dulles, Avery. *Models of the Church.* 김기철 역. 『교회의 모델』. 서울: 한국기독교연구소, 2003.

Ellul, Jacque. *L'homme et l'argent.* 양명수 역. 『하나님이냐 돈이냐』. 대전: 대장간, 2010.

Fitch, John & Frenzel, Max & Suzuki, Mariya. *Time Off.* 손현선 역. 『이토록 멋진 휴식』. 서울: 현대지성, 2021.

Fee, Gondon D. *God's Empowering Presence.* Peabody: MK, Hendrickson Publisher, 1994.

Fee, Gondon D. *Paul, the Spirit, and the People of God.* 길성남 역. 『바울, 성령, 그리고 하나님의 백성』. 서울: 좋은씨앗, 2001.

Fee, Gondon D. *The First Epistle to the Corinthians.* Grand

Rapids, MI: Eerdmans, 1987.

Flasspöhler, Svenja. *Wir Genussarbeiter: Über Freiheit und Zwang in der Leistungsgesellschaft.* 장혜경 역. 『우리의 노동은 왜 우울한가』. 서울: 로도스, 2013.

Fletcher, Joseph. *Situation Ethics.* 이희숙 역. 『상황윤리: 새로운 도덕』. 서울: 종로서적, 1996.

Foster, Richard. *Money, Sex, Power.* 김영호 역. 『돈, 섹스, 권력』. 서울: 두란노, 1998.

Frankl, Victor E. *The Will to Meaning: Foundations and Applications of Logotheraphy.* 이시형 역. 『삶의 의미를 찾아서: 실패를 승리로 바꾸는 절대적 의미에 대한 절대적 믿음』. 파주: 청아출판사, 2012.

Friedman, Stewart D. "Work+Home+Community+Self," *Harvard Business Review.* (2014. 9). https://hbr.org/2014/09/work-home-community-self.

Gay, Craig M. *Cash Values.* Vancouver, BC: Regent College Publishing, 2003.

Gorman, Michael J. *Cruciformity: Paul's Narrative Spirituality of the Cross.* 박규태 역. 『삶으로 담아내는 십자가』. 서울: 새물결플러스, 2010.

Grenz. Stanley. *The Moral Quest: Foundations of Christian Ethics.* 신원하 역. 『기독교 윤리학의 토대와 흐름』. 서울: IVP, 2001.

Guder, Darrell L. *Called to Witness.* 허성식 역. 『증인으로의 부르심』. 서울: 새물결플러스, 2016.

Guiness, Os. *The Call.* 홍병룡 역. 『소명』. 서울: IVP, 2000.

Han, Byung-Chul. *Müdigkeitsgesellschaft.* 김태환 역. 『피로사회』. 서울: 문학과지성사, 2014.

Han, Byung-Chul. *Psycho Politik.* 김태환 역. 『심리 정치』. 서울: 문학과지성사, 2016.

Han, Byung-Chul. *Transparenzgesellschaft.* 김태환 역. 『투명사회』. 서울: 문학과지성사, 2014.

Harari, Yuval Noah. *Homo Deus: A Brief History of Tomorrow.* 김명주 역. 『호모 데우스: 미래의 역사』. 서울: 김영사, 2023.

Hervieu-Léger, Danièle. *Religion As a Chain of Memory.* trans. Simon Lee. Rutgers, NY: Rutgers University Press, 2000.

Hicks, Donna. *Dignity: Its Essential Role in Resolving Conflict.* 박현주 역. 『존엄: 관계를 치유하는 힘』. 서울: 검둥소, 2021.

Hiebert, Paul G. *Anthropological Insights for Missionaries.* 김동화·이종도·이현모·정흥호 역. 『선교와 문화인류학』. 서울: 죠이선교회, 1996.

Hippolytus. *Traditio Apostolica.* 이형우 역. 『사도전승』. 왜관: 분도출판사, 2019.

Jaspers, Karl. *Philosophie II.* 신옥희·홍경자·박은미 역. 『철학 II: 실존조명』. 파주: 아카넷, 2019.

Kaemigk, Matthew & Willson, Cory B. *Work and Worship: Reconnecting Our Labor and Liturgy.* Grand Rapids, MI: Baker Academic, 2020.

Kaufman, Stephen. A. "The Structure of the Deuteronomic Law," *Maarav* 1/2 (1978-9), 105~158.

Kavanaugh, John F. *Following Christ in a Consumer Society.* 박세혁 역. 『소비사회를 사는 그리스도인』. 서울: IVP, 2011.

Keener, Craig S. *Gift & Giver: The Holy Spirit for Today.* 이용중 역. 『현대인을 위한 성령론』. 서울: 새물결플러스, 2018.

Keller, Timothy. *Every Good Endeavor: Connecting Your Work to God's Work.* 최종훈 역. 『일과 영성』. 서울: 두란노, 2013.

Kelly, J. N. D. *Early Christian Doctrines.* San Francisco: Harper and Row, 1978.

Keyes, C. L. M., "The Mental Health Continuum: From Languishing to Flourishing in Life." *Journal of Health and Social Behavior.* vol. 43 no. 2 (2002): 207~222.

Knight, Frank H. "The Ethics of Competition." *The Quarterly Journal of Economics.* vol. 37 no. 4 (1923): 579~624.

Koehler, Ludwig & Baumgartner, Walter. *The Hebrew and Aramic Lexicon of the Old Testament* vol. 2. trans. M. E. J. Richardson . Leiden, Boston, Kölen: Brill, 2001.

Kohn, Alfie. *No Contest: The Case Against Competition.* 이영

노 역. 『경쟁에 반대한다』. 경기도 고양: 산눈, 2009.

Le Goff, Jacque. *La Bourse et la vie.* 김정희 역. 『돈과 구원』. 서울: 이학사, 1998.

King Jr., Martin Luther. "All Labor Has Dignity." March 18, 1968. https://blackagendareport.com/speech.

Leman, Paul L. *Ethics in a Christian Context.* 심일섭 역. 『기독교사회윤리원론』. 서울:대한기독교출판사, 1988.

Levenson, Jon D. *Creation and the Presence of Evil.* 홍국평·오윤탁 역. 『하나님의 창조와 악의 잔존』. 서울: 새물결플러스, 2019.

Luginbuhl, Delphine & Pennel, Aurélie. *Trop bon, trop con?* 조연희 역. 『너무 착해, 너무 바보 같아』. 서울: 일므디, 2022.

Luther, Martin. "An Open Letter to the Christian Nobility of the German Nation concerning the Reform of the Christian Estate." in *Three Treatises.* Philadelphia: The Muhlenberg Press, 1943.

Luther, Martin. *captivitate babylonica ecclesiae* (1520). Lateinisch-Deutsche Studienusgabe, Band 3. Leipzig: Evangelische Verlagsanstalt, 2009.

Luther, Martin. *Commentary on the Sermon on the Mount.* trans. Charles Augustus. Albany: AGES Software, 1997.

Luther, Martin. *Der Große Katechismus.* 최주훈 역. 『대교리문답』. 서울: 복있는사람, 2017.

Luther, Martin. *Selected Psalms III, Luther's Wroks vol. 14.* eds, J. J. Pelican, H. C. & Oswald, H. T. Lehman. Saint Louis: Concordia, 1999.

Luther, Martin. *Luther's Work,* ed. Jaroslav Pelikan & Helmut T. Lehmann& Hilton C. Oswald. MO, Saint Louis: Concordia Publishing House, 1999.

Marx, Karl. *Grundrisse der Kritik der Politischen Ökonomie.* 김호균 역. 『정치경제학 비판 요강 I』. 서울: 백의, 2000.

Marx, Karl. *Ökonomisch-Philosophische Manuskripte.* 김문현 역. "경제학·철학 초고." in 『경제학·철학 초고/자본론/공산당선언/철학의 빈곤』. 서울: 동서문화사, 2017: 11~170.

Maslow, A. H. *Motivation and personality,* 2nd ed. New York: Harper & Row, 1970.

McFague, Sallie. *Life Abundant.* 장윤재·장양미 역. 『풍성한 생명』. 서울: 이화여자대학교출판부, 2008.

Migliore, Daniel L. *Faith Seeking Understanding: An Introduction to Christian Theology.* 신옥수·백충현 역. 『기독교 조직신학 개론』. 서울: 새물결플러스, 2016.

Michelman, James H. "Some Ethical Consequences of Economic Competition." *Journal of Business Ethics.* vol. 2 no. 2 (1983): 79~87.

Middleton, J. Richard. *A New Heaven and A New Earth.* 이용중 역. 『새 하늘과 새 땅: 변혁적-총체적 종말론 되찾기』. 서울: 새물결플러스, 2015.

Miller, David. *God at Work: The History and Promise of the Faith and Work Movement.* Oxford University Press, 2006.

Miller, Patrick D. "The Human Sabbath: A Study in Deuteronomic Theology." *Princeton Seminary Bulletin* 6/2 (1985): 81~97.

Moltmann, Jürgen. *Das Kommen Gottes.* 김균진 역. 『오시는 하나님: 기독교적 종말론』. 서울: 대한기독교서회, 2010.

Moltmann, Jürgen. *Der Geist des Lebens.* 김균진 역. 『생명의 영』. 서울: 대한기독교서회, 1992.

Moltmann, Jürgen. *Gott in der Schöpfung.* 김균진 역. 『창조 안에 계신 하느님』. 서울: 한국신학연구소, 2002.

Moltmann, Jürgen. *Kirche in der Kraft des Geistes.* 박봉랑 등 역. 『성령의 능력 안에 있는 교회』. 서울: 한국신학연구소, 1982.

Moltmann, Jürgen. *On Human Dignity.* trans. M. Douglas Meeks. Philadelphia: Fortress, 1984.

Moltmann, Jürgen. *Trinität und Reich Gottes.* 김균진 역. 『삼위일체와 하나님의 나라』. 서울: 대한기독서회, 1982.

Moltmann, Jürgen. *Wege und Formen Christlicher Theologie.* 김균진 역. 『신학의 방법과 형식』. 서울: 대한기독교서회,

2001.

Moltmann, Jürgen. *Wo Christus ist, da ist Leben.* 채수일 역. 『그리스도가 계신 곳에 생명이 있습니다』. 서울: 대한기독교서회, 1997.

Morrow, Jeffrey. "Work as Worship in the Garden and the Workshop: Genesis 1-3, the Feast of St. Joseph the Worker, and Liturgical Hermeneutics." *Logos: A Journal of Catholic Thought and Culture,* vol. 15 no 4 (Fall 2012): 159~178.

Neill, Stephen. *A History of Christian Missions.* New York: Harmondsworth, 1966.

Nelson, Benjamin N. "On the Taking of Interest." in Max L. Stackhouse Dennis P. McCann, Shirley J. Roels ed. at all. *On Moral Business.* Grand Rapids: Eerdmans, 1995: 265~271.

Neve, Lloyd R. *The Spirit of God in the Old Testament.* 차준희·한사무엘 역. 『구약의 성령론』. 서울: 새물결플러스, 2017.

Newbigin, Lesslie. *The Household of God.* 홍병룡 역. 『교회란 무엇인가』. 서울: IVP, 2013.

Nowen, Henry J. M. *The Wounded Healer.* 최원준 역. 『상처 입은 치유자』. 서울: 두란노, 2002.

Nygren, Andres. *Agape and Eros: The Christian Idea of Love.* 고구경 역. 『아가페와 에로스』. 고양: 크리스찬 다이제스트, 2013.

Osmer, Richard R. *Practical Theology: An Introduction.* 김현애·김정형 역. 『실천신학의 네 가지 중심 과제』. 서울: WPA, 2012.

Pannenberg, Wolfgan. *Grundzüge der Christologie.* Gütersloh: Gütersloher Verlagshaus Gerd Mohn, 1964.

Parker, Stanley. *The Sociology of Leisure.* 이연택·민창기 역. 『현대사회와 여가』. 서울: 일신사, 1995.

Pennington, Jonathan T. "Human Flourishing and the Bible." *in Counting the Cost: Christian Perspectives on Capitalism.* Art Lindsay & Anne R. Bradley ed. Abilene, TX: Abilene Christian University Press, 2017.

Perkins, William. *A Treatise of the Vocations.* 박승민 역. 『윌리엄 퍼킨스의 직업 소명론』. 서울: 부흥과 개혁사, 2022.

Quek, Peter. "Competition." *The Complete Book of Everyday Christianity.* ed. Robert Banks & R. Paul Stevens. Grand Rapids: Eerdmans, 1997: 194~195.

Rawls, John. *A Theory of Justice.* 황경식 역. 『정의론』. 서울: 이학사, 2017.

Raymond, Robert L. *A New Systematic Theology of the Christian Faith.* 나용화 등 역. 『최신 조직신학』. 서울: CLC, 2010.

Ricoeur, Paul. "Love and Justice." *Philosophy and Social Criticism.* vol. 21 no. 5/6 (1995): 23~39.

Robinson, John. *Honest to God.* 현영학 역. 『신에게 솔직히』. 서울:대한기독교서회, 2016.

Sandel, Michael J. *Justice.* 이창신 역. 『정의란 무엇인가』. 서울: 김영사, 2010.

Sandel, Michael J. *The Tyranny of Merit.* 함규진 역. 『공정하다는 착각』. 서울: 와이즈베리, 2020.

Sandel, Michael J. *What Money Can't Buy.* 안기순 역. 『돈으로 살 수 없는 것들: 무엇이 가치를 결정하는가』. 서울: 미래엔, 2012.

Sarna, Nahum M. *Genesis.* Philadelphia: JPS, 1989.

Sarna, Nahum M. *Exodus.* New York: JPS, 1991.

Sauter, Gerhard. *Einführung in die Eschatologie.* 최종수 역. 『종말론 입문: 소망의 이유를 묻는 자들을 위하여』. 서울: 한들출판사, 1999.

Schumacher, Ernst Friedrich. *Small Is Beautiful.* 이상호 역. 『작은 것이 아름답다: 인간 중심의 경제를 위하여』. 서울: 문예출판사, 2022.

Schmemann, Alexander. *For the Life of the World.* 이종태 역. 『세상에 생명을 주는 예배』. 서울: 복있는사람, 2008.

Simmel, Georg. *Kultur Theorie.* 김덕영·배정희 역. 『게오르그 짐멜의 문화 이론』. 서울: 도서출판 길, 2007.

Simmel, Gerog. *Philosophie des Geldes.* 김덕영 역. 『돈의 철학』. 서울: 도서출판 길, 2013.

Simmel, Gerog. 김덕영 편역. 『돈이란 무엇인가?』. 서울: 도서출판 길, 2016.

Smith, Adam. *An Inquiry into the Nature and Causes of the Wealth of Nations.* 김수행 역. 『국부론』. 서울: 비봉출판사, 2007.

Smith, Gordon. *Listening to God in Times of Choice.* 박세혁 역. 『분별의 기술』. 서울: 사랑플러스, 2004.

Smith, Gordon. *Courage and Calling: Embracing Your God-Given Potential.* 조계광 역. 『소명과 용기』. 서울: 생명의말씀사, 2008.

St. Augustinus of Hippo. *Confessions.* 김평옥 역. 『고백록』. 서울: 범우사, 1987.

Stevens, R. Paul. *The Abolition of the Laity.* 홍병룡 역. 『21세기를 위한 평신도 신학: 성경적 관점에서 본 소명, 일, 사역』. 서울: IVP, 2001.

Stevens, R. Paul. *Doing God's Business.* 홍병룡 역. 『하나님의 사업을 꿈꾸는 CEO: 비즈니스도 하나님의 사역이다』. 서울: IVP, 2009.

Stevens, R. Paul. "Introduction to Marketplace Theology - Toward a Wholistic Science of Work, Worker and Workplace." https://imtglobal.org/marketplace-theology/introduction.

Stevens, R. Paul. *Marketplace Theology,* vol.1. Michigan: Eerdmans, 2023.

Stevens, R. Paul. & Lim, Clive. *Money Matters.* 백지윤 역. 『돈은 중요하다』. 서울: IVP, 2022.

Stevens, R. Paul. & Ung, Alvin Ung. *Taking Your Soul to Work: Overcoming the Nine Deadly Sins of the Workplace.* 김은홍 역. 『일삶구원』. 서울: IVP, 2011.

Stott, John. *Issues Facing Christians Today.* 정옥배 역. 『현대사회 문제와 그리스도인의 책임』. 서울: IVP, 2011.

Sundermeier, Theo. "Missio Dei Today: On the Identity of Christian Mission." *International Review of Mission.* Vol. 92 (October 2003): 560~578.

Susskind, Daniel. *A World Without Work.* 김정아 역. 『노동의 시대는 끝났다』. 서울: 와이즈베리, 2020.

Thielicke, Helmut. *Das Vaterunser.* 박규태 역. 『세계를 부둥켜안은 기도』. 서울: 홍성사, 2008.

Thielicke, Helmut. *Theologische Ethik II/1.* Tübingen: Mohr, 1955.

Thiselton, Anthony C. *The Hermeneutics of Doctrine.* 김귀탁 역. 『기독교 교리와 해석학: 교리, 삶, 공동체의 지평 융합에 관한 해석학적 성찰』. 서울: 새물결플러스, 2016.

Tillich, Paul. Love, *Power and Justice.* 성신형 역. 『사랑 힘 그리고 정의』. 서울: 한들출판사, 2017.

Tönnies, Ferdinand. *Gemeinschaft und Gesellschaft.* 곽노완·황기우 역. 『공동사회와 이익사회』. 서울: 라움, 2017.

Van Gelder, Craig & Zscheile, Dwight J. *The Missional Church in Perspective: Mapping Trends and Shaping the Conversation.* 최동규 역. 『선교적 교회론의 동향과 발전』. 서울: 기독교문서선교회, 2015.

Van Genderen, J. & Velema, W. H. *Beknopte Gereformeerde Dogmatiek.* 신지철 역. 『개혁교회 교의학』. 서울: 새물결플러스, 2018.

Volf, Miroslav. *Work and the Spirit.* 백지윤 역. 『일과 성령』. 서울: IVP, 2014.

Volf, Miroslav. *A Public Faith.* 김명윤 역. 『공적 신앙이란 무엇인가?: 광장에 선 기독교』. 서울: IVP, 2014.

Volf, Miroslav. *Zufunkt der Arbeit-Arbeit der Zufunkt.* 이정배 역. 『노동의 미래, 미래의 노동』. 서울: 한국신학연구소, 1993.

Volf, Miroslav. *Flourishing.* 양혜원 역. 『인간의 번영: 지구화 시대, 진정한 번영을 위한 종교의 역할을 묻다』. 서울: IVP, 2017.

Waltke, Bruce K. & Fredricks, Cathi J. *Genesis: A Commentary.* 김경열 역. 『창세기 주석』. 서울: 새물결플러스, 2018.

Walton, John H. "The Decalogue Structure of the Law." *Interpreting Deuteronomy,* ed. David G. Firth & Philip S. Johnston. Downers Grove: IVP, 2012.

Weber, Max. *Die Protestantische Ethik und der Geist des Kapitalismus.* 박성수 역. 『프로테스탄티즘의 윤리와 자본

주의 정신』. 서울: 문예출판사, 2000.

Webber, Robert. *Ancient-Future Worship: Proclaiming and Enacting God's Narrative.* 이승진 역. 『예배학: 하나님의 구원 내러티브의 구현』. 서울: CLC, 2011.

Welker, Michael. *Creation and Reality.* Minneapolis, MN: Fortress Press, 1999.

Wenham, Gordon J. *Genesis 1-15.* Waco, Texas: Word Books, 1987.

Wesley, John. "The Witness of Our Own Spirit." John *Wesley Sermon 12* (text of the 1872 edition). https://www.biblesnet.com.

Wesley, John. *The Way.* ed. Ad Fontes Wesley. 『그 길: 웨슬리 표준설교 읽기』. 서울: 대한기독교서회, 2019.

Westermann, Claus. *Genesis 1-11.* trans. John J. Scullion. Minneapolis, MN: Fortress Press, 1994.

White, James F. *Introduction to Christian Worship.* 정장복·조기연 역. 『기독교예배학 입문』. 서울: WPA, 2011.

White, James F. *Sacraments as God's Self-Giving.* 김운용 역. 『성례전: 하나님의 자기 주심의 선물』. 서울: WPA, 2018.

White Jr., Lynn. "The Historical Roots of Our Ecological Crisis." *Science.* vol. 155 (1967): 1203~1207.

Wingren, Gustaf. *Luther on Vocation.* Eugene, Oregon: Wipf and Stock, 2004.

Wright, Christopher. *The Mission of God's People.* 한화룡 역. 『하나님 백성의 선교』. 서울: IVP, 2015.

Wright, Christopher. *Old Testament Ethics for the People of God.* 김재영 역. 『현대인을 위한 구약윤리』. 서울: IVP, 2006.

Wright, N. T. *Surprised by Hope.* 양혜원 역. 『마침내 드러난 하나님 나라』. 서울: IVP, 2009.

Wright, Walter. "Integrity," in *The Complete Book of Everyday Christianity.* ed. Robert Banks & R. Paul Stevens. Grand Rapids: Eerdmans, 1997: 538~540.

Wolterstorff, Nicholas Paul. *Love and Justice.* 홍종락 역. 『사랑과 정의』. 서울: IVP, 2017.

Yancey, Philip. *Church: Why Bother?* 윤종석 역. 『교회, 나의 고민 나의 사랑』. 서울: IVP, 2014.

深井智朗. 『神學の起源』. 홍이표 역. 『신학을 다시 묻다: 사회사를 통해 본 신학의 기능과 의미』. 서울: 비아, 2018.

日野 瑛太郎. 『あ,『やりがい』とかいらないんで,とりあ』. 이소담 역. 『아, 바람 따위 됐으니 야근수당이나 주세요』. 서울: 오우아, 2016.

Didascalia Apostorum. https://www.earlychristianwritings.com/text/didascalia.html.

Collins 사전. https://www.collinsdictionary.com/vocation.

Cambridge 사전. https://dictionary.cambridge.org/vocation.